Johannes Kirschenmann / Georg Peez (Hg.)

Computer im Kunstunterricht

Werkzeuge und Medien

Sekundarstufe

Auer Verlag GmbH

Gedruckt auf umweltbewusst gefertigtem, chlorfrei gebleichtem und alterungsbeständigem Papier.

1. Auflage. 2004
Nach der Neuregelung der deutschen Rechtschreibung

Abbildungsquellen: Autorenarchive
Gesamtherstellung: Ludwig Auer GmbH, Donauwörth
ISBN 3-403-04177-8

Inhalt

Vorwort der Herausgeber

Die Nutzung des Computers im Kunstunterricht ist heute an vielen Schulen zu einer Selbstverständlichkeit geworden. Zwar verlässt man sich wohlweislich nirgendwo ausschließlich auf das Digitale. Doch werden der Computer und seine Peripheriegeräte für das Malen und Zeichnen, die Textgestaltung, das Drucken, das Collagieren sowie für die Recherche-Arbeit immer häufiger verwendet.

- Sei es, dass die Schülerinnen und Schüler Disketten oder Computerausdrucke von zu Hause in den schulischen Kunstunterricht mitbringen.
- Sei es, dass zumindest ein Rechner in den Kunsträumen der Schule steht und punktuell genutzt werden kann.
- Sei es, dass der Kunstunterricht ab und zu im Medienlabor, an den Rechnerterminals der Informatik stattfindet.

In jedem Falle ist der Computer sowohl aus dem Alltag der Kinder und Jugendlichen als auch aus dem heutigen Kunstunterricht nicht mehr wegzudenken.

Zugleich ist im Fach „Kunst" mittlerweile eine Phase der Konsolidierung eingetreten. Die anfangs überschwänglichen Enthusiasten und Befürworter der Nutzung des Digitalen sind ernüchtert „im Schulalltag angekommen". Andererseits hat sich die vor wenigen Jahren noch vehemente Ablehnung der Nutzung des digitalen Rechners im Kunstunterricht stark verringert. Die Bedeutung des Computers wurde erkannt und seine Möglichkeiten werden für kreative Gestaltungsprozesse genutzt. Zugleich haben inzwischen viele Kunstlehrende an den Schulen zumindest punktuell eigene Erfahrungen mit dem Einsatz des Computers im Kunstunterricht gesammelt, die es zu dokumentieren und auszutauschen gilt.
Genau hier setzt das vorliegende Buch an!

Innovative Unterrichtsmodelle, die sich in der Praxis bewährt haben, werden in Wort und Bild vorgestellt und überdacht: u. a. zu den Themenbereichen Bildgestaltung, digitale Fotografie, Internetnutzung, Webseitengestaltung, Multimedia-Programmierung, kreative Nutzung von Scanner und Drucker sowie Videoschnitt. Ergänzt wird dieses Angebot an Erfahrungsberichten aus der Schule durch theoretische Beiträge, etwa zur Mediennutzung, zu zeitgenössischer Medienkunst und Fragen gegenwärtiger Medienkulturen. Ein Service- bzw. Support-Teil rundet diesen Sammelband ab. Hier finden sich Tipps und Hinweise, beispielsweise zu kunstpädagogisch wichtiger Software, zu fachrelevanten Internet-Adressen, zu Newsletter-Abonnements oder Mailinglisten.
Auf einer Internetseite (www.lrz-muenchen.de/~kunstpaedagogik/medienbuch.html) zu diesem Buch finden Sie übersichtlich geordnet alle Hyperlinks zum Anklicken, auf die in den Buchbeiträgen Bezug genommen wird. Außerdem bieten diese Hyperlinks zusätzliches Material, wie Farbabbildungen oder digitale Videos.
Als konzeptioneller roter Faden zieht sich durch das gesamte Buch die Beachtung von zwei Aspekten:

1. Wird der Werkzeugcharakter des Computers und seiner digitalen Peripheriegeräte, wie Scanner, Drucker, Beamer oder Digitalkamera, in den Mittelpunkt gestellt, dann stehen Fragen der technischen Nutzung und unterrichtspraktischen Realisierung von Gestaltungsideen und -projekten im Vordergrund.

2. Wird der Computer bzw. werden die digitalen Medien mit ihren spezifisch medialen Charakteristika fokussiert, dann stehen Reflexionen über das Medium als Medium im Blickpunkt; im Sinne des anerkannten Diktums, dass das Medium nicht nur die Botschaften verändert, sondern die Botschaft ist.

Die fast 40 Beiträge dieses Buches wollen Interesse am Umgang mit dem Computer im Kunstunterricht der Sekundarstufe wecken. Durch die vorliegende Vielfalt der Zugangsweisen und die unterschiedlichen Facetten findet jede Leserin und jeder Leser kreative Anregungen und neue Perspektiven für den eigenen Unterricht.

Johannes Kirschenmann und Georg Peez

Einführung

Kunstpädagogische Reflexionen zu Benutzeroberflächen und Betrachterstandpunkten in den historischen und aktuellen Bildmedien

Johannes Kirschenmann

In einer frühen kunsttheoretischen Betrachtung definierte Alberti das Bild als ein rechtwinkeliges Viereck beliebiger Größe, von dem er annahm, „es sei ein offen stehendes Fenster, durch das ich betrachte, was hier gemalt werden soll" (Alberti 1435/2002, S. 93). Windows, wie auch andere Betriebssysteme als Essential einer großen Mehrheit der Computer, öffnet ein (oder mehrere) Fenster hin zu Bildräumen. In solch einem Verständnis sind Texte dem Bildtext des Monitors subsumiert, da die visuellen Konstruktionen der Computer mit dem Monitor als Ausgabeschnittstelle egalisierend wirken. Diese Bildräume des Monitors sind materiell ganz geschieden vom Raum des Betrachterstandpunktes. Doch die Fenstermetapher lenkt ab, denn „Medien wirken wie Fensterscheiben: Sie werden ihrer Aufgabe umso besser gerecht, je durchsichtiger sie bleiben, je unauffälliger sie unterhalb der Schwelle unserer Aufmerksamkeit verharren" (Krämer 2000, S. 74). So gibt „Windows" den Blick frei auf die Kodierungsergebnisse seiner dienstbaren Software, ohne Aufmerksamkeit auf die Bedingungen seiner Bilder und Textbilder zu ziehen. Mit „Windows" hat das digitale Fenster zur Welt einen prägnanten Namen bekommen und in diesem begrifflichen und visuellen Markenzeichen dürfte eine wesentliche Begründung für die technisch bis heute nicht nachvollziehbare Marktdominanz liegen, die letztlich vor allem von den ökonomischen Monopolisierungsbemühungen von „Microsoft" flankiert ist. In dem bei jedem Start des Betriebssystems „Windows" erscheinenden Markenzeichen kulminiert die Ikonographie der Fenstermetapher (Abb. 1). Das Signet wurde in den zwei Dekaden seiner Existenz zunehmend stilisiert, weil die Konsumenten die Argumentation der symbolischen Repräsentation verinnerlicht haben (vgl. Kirschenmann 2003, 42 f.).

Doch „Windows" als Fenster rahmt den Blick, schränkt ihn ein, dirigiert mit seiner Teleskopie, die etwas euphemistisch „Benutzeroberfläche" genannt wird. „Zu fragen wäre beispielsweise, ob die

Abb. 1: „Windows" als begrenzendes Fenster.

Icons der gängigen Textverarbeitungsprogramme nicht dazu führen können, dass wir vermehrt dazu neigen, die ‚Welt' als Oberfläche mit diskreten, diskontinuierlichen Ikonen und Schubladen zu sehen, die für alle Möglichkeiten menschlichen Handelns stehen, dass das Programm selbst oder seine Struktur aber nicht mehr in Frage gestellt wird" (Ströhl 1998, S. 150). Diese Tendenz hin zur Ästhetisierung schließt kulturanthropologische Folgen ein, denn Sprache und Schrift treten ihr Primat als Movens von Aufklärung und Rationalität (u. a. als präzisen Denkroutinen) ab an die Beherrschung der technischen Medien. Eine Vision ist nicht abwegig: Die Sprachvielfalt, und jede Sprache ist ein komplexes wie hochdifferenziertes symbolisches Repräsentationssystem, weicht vor einer ikonisch basierten Symbolisierung im Kontext der aus weltumspannenden Computernetze heraus definierten Globalkultur der Icons, der Smilies und Emoticons zurück.

Mit „Windows" überschreitet der Benutzer die Grenze des privaten Innenraumes, das Betriebssystem stößt Fenster und Türen auf – um bald später „Firewalls" als „Brandmauern" gegen Attacken von außen aufgenötigt zu bekommen. Doch die offerierte Teleskopie bleibt wie einst Dürers Per-

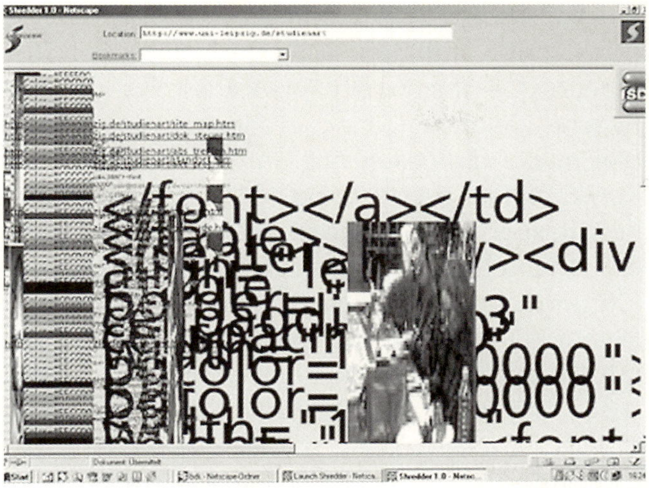

Abb. 2: Hypertextstrukturen generieren Bilder im Web als Texte in algorithmischer Anordnung.

spektivapparate der bloßen Suggestion einer mathematischen Konstruktion unterworfen. Das Fenster spannt einen Bildschirm auf, dessen Projektionen Bilder spiegeln, die Pixel neben Pixel selbst nach mathematischen Algorithmen, letztlich in der Syntax eines Textes, anordnen (Abb. 2). Dies stellt an die Kunstpädagogik die Forderung, die materiellen Bedingungen von Bildern zu untersuchen und dabei besonders die digitalen Bilder als Texte zu verstehen: Was ist ein Bild als Computerbild? Wie definiert sich das Bild am Monitor und wie am Drucker? Der Beitrag von Karin Guminski (S. 143) stiftet dazu wesentliche Hinweise, ebenso ihre umfangreichere, auch historisch zurückgreifende Monographie (Guminski 2002). Ein Stück der „einschreibenden Bildmetamorphose" durch die Textstruktur wird im Beitrag von Markus Jaursch (S. 129) deutlich, der das Bild als Interaktionsmedium in didaktischer Absicht begreift. Die kunstpädagogische Analyse der Icons führt zu der Unschärfe der Bildschirmindices, die viel umfassender als ihre vorgängigen Kommandozeilen, aber eben auch viel unschärfer die Interaktion beschreiben (Abb. 3).

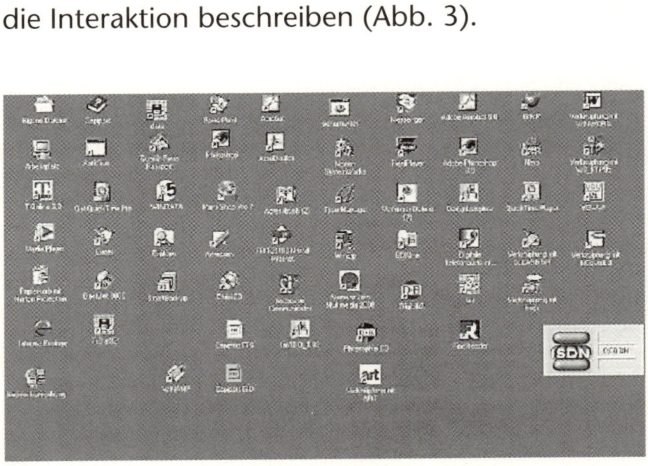

Abb. 3: Das Fenster zur Welt als Bildschirmindices.

Mittelbare Kommunikation

Die psychologische und pädagogische Forschung zu den Veränderungen in der symbolischen Kommunikation und den korrespondierenden mentalen Fähigkeiten durch die Neuen Medien steckt noch in den Anfängen. Kunstpädagogisch interessiert primär die mögliche Veränderung von Kommunikation im bildgestützten und bildbegleiteten zwischenmenschlichen Austausch und gegenüber den multimedialen, massenmedialen Bildbotschaften. Es wächst die Bedeutung der audiovisuellen Texte, die von Bildern und Tönen begleitet sind; prägend wirkt der mathematisch-logische Code, denn die „Computersprache" bestimmt das Design und den Gebrauch der Software. In der symbolischen Kommunikation mit Hilfe neuer Medien wird sich das soziale Verhalten als Modus ändern, wenn z. B. an das E-Mailen gedacht wird, das das Telefonat ersetzt oder wenn die Ikonomanie reflektiert wird als Folge von Webcams, Handys zur Bildmitteilung oder Digicams, die keine Kostenfrage aufwerfen. Die menschliche Wahrnehmung und mentale Prozesse werden nach dem Einfluss der neuen Medien zu befragen sein; die Folgen neuer Bildkonstruktionen wirken in die Kunstpädagogik hinein. Die kunstpädagogischen Interpretationsmethoden müssen das digitale Bild als Textstruktur als ein besonders konstruiertes begreifen und in dieser Differenz zum analogen Bild deuten.

Abb. 4: Das Zeitalter der Videosphäre, Werbung für Multimediahandy im Jahr 2002.

Dazu sollten auch kulturkritische Perspektiven beachtet werden. Helga Nowotny paraphrasiert Régis Debray, der für die Gegenwart den Zeitraum der Videosphäre ausgerufen hat (Abb. 4). „Im Zeitraum der Videosphäre ist, Debray zufolge, die dominante Existenzweise eine virtuelle, Autorität geht von der Maschine aus, Ziele werden durch Information und Innovation bestimmt, Aura ist Animation. Sozialbeziehungen werden durch Konkurrenz bestimmt, und Schizophrenie ist die vorherrschende Pathologie des Video-Reiches. Zur linearen und zyklischen Zeitform tritt als dritte die punktuelle hinzu und löst die beiden ersteren ab. Unser Zeithorizont wird durch den Druck der Aktualität bestimmt. Die Immaterialität des Bildschirms drängt die materielle Welt zurück" (Nowotny 1994, S. 17).

Solch einer kulturpessimistischen Sicht setzte Vilém Flusser schon vor einer Dekade die Prognose entgegen, dass der in das elektromagnetische Feld hineingeschriebene Text viel „dialogischer" sein werde, da er beim Empfänger ein Prozessverhalten der Veränderung, Manipulation oder des Umstülpens evoziere (Flusser 1995, S. 62).

Aus Flusser resultiert im kunstpädagogischen Interesse ein Möglichkeitssinn: Wenn Medien die Möglichkeit von Sinnkonstruktion zulassen, bereitstellen oder essenzielle Voraussetzung dafür sind, und daran besteht kein ernsthafter Zweifel, dann kann neben die Konstruktion die Subversion, das erhellende Unterlaufen von Denkroutinen treten. Hier knüpft der Vorschlag zu einer noch auszudifferenzierenden Didaktik der Irritationsästhetik an (vgl. dazu auch die Beiträge von Frieder Kerler und in analytischer Absicht Petra Schmid in diesem Band).

Welche Folgen für die Kunstpädagogik deuten sich an? Die von den medialen Kommunikationsformen ausgeprägten sozialen Symbolformen sind festzumachen und nach ihrer Qualität zu befragen. Dies ist am „sozialen Bild" im Umgang mit Handys, mit deren Multimediabildern oder mit der bildgestützten Kommunikation der Computer abzulesen. Das führt zu den Raum- und Zeitparametern von technischer Kommunikation. Und, dies ist eine Primärtugend kunstpädagogischer Bildrezeption: Es führt in komplementärer Absicht zur Entschleunigung, zur Konzentration am Werk, dem „Stil".

Das Bild als Raumprojektion

Wird Welterfahrung über den Monitor des Computers empirisch zur Sozialisationskonstante, so ist die Konstitution des Raumes an die Darstellung des Raumes auf dem Monitor gebunden. Dies führt zur Geschichte der Perspektive. Die perspektivische Raumdarstellung ist eine kontinuierliche, gleichwohl dislineare, mit Unterbrechungen. Die Kunstgeschichtsschreibung fokussiert in der frühen italienischen Renaissance Giotto und dann den Theoretiker Alberti, der umfangreichere Ausführungen zur Perspektive lieferte, oder den Maler Mantegna, der die perspektivische Darstellung mit starker Linearverkürzung pointierte. Damit speist sich die Malerei nun nicht mehr aus ihrem scholastischen Wissen, sondern ihrem ‚Sehen'. Dieses ‚Sehen' ist viel diesseitiger, nicht mehr an der konzeptionellen Ordnung des Mittelalters ausgerichtet. Der Kunsthistoriker Wolfgang Kemp wirft auf diese konventionell-dominante kunsthistorische Traditionslinie des sich herausgebildeten linearperspektivischen Raumes einen modifizierten Blick und stellt dem Perspektivraum den Tiefenraum in der Malerei als Erzählraum gegenüber (Abb. 5); (Kemp 1996).

Abb. 5: Malerei als Erzählung vom Chronotops in der frühen Neuzeit. Ausschnitt aus den Freskomalereien von Giotto in der Arenakapelle von Padua.

Dies stützt Werner Hofmann, der den schroffen Paradigmenwechsel zwischen Mittelalter und Neuzeit so nicht diagnostiziert, sondern in der mittelalterlichen Polyfokalität (mit ihren beiden Ebenen des Narrativen und Ikonischen) den Wegbereiter der neuen, monofokalen Bildrealität sieht. „Die neue, perspektivische Blickrichtung bringt den dreidimensionalen Scheinraum hervor, in dem alle Körperbeziehungen horizontal auf einen Fluchtpunkt (am Horizont) ausgerichtet sind, indes die mittelalterliche Bildkomposition auf imaginären Bedeutungslinien be-

ruhte, die (bildlich gesprochen) vertikal nach oben, in das gedachte Jenseits, verweisen" (Hofmann 1998, S. 51 f.).
Für die deutsche Renaissance ist die Perspektive untrennbar mit Albrecht Dürer verbunden, der seine Erfahrungen und Studien aus den Italienreisen auch theoretisch fasste. Dürer wird in der Kunstpädagogik wie Kunstgeschichte primär über seine Bilder rezipiert, jedoch ist der bekannte Holzschnitt „Der Zeichner der Laute" (1525) (Abb. 6) nur als dem Text nachgeordnete Illustration in seinem Theorietraktat „Vnderweysung der messung mit Zirckel und Richtscheyt in Linien ebnen vnd gantzen corporen" (1525/1538) gedacht. Max Bense führt neben anderen den Nachweis, wie Dürer sich an den italienischen Renaissancekünstlern orientierte und vor allem für seine Raumkonstruktionen einen durchgängigen Konnex zu Euklid und Vitruv suchte, die auch für die italienischen Künstler Studienquellen waren (Bense 1949, S. 84 ff.). Und Dürer steht damit als Konzept bildender Idealtypus des Künstlers seiner Zeit, der sich aufgefordert sah, den metaphysischen Rahmen des Mittelalters zu verlassen und mit Messungen, Vergleichen und geometrischer Konstruktion das Zeitalter der Empirie auszurufen.

Abb. 6: Dem Theorietraktat nachgeordnete Illustration von Albrecht Dürer „Der Zeichner der Laute", 1525.

Aus der Zentralperspektive und ihrer symbolischen Ordnung resultiert eine eigene Fokussierung der Welt – das Scharfstellen, das Fokussieren als präzisierendes Sichtbarmachen. Ziele können dabei Erkenntnisziele sein, diese Ziele können dem Militärischen gelten oder eben gemalte „Bilder" mit ihrer eigenen Bildpragmatik. Paul Virilio spricht in diesem Zusammenhang vom „phatischen Bild" – und verweist auf dessen Kehrseite: „Das *phatische Bild* – das anvisierte Bild, das den Blick auf sich zieht und die Aufmerksamkeit fesselt – ist nicht nur ein reines Produkt von fotografischen und filmischen Fokalisierungen, sondern auch das Ergebnis einer immer intensiveren Beleuchtung, der Intensivität der Bildauflösung, durch die nur bestimmte Bereiche hervorgehoben werden, während der Kontext die meiste Zeit verschwommen bleibt" (Virilio 1989, S. 43). Dies indiziert für die Kunstpädagogik, ihre formale Bildanalyse in den Kontext zu deren medientechnischen und auch gesellschaftlichen Produktionsbedingungen zu stellen. Der fototechnische Begriff der Tiefenschärfe gewinnt in solch einem fragenden Zusammenhang als Metapher eine gesellschaftliche und machtpolitische Dimension.
Historisch wurden die empirisch gewonnenen Regeln jedoch nicht starr exekutiert, wie es der Schematismus der Zentralperspektive nahe legen könnte. Zur Regel addierte sich die originelle Bildgestaltung. Leonardo da Vinci mochte zur ‚imitatio' die ‚electio' beigesellen; auch Dürer integrierte in die ingeniöse Raumdarstellung nach Gesetzen der Geometrie seine künstlerische Stilistik. Der Kunsthistoriker Gottfried Boehm charakterisiert diese nahezu dialektische Relation in seiner prägenden Studie zur Perspektive (in der Renaissance) treffend: „Die Tätigkeit des Künstlers besteht in der malerischen Erschaffung visueller Ansichten, die es erlauben, einen bestimmten Gegenstand wiederzuerkennen, wobei nicht die Farbgebilde erlebt werden dürfen, sondern die sich in ihnen konstituierende Ansicht. Die in der Fläche aufgetragenen Farbpigmente sind ein Seinsfundament des Bildes, das andere besteht in der konstitutiven Leistung des Beschauers, der sich aus der realen Konstellation auf der Leinwand eine gegenständliche Ansicht ‚ersieht'" (Boehm 1969, S. 84). Die Betrachter eines computergenerierten Bildes sind heute statt auf Farbpigmente auf textbasierte Pixel verwiesen – kunstpädagogisch evoziert dies erneut die Untersuchung der materiellen Konstruktion der Bilder, die Untersuchung der Differenz zwischen analog und digital hergestellten Bildern.
Folgen wir Dürer, resultiert für die Perspektive eine geometrische Formel, mit deren Axiom der dreidimensionale Raum als sein Bild auf die zweidimensionale Fläche übertragen wird. Nun war es der Neuzeit möglich, einen Raum in seinen perspektivischen Verkürzungen von einem imaginären oder realen Betrachterstandpunkt aus darzustellen. Doch die gemalten Räume der Künstler bleiben, gerade unter dem Paradigma der Zentralperspektive, vom Betrachter getrennte Räume. Der naiv gedachte Einschluss funktioniert nur von

Abb. 7: In Peter Greenaways Film „Der Kontrakt des Zeichners" erhält ein Zeichner des 17. Jh. den Auftrag, verschiedene Ansichten eines Landhauses zu zeichnen. Dazu greift der Zeichner auf das Gitternetz nach Dürer'schem Vorbild zurück. Greenaway lässt den Zeichner durch das quadrierte Gitternetz schauen, das hinter dem Gitter den Zeichenapparat als starres System erscheinen lässt.

einem Betrachterstandpunkt; daraus entwickelt sich in Übereinstimmung mit der naturwissenschaftlichen Weltentdeckung rasch der Modus, die Welt aus wissender Distanz jenseits eines linear- oder gar zentralperspektivischen Einschlusses zu zeigen (Abb. 7). So resultiert das Bild aus einem künstlerischen Balanceakt, in dem die mathematische Konstruktionslogik mit der künstlerischen Eigenkonstruktion austariert wird. Das perspektivische Medium fließt in das perspektivische Bild ein. Und diese Konstruktion von Wirklichkeit ist gerade im Interesse einer illusionistischen Plausibilität nötig, da die exakte Zentralperspektivkonstruktion im Betrachterauge gerade *kein* reales, eine Wirklichkeit simulierendes Abbild erzeugt.

Die Illusion vom dreidimensionalen Raum wird mit Hilfe der geometrischen Konstruktion objektiviert. Diese Objektivierung als Ideal der Renaissance lässt mit Hilfe der innovativen und genialen Konstruktions- und Theorieingenieure wie Alberti oder Dürer die Perspektive weit über die Malerei hinaus zur „Symbolischen Form" gelangen: „Diese symbolischen Formen haben keinen anderen Zweck, als die Eroberung der Welt als Repräsentation, als platonische Seinsweise (genesis eis ousían) zu verkünden. Die Sprache, der Mythos, die Kunst, alle symbolischen Formen, konstituieren jede für ihr Teil ein unabhängiges und charakteristisches System, das seinen Grund nicht in dem hat, was es reflektiert, eine äußere Realität, sondern im Gegenteil in dem, was es konstruiert gemäß einem inneren und originalen Gesetz der Produktion" (Weibel 1990, S. 170). Weibel beschreibt systemisch eine einfache Struktur: Letztlich handeln wir immer aufgrund von Modellen von Welt, und das, was kommen wird, werden auch Modelle sein.

Die kunstpädagogische Folge daraus ist nicht neu, aber immer wieder evident: Die Bilder der Kunst und die Bilder des Computers (und die Bilder der Schnittmenge daraus) sind nicht als Abbilder Gegenstand der Analyse, sondern als Repräsentationen. Das hat Folgen für die kunstpädagogische Bild- und Werkbetrachtung, von Originalen im Raum und Reproduktionen auf der Projektionsfläche. Die formal-analytische Betrachtung fokussiert diese Perspektivkonstruktion, die weiteren Bedingungen einer Bildkonstruktion sind strukturell an die Formen „symbolischer Ordnung", also zeitabhängiger Dispositive zu binden, um den sich wandelnden, wechselseitigen Einfluss von (Raum-)Form, Kunstform und Medientechnik wie -technologie zu erkunden. Der fachmethodische Zugriff wird dazu verschiedene Modi erproben müssen; ikonographische Reihen werden nach den genannten Kategorien befragt, die ökonomischen wie technischen Produktionsbedingungen der Bilder sind aufzudecken, die Bilder entstehen aus einem gesellschaftlichen Bewusstsein heraus, das durch eine medial-technische Raumerfahrung bestimmt ist – und die Bilder werden unter einem veränderten Bewusstsein gleicher Koordinaten rezipiert.

Mathematische Bildkonstruktionen

In einer für das Verhältnis von Kunst und Mathematik anschaulichen Untersuchung beschreibt Karl Menninger die Konsequenzen für das Erzählfeld der Künstler: „Konnte der Maler in der vorperspektivischen Zeit nur durch das Her-zählen von einzelnen Körpern Räumliches er-zählen, so gelingt ihm jetzt *Raum*, mit diesem mathematischen Zaubermittel sozusagen aus einem Punkt. Raum, das ist für die Malerei das *Ganze vor den Einzelheiten*. Die Einzelheiten, Körper, Häuser, Fenster, Türen, Menschen, sind nun im Raumkasten ‚drin' und beugen sich durch Verschrägung und Verkleinerung unter sein Gesetz" (Menninger 1959, S. 4). In diesem konstitutiven Element der Erzählung begegnet das Tafelbild der Neuzeit dem Bild des Monitors konzeptionell und doch elementar different zur Wahrnehmung und Konditionierung der Wahrnehmungssozialisation: Beide Medien produzieren Bild-Realitäten; sie spei-

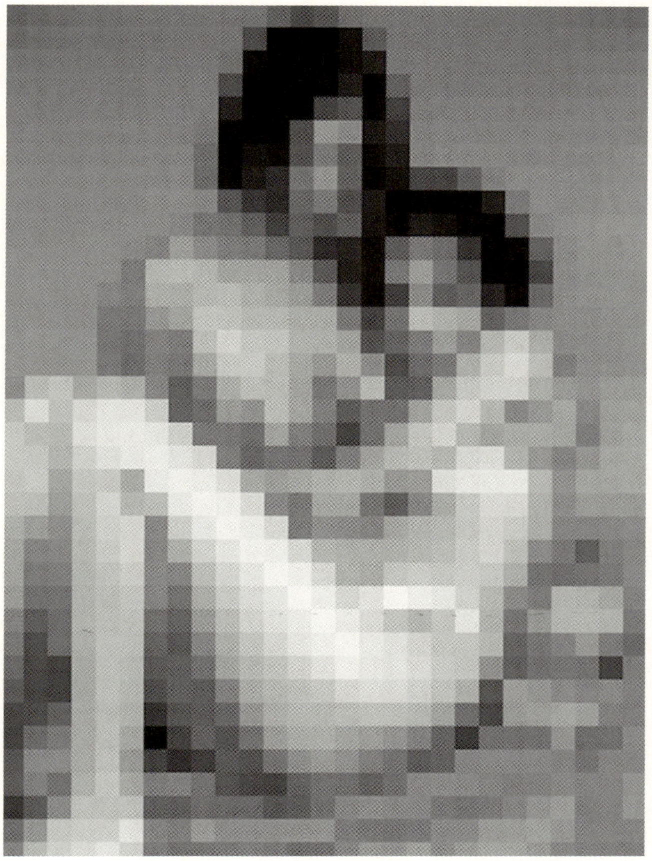

Abb. 8: Pixel als Daten ohne Zeugenschaft und Referenz.

chern und transportieren Daten; das Tafelbild (und seine bildnerischen Varianten der künstlerischen Medien) ist Medium analoger Daten, der Monitor bringt die digitalen, im Computer gespeicherten oder neu berechneten Daten zur Visualisierung. Auch wenn das Bildresultat beider Medienmodi sich nur im materiellen Substrat unterscheiden lässt, ist gerade dieser Modus des Zustandes konstitutiv different. Die Codierung der Daten zum Verrechnungsprozess in der Blackbox des Computers verrät nichts mehr von seiner visuellen, analogen Herkunft. Diese Daten und ihr Substrat, die Pixel, sind ohne Zeugenschaft und Referenz beliebig zu verschieben hin auf Bilder einer virtuellen Realität (Abb. 8).

Für Tafelbild und Monitorbild gilt gleichermaßen die Funktion ihrer inneren und originalen Gesetze der Produktion, sie sind beide – in unterschiedlichem Maße – mit der äußeren Realität als der Reproduktion dieser Realität, der symbolischen Repräsentation und der Simulation von Realität verknüpft. Auf Differenzen ist zu verweisen: Das linearperspektivische Bild der Renaissance wie die polyperspektivischen und damit dynamischen Betrachterstandpunkte des Films (auf der Leinwand oder dem Monitor) werden erst durch die Systeme, die Virtuelle Realität simulieren, in eine blickpunktabhängige Raumdarstellung transformiert: ‚viewpoint dependent imaging' ist die unabdingbare Kondition für Virtuelle Realität, die nicht limitierte, interaktiv gewählte Ansichten eines Raumes und der implantierten Objekte zulässt. ‚viewpoint dependent imaging' ist im Film an die Kamera gebunden, erst die polyvalenten Optionen interaktiver Bild-(und Handlungs-)alternativen eröffnen gleichwertige Fortsetzungen. Der Fluchtpunkt, einst Determinante des zentralperspektivischen Dispositivs, ist obsolet und mutiert durch die Raumkonfiguration. Hatte der an der Linearperspektive orientierte Künstler seinen Erzählraum als Realität dem involvierten und doch distanzierten Rezipienten offeriert, so ist der Agierende im interaktiven VR-Raum nur dann wahrnehmungsfähig, wenn er seine Verortung im virtuellen Raum, d. h. die changierende und von ihm verortete Bezugsrealität zu erkennen vermag (Abb. 9). Die Suggestion räumlicher Tiefe ist dem Renaissancebild mit dem Computerbild gemein; erst das animierte Bild der dreidimensionalen Computergrafik, deren fotorealistischer Ausdruck immer mehr gesteigert wird, lässt den Betrachter in Räume eintreten, was ihm bei der noch so gelungenen Perspektive der Malerei versagt bleibt. Dieser Aspekt wird hier im Beitrag von Michael Scheibel vertieft.

Damit deuten sich Innovationen, Metamorphosen an: In die Pixelstruktur des digitalen Bildes lassen sich andere Bilder einbauen. Neue Bilder entstehen, different und nicht in ihrer materiellen Genese zu unterscheiden.

Gegenstand der kunstpädagogischen Formgestaltung und ihrer reflexiven Bildrezeption ist mit dem Ziel der ‚Umformung' als Aufdeckung die visuelle Illusion. Dies wird nicht einzig in strenger Analyse der Bildkonstruktion gelingen, kunstpädagogisch aufklärend ist die schulisch mögliche Bild-Arbeit. Es bedarf nicht der großen Apparate,

Abb. 9: Verortungen im virtuellen Raum.

die Medien sind auch nicht – so das Missverständnis des auf teilhabende Produktion zielenden Didaktikkonzeptes „Visuelle Kommunikation" – basisdemokratisch in wirkmächtige Sender zu transformieren. Der Schule bleibt das geschützte und deshalb so noble Terrain des Spieles, des Erforschens auf Haupt- und Nebenwegen, des erkundenden Eingreifens in die Schichten und Strukturen des digitalen Bildes. Und dies im steten Rekurs zur Praxis und Reflexion des analogen Bildes, des im Kunstunterricht verhandelten Bildes (vergleiche die Beiträge von Markus Jaursch, Petra Schmid, Ernst Wagner und Christian Dobmeier).

So wird das Blickpunktverhältnis zwischen der perspektivischen Raumkonstruktion und den historischen wie zeitgenössischen Betrachtern entschlüsselt. Und dem folgt das Aufdecken der konstruierten Bilder in ihrem Verhältnis zu der sie generierenden (Medien-)Realität. Das schließt ein Reflektieren der Bildrezeption und ebenso die Bildproduktion als kunst- und medienpädagogische Konstruktion ein.

Literatur

Alberti, Leon Battista: Della Pittura. Über die Malkunst. Hg. von Oskar Bätschmann und Sandra Gianfreda. Darmstadt 2002

Bense, Max: Konturen einer Geistesgeschichte der Mathematik. Die Mathematik in der Kunst. Hamburg 1949

Boehm, Gottfried: Studien zur Perspektivität. Philosophie und Kunst in der Frühen Neuzeit. Heidelberg 1969

Flusser, Vilém: Die Revolution der Bilder. Der Flusser-Reader zu Kommunikation, Medien und Design. Mannheim 1995

Guminski, Karin: Kunst am Computer. Ästhetik, Bildtheorie und Praxis des Computerbildes. Berlin 2002

Hofmann, Werner: Die Moderne im Rückspiegel. München 1998

Kemp, Wolfgang: Die Räume der Maler. Zur Bilderzählung seit Giotto. München 1996

Kirschenmann, Johannes: Undurchsichtige Fenster. In: Kunst + Unterricht 272/2003, S. 42/43

Krämer, Sybille: Das Medium als Spur und als Apparat. In: Krämer, Sybille (Hg.): Medien, Computer, Realität. 2. Auflage. Frankfurt/M. 2000

Menninger, Karl: Mathematik und Kunst. Göttingen 1959

Nowotny, Helga: Das Sichtbare und das Unsichtbare: Die Zeitdimension in den Medien. In: Sandbothe, Mike/Walther Ch. Zimmerli (Hg.): Zeit – Medien – Wahrnehmung. Darmstadt 1994, S. 14–28

Ströhl, Andreas: Erziehung in eine Welt der technischen Bilder. In: Hug, Theo (Hg.): Technologiekritik und Medienpädagogik. Zur Theorie und Praxis kritisch-reflexiver Medienkommunikation. Baltmannsweiler 1998, S. 147–154

Virilio, Paul: Die Sehmaschine. Berlin 1989

Weibel, Peter: Zur Perspektive als konstruktivem Prinzip. Eine Geometrie des Imaginären: Kunstforum international 105/1990, S. 168–178

„Alles Medien, oder was?" – Überlegungen zur Beachtung und Beobachtung digitaler Medien im Kunstunterricht

Georg Peez

Medienkompetenz – eine kritisch zu hinterfragende Zielperspektive

Bisherige medienpädagogische Konzepte und auch solche aus der Kunstpädagogik legten die Ziele für den Umgang mit den digitalen Medien im Unterricht häufig nach der Maxime der „Medienkompetenz" fest. Diese Vokabel war bis Ende der Neunzigerjahre des 20. Jahrhunderts in aller Munde – auch in der Kunstpädagogik. Im Jahre 1998 gliederten Johannes Kirschenmann und Georg Peez, angelehnt an eine damalige Stellungnahme des Deutschen Kulturrates aus dem gleichen Jahr (www.deutscher-kulturrat.de), die „Schlüsselqualifikation ‚Medienkompetenz'" (Kirschenmann/Peez 1998, S. 7) unter kunstpädagogischen Gesichtspunkten in Wahrnehmungskompetenz, selektive Kompetenz, evaluative Kompetenz, soziale Kompetenz sowie instrumentelle, kreative und didaktische Kompetenz (Kirschenmann/Peez 1998, S. 7f.). Ähnliche Bestimmungen von Medienkompetenz finden sich bei Aufenanger 1999, S. 70ff.; Tulodziecki 1999, S. 288; Schorb 2000, S. 14ff. oder Stang 2000, S. 165. So überzeugend ‚abgerundet' diese Aufzählung klang, weil sie vor allem medienkritische Positionen enthielt und hierdurch die kunstpädagogische Klientel überzeugte, da sie den elektronischen Medien im Fach mit großer Skepsis gegenüberstand, so fällt mit etwas zeitlicher Distanz vor allem der aufklärerische bis althumanistische Impetus ins Auge.

Zudem ist ein solches Konglomerat hehrer Ziele im Alltag kunstpädagogischer Praxis wohl kaum einlösbar. Als komplexe, aber nicht erreichbare Zielperspektiven laufen Kompetenzaufzählungen wie diese deshalb Gefahr, nicht ernst genommen oder schon gar nicht beachtet zu werden. Oder eine solche Aufzählung löst bei Lehrenden gar Ängste aus, weil sie erkennen, dass sie den postulierten Anforderungen nie gewachsen sein werden. Sie würde das Gegenteil von dem fördern, was sie eigentlich beabsichtigt. Weiterhin sind diese Kompetenzziele tendenziell alten Vorstellungen von Lehren und Lernen verhaftet. Man fühlt sich an die hoch gesteckten, aufklärerischen bis emphatischen Zielperspektiven unseres Faches aus den Zeiten der „Visuellen Kommunikation" Anfang der 1970er-Jahre erinnert. Damals ging es um die Erziehung zum kritischen Medienkonsum und emanzipatorischen Mediengebrauch.

Mit der oben zitierten Auflistung von Medienkompetenzen besteht die Hoffnung und zugleich auch die Gefahr, der Illusion zu erliegen, wir könnten ‚Herr im Hause' unserer eigenen Mediennutzung sein. Die elektronischen bzw. digitalen Medien konditionieren uns nachhaltig – Kinder und Jugendliche bereits ab Beginn ihrer Wahrnehmung und Welterfahrungen. Deshalb ist eine Position, die glaubt, quasi ‚von außen' Mediennutzungsverhalten zu analysieren und bewusst zu verändern, tendenziell naiv und äußerst vorsichtig zu behandeln. Können wir demnach überhaupt ‚Herr im Hause' der eigenen komplexen Medienkompetenzen sein? Spätestens seit der Psychoanalyse Sigmund Freuds darf der Glaube an die Freiheit des Bewusstseins, die Souveränität des Subjekts massiv angezweifelt werden. Denn die Annahme eines nicht bewussten Bereiches, der sich unablässig dem Bewusstsein unterschiebt, raubt jeder Vorstellung einer Autonomie des „Ich", das weiß, was es tut, denkt und wünscht, weitgehend die Plausibilität (Mersch 2001, S. 336). Medien verändern unser Sein demnach dadurch, „dass sie quasi als Filter in unserer Wahrnehmung wirken und zwar so, dass wir davon gar nicht mehr abstrahieren können, uns es also nicht bewusst ist" (Aufenanger 2001, S. 3).

Medium und Werkzeug

Angesichts dieser fundamentalen Kritik sollten wir allerdings auch vorsichtig sein, ein neues, integrales Konzept zu entwerfen, in dem versucht wird, alles abzudecken – möglichst noch mit der Formulierung von Lern- und Kompetenzzielen. Die Gefahr ist groß, hierbei in die gleichen Fallstricke wie vor wenigen Jahren bei der Medienkompetenz zu geraten. Aus diesem Grunde folgen wir mit dieser Publikation der vorläufigen Gliederung des Feldes in „Computer als Werkzeug und Medium" und „Computer als Medium". Eine solche Gliederung orientiert sich an beobachtbaren Phänomenen in der Praxis (z. B. im Modellprojekt „Multisensueller Kunstunterricht unter Einbeziehung der Computertechnologie" http://www.muse-computer.de;

Abb. 1: Werkstattähnliche Unterrichts- und Raumsettings haben sich in der Praxis des Kunstunterrichts bewährt. Die Werkstatt wird in einzelne Arbeitsstationen – analog oder digital oder analog/digital – gegliedert; aus dem Unterricht von Judith Werner unter Beteiligung von Hans-Jürgen Boysen-Stern.
(Foto: Judith Werner)

http://www.muse-forschung.de). Hier haben sich häufig werkstattähnliche Unterrichts- und Raumsettings bewährt – meist in dem Sinne, dass die ‚Werkstatt' in einzelne Arbeitsstationen mit den entsprechenden, nur in begrenzter Stückzahl vorhandenen Werkzeugen gegliedert wurde (Abb. 1; vgl. die Beiträge von Hans-Jürgen Boysen-Stern, Martin Dürk, Georg Peez, Susanne Habermann und Judith Werner).

Auch im Positionspapier des Bundes Deutscher Kunsterzieher e. V. mit dem Titel „Digitale Medien und Kunstunterricht" (BDK 2001) ist häufig vom Computer als „Werkzeug" die Rede. So werden etwa verschiedene Ansätze aufgelistet, „die den Einsatz des Computers als Werkzeug für das Kommunikationsdesign begründen". In den dort genannten Beispielen lassen sich „Möglichkeiten des Computers mit all seinen Peripheriegeräten als Werkzeuge bei Gestaltungsaufgaben nutzen" (BDK 2001, S. 44). Dass in der instrumentellen Nutzung (heute noch) ein Schwerpunkt der Kunstpädagogik liegt, dass aber der Computer zukünftig verstärkt „als Medium, als Kulturtechnik" innerhalb von Bildbetrachtungen und Medienanalysen behandelt werden müsse, wird gefordert (BDK 2001, S. 44).

Unter „Computer" ist freilich immer der Rechner mit den an ihn angeschlossenen digitalen (Peripherie-)Geräten gemeint, wie Scanner, Digitalkamera oder Grafiktablett (Abb. 2). Vom kunstpädagogischen Handeln ausgehend wird der Computer im Kunstunterricht häufig als Instrument – beispielsweise zur Bildgenerierung oder Bildbearbeitung (Abb. 3) – genutzt. Zugleich wird

Abb. 2: Drei Schüler einer 8. Klasse erkunden im Kunstunterricht zum ersten Mal ein Grafiktablett; aus dem Unterricht von Martin Dürk.
(Foto: Georg Peez)

über die Implikationen und Folgen der Digitalisierung im Visuellen und Ästhetischen nachgedacht und diskutiert (vgl. die Beiträge von Frieder Kerler, Petra Schmid, Judith Werner; in Bezug auf die bildende Kunst Jürgen Stiller und in Bezug auf kunsthistorisch orientierte Recherchen Christian Dobmeier).

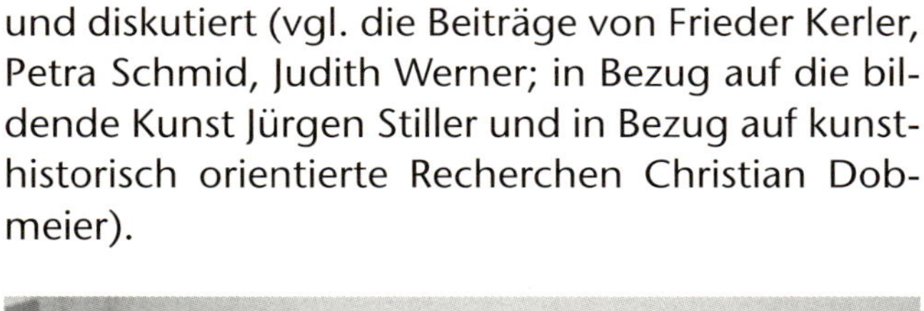

Abb. 3: Bildgenerierung, Bildbearbeitung und Bildmanipulation. Zwei Schüler verändern ein Porträtfoto; aus dem Unterricht von Hans-Jürgen Boysen-Stern.
(Foto: Georg Peez)

In der Theorie findet sich ebenfalls diese Gliederung. So statuiert der Medienphilosoph Norbert Bolz, der Computer solle nicht als Werkzeug betrachtet werden, sondern als Medium an sich, das sicherstellt, „dass Kommunikationen laufen, auch wenn man sich nichts zu sagen hat“ (Bolz 1997, S. 664 f.) – nach den häufig zitierten Worten des frühen Medientheoretikers Marshall McLuhans: „Das Medium ist die Botschaft“ (McLuhan 1964; vgl. auch den Beitrag von Norbert Bolz). Das Primat der Bedeutung etwa einer kommunikativen Aussage wird gerade auch in der zeitgenössischen Philosophie immer mehr angezweifelt, wie etwa durch Jacques Derrida (Derrida 1996). Es vollzieht sich ein radikaler Übergang von der Erkundung des Sinns hin zur Erkundung der Struktur, etwa des Mediums Sprache. Die Wahrnehmung, das Denken, die Wirklichkeit sind aus dieser Sicht Vermitteltes. Deshalb überzeugt die Auffassung: „Zuerst kommt das Medium, dann das Mediatisierte“ (Mersch 2001, S. 336).

Abb. 4: Eine Schülerin bearbeitet das Porträtfoto eines Stars; eine weitere Schülerin hält den Computerausdruck eines Porträtfotos eines Mitschülers daneben; aus dem Unterricht von Hans-Jürgen Boysen-Stern. (Foto: Georg Peez)

Was aber steht hinter der hier vertretenen Idee, das Medium als Medium – in Hinblick auf den schulischen Kunstunterricht unter Einbeziehung der Computertechnologie – zu verstehen und zu nutzen? Eine solche Reflexivität in Bezug auf die Medien fällt vor allem deshalb schwer, weil es heute für uns Wirklichkeit unabhängig von den Wirklichkeiten, die die Medien vermitteln, nicht mehr gibt. Wir und unser Selbstbild sind durch die Medien, durch deren Inhalte und Darstellungsformen essenziell geprägt und durchdrungen. Wir können uns beispielsweise heute kein Bild mehr betrachten, uns in kein Kunstwerk mehr vertiefen, ohne dass wir die zuvor millionenfach rezipierten Medienbilder bereits in uns

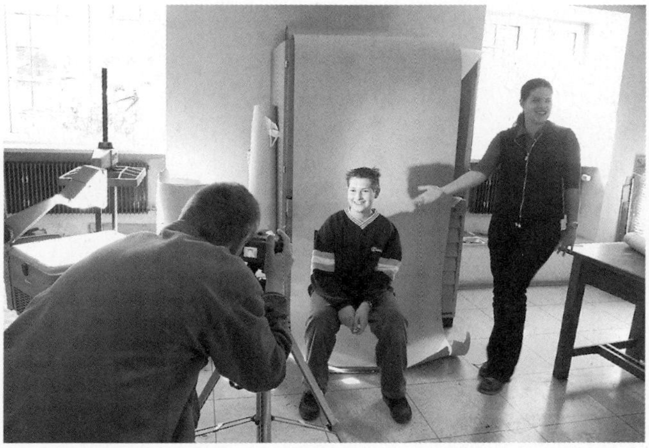

Abb. 5: Die Schülerin einer 8. Klasse bereitet einen Mitschüler für ein Porträtfoto vor. Sie präsentiert ihren Star. Ein weiterer Mitschüler fotografiert das Porträt mit der Digitalkamera; aus dem Unterricht von Hans-Jürgen Boysen-Stern. (Foto: Georg Peez)

tragen (Abb. 4 und 5). Diese Eindrücke aus den Medien beeinflussen selbstverständlich unser Rezeptionsverhalten.

Wenn wir über das Medium als Medium nachdenken, Positionen hierzu erkunden und einnehmen wollen, dann bieten sich hierfür die Diskurse der Medientheorie an. In ihnen finden sich Antworten auf die Frage: Welche medientheoretischen Konzepte bestehen zur Zeit, um diese Problematik – das Medium als Medium zu verstehen – fassbar zu machen? Deshalb werden im Folgenden einige medientheoretische Sichtweisen umrissen.

Annäherungen an Facetten aus sieben medientheoretischen Modellen

- Traditionelles, am Einzelgerät orientiertes Medienverständnis

Nimmt man Medien als Mittel und Geräte von und für Kommunikation fast wörtlich, dann sind Telefon, Fernseher, Zeitschriften, Faxgerät, CD-ROM- und DVD-Player, Buch oder Brief in diesem Sinne Medien (Kirschenmann/Peez 1998, S. 6; Stang 2000, S. 159 f.). Hier handelt es sich um Einzelmedien, die freilich nicht mehr als solche gesehen werden, sondern heute meist in Medienverbünden integriert und miteinander vernetzt sind. Man spricht in diesem Falle von einem inklusiven Verständnis der Medien (Hoormann 2002, S. 2). Die Digitalisierung jedweder Information und medialen Ausdrucksform ist für diese Multimedia-Verbünde entscheidend. Im Internet lassen sich viele der oben genannten Einzelmedien integrieren. Bei dieser Sicht handelt es sich um ein rudimentäres, instrumentelles Verständnis von Medium.

- Interaktive Medien und Massenmedien

Auch wenn auf der Basis des am Alltagsverständnis orientierten Medienbegriffs oft die Unterscheidung zwischen Massenmedium und interaktivem Medium vorgenommen wird oder das Medium an seiner Reichweite sowie am Grad seiner Interaktivität (Kirschenmann/Peez 1998, S. 6) gemessen wird, so kann hierbei ebenfalls nicht von einem eigentlichen Medienkonzept gesprochen werden. Solche Sichtweisen verbleiben eher an der Nutzer-Oberfläche. Wo, so ist mit dem Medienphilosophen Siegfried J. Schmidt zu fragen (Schmidt ²1996, S. 63 ff.), liegt die Trennlinie zwischen interaktiver Handlung und nicht interaktiv geführter, medientechnisch vermittelter Information? Ist bereits ein Anruf bei der TV-Sendung „Wetten dass ...?", um für einen Wettkandidaten zu stimmen, medientheoretisch als interaktive Handlung anzusehen? Für Peter Glaser hingegen ist klar: „Es liegt in der Natur der Sache, dass sich ein Gegenüber, mit dem ich auf altbekannt analoge Art interaktiv bin, gleichzeitig mit mir ändert – jede Seite wird ein bisschen erfahrener. Die Situation ist nie eindeutig vorhersehbar. Die Vorstellung, man könne interaktiv mit etwas sein, das sich selber nicht ändert, ist unsinnig" (Glaser u. a. 1997, S. 79).

- „Heiße" und „kalte" Medien nach Marshall McLuhan

Der kanadische Medienphilosoph und -visionär **Herbert Marshall McLuhan** (Abb. 6) richtete zunächst seine Aufmerksamkeit in erster Linie auf die Materialität der Medien, doch verstärkt auf ihren instrumentellen Gebrauch als technische Erweiterung des menschlichen Körpers und seines Nervensystems. Der Umgang mit Medien rückt in den Blick.

Abb. 6: Der kanadische Medientheoretiker Marshall McLuhan.

Eine konzeptionelle Unterscheidung und Klärung McLuhans von Medien hatte lange Zeit Einfluss auf die Mediendebatte. Und zwar handelte es sich um die – zunächst merkwürdig klingende – Trennung in „heiße" und „kalte" Medien im zweiten Kapitel seines Buches „Understanding Media" (McLuhan 1964). „Kalte Medien" sind solche, bei deren Nutzung eine hohe Eigenleistung erbracht werden muss. Beispielsweise ist das Telefon ein kaltes Medium, denn beim Telefonieren muss man sich seinen Gesprächspartner vorstellen, zudem erfolgt hier meist komplexe verbalsprachliche Interaktion. Das Radio hingegen zählt McLuhan zu den „heißen Medien", weil beim Radiohören nur ein Sinn angesprochen und erweitert werde. Zudem zielt diese Erweiterung hier nicht auf Interaktion, sondern auf höheren Detailreichtum, beispielsweise an Tönen. Obwohl dieses Theorem weder gut verständlich noch leicht einsehbar ist und viel Kritik hervorrief, so lenkte es in vordigitalen Zeiten die Aufmerksamkeit weg vom Medium als Instrument und Werkzeug. McLuhan richtete den Blick auf den Umgang der Menschen mit Medien. Formen und Inhalte des Umgangs mit Medien hingen jeweils von den unterschiedlichen Funktionen ab, in denen die Menschen ein Medium nutzten.

- Kommunikation nach Paul Watzlawick

Worauf McLuhan unsere Aufmerksamkeit lenkt, ist die Kommunikation. Kommunikations- und Medienforschung sind heute untrennbar miteinander verbunden. Kommunikation schafft laut dem Psychotherapeuten und Kommunikationswissenschaftler **Paul Watzlawick** zwischenmenschliche

Abb. 7: Kommunikation schafft zwischenmenschliche Wirklichkeiten. In den Kommunikationsakten werden die Wirklichkeiten, in denen wir leben, letztlich hergestellt bzw. konstruiert (Paul Watzlawick); (Norman Rockwell: Cover der Zeitschrift „Saturday Evening Post", 1948).

Wirklichkeiten (Watzlawick 1999). In den Kommunikationsakten werden die Wirklichkeiten, in denen wir leben, letztlich hergestellt bzw. konstruiert (Abb. 7). Medien spielen bei der Bildung unserer Wirklichkeitskonstruktionen zweifellos eine herausragende Rolle. Erst wer diesen Umstand berücksichtigt, kann einem Verständnis des Mediums als Medium näher kommen und gerecht werden. Im Fokus stehen demnach Modelle, die Kommunikation begreiflich machen; Modelle, die zu erklären versuchen, wie der Sinn, den Menschen ihren Wahrnehmungen zuschreiben, variieren kann und auf welcher Grundlage (dennoch) Kommunikation erfolgt. Denn jede Kommunikation weist neben den Inhalts- auch Beziehungsaspekte auf. Die Grundlage für ein überzeugendes Medienkonzept lautet demnach, dass Menschen Modelle für Wirklichkeit schaffen. Sie schaffen sich Wirklichkeiten zweiter Ordnung, deren Objektivität oder Wahrheit nie direkt an der Wirklichkeit erster Ordnung, der Welt ‚an sich' überprüfbar ist (Abb. 8). Fakten sind ihrem Wortstamm entsprechend gemacht, denn das lateinische Verb ‚facere' heißt ‚machen', und ‚factum' heißt die ‚Tat'. Fakten werden nicht gefunden oder entdeckt, es sind Artefakte. Auf diesen Aspekt des Machens bzw. Tuns verweist ebenso der wörtliche Sinn der Bezeichnung ‚Tatsachen' (Welsch 1992, S. 50). Der Umstand, dass in den Medien oft der Anspruch erhoben wird, Fakten und Tatsachen zu verbreiten,

Abb. 8: Menschen schaffen sich Modelle für Wirklichkeit. Sie schaffen sich nicht zuletzt durch ihren Forscherdrang Wirklichkeiten zweiter Ordnung. Ein Missionar des Mittelalters berichtet, er habe den Punkt gefunden, wo sich Erde und Himmel träfen; Holzschnitt (erstmals veröffentlicht in: Camille Flammarion: L'Atmosphère. Météorologie Populaire. Paris 1888. Vgl. Peez, Georg: Z. B. Anonymer und undatierter Holzschnitt. Zur Verbildlichung einer „kreativen Grenzerfahrung". In: Kunst + Unterricht, Heft 261, 2002; S. 54–56).

ist demnach sehr aufschlussreich. Will man das Medium als Medium verstehen, so muss man zwangsläufig die in den Kommunikationsakten konstruierten Wirklichkeiten zweiter Ordnung im Blick haben. Der Versuch, die objektive Wirklichkeit erster Ordnung, die Geräte und Werkzeuge selbst zu fokussieren, diese als Medien zu definieren – wie eingangs umrissen –, bliebe weitgehend aussagelos und erfolglos, wenn er denn überhaupt möglich wäre.

- Kommunikationssysteme nach Niklas Luhmann

Kommunikation ist die spezifische Operation, die alle sozialen Systeme anwenden. Je komplexer eine Gesellschaft entwickelt ist, desto ausdifferenzierter sind deren Kommunikationssysteme. Kommunikation ist aber nach der Systemtheorie des Soziologen **Niklas Luhmann** nicht handlungstheoretisch zu sehen, wie der Philosoph Jürgen Habermas dies tut, denn Kommunikation ist keine gelingende oder misslingende Übertragung von Nachrichten oder Informationen (Luhmann 2000, S. 49). Die Vorstellung von Medien, die vergleichbar einem ‚Container' Inhalte transportieren, lehnt Luhmann demnach ab (s. u.). Kommunikation kommt – systemisch gedacht – durch die Synthese von drei verschiedenen Selektionen zustande, nämlich (1) Information, (2) Mitteilung dieser Information und (3) Verstehen (oder Missverstehen) dieser Mitteilung und ihrer Information (Luhmann 2000, S. 45). Keine der Komponenten kann für sich alleine vorkommen. Nur zusammen erzeugen sie Kommunikation.

Eine zentrale Aussage Luhmanns lautet: „Nur Kommunikation kann Kommunikation beeinflussen" (Luhmann 2000, S. 51). Das Kommunikationssystem ist ein vollständig geschlossenes System, das die Komponenten, aus denen es besteht, durch die Kommunikation selbst erzeugt. Mit anderen Worten: Das Kommunikationssystem ist ein autopoetisches System, das sich unterschiedlicher Medien bedient, deren Aufgabe es ist, die Verbreitung der Kommunikationsofferten zu sichern (Baraldi/Corsi/Esposito 1997, S. 93). Die menschlichen Akteure gehören diesem System Kommunikation nicht an, sie gehören sozusagen in die Umwelt von Kommunikation. So wenig dieses Theorie-Modell zunächst unserem Alltagsempfinden entsprechen mag, so bietet es jedoch die wichtige Option, dass nicht nur Menschen, sondern auch Maschinen, beispielsweise in Form von digital erzeugten Bildern, dem Kommunikationssystem zuliefern können.

- Medien- bzw. Technikphilosophie nach Norbert Bolz

Die Beziehung zwischen Mensch und Medien thematisiert der Medienphilosoph **Norbert Bolz** in bewusst radikaler Weise: „In der technischen Wirklichkeit der neuen Medien", so Bolz, „ist der Mensch nicht mehr Souverän der Daten, sondern wird selbst in Feedback-Schleifen eingebaut. Stetig wächst der Anteil der Kommunikation, der an Maschinen statt an Menschen gerichtet wird. So lässt sich thesenhaft sagen, dass alle Identitätsprobleme der humanistischen Kultur aus den Anforderungen einer neuen Mensch-Maschine-Synergie resultieren. (...) Der Mensch ist nicht mehr Werkzeugbenutzer, sondern Schaltmoment im Medienverbund (...) – der Mensch rastet in Schaltkreise ein" (Bolz 1997, S. 661) (Abb. 9).

Abb. 9: Ein Schüler klebt sich das Schild von einem nicht funktionsfähigen Computer an die Stirn; aus dem Unterricht von Martin Dürk u. Georg Peez (Foto: Georg Peez).
„Der Mensch ist nicht mehr Werkzeugbenutzer, sondern Schaltmoment im Medienverbund (...) – der Mensch rastet in Schaltkreise ein." (Norbert Bolz)

Auch der Medienpädagoge und Erziehungswissenschaftler **Stefan Aufenanger** fordert, dass die Frage nach dem Menschsein andauernd neu bestimmt werden müsse, denn inzwischen gehe es um den „erweiterten Menschen" (Aufenanger 2001, S. 2), der die Beziehungen zu seiner Außenwelt überwiegend mit Hilfe von Technik bzw. Medien herstelle.

Der Computer ist nicht nur aufgrund seiner Rechenfähigkeit oder Speicherleistung zum Leitmedium der Gegenwart geworden, sondern vor allem, weil er Kommunikationsfunktionen übernimmt. Ist der Mensch so eng in die Schaltkreise der Medienverbunde integriert, so ist nachvollziehbar, dass ihm auch keine unmittelbare Weltwahrnehmung jenseits der Medien möglich ist, sondern nur noch die Wahrnehmung von Kommunikation. Diese Annahme würde freilich auch Auswirkungen auf die Möglichkeit einer aufklärerischen Kritik haben. Es gibt folgerichtig kein Subjekt-Objekt-Verhältnis mehr zwischen Menschen und Medien. Da Schein, Fiktion, Simulation und Manipulation zum Normalfall der Weltdarstellung werden, zweifelt Bolz demnach an, ob intellektuelle Distanz und Medienkritik im bisher bekannten Verständnis, das der Aufklärung entspringt, überhaupt eine Zukunft haben. Schein, Fiktion, Simulation und Manipulation sind als Aggregatzustände von Wirklichkeit zu sehen, nicht mehr ihr Gegenteil (vgl. den Beitrag von Norbert Bolz). Konsequenterweise unternimmt Bolz somit selbst keine Versuche einer solchen Kritik, sondern er nutzt in seinen Schriften, in den von ihm produzierten kommunikativen Äußerungen, die den Medien eigenen Mechanismen. Bolz brilliert demnach als Teil dieser Medien-Wirklichkeit mit Rhetorik und Provokation, nicht nur um Aufmerksamkeit zu erhalten, sondern vor allem, weil eine solche Methode für ihn nur konsequent ist, wie man im Zitat eingangs und im Folgenden gut erkennen kann. „Ohne Unterschied transportieren die Medien Sinn, Unsinn und Gegensinn. Diesen Datenprozess können wir nicht mehr ‚kritisch' oder mit Qualitätsmaßstäben kontrollieren. Die Medieneffekte bilden einen geschlossenen Regelkreis, der nichts mehr mit den alten Vorstellungen von Kommunikation zu tun hat. Von diesen Datenprozessen geht eine Faszination jenseits des Sinns aus: Wir genießen uns selbst, indem wir unsere Sinne in der Medienwirklichkeit baden." Bolz argumentiert hier in Richtung primär ästhetisch gelenkter Rezeptionsweisen und ebensolcher Erfahrungen. „Dass es zum Faszinationsgenuss kommt, setzt aber voraus, dass unsere Aufmerksamkeit abgelenkt wird. (...), denn dank der Massenmedien werden wir durch Ereignisse in weiter Ferne affektiert und alterniert (...), denn unsere Aufmerksamkeit wird zunächst total fokussiert und dann ebenso total abgelenkt – wir sind in Trance. Wenn Menschen fernsehen oder telefonieren, geht es ihnen also nicht vorrangig darum, Informationen aufzunehmen oder auszutauschen. Sie wollen gerade in der Redundanz der Botschaft ‚mitschwingen'. Es geht nicht um Kommunikation, sondern um Faszination" (Bolz 1997, S. 669).

- Konstruktivistische Medienphilosophie nach Siegfried J. Schmidt unter der Prämisse der Zunahme von Beobachtungsmöglichkeiten und Pluralisierung von Wirklichkeit

Der Medienphilosoph und Konstruktivist **Siegfried J. Schmidt** erkennt die Konsequenz im Verhalten von Bolz gegenüber den Medien zwar an, er gibt gleichzeitig zu Bedenken, dass Bolz auf diese Weise jedoch die Anforderungen des medientheoretischen Diskurses auf Kosten der medienökonomischen Gesetze aufgibt. Und auch der Medienpädagoge Stefan Aufenanger, der Bolz' Argumentation ein Stück weit unterstützt, vertraut, ja „pocht“ (Aufenanger 2001, S. 6) nach wie auf die Veränderungen des Menschen in der Mediengesellschaft „aus einer Position der Distanz und Reflexion“ (Aufenanger 2001, S. 6) mit kritischen Fragen zu begleiten; gleichsam wie ehemals Horkheimer und Adorno (Horkheimer/Adorno 1947). Nach Bolz wäre dies freilich ein kardinaler Trugschluss.

Den so vielfältig genutzten Meta-Begriff „Medium“ versucht Schmidt zu systematisieren und in drei Komponenten zu gliedern:

- in Medientechnik (z. B. der Buchdruck oder das Betriebssystem eines Computers),
- Medieninstitutionen (z. B. den Buchverlag oder den Internetprovider) und
- Medienangebote (z. B. ein bestimmtes Manga oder ein Pop-Song; Schmidt ^{2}1996, S. 322). Medienangebote werden produziert, verbreitet, rezipiert und genutzt. Sie sind ferner jeweils stark von der Medientechnik sowie der Medieninstitution geprägt.

Außerdem können Medien weder historisch noch systematisch gesehen ohne Bezug auf Kommunikation sinnvoll behandelt werden.

Zunächst räumt Schmidt jedoch auf mit einer folgenreichen, „scheinbar harmlosen, aber ungemein wirksamen Metapher“, der so genannten „Container-Metapher“ (Schmidt ^{2}1996, S. 51) (s. o.). Diese meint die Vorstellung, im Kommunikationsprozess werde Information von einem Sender zu einem Empfänger durch einen Kanal übertragen. Information wird durch diese Metapher, die auf informationstechnischen und mathematischen Modellen beruht, zu einem Gegenstand, der in einem Behälter (Container) vom Sender zum Empfänger unverändert vermittelt werde. Demgemäß bedeutet das im Bereich der Medien, dass gleiche Botschaften auch gleiche Wirkungen haben müssten. Dies ist jedoch ganz offensichtlich nicht der Fall, wie oben in Bezug auf Watzlawick ausgeführt wurde und wie beispielsweise empirische Untersuchungen der Auswirkung von Ballerspielen auf Jugendliche ergaben (Fromme u. a. 2000). Aber auch der Alltag lehrt uns: Nur sehr, sehr wenige Spieler des Computerspiels „Counter Strike“ werden zu Amokschützen, wie in Bad Reichenhall im Jahr 2000 oder Erfurt 2002 (vgl. den Beitrag von Johannes Kirschenmann zu Computerspielen). Dennoch hält sich eine solche Vorstellung auch in den Kommunikationswissenschaften, wenn beispielsweise Roland Burkart schreibt: „Das Medium ist das Ausdrucksmittel der kommunikativen Aktivität; es stellt die materielle ‚Hülse‘ für die zunächst immateriellen Bedeutungsinhalte bereit“ (Burkart ^{3}1998, S. 33). Folgerichtig heißt es bei Burkart, dass Kommunikation nur dann stattgefunden habe, wenn kommunikatives Handeln erfolgreich war, also „wenn beide Kommunikationspartner die zu vermittelnden Bedeutungen auch tatsächlich miteinander teilen“ (Burkart ^{3}1998, S. 33). Schmidt plädiert hingegen dafür, dass man über die Bedeutung von Medien nur sprechen kann, wenn man sowohl die technisch-medialen Gegebenheiten, die ästhetisch-formalen Bestandteile, also auch die sozialen Bedingungen berücksichtigt, die Umstände ihrer Produktion, Verbreitung, Rezeption und Verarbeitung (vgl. die Beiträge von Jürgen Stiller).

Konstruktivistisch gedacht wäre die Beobachtung zweiter Ordnung – also zu beobachten, wie andere sich bei ihrer Medienrezeption verhalten und dies dann verstehend zu deuten – der Weg, die Wirkung der Medien zu ‚entschleiern‘. Doch zwei Argumente sprechen gegen diese aufklärerische Hoffnung: Erstens werden für diese Beobachtung im Bereich der Wissenschaft in aller Regel wiederum Medien verwendet, beispielsweise das Aufzeichnungsmedium Digitalkamera, das Tonbandgerät oder der Videorekorder, der mit dem Computermonitor mittels Konverter gekoppelt den gesamten Bildschirminhalt mitzuschneiden gestattet (Steinmüller 1998, S. 116). Und zweitens ist Verstehen nicht als eine semiotische Decodierungsaufgabe anzusehen, sondern Verstehen erweist sich als sinnkonstruierende Handlung des gerade auch durch die Medien sozialisierten Individuums (Schmidt ^{2}1996, S. 58). Es besteht immer ein Vorverständnis und es werden im Verstehensakt Zusatzannahmen gebildet; ein Problem, das in den textauslegenden Wissenschaften mit dem hermeneutischen Zirkel bzw. der hermeneutischen Spirale zu fassen versucht wird. Dennoch müssen wir ein Beziehungsverhältnis zu den Medien entwickeln, ohne dieses geht es nicht. Hier liegt eine (kunst-)pädagogische Aufgabe (vgl. die Beiträge von Anne Hoormann u. Michael Scheibel). Entgegen der Schreckensvision einer Gleichschaltung aller Menschen durch die Medien, weil Menschen zunehmend nur Elemente in maschinellen Schaltkreisen werden, besteht für Schmidt die Hoffnung einer Zunahme an Kontingenz- und damit Pluralitätserfahrungen. Als den vielleicht wichtigsten Einfluss der (Massen-)Medien auf unsere Kultur bezeichnet Schmidt, dass die Kontingenzgewissheit zu einem Teil des kollektiven Wissens wurde (Schmidt [2]1996, S. 310), denn die Entwicklung von immer komplexer werdenden Mediensystemen vervielfache die Beobachtungsmöglichkeiten. Zwar gibt es keinen Beobachterstandpunkt außerhalb der Medien, die Beobachtungsverhältnisse ändern sich durch die Medien, doch werde immer wahrscheinlicher, dass durch diese Pluralisierung auch die kontingente Konstruktion jeder Wirklichkeitsvorstellung einsichtiger werde (Abb. 10). Medienentwicklung und Pluralisierung von Wirklichkeit hängen für Schmidt untrennbar zusammen.

Abb. 10: Die kontingente Konstruktion jeder Wirklichkeitsvorstellung wird einsichtig, denn verschiedene Betrachterstandpunkte fördern die Zunahme an Pluralitätserfahrungen.

Nicht zuletzt spielt hier die ‚Medien-Kunst' in ihren sehr unterschiedlichen Facetten eine wichtige Rolle (vgl. die Beiträge von Anne Hoormann, Birgit Richard, Jürgen Stiller und Tanja Wetzel). Denn „Medien-Kunst", so Anne Hoormann, „experimentiert auf der Basis neuer Informationstechnologien. Sie verhält sich aber nicht kongenial zu diesen, sondern, um Fiktionen und Räume für die Imagination zu eröffnen, widerspenstig und subversiv" (Hoormann 2002, S. 3).

Abb. 11: Beobachtung, Kommunikation und Gestaltung im werkstattorientierten Kunstunterricht einer 6. Klasse; aus dem Unterricht von Hans-Jürgen Boysen-Stern; vgl. Beitrag.
(Foto: Hans-Jürgen Boysen-Stern)

Im Laufe der Medienforschung über mehr als vier Jahrzehnte hinweg – so lässt sich zusammenfassen – rückt immer stärker das Verhältnis von Medien und Wirklichkeit in den Blickpunkt.

Kunstpädagogische Bezüge und Ausblicke

Auf die ästhetische Erziehung bzw. den Kunstunterricht übertragen hieße dies, dass jeder Schülerin/jedem Schüler im eigenen Umgang mit den Medien Möglichkeiten zur Verfügung stehen sollten:
- der Beobachtung,
- der Kommunikation (vgl. den Beitrag von Ulrike Stutz zur Kunstvermittlung via Internet und den Text von Ernst Wagner zu interkulturellem Lernen im Netz)
- und der Gestaltung – in unserem Falle als ästhetische Praxis zu bezeichnen. Hier geht es um ein Konstruieren anderer Wirklichkeiten (vgl. u. a. den Beitrag von Ralf Janaszek), auch um Simulation (vgl. u. a. die Beiträge von Hans-Jürgen Boysen-Stern, Roland Meinel u. Ulrich Schuster zu Animationen bzw. digitalem Video) und bewusste Manipulation (vgl. die Beiträge von Frieder Kerler u. Petra Schmid). Manipulation ist jedoch nicht als Täuschung anzusehen, sondern als ein – oben bereits erwähnter – ‚Aggregatszustand von Wirklichkeit' bzw. ein ‚Aggregatzustand von Kommunikation' (Abb. 11 und 12).

Eine zentrale Aufgabe des Kunstunterrichts ist es, die Wirklichkeit nach ihren visuellen Erscheinungsformen – insbesondere in der Kunst – zu befragen, das Wahrnehmungsvermögen jedes Einzelnen mal spielerisch, mal kommunikativ, mal instruktiv

Abb. 12: Beobachtung, Kommunikation und Gestaltung im werkstattorientierten Kunstunterricht einer 10. Klasse; aus dem Unterricht von Martin Dürk und Georg Peez; vgl. Beitrag.
(Foto: Georg Peez)

auszubilden und anzuregen (vgl. die Beiträge von Christian Dobmeier, Markus Jaursch, Thomas Michl, Ulrike Stutz sowie den Beitrag von Johannes Kirschenmann zur Interpretation eines barocken Gemäldes und den Text von Ernst Wagner zur „Projektarbeit Kunstgeschichte" mittels 3D-Visualisierungen).

Die Ausrichtung des Kunstunterrichts nach einem vorwiegend werkzeugorientierten Medienverständnis würde solche Prozesse der Beobachtung, Kommunikation und auch der reflexiven Gestaltung bzw. Konstruktion kaum fördern. Den Schülerinnen und Schülern würde kein Bewusstsein über die Spezifik bestimmter Medien vermittelt werden.

In der Praxis ist jedoch zu beobachten, dass das eine auf das andere aufbaut: Die erste Phase der Integration des Computers und seiner digitalen Peripheriegeräte in den Kunstunterricht ist bzw. war meist von einem intensiven Erkunden und Kennenlernen der Charakteristika der neuen Gestaltungsmittel gekennzeichnet (vgl. die Beiträge von Susanne Habermann, Anja Mohr und Judith Werner sowie von Michael Schacht zum Erstellen multimedialer Präsentationen). Dies ist verständlich, da aller Erfahrung nach zunächst die Schwierigkeiten im Umgang mit Hard- und Software den Unterricht bestimmen und viel Zeit und Energie sowohl auf Schüler- als auch auf Lehrerseite kosten. Wissen über die Programme und deren kompetente Anwendung bleiben freilich stets grundlegend (vgl. den Beitrag von Markus Jaursch sowie den Beitrag von Michael Schacht zu Free- und Shareware im Support-Teil). Der Werkzeugcharakter der digitalen Medien, orientiert und eingelagert in der bildnerischen Gestaltungspraxis der Schülerinnen und Schüler, prägt in dieser Einführungsphase den Kunstunterricht stark. Mit anderen Worten: Die digitalen Medien werden bzw. wurden ganz pragmatisch als Mittel aufgefasst und eingesetzt, Gestaltungsergebnisse zu erzielen (vgl. den Beitrag von Sebastian Müller und die Gestaltungshinweise von Michael Schacht und Georg Peez) – seien sie vorgeplant, eher prozessorientiert oder teils zufällig. Dadurch, dass die Lehrenden – in einer folgenden Phase der Computernutzung im Kunstunterricht – selbst eine größere Routine im Umgang mit den digitalen Geräten und der Software erlangen, wurden und werden Kapazitäten frei, die mit medientheoretischen Aspekten zu füllen sind.

Grundlegend wichtig ist jedoch, dass die Lehrenden selbst ein Problembewusstsein in dieser Hinsicht entwickeln. Hierzu gehört, dass sie neben dem so wertvollen kollegialen Support-System „kunstlinks" im Internet (vgl. den Beitrag von Hermann Ludwig) ein medientheoretisches Basiswissen haben (vgl. den Beitrag von Karin Guminski, den Einführungsbeitrag von Johannes Kirschenmann sowie den Text von Ernst Wagner zu „Computer Aided Learning"). Aus diesem Grunde wurde oben der Überblick über Facetten der unterschiedlichen Medienkonzepte gegeben. Ihr kunstpädagogisches Handeln basiert zudem auf der Beobachtung und fachdidaktischen Reflexion dieser Beobachtungen. Vermitteln die Lehrenden lediglich den Werkzeuggebrauch, dann werden sie den Unterrichtsgegenständen im Sinne der neueren Medientheorie nicht gerecht und sie verhindert wichtige Bildungsgehalte.

Durch die vermehrten Reflexionen – die beispielsweise durch gegenseitige Befragungen der Schülerinnen und Schüler untereinander anzuregen sind (vgl. den Beitrag von Judith Werner) – der Lehrenden sowie Schülerinnen und Schüler sollte das digitale Medium als Medium an sich gestaltend erfahren und verstanden werden (vgl. den Beitrag von Petra Schmid zum Morphen von Schülerinnen- und Schülerporträts und als Hintergrund zum Thema Morphing den Text von Tanja Wetzel). Dadaistisch, subversiv geschieht dies im geschilderten Unterricht von Frieder Kerler. Der Umgang mit digitalen Medien in Form eines Werkzeuggebrauchs schließt zwar an vertraute Verhaltensweisen an und bildet eine Brücke zwischen Althergebrachtem und Neuem, wie **viele Unterrichtsbeispiele** eindrücklich belegen (vgl. die Beiträge in Teil I). Hieraus ergibt sich eindeutig die Stärke gegenwärtiger Kunstpädagogik an den Schulen. Die Bildung ästhetischer Urteile (Kirschenmann 2002, S. 38; Peez 2003) beruht zusätzlich jedoch auch auf dem Vermögen, diesen pragmatischen Blick zeitweise zurückzustellen zugunsten einer grundsätzlichen, auf eigener bildnerischer Praxis fußenden Reflexion über die Spezifika eines genutzten Kommunikations- und Gestaltungsmediums und des Umgangs mit ihm (Wichelhaus 1998, S. 97 f.; vgl. auch den Beitrag von Frieder Kerler). Hiermit würde dem Bildungsanspruch von Schule entsprochen. Anders, nämlich systemtheoretisch und konstruktivistisch formuliert: Die Prozesse und Vermögen der Beobachtung zweiter Ordnung würden gestärkt, denn die Erkundung der Struktur steht hierbei im Blickpunkt. Die Gestaltungsergebnisse als Teil von Wirklichkeit sind demnach Vermitteltes. Deshalb überzeugt in diesem Kontext umso mehr der oben bereits zitierte Satz: Zuerst kommt das Medium, dann das Mediatisierte.

Literatur

Aufenanger, Stefan: Invasion aus der Mitte. Perspektiven einer Medienanthropologie. In: Online-Forum Medienpädagogik, http://lbs.bw.schule.de/onmerz (Datum des Zugriffs: 12. 11. 2002)

Aufenanger, Stefan: Lernen mit den neuen Medien – Perspektiven für Erziehung und Unterricht. In: Gogolin, Ingrid/Lenzen, Dieter (Hg.): Medien-Generation. Opladen (Leske + Budrich) 1999, S. 61–76

Baraldi, Claudio/Corsi, Giancarlo/Esposito, Elena: GLU. Glossar zu Niklas Luhmanns Theorie sozialer Systeme. Frankfurt a. M. (Suhrkamp) 1997

BDK (Bund Deutscher Kunsterzieher e. V.): Digitale Medien und Kunstunterricht. In: BDK-Mitteilungen 3/2001, S. 42–45

Bolz, Norbert: Neue Medien. In: Wulf, Christoph (Hg.): Vom Menschen. Handbuch Historische Anthropologie. Weinheim (Beltz) 1997, S. 661–678

Burkart, Roland: Kommunikationswissenschaft. Grundlagen und Problemfelder. Umrisse einer interdisziplinären Sozialwissenschaft. Stuttgart u. a. (Böhlau Verlag) ^{3}1998

Derrida, Jacques: Semiologie und Grammatologie. Gespräch mit Julia Kristeva. In: Derrida, Jacques: Positionen. Graz/Wien 1996, S. 52–82

Fromme, Johannes/Meder, Norbert/Vollmer, Nikolaus: Computerspiele in der Kinderkultur. Opladen (Leske + Budrich) 2000

Glaser, Peter und padeluun: Spiegelung im Glanz des Neuen. In: Zacharias, Wolfgang (Hg.): Interaktiv – Im Labyrith der Möglichkeiten. Remscheid 1997, S. 79–82

Hoormann, Anne: Die Neuen Medien und das Schulfach Kunst. Plädoyer für eine medienintegrative Didaktik. BDK-Mitteilungen 4/2002, S. 2–6

Horkheimer, Max/Adorno, Theodor W.: Dialektik der Aufklärung. Frankfurt a. M. 1947

Kirschenmann, Johannes: Zwischen den Bildern pendeln! In: Kunst + Unterricht, Heft 268, 2002, S. 37–38

Kirschenmann, Johannes/Peez, Georg (Hg.): Chancen und Grenzen der Neuen Medien im Kunstunterricht. Hannover (BDK Verlag) 1998

Luhmann, Niklas: Was ist Kommunikation? In: Luhmann, Niklas: Short Cuts. Frankfurt a. M. (Zweitausendeins) 2000, S. 41–63

McLuhan, Marshall: Understanding Media. The Extension of Men. New York 1964

Mersch, Dieter: Semiotik und Grundlagen der Wissenschaft. In: Hug, Theo (Hg.): Wie kommt die Wissenschaft zu Wissen? Band 4. Einführung in die Wissenschaftstheorie und Wissenschaftsforschung. Baltmannsweiler (Schneider Verlag) 2001, S. 323–338

Peez, Georg: Über ästhetische Prozesse reflektieren, ein ästhetisches Urteil bilden. Empirische Wirkungsforschung anhand von Aussagen eines 12-jährigen Schülers. In: BDK-Mitteilungen 3/2003, S. 34–36

Schmidt, Siegfried J.: Kognitive Autonomie und soziale Orientierung. Konstruktivistische Bemerkungen zum Zusammenhang von Kognition, Kommunikation, Medien und Kultur. Frankfurt a. M. (Suhrkamp) ^{2}1996

Schorb, Bernd: Multimediale Zukunft. Einige Aufgaben der Medienpädagogik. In: Zacharias, Wolfgang (Hg.): Interaktiv. Medienökologie zwischen Sinnenreich und Cyberspace. München 2000, S. 14–20

Stang, Richard: Multimedia, Kreativität und Erwachsenenbildung. In: Thiedeke, Udo (Hg.): Bildung im Cyberspace. Wiesbaden (Westdeutscher Verlag) 2000, S. 157–182

Steinmüller, Gerd/Mohr, Anja: Medium und Prozess. Zum ästhetischen Verhalten von Kindern am Computer. In: Kirschenmann, Johannes/Peez, Georg (Hg.): Chancen und Grenzen der Neuen Medien im Kunstunterricht. Hannover (BDK Verlag) 1998, S. 116–124

Tulodziecki, Gerhard: Entwicklung medienpädagogischer Konzepte in der Schule. In: Gogolin, Ingrid/Lenzen, Dieter (Hg.): Medien-Generation. Opladen (Leske + Budrich) 1999, S. 285–303

Watzlawick, Paul: Kommunikation als Konstruktion von Wirklichkeit. In: Online-Forum Medienpädagogik, http://lbs.bw.schule.de/onmerz (Datum des Zugriffs: 12. 11. 2002)

Welsch, Wolfgang: Topoi der Postmoderne. Fischer, Hans Rudi/Retzer, Arnold/Schweitzer, Jochen (Hg.): Das Ende der großen Entwürfe. Frankfurt a. M. (Suhrkamp) 1992, S. 35–55

Wichelhaus, Barbara: Unterrichtsmedien. In: Kunst + Unterricht, H. 223/224, 1998, S. 93–99

I. Werkzeug und Medium

Dada digital | Experimentelle Bildbearbeitung

Frieder Kerler

Annahmen und Gebrauchsanleitung

Vermutlich schreibt jeder Autor zunächst für sich, viele allein. Einige brauchen dazu wahrscheinlich die Vorstellung eines Lesers. Meine virtuelle Lieblingsleserin ist die aufgeschlossene, neugierig gebliebene Kollegin, die sich – immer noch – für allerlei Anregungen interessiert, didaktische und methodische Hinweise gerne bedenkt, eloquente Rezepte aber eher überflüssig findet. Ihr will ich im Folgenden einige kurze Sequenzen aus der Arbeit mit einer schulischen Medien-AG berichten.

Gegebenheiten und Grundlagen

Die Schülergruppe – zwei Schülerinnen, fünf Schüler – vier aus der Mittel-, drei aus der Oberstufe – hatte sich zum Thema „Bildbearbeitung mit dem Computer" als „Medien-AG" konstituiert. Das war im Schuljahr 2000/01.
Zunächst versuchten wir an einigen kleinen Aufgaben die malerischen von den grafischen Fähigkeiten einiger Bildprogramme zu unterscheiden. Bildbearbeitungs- und Malprogramme, à la Photoshop, sind pixelorientiert, also auf den Umgang mit Bildpunkten angelegt, und simulieren, von den Werkzeugen bis zu den Filtern viele Verfahren, die aus der analogen Welt von Pinsel und Farbe bekannt sind. Dem gegenüber bemüht sich vektororientierte Grafiksoftware (etwa FreeHand oder CorelDraw) zeichnerische Vorgehensweisen mit den Bildelementen Punkt, Strich, Linie, Kurve, Fläche usw. in Programmabläufen abzubilden.
Die grundsätzlich anderen Bedingungen, Anlagen und Möglichkeiten der pixelorientierten gegenüber den vektororientierten Programmen, ihre je besonderen Stärken und Schwächen zur Lösung spezifischer gestalterischer Probleme verstanden zu haben, gibt dem Benutzer die mächtigen Werkzeuge erst wirklich in die Hand. Es spart viel Zeit und manchen Umweg für eine bestimmte Aufgabe, von Anfang an das dafür geeignete Programm einzusetzen.

Außerdem erleichtert ein geplantes und konsequent durchdachtes Vorgehen die heikle Navigation im unübersichtlichen Meer der Möglichkeiten ganz erheblich. Die beste Hilfe bieten dabei nach wie vor analoge, freihand-gezeichnete Skizzen und Entwürfe. In dieser ersten Phase der Entwicklung einer Idee stehen die typischen Fähigkeiten des Rechners nur im Wege. Die Direktheit, Unmittelbarkeit und Schnelligkeit der Visualisierung einer Idee mit dem Stift auf Papier scheint uneinholbar.
Malerische und grafische Bildstrategien mit Computerprogrammen in der Absicht zu verfolgen, bestimmte, vorher angedachte Bildentwürfe zu konkretisieren, ist ein ebenso anspruchsvolles wie lehrreiches Unternehmen. Wenn eine skizzierte Bildidee mit Hilfe des Computers realisiert wird, trägt eine einigermaßen deutliche Zielvorstellung viel dazu bei, die notwendigen Schritte und Aktionsfolgen in einem Programm – bzw. in der Kombination mehrerer Programme – genauer zu be-

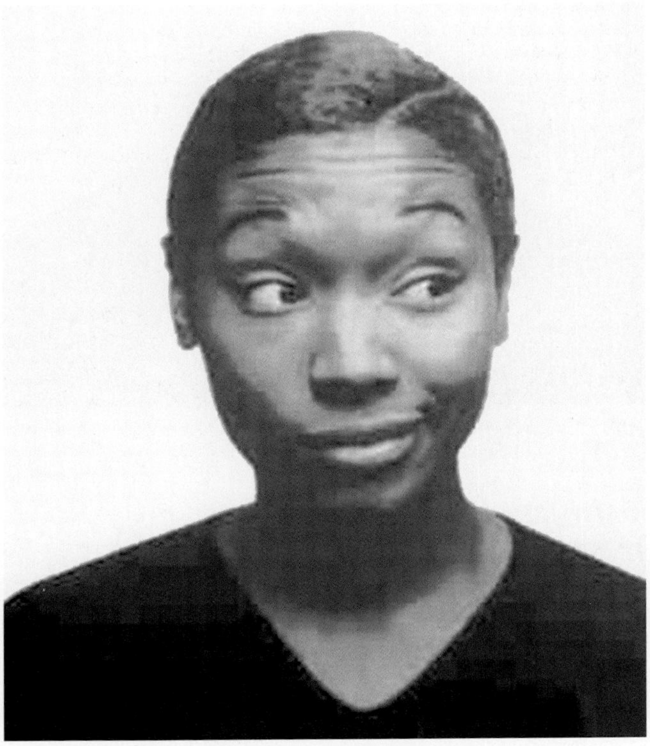

Abb. 1: Ausgangsbild als Graustufendatei.

obachten und kontrollierter zu nutzen. Ein ergebnisorientiertes Vorgehen ist überdies zum Aufbau entsprechender Kompetenzen in Bezug auf die erfolgreiche Nutzung der Programme methodisch effizient: Man eignet sich gezielter an, was man zur Lösung einer Aufgabe braucht. Die vorgefundenen Potenzen der Software werden rascher als zweckdienlich und zielführend erkannt oder als ungeeignet und abwegig verworfen.

Absichten und Folgen

Gemeinsam nahmen wir uns die Bearbeitung eines Porträts vor. Die Abbildung selbst sollte nicht Inhalt unserer Bemühungen sein, sondern Bildoperationen mit dieser Datei und ihre allgemeinen Konsequenzen für die Bildwirkungen. Die Bilddatei fanden wir gewissermaßen aleatorisch im Internet. Die digitalisierte Abbildung wurde zunächst in eine Graustufendatei (Abb. 1) umgewandelt, woraus wiederum einige Tontrennungen entstanden (Abb. 2–6).

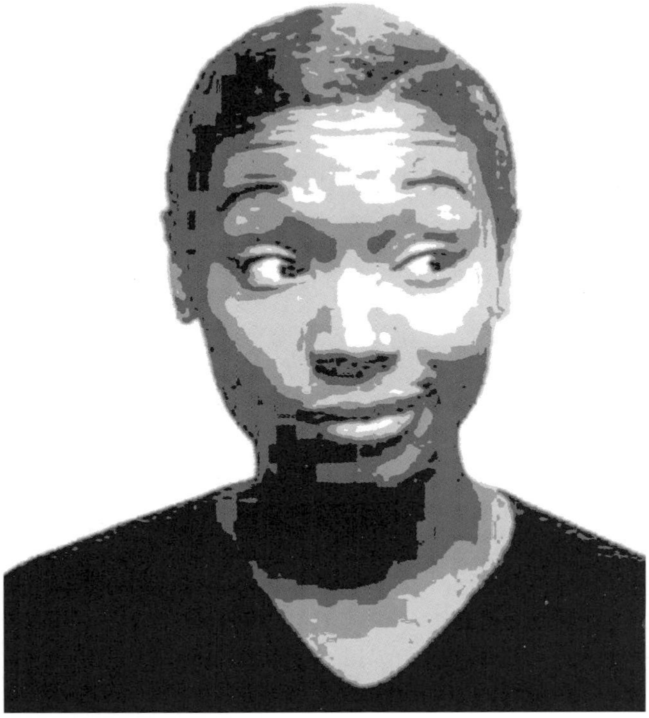

Abb. 3: Tontrennung, 5 Stufen.

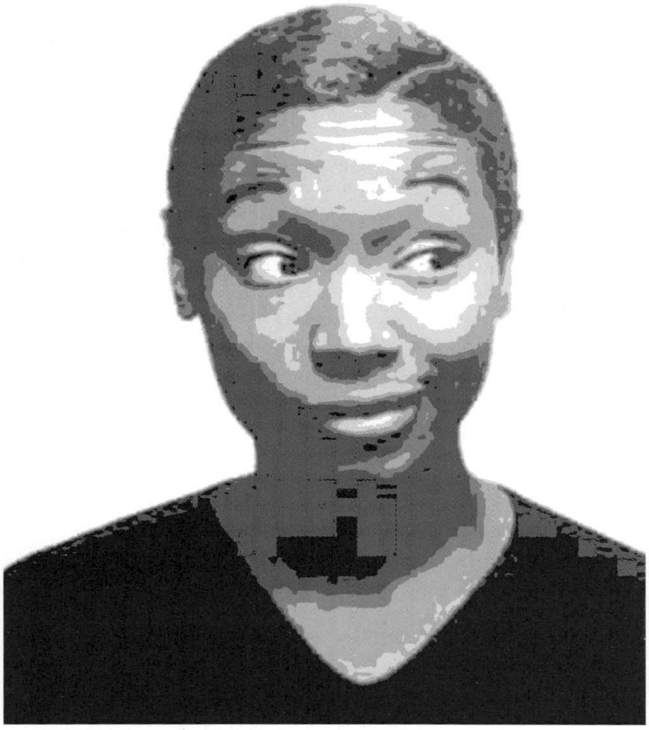

Abb. 2: Tontrennung, 6 Stufen.

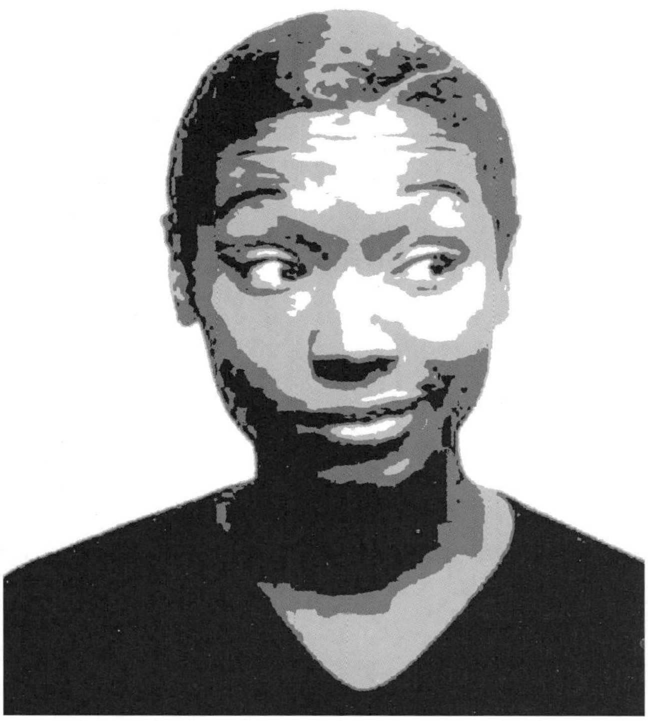

Abb. 4: Tontrennung, 4 Stufen.

Transformationen dieser Art bieten diverse Grafikprogramme an. Bei einer Tontrennung werden innerhalb einer Abbildung Grenzen gezogen. Es handelt sich um Linien gleicher Helligkeit, so genannte Äquidensitenlinien, die aus der analogen Dunkelkammerarbeit bekannt sind. Dort tauchen diese Konturen etwa bei der so genannten Pseudosolarisation auf.

Die Bildwirkung solcher Reduzierungen des Tonwertumfangs wurden von den Schülerinnen und Schülern beschrieben: Aus der detailreichen informativen Abbildung mit vielfältigen Grauverläufen war eine Grafik entstanden, die mit wenigen, scharf abgegrenzten Bereichen gleicher Helligkeit eine mehr plakative Wirkung erzielte. Ging es im Ausgangsbild sozusagen um einen Blick durchs

Abb. 5: Tontrennung, 3 Stufen.

Abb. 6: Tontrennung, 2 Stufen.

Bild auf die Wirklichkeit, richtete sich die Aufmerksamkeit nun stärker auf die Gestaltung des Bildes selbst. Der Inhalt trat zugunsten der Form etwas zurück. Die Botschaft des Mediums über sich selbst war deutlicher vernehmbar.

Die Anzahl der zu unterscheidenden Graustufen kann im Programm eingegeben werden, was auf die Bildwirkung erheblichen Einfluss hat. Interessant ist dabei die geradzahligen mit den ungeradzahligen Ergebnissen zu vergleichen.

Bei diesen Versuchen tauchte die Idee auf, mit Bild-„Dateien" selbst zu experimentieren.

Wir erörterten den Begriff der „Datei", der „Daten-Kartei". Entsprechende Grundlagen kamen zur Sprache. Vereinfacht könnte man es so zusammenfassen: Dem Rechner ist alles Text, im Sinne einer codierten Folge bestimmter, festgelegter Zeichen nach vorab definierten Regeln. Textprogramme sind deshalb in der Lage, jede Datei zu öffnen, unabhängig ihrer Herkunft oder Bedeutung. Ob Bild-, Ton-, Programm- oder Systemdatei, alle verwenden den gleichen Zeichenvorrat, den Textprogramme lesen, darstellen, ändern und wieder speichern können.

Gemeinsam wagten wir in „Word" einen Blick ins „Innere" unserer Bilddatei, bestaunten den kryptischen Code, entdeckten aber auch einige verständliche Einträge im Klartext, etwa die Nennung des Bildbearbeitungsprogramms. Beispielsweise in „Word", „MacWrite" oder „SimpleText" lässt sich eine Datei über folgende einfachen Schritte öffnen und im Code bearbeiten: „Alle Dateien" anzeigen lassen und als „Nur Text" öffnen, verändern und genauso wieder speichern. Am PC muss eine entsprechende Endung im Dateinamen hinzugefügt bzw. geändert werden.

Eine Bilddatei wird also, von einem Bildbearbeitungsprogramm interpretiert als Bild sichtbar, mit einem Textprogramm geöffnet als Zeichenfolge lesbar. Daten werden eben erst durch sinnstiftende Interpretation zur Information. Neugierigen Menschen, experimentierfreudigen Schülern in Sonderheit, eröffnen diese Überlegungen ein weites Feld.

Abstraktion und Konstruktion

Hinzu kam: Vier Schülerinnen bzw. Schüler dieser AG waren bei mir im Kunstunterricht. Natürlich verbanden sie die Unterrichtsinhalte mit denen der Medien-AG. In diesen Wochen hatten wir uns mit dem Themenfeld „Abstraktion" auseinander gesetzt. Zur Sprache kamen Abstrahierungen anhand naturalistischer Abbildungen – Fotografien, gemalte und gezeichnete Darstellungen: Da ging einiges verloren: Mit der räumlichen Tiefe (Abbildungen sind nun mal eine ausgesprochen flache Angelegenheit) blieben gleich ganze Dimensionen auf der Strecke, die Abbildungsgröße, die Bewegung im Standbild, die Verminderung der Farben (Farbvielfalt), des Detailreichtums, der Abbildungsschärfe (Rasterungen) ... Vor diesem Hintergrund lag es eigentlich nahe, in den Text-

dateien der Bilder Abstrahierungen in Form von Löschungen vorzunehmen und die optischen Konsequenzen zu beobachten.
Nimmt man aus dem Code einer Bilddatei Teile heraus, sind einerseits, erwartungsgemäß, Verluste an Bildinformationen die Folge. Andererseits treten aber auch neue, unerwartete Bilderscheinungen auf, beispielsweise eine Wiederholung oder eine Neuordnung von Bildteilen. Wie in anderen Bereichen der Bildnerei steht der Abstraktion die Generierung gegenüber: Verschwindet etwas, taucht unweigerlich etwas anderes auf.
Die Ergebnisse dieser experimentellen Verfahren ließen sich formal gelegentlich mit Collagen oder Décollagen vergleichen, so gestückelt erschienen die manipulierten – eigentlich ja beschädigten – Bilddateien.
Vielleicht ließen sich ja Raoul Hausmanns „optophonetische Dadagedichte" (Riha 1982, S. 99) als digitale Codes neuer Bilder verwenden? Oder Schwitters Ursonate?
Wie dem auch sei, die Schülerinnen und Schüler gingen mit dieser neuen Sicht auf die Welt der digitalen Bilder sehr motiviert, kreativ und experimentell um.
An dieser Stelle stand mein dringender Hinweis, die Experimente ausschließlich mit Dateikopien zu unternehmen, weil es leicht geschehen kann, dass Programme die Zusammenarbeit mit derart manipulierten Datensätzen rundweg ablehnen. Photoshop etwa erkennt öfter geänderte Dateien nicht mehr als Bilddatei. Amüsanterweise schmähte das Programm solche Dateien gelegentlich als „korrupt" und weigerte sich, den Datenschrott darzustellen.
Zuverlässige Prognosen über das Verhalten der Programme sind nicht möglich, Überraschungen so gut wie sicher – deshalb Vorsicht!
Jeder Schritt wurde dokumentiert, das heißt als Zwischenergebnis fortlaufend unter einem eigenen Namen abgespeichert, sodass der Gang der Entwicklung nachvollzogen werden konnte.
Manchmal ist für das Bildbearbeitungsprogramm, in der geänderten und neu gespeicherten Textdatei, die Codierung des Bildes nicht mehr erkennbar. Da sind kleinere Hilfestellungen möglich: Wählt man im Öffnen-Dialog die Anzeige „Alle Dokumente" oder „Alle Dateien", wird die Textdatei wieder wählbar. Gibt man nun die zutreffende Codierung (z. B. JPEG) ein, wird die Datei in einigen Fällen wieder als Bilddatei erkannt und – nach einem neuerlichen Warnhinweis, die Darstellung könne möglicherweise unvollständig ausfallen – auch geöffnet.

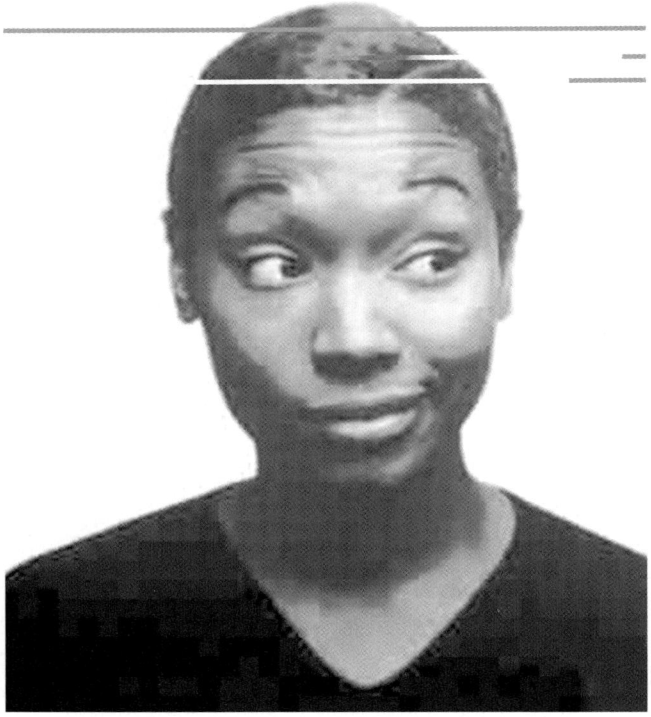

Abb. 7: Manipulierte Datei. Der Grafikkonverter interpretiert die Eingriffe nachvollziehbar als Bildfehler.

Die angedeuteten Experimente setzen neben Neugier und Forschergeist nicht zuletzt auch ein gerüttelt Maß an Geduld und eine gewisse Entschlossenheit voraus, entstehen doch viele Fehlversuche, die die Begeisterung dämpfen können.
Die naive Vorstellung, mit Hilfe des Rechners beeindruckende Ergebnisse schnell, bequem und mühelos zu erreichen, erweist sich als ebenso illusionär wie der Glaube an irgendeine Zeitersparnis durch die binären Helfer. Aber Begabung, so haben wir gelernt, ist ja auch das Stehvermögen im Misserfolg.

Verlässlichkeit und Überraschung

An unseren „mutwillig beschädigten" Datensätzen beobachteten wir eine überraschende Abnormität. Ein und dieselbe bearbeitete Bilddatei – eine farbige Variante, RGB-Datei – in verschiedenen Programmen geöffnet brachte unterschiedliche Bilder hervor (Abb. 7–8).
Die Darstellung ein und derselben Datei variierte von Programm zu Programm erheblich.
Weiter fiel uns auf, dass etwa in Photoshop einige manipulierte Bilddateien immer wieder anders erscheinen, wenn im Darstellungsfenster beispielsweise der Maßstab gewechselt oder wenn es geschlossen und wieder geöffnet wurde. Ein Effekt, der gegenwärtig noch mit der Programmversion 6

Abb. 8: Dieselbe Datei in Photoshop geöffnet wird – immer wieder – anders dargestellt.

Abb. 9/10: Varianten einer Folge.

nachvollzogen werden kann, der allerdings eine Version später (7.0.1) nicht mehr funktioniert.
Wir untersuchten dieses Phänomen. Dazu speicherten wir die Darstellungen als Bildfolge. Es ergaben sich aus einer Datei unterschiedliche Einzelbilder, wobei die Dateigröße beträchtlich variierte.
Ein Erklärungsansatz für diese zunächst paradox erscheinende Beobachtung könnte sein, dass die Datei durch die Beschädigung ihre Eindeutigkeit verloren hat und dadurch der Grafikkarte bei der Interpretation ihrer Darstellung Rechenfehler unterlaufen, die zu immer wieder anderen Ergebnissen führen (Abb. 9–10).
Alle so erzeugten Einzelbilder zeigten wiedererkennbare Anteile ihrer Herkunftsdatei, meistens überwogen aber die Unterschiede. Die Schüler nutzten diesen zwiespältigen Effekt, der „rechnergenerierten Traumbilder", – auf den Steinen der Lithographie können während der Vorbereitung eines neuen Drucks alte Motive zum Vorschein kommen, dann sagt man „der Stein träumt" – um Filme herzustellen. (Ein Filmbeispiel findet sich unter www.lrz-muenchen.de/~kunstpaedagogik/medienbuch.html)

Digitales und Analoges

Die Anwendung künstlerischer Strategien – beispielsweise die freie Assoziation, die Uminterpretation, die Kombination fremder Elemente, das Zitat, die Paraphrase, … – auf die offenbar eindeutige Welt des Computers scheinen mir lohnende Ansätze. Kann man doch daran erkennen, dass vergleichsweise simple Verfahren – wie das teilweise Löschen, Überschreiben oder Neuordnen eines Bildcodes – geeignet sind, die Grenzen des vorgedachten Gebrauchs der Technik sozusagen handgreiflich zu machen, um sie – im günstigsten Fall – kreativ hinter uns zu lassen.

Wie öfter in Grenzbereichen präsentieren sich bei solch spielerischen Ansätzen manchmal die digitalen Verhältnisse erstaunlich vielfältig und unvorhersagbar. Unwillkürlich fühlt man sich an analoge Bedingungen erinnert – labile Gleichgewichte, kybernetische Prozesse, „Restwirkungen": hinterlassene Wirkungen eines selbst schon nicht mehr vorhandenen Auslösers, beispielsweise magnetische Hysterese, oder Ähnliches.

Eine Schülerin formulierte es so: „Gegen den Strich behandelte Dateien können sich ganz schön chaotisch verhalten"; ich möchte hinzufügen: und sind dabei für die eine oder andere gestalterische Überraschung gut.

Literatur

Riha, Karl: 113 dada Gedichte. Berlin 1982

Fantasiereise zu einem fernen Planeten und intergalaktischer Sternenstaub auf Festplatten.

Projektorientierter Medienanfangsunterricht einer 6. Klasse im Fach Kunst mit geschlechtsspezifischen und irritationsdidaktischen Schwerpunkten

Susanne Habermann

Ein Ziel der im Folgenden geschilderten **Unterrichtseinheit aus einer integrativen 6. Klasse** (Ernst-Reuter-Schule II – Integrierte Gesamtschule, Frankfurt am Main) war es, die Schülerinnen und Schüler mit unkonventionellen Herangehensweisen an die Bearbeitung von Themen im Kunstunterricht und kunstspezifischen Gestaltungsverfahren vertraut zu machen. Dieser fachbezogene Ansatz hatte folgende Merkmale:

- Unterrichtssettings, die digitale Werkzeuge in eine multisensuell ausgerichtete analoge Gestaltungspraxis einbinden;
- Kreativitätsförderung durch die Nutzung dieses Crossovers zwischen Analog und Digital;
- Projekt- und Werkstattorientierung zur Stärkung des Engagements und des selbstbestimmten Arbeitens der Schülerinnen und Schüler – einzeln oder in Kleingruppen;
- irritationsdidaktische Ansätze (Gemeint ist hier, einen technischen „Lapsus" zu provozieren, um diesen dann unkonventionell zu nutzen.);
- Flexibilisierung von eingefahrenen Verhaltensweisen, insbesondere auf die geschlechtsspezifische Medien- und Computernutzung der Jugendlichen bezogen.

Stationenmethode innerhalb projektorientierten Kunstunterrichts

Knapp zusammengefasst ging es im Kern der Unterrichtseinheit darum, dass die 11- bis 13-jährigen Schülerinnen und Schüler in Kleingruppen von etwa vier bis fünf Personen ein großformatiges „Comic" (bestehend aus fünf Bildern) entwerfen und gestalten sollten. Zur Gestaltung ihrer Geschichte in Wort und Bild standen ihnen unterschiedliche analoge und digitale Medien zur Verfügung, die an Stationen im großen Kunstsaal der Schule getrennt voneinander aufgebaut waren (Abb. 1).

Diese Gruppenarbeit fand hauptsächlich an einem Projekttag statt. Dieser **Projekttag** war nach dem Stationenprinzip strukturiert. **Sechs Stationen** wurden aufgebaut:

- In der „Ideenschmiede" sollte der Verlauf der Bildergeschichte konzeptionell entwickelt und geplant werden.

Abb. 1: Blick in den Kunstraum der Schule, in dem verschiedene Stationen für den Projekttag aufgebaut sind.

- Im „Figurenatelier“ konnte mit Draht, Kleister und Papier dreidimensional gestaltet werden.
- Die Station „Bühne“ bot die Gelegenheit, sich zu verkleiden und in dieser Verkleidung Szenen mit der Digitalkamera zu fotografieren.
- Über die Station „Medienwerkstatt“ standen u. a. ein Tageslichtprojektor und Overheadfolien sowie verschiedene andere Materialien zur Verfügung. Hier konnten durch spezielle Lichtführung beispielsweise scherenschnittähnliche Hintergründe für die „Bühne“ entwickelt werden.
- Das „Digitallabor“ markierte den Computerbereich mit der intensiven Nutzung des Flachbettscanners. Es wurden außerdem aus dem Internet heruntergeladene Bilder und mit der Digitalkamera geschossene Fotos digital bearbeitet und ausgedruckt (s. Kasten 2).
- In der „Malgrube“ gestalteten die Heranwachsenden mit Pinsel und verschiedenen Zeichen- und Malmaterialien. Auch Spraydosen standen zur Verfügung, die im Freien auf dem Schulhof genutzt wurden (s. Kasten 2).

Zum Ende der Unterrichtseinheit stellten sich die Kleingruppen innerhalb der Klasse in einer Abschlussbesprechung ihre bildnerischen Ergebnisse gegenseitig vor.

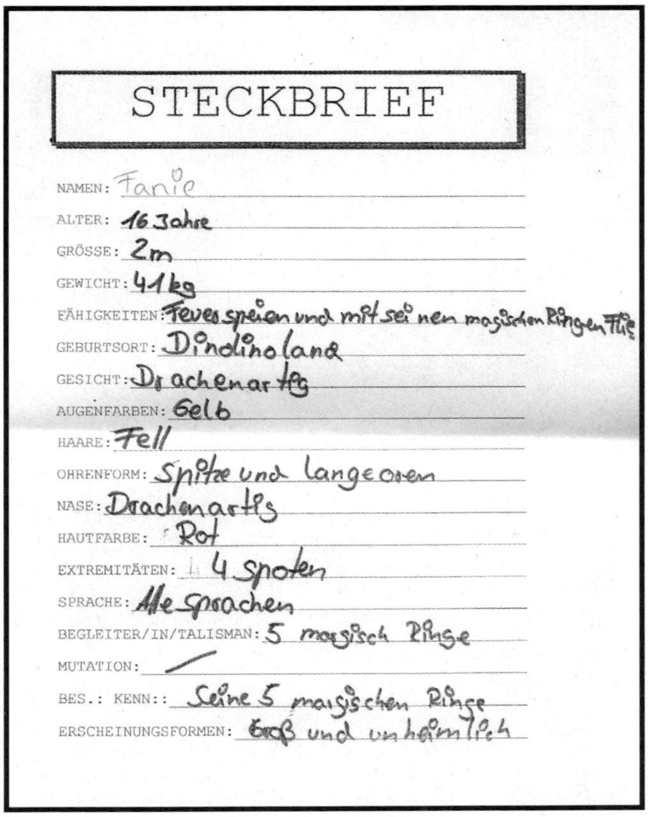
STECKBRIEF

NAMEN: Fanie
ALTER: 16 Jahre
GRÖSSE: 2m
GEWICHT: 41 kg
FÄHIGKEITEN: Feuer speien und mit seinen magischen Ringen flie
GEBURTSORT: Dinolinoland
GESICHT: Drachenartig
AUGENFARBEN: Gelb
HAARE: Fell
OHRENFORM: Spitze und lange oren
NASE: Drachenartig
HAUTFARBE: Rot
EXTREMITÄTEN: 4 spoten
SPRACHE: Alle Sprachen
BEGLEITER/IN/TALISMAN: 5 magisch Ringe
MUTATION: /
BES.: KENN:: Seine 5 maigischen Ringe
ERSCHEINUNGSFORMEN: Groß und unheimlich

Abb. 2 und 3: Auf Steckbrief-Formularen, die jede Schülerin und jeder Schüler bekam, konnte eine fiktive Persönlichkeit gezeichnet und Eigenschaften konnten ihr zugeordnet werden. Jessica, von der diese beiden Steckbriefe stammen, benannte sich als „Fanie“ (evtl. in Anlehnung an das englische Wort „funny“). Fanie ist ein kleiner Drache aus dem „Dinolinoland“, der Feuer speien kann und dem seine fünf magischen Ringe die Fähigkeit verleihen zu fliegen.

Omix-Comic – Ein Planet wird gerettet

Der inhaltliche Rahmen war eine von mir ausgedachte Geschichte. Und zwar ging es um die Rettung des fiktiven Planeten „Omix“ – namentlich angelehnt an das Wort „Comic“ – durch die Schülerinnen und Schüler. Die Idee, an „Comic“-Merkmale anzuknüpfen, lag für mich auf der Hand, weil der gute, alte Comic immer noch liebend gerne gelesen wird, wenn auch inzwischen in globalisierter Form, z. B. als Mangas. Das Genre „Science-Fiction“ ist ebenfalls immer noch sehr beliebt. Sowohl Comic als auch „Science-Fiction“ regen die Fantasie an, sie erwiesen sich für die benötigten experimentellen Freiräume des Projekts als sehr geeignet. Der Einstieg in das Thema erfolgte mit einer Fantasiereise, die die Jugendlichen auf den Planet „Omix“ schickte, der wüst und leer war (s. Kasten 1). Wenige Bewohnerinnen und Bewohner, die es zu retten galt, hatten die Trockenheit auf Omix überlebt. Auf der Fantasiereise basierte das gemeinsame Setting des Unterrichts, sie lieferte jedoch keine fertigen Bilder. Die Bilder der Reise konkretisierten sich individuell vor dem ‚inneren Auge‘ der Beteiligten. Der Text der Fantasiereise forderte stets nur zum genauen

Hinsehen auf. Am Ende der Reise war klar: Omix muss gerettet werden!
Im hierauf folgenden Unterrichtssegment sollten die in der Fantasiereise entwickelten Vorstellungen bildlich und gestalterisch manifest werden. Dies war zunächst ein sehr persönlicher Vorgang des sich selbst neu Erschaffens, was in Einzelarbeit in mehreren Schritten erfolgte: von der Entwicklung einer Vorstellung zu einem fiktiven Selbst am Ende der Fantasiereise, über die Festlegung auf bestimmte äußere Erscheinungsmerkmale bis hin zum Anfertigen von Utensilien und zum Ausdenken von Begleitenden. Zur Anregung dienten Steckbrief-Formulare (Abb. 2 und 3).
Eine weitere involvierende Methode der Selbst-Kreation war das Verkleiden und Spielen des imaginierten Selbst auf einer „Bühne" an einer der Stationen (Abb. 4).

Abb. 4: An der Station „Bühne" werden die verschiedenen Charaktere von einer Kleingruppe bestehend aus zwei Mädchen und zwei Jungen agiert; Bewegungen und Gruppenbilder werden mit der Digitalkamera fotografiert, um später im Bildbearbeitungsprogramm verändert zu werden.

Ergebnisse hiervon wurden mit der Digitalkamera fotografiert und waren eine Grundlage für die anzufertigende Bildergeschichte (Abb. 5 bis 7).
Zur Konkretisierung ihrer Vorstellungen aus der Fantasiereise hatten die Schülerinnen und Schüler in der Phase direkt nach der Fantasiereise neben dem Anfertigen der „Steckbriefe" noch zwei weitere Möglichkeiten, die an Stationstischen angeboten wurden: Sie konnten großformatig eine Außensicht von Omix mit Dispersionsfarben malen (Abb. 8). Drittens konnten von der Klasse alle Gegenstände und Dinge, die zu Omix gehören, auf drei große Plakatrollen gezeichnet und geschrieben werden.

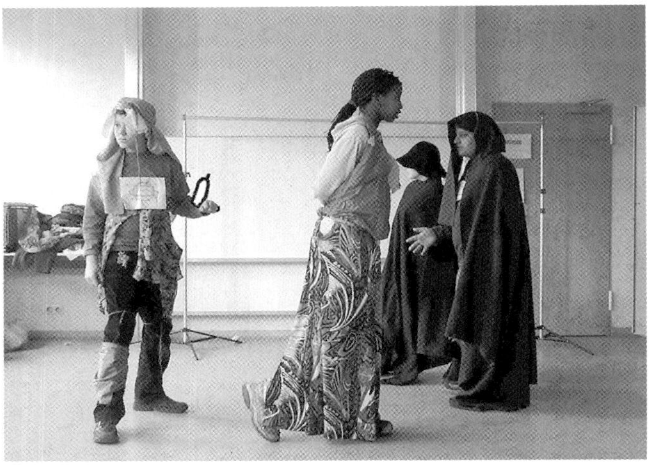

Abb. 5: Larissa und die anderen ihrer Gruppe verkleiden sich an der Station „Bühne" und werden fotografiert.

Abb. 6: Aus dem Digitalfoto werden die einzelnen Figuren ausgeschnitten und mit dem Bildbearbeitungsprogramm verändert bzw. ergänzt.

Abb. 7: Diese Einzelfiguren werden in einem dritten Schritt in ein Foto einer Wüstenlandschaft gesetzt, das die Gruppe im Internet fand und sich herunterlud; später wurden in dieses Bild noch comictypische Sprechblasen eingefügt.

Abb. 8: Auf großen Formaten, mit Dispersionsfarben und mit breitem Pinsel malten die Schülerinnen und Schüler ihre während der Fantasiereise entstandene Vorstellung vom Aussehen des Planeten Omix.

Genderspezifika

Geschlechtsbezogene Unterschiede wurden hier bereits deutlich ausgelebt: Die Jungen waren sehr stark damit beschäftigt, all ihre Begleiter und Mutanten zu zeichnen sowie Laserwaffen „Mutatoren" (Apparate, die die Mutanten erschufen und auch sie selbst veränderten) und alle möglichen wilden, selbst ausgedachten Geräte. Die Waffen wurden großteils benannt, wie etwa als „Neutronenwerfer". Die Mädchen konzentrierten sich in dieser Phase des Unterrichts direkt nach der Fantasiereise vor allem auf die Steckbriefe. Exemplarisch für eine solche weibliche Figur war eine der Schülerin Judith, die sich als Herzchen mit Armen darstellte und die mit viel Liebe versucht, den Planeten Omix vor der Dürre zu retten (Abb. 9). Sie nannte sich „Thessalonika". Für die Jungen ging

Abb. 9: Die Schülerin Judith stellte sich selbst als Herzchen mit Armen dar, das bestrebt ist, mit viel Liebe den Planeten Omix vor der Dürre zu retten; der Dialog der anderen lautet: „Wir werden sie töten." „Wen?" „Na, die Monster!".

es im Gegensatz hierzu meist darum, ein imaginäres Monster zu bekämpfen und zu töten, das eine Wasserquelle des Planeten kontrollierte. Obwohl in der Fantasiereise von einem Monster, etwas Bösem gar kein Wort gefallen war, waren sich alle Jungen hierin einig.

Geschlechtsgemischte Kleingruppen

Erst nachdem jede Schülerin und jeder Schüler ihre bzw. seine individuellen Vorstellungen entwickelt hatte – freilich je nach Bedarf im Austausch mit den anderen der Klasse –, wurden geschlechtsgemischte Kleingruppen von vier bis fünf Heranwachsenden gebildet. Wie eingangs geschildert, war es Aufgabe jeder Gruppe, eine Bildergeschichte zu entwickeln, die die Rettung des Planeten darstellte (Abb. 10).
Über dieses Ziel, zum einen eine Geschichte zu erzählen und zum anderen ein gemeinsames ästhetisches Produkt zu erstellen, sollten die Mädchen und die Jungen mit ihren unterschiedlichen Voraussetzungen und auch ästhetischen und inhaltlichen Vorstellungen in einen produktiven Austausch treten. Der Unterricht wurde an den oben aufgelisteten Stationen durchgeführt: Dabei wur-

Abb. 10: Die fünfteilige Bildergeschichte des „Omix-Comics" einer der Gruppen im Überblick.

de der Crossover-Gedanke verfolgt, denn es gab Stationen mit sowohl digitalen (z. B. PC, digitale Kamera) als auch traditionellen Techniken (z. B. Malstation, Verkleidungsmöglichkeiten; vgl. Kasten 2). Die Schülerinnen und Schüler waren sehr motiviert und arbeiteten an zwei Projekttagen an dem Thema.
Die Arbeit in den Gruppen war zugleich nicht frei von geschlechtsspezifischen Konflikten.

- Die ersten Meinungsverschiedenheiten zeigten sich auf inhaltlicher Ebene. Die fiktiven Persönlichkeiten der Mädchen waren meist Figuren mit magischen Kräften, die keine Gewalt anwenden wollten, um den Planeten zu retten. Sie hatten daher auch keine Insignien der Gewalt. Anders bei den Rettern, diese waren bewaffnet bis an die Zähne und wollten kämpfen.
- Die zweite Ebene, die konflikthaft war, war die gestalterische. Die Mädchen schufen häufig liebevolle Weltraumromantik auf Sternchenhintergrund (Abb. 9), dies wurde von den Jungen zunächst nicht akzeptiert und musste verhandelt werden.
- Die dritte Konfliktebene entwickelte sich in der Techniknutzung. Für die Jungen stand fest, dass sie hier mehr Know-how als die Mädchen hatten. Daher wurden die Computerplätze meist von den Jungen belegt. Die Mädchen saßen daneben oder wurden indirekt auf die anderen Stationen mit den traditionellen Techniken verwiesen. Selbst bei groben Fehlern, wie dem Löschen von Dateien, räumten die Jungen die Computerplätze meist nur widerwillig oder überhaupt nicht.

Wichtig war, dass die Aushandlungsprozesse hierum von mir nicht unterbrochen wurden. Meine Aufgabe sah ich darin, Angebote zu machen, die Lösungshilfen für konfliktreiche Situationen indirekt förderten.

Irritation durch intergalaktischen Sternenstaub

Lediglich in Bezug auf die dritte Konfliktebene griff ich zu einem „Kunstkniff", der sich inhaltlich an die Omix-Thematik anlehnte. Im Sinne eines irritationsorientierten Ansatzes wurden die Schülerinnen und Schüler mit der Tatsache konfrontiert, dass sich während einer Pause intergalaktischer Sternenstaub auf die Festplatten gelegt hatte. Ich sagte ihnen, dass wenn Jungen oder irgendwelche männlichen Personen die Computer nun berühren, die Festplatten zusammenschmelzen werden. Das heißt, sie mussten von nun ab schauen, dass die Mädchen am Computer arbeiten. Ich riet ihnen, ihre Arbeit so aufzuteilen, dass die Jungen die Möglichkeit erhielten, in anderen Bereichen Aufgaben zu erfüllen. Und ich versprach ihnen, dass ich in dieser Zeit versuchen werde, diesen Fehler zu beheben. Die Sechsklässler nahmen dies mit Schmunzeln auf, sie durchschauten meine Absicht. Dadurch, dass es in die Spielhandlung sinnvoll eingebettet war, wurde jedoch der Wechsel von Jungen zu Mädchen am Computer bereitwillig akzeptiert. Dies führte dazu, dass endlich alle Mädchen an den Rechnern saßen und zusätzlich die Kommunikation zwischen den Geschlechtern angeregt wurde. Die Mädchen experimentierten und konnten die Jungen um Rat fragen.

Fazit

Resümierend lassen sich u. a. folgende Erfahrungen zusammenfassen:

- Gerade im Medienanfangsunterricht wirken sich zeitweise geschlechtshomogen organisierte Unterrichtssituationen für Mädchen positiv aus, um der PC-Dominanz der Jungen zu entkommen.
- Begleitend sollten jedoch auch geschlechtsheterogene Phasen eingebaut werden, um die kommunikative Kompetenz zwischen den Geschlechtern zu fördern.
- Hilfreich sind offene Lernmethoden, wie das Stationenlernen (vgl. den Beitrag von Hans-Jürgen Boysen-Stern sowie Martin Dürk und Georg Peez) oder die Projektarbeit, da hier zum einen geschlechtsspezifische Bedürfnisse implizit berücksichtigt werden können und zum anderen durch die Verwendung von Elementen des Rollenspiels das Überwinden traditioneller Muster gerade im Verhältnis zu den elektronischen Medien erleichtert wird.

Anmerkung

Der Unterricht fand statt im Rahmen des Bund-Länder-Programmes „Kulturelle Bildung im Medienzeitalter" (http://www.kubim.de), hier des Modellprojekts „MUSE COMPUTER – MUltiSEnsueller Kunstunterricht unter Einbeziehung der COMPUTERtechnologie" (http://www.musecomputer.de). In sechs beteiligten südhessischen Schulen werden adäquate Räume geschaffen, in denen die digitalen Medien in Bezug auf Kunstunterricht positioniert werden können.
Ich danke Hans-Jürgen Boysen-Stern und Georg Peez für die kritisch-konstruktive Durchsicht des Textes.

Kasten 1:

OMIX – Fantasiereise

Du befindest dich auf dem Planeten OMIX *** Sternzeit 2/4/00/4,321, intergalaktischer Sphärenring Omega 12.
Es ist ganz still und du überlegst dir, wie alles gekommen ist.
Nun schließt du für einen Moment die Augen und hörst in die absolute Stille hinein. Dir fällt auf, dass sich auch der Geruch verändert hat. Du saugst in langsamen und intensiven Atemzügen die Luft von Omix ein. Du atmest ein und aus. Und wieder atmest du tief ein und aus. Du spürst den Boden unter deinem Körper, jede kleine harte Stelle, die dich berührt und jede weiche Stelle ebenfalls.
Diese absolute Stille ... kein Tier, kein menschliches Wesen, keine Pflanze. Du schaust dich um und betrachtest genau die Oberfläche des Planeten. Langsam wandert dein Auge Stück um Stück entlang, um jede Form, jede Ausbuchtung, jede Einbuchtung, jede Erhöhung, jedes Tal erfassen zu können. Auch die Farben sind außergewöhnlich. Du betrachtest genau jede einzelne Farbe und ihr Zusammenspiel. Eigentlich ist dir alles sehr fremd und doch wieder vertraut. Du schaust nun über dich. Auch hier wandert dein Auge über den Himmel, die Atmosphäre, die Galaxie. So weit kannst du schauen. Es ist als hättest du ein Elektronenmikroskop vor den Augen. Alles Weite und alles Nahe ist erkennbar. Über dir betrachtest du die Gebilde des Himmels von Omix. Dir fällt jede Kleinigkeit auf. Nun lässt du dein Auge noch einmal in die Ferne schweifen und siehst jeden Meteoriten, Planeten, Sonnen, Monde deiner Galaxie. Du erkennst ihre Farben und Formen. Du verfolgst mit den Augen ihre Bewegungen und Umlaufbahnen. Immer weiter und weiter führt dich dein Blick und du hast das Gefühl zu schweben. Du hebst ab und schaust unter dich, immer höher und höher trägt dich die einsetzende Schwerelosigkeit. Du schaust auf Omix, da liegt er vor deinen Augen, seine Form, seine Farben, seine Berge und Täler.
Nun, da es seit 2 Gigas kein Wasser mehr gibt, kein Leben, da liegt Omix öd und leer. Wenn es doch noch Leben gibt, unter der Oberfläche ... du konzentrierst dich stark, nein du musst zurück, du wirst Omix retten oder die letzten Bewohner von Omix. Du landest wieder auf der Oberfläche, deine Füße berühren den Boden, du setzt dich und bist angekommen. Langsam öffnest du deine Augen und merkst, dass Omix fern ist, du bist im Klassenraum, nicht allein auf dem Planeten Erde.
Wo Omix wohl ist?

(von Susanne Habermann)

Kasten 2:

Malgrube

Hier kannst du alle Ideen zu Bildern oder Figuren zeichnerisch umsetzen.
Du kannst die Bilder für das Bühnenbild, für einzelne Comic-Szenen, die eingescannt oder abfotografiert werden, verwenden. Für Collagen können Bildteile angefertigt werden.

Folgende Materialien stehen dir zur Verfügung:
- Dispersionsfarbe
- Farbpigmente
- Aquarellfarbe
- Jaxonkreide
- Pastellkreide
- Sprühfarbe.

Viel Spaß!

Digitallabor

Hier kannst du Computer verwenden.
Dabei stehen dir folgende digitale Angebote an drei Rechnern zur Verfügung:
- Malprogramme: Photoshop, Art Dabbler, Micrografix, Paintbrush, ggf. eigene Programme
- Schrift/Schreibprogramme: Wordart, Word
- das Internet

Du kannst
- Bilder gestalten,
- dir Figuren oder Bilder aus dem Internet herunterladen oder kopieren
- Figuren verändern
- Figuren digital zeichnen oder malen
- experimentieren.

Du kannst auch Bilder oder Teile davon ausdrucken.
Viel Spaß!

Literatur/Medien

Habermann, Susanne/Boysen-Stern, Hans-Jürgen: MuSe Computer – Multisensueller Kunstunterricht unter Einbeziehung der Computertechnologie. In: BDK-INFO (Landesverband Hessen im Bund Deutscher Kunsterzieher e. V.) 1/2003, S. 20–21
http://www.muse-computer.de
http://www.muse-forschung.de
„Kunst+Unterricht" Themenheft „Schnittstellen – Computer experimentell", Heft 262, Mai 2002
Peez, Georg: Über ästhetische Prozesse reflektieren, ein ästhetisches Urteil bilden. Empirische Wirkungsforschung anhand von Aussagen eines 12-jährigen Schülers. In: BDK-Mitteilungen, 3/2003, S. 34–36

Druck-Werkstatt – analog und digital. Grafische Verfahren in einer 10. Klasse

Martin Dürk/Georg Peez

Kasten 1:

Abb. 1: Manfreds Bildbearbeitung von einem eingescannten Zeitungsausschnitt.

Manfred erklärt der Mitschülerin Barbara eine Bildbearbeitung, die diese im Vorbeigehen auf dem Monitor eines Computers im Kunstunterricht sah. Er wandelte sein Graustufenbild, das aus einer etwas geknüllten und danach gescannten Zeitungsseite bestand und Assoziationen zu einer Berglandschaft ermöglichte, ins Negative. Das Schwarze, wie die Schrift, wurde weiß, und das Weiß wurde schwarz. Ein dunkles Grau veränderte sich so in ein helles Grau und umgekehrt. Auf den jetzt schwarzen „Himmel" über dem „Bergmassiv" setzte er mit einem digitalen Zeichenwerkzeug im Bildbearbeitungsprogramm „Photoshop" feine helle Pünktchen als Sterne und einen größeren weißen Kreis als „Mond". Das Bild vermittele eine mystische und geheimnisvolle Stimmung, meint Barbara. Manfred bespricht mit ihr, dass die von ihm vorgenommenen Veränderungen nach einigem Probieren letztlich gering waren. Barbara schätzt gerade diese wenigen, aber gezielten Veränderungen. Sie seien entscheidend für die Wirkung des Bildes. Manfred druckt sein Bild aus, während sich Barbara, angeregt durch das Gespräch, vor einen anderen Computer setzt und selbst eine Bildbearbeitung beginnt.

Das Thema der **Kunstunterrichtseinheit der Klasse 10 c** der Luise-Büchner-Schule in Groß-Gerau lautete: „Landschaft – Geschaffenes Land". Mit unterschiedlichen grafischen Verfahren sollten die Schülerinnen und Schüler Landschaft nicht nur als Darstellung eines äußeren, natürlichen und vor allem kulturellen Phänomens erfahren, sondern darüber hinaus als Art und Weise, eigene innere Haltungen und Emotionen auszudrücken.

Ein weiteres Ziel war das „Crossover" von verschiedenen sowohl materialbezogenen, traditionellen wie auch digitalen Möglichkeiten grafischer Gestaltung.

Wegen der Komplexität der gleichzeitigen Anwendung unterschiedlichster grafischer Techniken innerhalb einer Unterrichtseinheit hielten wir Lehrende es für sinnvoll, die Vielfalt der Aspekte zunächst zu reduzieren. Die Schülerinnen und

Kasten 2:

Abb. 2: Schülerinnen und Schüler während der Arbeit an einer Monotypie.

Gabi tropft etwas Linoldruckfarbe auf die Glasscheibe, die vor ihr auf Zeitungspapier auf dem Tisch liegt. Mit dem Spachtel verteilt sie kurz die Farbe in langsamen Bewegungen und greift dann zu einer Farbwalze, damit sie die Farbe gleichmäßiger vertreiben kann. Für den oberen Bereich der Landschaft, die sie darstellen möchte, nimmt sie ein Blatt Papier, legt es auf und streicht gleichmäßig und vorsichtig mit der Hand hierüber, um etwas Farbe von der Glasplatte zu entfernen und dadurch den oberen Teil ihres späteren Bildes aufzuhellen. Danach reißt sie sich Papierschnipsel, die sie als Wolken auf die Himmelfläche legt. Mit einem Holzstäbchen zeichnet sie einen Baum mit Ästen in die schwarz ausgewalzte Farbschicht. Zum Schluss nimmt sie zerknüllte Alufolie zur Hand und drückt sie im Bereich der Baumäste auf, so dass entsprechende Strukturen entstehen. Behutsam legt sie ein Blatt DIN-A4-Papier auf die Glasplatte, walzt es mit einer sauberen Walze ab und ist, nachdem sie sie abgezogen hat, mit ihrer **Monotypie** recht zufrieden. Vor allem gefällt ihr die Laubstruktur. Mit den Worten „Zu viel Farbe, verschwimmt so ins Schwarze rein" versucht sie einen zweiten Abzug vom gleichen Motiv. Dieser zweite Zustandsdruck ist ihr allerdings zu hell. Steffi schaut inzwischen interessiert zu und kommentiert: „Aus Fehlern lernt man." Sie betrachtet Gabis Blatt und sagt: „Kannst du dir einiges drunter vorstellen." Sie meint offenbar die verschiedenen Strukturen der Monotypie, die ihre Fantasie und Imagination anregen.

Schüler zeichneten in den ersten Stunden mit einem breiten Grafitstück oder einer dicken schwarzen Kreide Landschaften auf ihre Zeichenblöcke, in denen die Kontraste „groß/klein" und „hell/dunkel" eine wichtige Rolle spielten. Außerdem wurde der Quantitätskontrast dergestalt angewandt, dass sich Details in einer Landschaft nach hinten verlieren. Diese Gestaltungsmerkmale erkannte die Klasse zuvor an Landschaftszeichnungen aus unterschiedlichen kunsthistorischen Epochen von der Renaissance bis zur Gegenwart. Als besonders lehrreich erwiesen sich Zeichnungen von Claude Lorrain, 1600–1682 (Abb. 3), die, auf Overheadfolie kopiert, mit Hilfe des Tageslichtprojektors von allen optimal betrachtet werden konnten.

Abb. 3: Claude Lorrain (1600–1682): Landschaft am Tiber mit Felsen, Feder- und Pinselzeichnung mit schwarzer Kreide überarbeitet; Musée Condé, Chantilly.

Abb. 5: Collage einer Landschaftsdarstellung u. a. mittels Zeitungsausrissen.

Die Heranwachsenden übten den Aufbau von Landschaft mit zeichnerischen Mitteln, teilweise mit der Metapher einer Theaterbühne im Hinterkopf (Stichwort „Schichtung"), um sich von Abbildungsvorlagen zu lösen, einen eigenen Ansatz zu entwickeln und innere Stimmungen zur Geltung bringen zu können. Neben der Reduktion auf Grafit, schwarze Kreide und markante Kontraste wurde in der achtwöchigen Unterrichtseinheit auf Farbe völlig verzichtet. Die Schülerinnen und Schüler zeichneten nicht nur auf ihren Zeichenblock, sondern anschließend auch auf Zeitungspapier (Abb. 4). Damit lag ihren Arbeiten bereits eine gewisse „grafische Struktur" zugrunde; der Respekt vor dem leeren, weißen Blatt konnte reduziert werden. Außerdem wurden diese „Strukturen", beispielsweise aus langen Textblöcken oder Tabellen von Börsenkursen, als Impuls für die Gestaltung der Landschaften genutzt.

Abb. 4: Claras bildnerische Ergebnisse. Zeichnung auf Zeitungspapier, Ausdruck einer Bildbearbeitung ihrer Zeichnung und Computerausdruck mit geklebten Collageelementen.

In einem dritten Schritt wurde mit Zeitungsfetzen collagiert. Ausrisse von Zeitungsfotos oder -anzeigen mit Grautönen waren Material für die Schichtung der Landschaften, für Felsen, Berge, Sträucher oder Wolken (Abb. 5). Ausschnitte aus eigenen, teils als misslungen empfundenen Zeichnungen dienten ebenso als Collageelemente wie schwarze und weiße Papiere. Viele der Schülerinnen und Schüler zeichneten mit Grafit sowie schwarzer oder weißer Kreide auf ihre Collage, sodass alle bisher verwendeten Verfahren vorkamen. Erst von diesem Stadium an wurden die Computer mit Peripheriegeräten – vor allem zwei Scanner (A3 und A4), mehrere Grafiktabletts und zwei Drucker – eingesetzt, und zwar auf sehr unterschiedliche Weise.

(1) Einige Schülerinnen und Schüler scannten ihre Collage und druckten sie direkt aus, um auf dem Ausdruck analog weiterzuzeichnen. Für den Scannvorgang nutzten sie häufig nicht die Graustufen-, sondern die Strich- bzw. Schwarz/Weiß-Einstellung im Scannprogramm, um eine mehr grafische Klarheit und „Härte" zu erreichen. (2) Viele der Collagen wurden nach dem Scannen gespeichert und mit dem Bildbearbeitungsprogramm „Photoshop" digital bearbeitet. Nicht nur mit der Maus, sondern auch mit dem für die meisten bisher unbekannten Grafiktablett fügten die Lernenden Landschaftselemente wie Büsche oder Felsen hinzu (Abb. 6).

Bestimmte Bildbereiche wurden mit Hilfe der „Lasso"-Funktion gezielt ausgewählt und aufgehellt oder abgedunkelt. Benutzten sie den „Zauberstab", dann ließen sie dem Zufall mehr Raum bei der Auswahl der Bildbereiche, die im Grauwert verändert werden sollten (Abb. 7). Sehr beliebt war auch das „Wischfinger"-Tool (Abb. 8), mit

Abb. 6: Peter zeichnet mit dem ihm bisher nicht vertrauten Grafiktablett.

dem teils zu auffällige Elemente aus den Zeitungssegmenten, z. B. Überschriften, verwischt wurden. Aber auch eigene als zeichnerisch unzulänglich empfundene Bildteile konnten auf diese Weise nachgebessert werden. Gerade Heranwachsende mit wenig Vertrauen in ihre zeichnerischen Fähigkeiten lernten so grafische Gestaltungsmittel kennen, die ihnen Selbstvertrauen gaben.
(3) Außerdem wurden mehrmals unregelmäßig gefaltete oder teilweise zerknüllte Zeitungsseiten

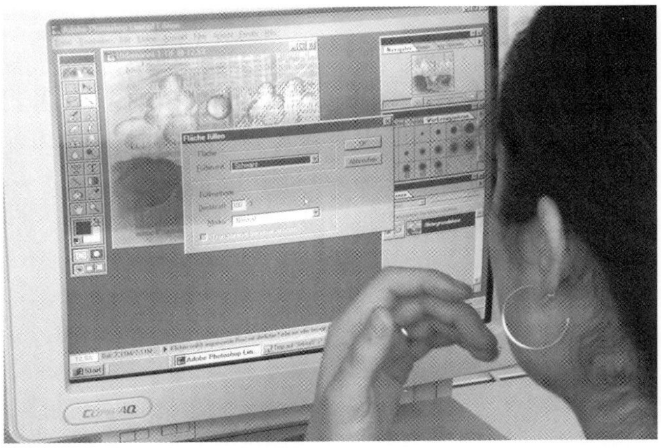

Abb. 7: Clara bei der digitalen Bearbeitung ihrer Zeichnung mit „Photoshop" vor dem Monitor.

Abb. 8: Ausdruck einer mit dem „Wischfinger"-Tool bearbeiteten Collage.

auf den A3-Scanner gelegt, abgelichtet und dann digital oder analog zeichnerisch überarbeitet (vgl. die in Kasten 1 geschilderte Beobachtung).
(4) Alle bisher verwendeten grafischen Verfahren wurden nun mit wachsender experimenteller Neugierde frei kombiniert. So zerrissen einige Schülerinnen und Schüler etwa die Computerausdrucke ihrer gescannten Zeichnungen oder Collagen, um hieraus neue Collagen zusammenzustellen oder um Elemente für neue Zeichnungen zu nutzen und wiederum zu scannen.
Bis hierher wurden sechs Doppelstunden verwand. Der Unterricht spielte sich mit seinen analogen Anteilen im großen und hellen Kunstraum der Schule ab. Die digitale Arbeit fand in einem nahe gelegenen kleineren Raum statt, der speziell für das Fach „Bildende Kunst" u. a. mit Unterstützung der Computer-AG der Schule eingerichtet wurde. Neben sechs älteren PCs aus so genannten Industriespenden befinden sich hier zwei neuere, leistungsfähigere Rechner, alle über ein internes Netzwerk mit einem Server verbunden.
Da es ein Ziel der gesamten Unterrichtseinheit war, die Schülerinnen und Schüler für unterschiedliche grafische Gestaltungstechniken zu sensibilisieren und das „Crossover" zwischen diesen Verfahren zu erkunden, haben wir auch eine traditionelle Drucktechnik berücksichtigt. Aus Gründen weiterer Selbstbeschränkung entschieden wir uns für die Monotypie (griech.: Einmaldruck), die von ihrer Handhabung her dem Zeichnen am nächsten liegt. Das Verfahren stammt angeblich von Giovanni Benedetto Castiglione aus Genua, um 1650 (Agte 1989, S. 471).
Im Gegensatz zum Digitalen, mit dem sich Bilder prinzipiell unendlich häufig in völlig identischen Ausdrucken vervielfältigen lassen, ist bei der Monotypie nur ein Abzug möglich. Die Zeichnung wurde von den Jugendlichen auf einer Glasplatte

Abb. 9: Landschaftsdarstellung mittels Monotypie.

Abb. 10: Digitale Bildbearbeitung des Scans einer Monotypie.

mit aufgewalzter Druckfarbe angefertigt (Abb. 9; vgl. die in Kasten 2 geschilderte Beobachtung). Alternativ kann man auch die Platte gleichmäßig einfärben, das Papier leicht auflegen und von der Rückseite mit einem Stift zeichnend andrücken. Die Monotypie sensibilisierte die Schülerinnen und Schüler nach dem digitalen „Drucken" für die Einmaligkeit und Unwiederholbarkeit des Druckergebnisses. Darüber hinaus hatten sie unterschiedlichste sinnliche Erlebnisse: vom geräuschvollen Auswalzen der intensiv schwarzen Farbpaste bis zum Abreiben des Papierbogens auf der Platte mit der Handinnenfläche. Das Druckergebnis musste zum Trocknen ausgelegt werden. Walzen, Glasplatten und die geschwärzten Schülerhände wurden am Ende in tiefen Waschbecken einer Reinigung mit Wasser unterzogen.

Unter Hinzunahme der Monotypie führten wir einen Projektvormittag von der ersten bis zur sechsten Schulstunde durch. In der Druckwerkstatt richteten wir insgesamt **vier Stationen** ein, in denen die geschilderten Verfahren räumlich etwas getrennt voneinander angeboten wurden, und zwar:

- analoges Zeichnen im großen Kunstsaal,
- Scannen und digitale Bildbearbeitung im Computerraum,
- Collagieren in einem weiteren Kunstraum, neben der
- Station zur Monotypie.

Im Rahmen dieses Werkstatt-Tages konnten die Jugendlichen jeweils ca. 45 bis 60 Minuten lang an allen Stationen grafisch gestalten und hierbei die Ergebnisse von der einen Station an den nächsten Stationen weiter bearbeiten. Wurde dieses Prinzip in der ersten Hälfte des Werkstatt-Tages weitgehend eingehalten, so lösten sich mit zunehmender Erfahrung zum Ende des Vormittags die Gruppen an den einzelnen Stationen häufig auf. Man folgte nicht mehr so stark dem Stationenprinzip, sondern bestimmte die Wahl der jeweilig zu nutzenden Station nach den Notwendigkeiten des Gestaltungsprozesses – wie in einer richtigen Werkstatt. Zwischen die Stationswechsel schalteten wir jeweils kurze Reflexionsphasen mit der gesamten Klasse, die sich dazu im Kunstraum einfand. Hierbei wurden vor allem Zwischenergebnisse vorgestellt sowie Erfahrungen und Tipps weitergegeben, aber von unserer Seite aus auch Bedürfnisse und Interessen geäußert. Eine Feedback-Runde, in der sich alle äußerten, beschloss den Werkstatt-Tag. Insgesamt gefiel den Jugendlichen der anregende Wechsel verschiedener grafischer Darstellungsverfahren und deren Kombination. Die Möglichkeiten der digitalen Bildbearbeitung und der Monotypie waren selbst für Schülerinnen und Schüler mit viel PC-Erfahrung besonders eindrucksvoll (Abb. 10).

Die Unterrichtseinheit „Landschaft – Geschaffenes Land" ging in der folgenden Woche mit einer normalen Doppelstunde zu Ende.

Fazit

● Viele Wurzeln eines werkstattorientierten Unterrichts liegen in traditionellen Werkstätten, z. B. der Druckwerkstatt, der Keramikwerkstatt oder auch dem Bildhauer- und Maleratelier (Bosse 2001, S. 23 ff.; Reuter/Taglinger 2002, S. 4 f.). Doch verbirgt sich hinter dem Werkstattprinzip mehr als eine räumliche Alternative zum Klassenzimmer. Es geht vorrangig um die Förderung der Persönlichkeitsentwicklung von Schülerinnen und Schülern durch selbst organisiertes Lernen in ästhetischen Bereichen. Innerhalb eines besonderen pädagogischen Arrangements, das durch prozessorientierte, situative Arbeitsformen geprägt ist, wird entdeckendes, handlungsorientiertes und selbst organisiertes Lernen gefördert (Kirchner/Peez 2001, S. 13).

Abb. 11: Kooperative Arbeitsformen am Werkstatt-Tag.

- Werkstattunterricht erfordert zeitaufwändige Planung und Flexibilität. Die Gliederung von ästhetischen Werkstätten kann – um für die Schülerinnen und Schüler übersichtlicher zu sein – in Form von Stationen erfolgen. Für das Arbeiten an Stationen ist charakteristisch, dass sich komplexe Handlungsabläufe thematisch gut in einzelne Schritte unterteilen lassen. „Stationen sind auf Zeit eingerichtete und in geeigneter Weise ausgestattete Arbeitsplätze" (Schulz 1998, S. 87). Die Stationen werden erforderlich, weil die technischen oder materiellen Voraussetzungen nicht an jedem einzelnen Schülerplatz geschaffen werden können. Gerade an Stationen entwickeln sich verstärkt kooperative Arbeitsformen (Abb. 11) – zugleich ein wichtiges Merkmal von Werkstattunterricht.
- Der 45- bzw. 90-Minuten-Rhythmus prägt die Schule insgesamt und auch das Schulfach Kunst. Will sich „Kunst" im traditionellen Fächerkanon am Vormittag in der Schule halten und nicht zum frei wählbaren Nachmittagsangebot entwickeln, so muss sich das Fach – zumindest auf absehbare Zeit – diesem Rhythmus anpassen. Allerdings wirkt sich der starre Zeitrhythmus selten förderlich auf kreative Prozesse aus. Deshalb wurde durch den in die Unterrichtseinheit integrierten „Werkstatt-Tag", erfolgreich versucht, „alternative Zeitfenster" mit den schulischen Gegebenheiten zu kombinieren.
- Das Werkstattprinzip eignet sich hervorragend für die Verbindung von unterschiedlichen, teils gegensätzlichen Gestaltungsverfahren über starre Grenzen hinweg. Hierdurch ist diese Form des Unterrichtssettings geradezu prädestiniert, analoge und digitale bildnerische Techniken miteinander zu verbinden. Entsprechende Gestaltungskompetenzen können in Bezug zueinander gesetzt und gefördert werden. Körperlichkeit ist kein simples Gegenprogramm zum Digitalen. Die wechselseitige Ergänzung wurde im geschilderten Unterricht angestrebt.

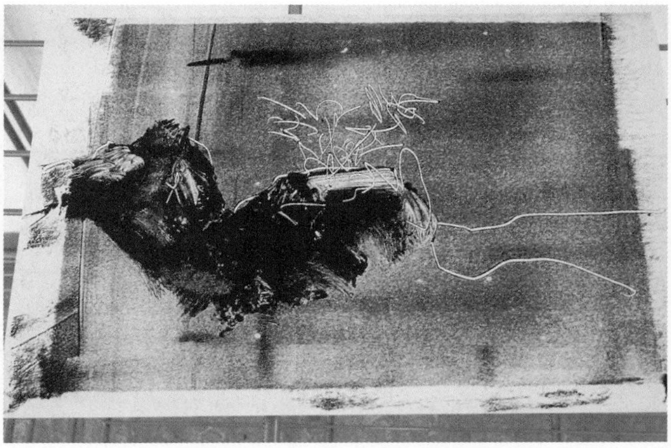

Abb. 12: Monotypie aus linearen und flächigen, gestisch aufgetragenen Elementen.

Abb. 13: Monotypie und Computertastatur.

Anmerkung: Der Unterricht fand statt innerhalb des Modellprojekts „Multisensueller Kunstunterricht unter Einbeziehung der Computertechnologie" (http://www.muse-computer.de) im Rahmen des Bund-Länder-Programmes „Kulturelle Bildung im Medienzeitalter" (http://www.kubim.de). Im Zentrum steht die Entwicklung von Kunstunterricht, der analoge und digitale Gestaltungsverfahren kombiniert. Ergebnisse finden sich u. a. unter http://www.muse-forschung.de und den oben angegebenen Websites.

Literatur

Agte, Rolf u. a.: Das große Lexikon der Graphik. Braunschweig (Westermann) 1989, S. 471

Bosse, Dorit: Die ästhetische Werkstatt als Ort entdeckenden und eigenständigen Lernens. In: Kirchner, Constanze/Peez, Georg (Hg.): Werkstatt: Kunst. Anregungen zu ästhetischen Erfahrungs- und Lernprozessen im Werkstattunterricht. Hannover (BDK Verlag) 2001, S. 8–21

Kirchner, Constanze/Peez, Georg: Kunstunterricht als Werkstatt. Aspekte ästhetischer Erfahrungs- und Lernprozesse im Werkstattunterricht. In: Kirchner, Constanze/Peez, Georg (Hg.): Werkstatt: Kunst. a. a. O., S. 22–32

Reuter, David/Taglinger, Andreas: Alter Hut mit neuer Krempe. In: Kunst + Unterricht, Themenheft „Werkstatt", 260/2002, S. 4–8

Ware Schönheit – eine warenästhetische Analyse von Gesichtern

Petra Schmid

„Es ist viel aufregender, Songs zu schreiben, als zu versuchen, schön zu sein. Ich will meine Zeit nicht länger damit vertrödeln, die perfekte Farbe meines Lippenstiftes zu suchen." Madonna

Wenn sich etwas verändert, was für lange Zeit alt bekannt und vertraut war, rückt es plötzlich aus der Gewohnheit ins Blickfeld – die verstärkte Beschäftigung von Jugendlichen mit ihrem sich wandelnden Äußeren ist daher eine natürliche Folge der Adoleszenz. In ihrem Ringen darum, das eigene Äußere zu akzeptieren, werden junge Menschen durch medial vermittelte Idealvorstellungen über die äußere Erscheinung beeinflusst. In den meisten Fällen sehen sie sich allein gelassen zwischen unerreichbarem Ideal und wahrgenommener Realität. Dabei wäre es eine wichtige Aufgabe der Schule und des Faches Kunst als wesentlichem Ort ästhetischer Erziehung, diese Situation zu thematisieren.

Im Rahmen einer größeren Unterrichtssequenz zum **Thema „Schönheit"**, die ich mit zwei **elften Klassen** an einem Oberallgäuer Gymnasium durchführte, erarbeiteten sich Schülerinnen und Schüler einen Überblick über die verschiedenen Einflüsse auf die Ausprägung von Schönheitsidealen und ihrer Wandlungen. Kunstwerke und Texte verschiedener Epochen waren dazu die Quellen. Anschließend setzten sie sich theoretisch und praktisch mittels eines Phantombildgenerators und eines Morphingprogramms mit den Möglichkeiten digitaler Bearbeitung und Generierung von Gesichtern auseinander.

Die Unterrichtsstunden sollten den Einfluss der Medien auf die Selbstwahrnehmung und Identitätsentwicklung von Jugendlichen hinterfragen. Identität, im Sinn einer Einheit von Körper, Geist und Seele, beinhaltet im Idealfall die Akzeptanz des Körpers als einer wesentlichen Säule. In der Pubertät wird die Veränderung des eigenen Körpers vor allem von Mädchen meist nicht als positiv empfunden. Die eigene Aufmerksamkeit ihm gegenüber ist hoch, er wird vermessen, mit Idealen verglichen und kaum ein adoleszentes Mädchen ist mit sich völlig zufrieden. Die Jungen definieren sich eher über Gesundheit und Fitness als über Schönheit. So finden sie eher zur Akzeptanz der eigenen Körperlichkeit. Die unterschiedlichen Reaktionsweisen auf die biologischen Entwicklungen sind sicher in hohem Maß soziokulturell vermittelt: Gesellschaftlich positiv bewertete Weiblichkeit misst sich zu gleichen Teilen an Erfolg und Kompetenz wie an der attraktiven Physis.

Weibliche Identität, die sich derart auf Äußerlichkeiten gründet, ist abhängig von fremder Anerkennung. Die Eigendefinition über Fremdurteile erschwert die Ausbildung von Ich-Identität und positivem Selbstkonzept.

Der Präsident der Deutschen Gesellschaft für plastische Chirurgie bezeichnet die „pathologische Wahrnehmung des eigenen Körpers als falsch und mangelbehaftet" mit der Wortschöpfung *„Dysmorpho-Phobie"*. Wie viele Jugendliche davon betroffen sind, bleibt Spekulationen überlassen (EMMA, Januar/Februar 2003, S. 56).

Ein Schönheitsideal spiegelt immer soziale und kulturelle Faktoren seiner Zeit, es spiegelt die Sozialstruktur einer Gesellschaft. Der Schönheitsbegriff ist außerdem verknüpft mit Moralvorstellungen und Geschlechterrollen. Schönheit kann nicht konstant historisch oder biologisch begründet werden, dazu sind die Vorstellungen über Epochen und Kontinente zu verschieden. Es handelt sich nicht um dauerhafte, objektive Qualitäten, nicht um ein platonisches Ideal. Attraktivität ist weder eine universelle noch eine unveränderliche Größe. Auffallend häufig fällt das Erstarken des Feminismus mit dem Modediktat zur Superschlankheit zusammen, man denke nur an das englische Topmodel Twiggy (41 kg bei einer Körpergröße von 1,67 m), das 1965 Anorexie und kindliche Hilflosigkeit verkörperte, gerade als die feministische Bewegung an Einfluss gewann. Die Frauenbewegung sensibilisierte für die warenästhetische Bestimmung des modischen Schönheitsideals: „Schönheit hat einen zutiefst politischen Charakter. Nicht zufällig reagierte das Schönheitsideal auf Emanzipationsbewegungen der Frauen. Der Schönheitskult hängt unweigerlich mit dem Patriarchat zusammen und dient vor allem der Wirtschaft" (Posch 1999, S. 23).

Es gilt als erwiesen, dass der Einfluss der Darstellung schöner und prominenter Personen mit idealen Maßen in den Medien auf die Wertschätzung des eigenen Äußeren hoch anzusetzen ist. „Nicht nur übergewichtige Frauen, sondern teilweise auch

normal- und untergewichtige Frauen sind mit ihrer Figur und ihrem Gewicht unzufrieden. Hier zeigt sich nicht nur eine Verzerrung der Selbstwahrnehmung, sondern auch das verzweifelte, aber vergebliche Streben nach einem Körper, der dem hoch gesteckten Schönheitsideal entspricht. Die 20- bis 29-jährigen Frauen sehen sich am meisten unter Druck gesetzt, den Ansprüchen der Gesellschaft nach Schönheit und Schlankheit zu entsprechen" (http://idwonline.de/public/pmid28423/zeige_pm.html).
Dazu kommt, dass die meisten Abbildungen schöner Menschen, die uns heute begegnen, mit technischer Hilfe verschönert wurden, angefangen vom professionellen Make-up über Beleuchtungs- und Aufnahmetechnik bis zur digitalen Nachbearbeitung. Das Model Linda Evangelista antwortete, als sie nach ihrer Vorbildfunktion befragt wurde: „Wenn Frauen sich an meinen Fotos orientieren, wird das sicher problematisch. So sehe ich in Wirklichkeit nicht aus" (Drolshagen, 1997, S. 96).
Die Folgen des unerreichbaren Ideals, das durch breite Medienpräsenz vom Zuschauer verinnerlicht wird, können Unzufriedenheit mit dem eigenen Aussehen, verstärkte Gewichtskontrolle, Essstörungen und Magersucht sein. Vor allem die Medien instrumentalisieren gutes Aussehen zu Verkaufszwecken. Schöne Menschen werben für Genussmittel genauso wie für Autos und Waschpulver. Nebenbei wird dem potenziellen Kunden suggeriert, auch die Schönheit selbst sei käuflich.
Vor allem Werbung, Musiksender und die Daily Soap arbeiten mit diesen Mechanismen, denn: „Videoclips erzeugen Aufmerksamkeit durch visuelle Reize weiblicher Nacktheit (...) Je nackter, desto größer die Aufmerksamkeit. Diese Tendenz zur Sexualisierung des weiblichen Körpers (...) ist eine, die das gesamte Fernsehprogramm betrifft" (Luca 1998, S. 37).
Kosmetik- und Diätmittelindustrie sowie die Schönheitschirurgie versuchen, die Unsicherheit im weiblichen Selbstbild vom Körper zu nutzen. Allein in Deutschland schwanken die Schätzungen der Zahl schönheitschirurgischer Eingriffe für das Jahr 2001 zwischen 500 000 (Spiegel) und 800 000 (Ästhetisch-plastische Chirurgen-Vereinigung). Aus diesen schier horrenden Zahlen entsteht zunehmend gesellschaftliche Akzeptanz, ja eine *Forderung* operativer Anpassung der Individualität an das Ideal. Die Antwort auf die bange Frage nach zukünftigen Entwicklungen bleibt offen.

Die Unterrichtssequenz

Der erste, theoretische Teil der Sequenz beschäftigte sich mit den Wandlungen und extremen Ausformungen des Ideals über verschiedene Epochen und Kulturkreise hinweg. Die Schülerinnen und Schüler analysierten Bilder und Plastiken von der Antike bis zur Gegenwart im Hinblick auf die zugrunde liegenden ästhetischen Vorstellungen. Sie lernten den klassischen Kanon von Praxiteles kennen und informierten sich über kosmetische Tricks des Mittelalters, referierten anhand von Zeitungs- und Internetartikeln über Leonardos Umsetzung von Vitruvs Berechnungen und eine Ausstellung im Metropolitan Museum („Extreme Beauty"/Januar 2002).
Die Schwierigkeiten, die die Schülerinnen und Schüler teilweise hatten, sich in alte Schönheitsideale hineinzudenken, weil die zeitliche Distanz auch eine emotionale bewirkt, half, ihre Meinung über aktuelle Schönheitsvorstellungen zu relativieren. Im zweiten Abschnitt zur ästhetischen Praxis versuchten sie dann selbst Ideale zu schaffen, die in Collagetechnik aus der „Dekonstruktion" von Frauen- und Modemagazinen kreiert wurden. Sowohl kognitiv wie auch gestalterisch war die Aufgabe wenig herausfordernd und befriedigend für die Schülerinnen und Schüler, außerdem erschien ihnen die so montierte Optik der neuen „Idole" nicht ausreichend für eine kritische Auseinandersetzung mit meist digital nachbearbeiteten oder computergenerierten Beauties.
In der theoretischen Analyse waren sie auf die Website von Studierenden der Universität Regensburg gestoßen, die sich mit den psychologischen Komponenten der Wahrnehmung von Attraktivität beschäftigten (www.beautycheck.de). Diese hatten im Versuch Fotos von standardisiert aufgenommenen Gesichtern von Versuchspersonen auf einer Skala von 1 (= sehr unattraktiv) bis 7 (= sehr attraktiv) beurteilen lassen, diese Gesichter wurden dann mittels Morphing miteinander verschmolzen. So errechneten die Forscher mehrere Generationen von „Durchschnittsgesichtern", die dann analog zur Beurteilung der Originalgesichter ebenfalls auf der gleichen Skala beurteilt wurden. Das Ergebnis zeigte, dass gemorphte (künstliche, virtuelle) Gesichter im Durchschnitt als schöner angesehen werden als die zugrunde liegenden Originalgesichter. Je mehr Originalgesichter in einem Gesicht synthetisiert waren, desto attraktiver wurde es beurteilt, je attraktiver die Ursprungsgesichter waren, desto attraktiver wurde auch das gemorphte Gesicht eingestuft.

Untersuchungen zur sozialen Wahrnehmung von Gesichtern bestätigten, dass es ein ausgeprägtes Attraktivitätsstereotyp gibt, d. h. dass attraktiven Gesichtern häufiger die Eigenschaften *„erfolgreich", „zufrieden", „sympathisch", „intelligent", „gesellig", „aufregend", „kreativ", „fleißig"* zugeschieben wurden (www.beautycheck.de).
Auffallend war auch, dass alle Originalgesichter unterdurchschnittlich abschnitten, obwohl die Auswahl repräsentativ für den Bevölkerungsquerschnitt war, ja der Anteil „schöner" Gesichter (Models) sogar eher über dem Durchschnitt lag und dass Frauen, die im Experiment als die Attraktivsten beurteilt wurden, in der Realität nicht existieren. So wird der antike Mythos des Pygmalion zur Realität der Gegenwart.
Die Schülerinnen und Schüler fanden das Projekt ungemein faszinierend. Sie begannen sofort, eigene Vergleiche anzustellen und nach Regeln zu suchen, die die Attraktivität beeinflussten. Sie hatten sich rasch dafür entschieden, das Porträt-Morphing selbst auszuprobieren.
Das Vorgehen dazu ist ähnlich der fotografischen Herstellung von Kompositporträts in der Dunkelkammer. Zuerst wurden die Schülerinnen und Schüler alle in gleicher Weise mit einer Digitalkamera fotografiert. Dabei muss möglichst genau gearbeitet werden, also mit gleichem Abstand, gleicher Kopfhaltung, direktem Blick in die Kamera. Evtl. können Markierungen an einer Wand hinter den Porträtierten angebracht werden oder man arbeitet mit Stützen oder Lehnen. Die Haare müssen aus dem Gesicht gekämmt, evtl. zurückgebunden werden, Krägen, Ohrringe etc. sind zu vermeiden, am besten ist es, wenn alle gleichfarbige T-Shirts tragen.
Die standardisierten Aufnahmen sind die Grundlage für das **Morphing**.
Das Programm *Morpher* (Morpher ver3.1, Copyright M.Fujimiya, 2001) ist ein Shareware-Produkt und ist unter http://www.asahi-net.or.jp/~FX6M-FJMY/ verfügbar.
Es ist relativ leicht verständlich. Jeweils zwei importierte Bilder werden zu einem verschmolzen, wobei die Punkte, die aufeinander abgebildet werden sollen, definiert werden müssen, d. h. unter *Mode: Edit point mode* können mit Mausklick Punkte gesetzt und verschoben werden, wobei jeweils im linken Bild die neuen Punkte gesetzt und diese im rechten dann nur noch an die richtige Stelle geschoben werden. Je mehr Punkte gesetzt werden, desto genauer arbeitet das Programm. Die Punkte müssen dann unter *Mode: Edit boundary mode* miteinander verbunden werden. Es empfiehlt sich dies zumindest bei Augen und Mund zu tun, denn die Ergebnisse werden dann genauer. Der Befehl *Start rendering* berechnet dann je nach Auswahl ein Zwischenbild oder einen Film.
Das Setzen der Punkte ist eine langwierige und relativ langweilige Aufgabe, aber die Schülerinnen und Schüler können sich die Arbeit an mehreren Computern teilen. Zuvor muss allerdings ein „Morphingplan" aufgestellt werden, der gewährleistet, dass alle Einzelbilder im Endergebnis zu gleichen Anteilen enthalten sind, was bedeutet, dass die Bilder „generationsweise" miteinander gemorpht werden müssen.
Der Vorgang des Morphing ist spannend zu beobachten und kommt vor allem in den Filmen gut zum Ausdruck. Der Blick für die Feinheiten eines Gesichtes wird geschärft, wenn es mit einem anderen verschmilzt. Wie genau ist unsere Wahrnehmung? Wann beginnen wir eine Veränderung zu bemerken? Wo geht ein Gesicht in ein anderes über? Wann hört der/die Dargestellte auf sich selbst mit dem Bild zu identifizieren?
Beim Betrachten der Ergebnisse entspann sich von ganz allein eine intensive Diskussion: Die Schülerinnen und Schüler äußerten Begeisterung und Faszination ebenso wie ein unbestimmbares Unbehagen bei diesen Versuchen. Sie erkannten deutlich die kleinsten Unterschiede zwischen den Gesichtern, die ihnen durch genaues Hinsehen oder Zeichnen allein niemals aufgefallen wären.
Die Möglichkeiten des Programms begeisterten die am Projekt Beteiligten mehrheitlich. Sie zeigten aber auch Problembewusstsein: Zwar wurden die Ergebnisgesichter als „attraktiv" eingestuft, gleichzeitig jedoch als etwas langweilig beurteilt. Durch die morphingbedingt entstehende Unschärfe wirkten sie auch weich und „süßlich", wie einige meinten. Das Gesicht des/der Einzelnen

Abb. 1: Screenshot des Bildbearbeitungsprogramms „Faces".

löste sich völlig im Gesamtbild auf. Jede Individualität verschwand und das Ergebnis ähnelte dem des vorgestellten psychologischen Versuchs.
Eine Vergleichsgruppe arbeitete zusätzlich mit „Faces", einem Phantombildprogramm, wie es in ähnlicher Form von der Polizei verwendet wird (Abb. 1). Es ist über Internet-Versand (z. B. Pearl) leicht erhältlich. Im Programm stehen verschiedene Gesichtsteile in fast unendlicher Vielfalt und Variation zur Verfügung, sie lassen sich beliebig kombinieren und können in Größe und Position verändert werden. Im Prinzip handelt es sich auch hierbei um eine Collagetechnik, die sich nur schneller, variabler, perfekter und ohne den aggressiven Akt des Zerstörens von vorhandenem Material anwenden lässt.
Die Jugendlichen wurden beauftragt, am Computer attraktive Gesichter zu erstellen und für sich dabei herauszufinden und zu notieren, was ein Gesicht schön erscheinen lässt.
Dabei machten sie sich Gedanken, ob es geschlechtsspezifische Gesichtsausprägungen gäbe, welche Teile miteinander harmonierten, in welchen Größenverhältnissen sie zueinander stehen müssten und suchten auch auffallend häufig nach Partien, die positive Emotionen ausstrahlten. Bei dieser Suche wurden sie enttäuscht, denn alle möglichen Ergebnisse sind standardisiert und völlig emotionslos.
Auch hier trug die Arbeit mit dem Profimaterial dazu bei, die Wahrnehmung der Schülerinnen und Schüler für Formunterschiede verschiedener Gesichtspartien zu schärfen. Sie erkannten, dass es gar nicht so einfach ist, „Schönheiten" zu erzeugen, da es in jedem Gesicht eine natürliche Harmonie gibt, die nicht einfach aus einer Aneinanderreihung von hübschen Einzelteilen besteht.
Der **Selbstversuch des Morphing** war der ergiebigste Prozess der gesamten Sequenz (Abb. 2 bis 7). Durch die Beteiligung des eigenen Gesichtes entstand bei den Schülerinnen und Schülern eine Ambivalenz, welche die Beschäftigung mit der Thematik vor Eindimensionalität und Pauschalisierungen bewahrt. Im Schwanken zwischen Faszination und Erschrecken, in der Schwebe zwischen Distanzierung und Identifikation wurde den SchülerInnen die Verdinglichung der Identität, die Degradierung des Körpers zum Objekt, zur Ware bewusst, da die angleichenden, Individualität auslöschenden Mechanismen des Schönheitszwangs am eigenen Beispiel deutlich wurden.
Beide Versuche konnten die Austauschbarkeit, die Warhol'sche Schablonisierung, welche die Homo-

Abb. 2: Aus den Originalfotos zweier Schülerinnen (Abb. 2 a u. 2 b) wird durch Morphing ein neues Porträt kreiert (erste Stufe).

Abb. 2 a

Abb. 2 b

Abb. 3: Aus den Originalfotos zweier Schüler (Abb. 3 a u. 3 b) wird durch Morphing ein neues Porträt kreiert (erste Stufe).

Abb. 3 a

Abb. 3 b

Abb. 4: Aus den Porträtfotos von vier Schülerinnen entsteht durch Morphing ein neues Gesicht (zweite Stufe).

Abb. 5: Aus den Porträtfotos von vier Schülern entsteht durch Morphing ein neues Gesicht (zweite Stufe).

Abb. 6: Morphing aller männlichen Gesichter.

Abb. 7: Morphing aller weiblichen Gesichter.

genisierung des Ideals durch die Medien entstehen lässt, visualisieren und die Relevanz allgemein gültiger Schönheitsnormen hinterfragen. Das Aussehen ist Verpackung zur Selbst- und Fremdvermarktung – es kann in einigen Fällen gezielt für eigene Zwecke eingesetzt werden, aber die Gratwanderung zwischen Nutzen und Zwang ist nicht einfach, zumal diese Möglichkeit auch keineswegs jeder, oder jedem, offen steht.

Die wichtige Phase der Einarbeitung in diesen spannenden Themenkomplex, der vielen Schülerinnen und Schülern völlig neu ist, führt dazu, dass die analytische Reflexion zunächst einige Zeit beanspruchte, die die praktischen Untersuchungen in den Hintergrund drängte. Die intensive Diskussion schuf aber die Basis für eine weitreichende, motivierende Arbeit. Die Unterrichtssequenz stützt nicht nur ein momentanes Gefühl der Zufriedenheit mit sich selbst bei den Schülerinnen und Schülern, gerade die ästhetische Praxis im Nachvollzug manipulierender Klischees entlastet von der suggestiven Macht der medialen „Vor"-Bilder.

Literatur

Beinzger, Dagmar/Eder, Sabine/Luca, Renate: Im Wyberspace. Frauen und Mädchen in der Medienlandschaft. Bielefeld 1998

Côté, Pierre: Faces. Der Phantombildgenerator. Mönchengladbach 2000

Drolshagen, Ebba: Des Körpers neue Kleider. Die Herstellung weiblicher Schönheit. Frankfurt/M. 1997

EMMA, Ausgabe Januar/Februar 2003

Luca, Renate: Medien und weibliche Identitätsbildung. Körper, Sexualität und Begehren in Selbst- und Fremdbildern junger Frauen. Heidelberg 1998

Posch, Waltraud: Körper machen Leute. Der Kult um die Schönheit. Frankfurt a. M. 1999

Schefer Faux, Dorothy u. a.: Schönheit. Eine Kulturgeschichte des 20. Jahrhunderts. München 2000

Wolf, Naomi: Der Mythos Schönheit. Reinbek 1996

www.asahi-net.or.jp/~FX6M-FJMY/ (Morpher ver3.1) (Datum des Zugriffs: 15. 02. 03)

www.beautycheck.de (Datum des Zugriffs: 15. 02. 03)

„Wer bin ich?" – Selbstporträt und Porträtdarstellung in einer integrativen 6. Klasse

Judith Werner

„Warum hat der so ungesund aussehende grüne Striche im Gesicht und die Frau eine ganz gelbe Nase?" Diese Verwunderung stand am Beginn der **Bildbetrachtung expressionistischer Kunstwerke,** die den Einstieg in die eigene „freiere" Selbstdarstellung der Unterrichtseinheit Selbstporträt/Porträt im integrativen Unterricht einer 6. Klasse bildete (Ernst-Reuter-Schule II – Integrierte Gesamtschule mit gemeinsamem Unterricht, Frankfurt am Main). In der Klasse befinden sich neben den Regelschülerinnen und -schülern Heranwachsende mit sonderpädagogischem Förderbedarf sowie einige Kinder mit Aufmerksamkeitsdefizit-Syndrom. Die Betrachtung von Selbstbildnissen und Porträtdarstellungen berühmter Künstler wie Vincent van Gogh, Henri Matisse, Erich Heckel und Ludwig Kirchner schaffte einen ‚irritationsästhetischen' Ansatz, der die Schülerinnen und Schüler provozierte, die eigenen Darstellungsweisen freier und mutiger anzugehen, aber auch Vorurteile gegenüber bestimmten unkonventionellen künstlerischen Darstellungsweisen im Verlauf der Unterrichtseinheit abzubauen.

Abb. 1: Die eigenen Bleistiftzeichnungen wurden zunächst mit Dispersionsfarbe großzügig übermalt.

Nachdem sich die Schülerinnen und Schüler zunächst zeichnerisch mit Bleistift und Kohle auf Papier der eigenen Darstellung mittels Spiegel genähert hatten, war der nächste Schritt die expressive farbige Gestaltung dieser Selbstporträts (Abb. 1). Dem Bedürfnis der Heranwachsenden nach detailgetreuer Nachahmung wurde zuvor mit einem kleinen Exkurs in die klassische Porträtzeichnung Rechnung getragen. Anschließend waren sie eher in der Lage, routiniert ihre großzügige Formsprache für Kopf- und Gesichtsproportionen zu finden und sich so leichter einer individuellen und expressiven Darstellungsweise zu widmen. Die Ergebnisse der Zeichnungen und dieser farbig expressiven und großflächigen Malerei wurden mit der Digitalkamera dokumentiert und auch jede und jeder wurde mit der Digitalkamera „einmal ganz naturalistisch" fotografiert. Dieser erste Teil der Unterrichtseinheit umfasste einen Zeitraum von ca. drei Doppelstunden.
Mit dieser „Datenbank" (Sammlung aller abfotografierten Ergebnisse als individuelles „Datenköfferchen") beschäftigten sich die Schülerinnen und Schüler an einem Projekttag auf vielfältige Weise an **Stationen** mit der Frage „Wer bin ich?"

- Eine Station beinhaltete unter dem Thema: „So kann ich auch sein!" das Verkleiden, Schminken und teilweise Verfremden bis zur Unkenntlichkeit. Diese Phase wurde ebenfalls ausführlich mit der Digitalkamera dokumentiert und der Datenbank hinzugefügt.
- An einer anderen Station verfassten einige Schülerinnen und Schüler eigene Texte zu ihrer Person und versuchten sich sogar in Songtexten, die im Rap-Stil an einer weiteren Station gesungen bzw. gesprochen und auf Tonband aufgenommen werden konnten. Dieser interdisziplinäre Ansatz entstand nach einem Brainstorming mit den Schülerinnen und Schülern, die als Ausdrucksmöglichkeiten zu sich selbst auch Musik und Rap-Texte nannten. Sie gehören für sie bei der Auseinandersetzung mit sich selbst unbedingt dazu.
- Computerausdrucke aus der eigenen Datenbank wurden analog überarbeitet: Sie konnten mit Spraydosen übersprüht, mit der Schere zerschnitten und mit Klebstoff neu zusammengefügt oder mit Acrylfarben übermalt werden (Abb. 2).

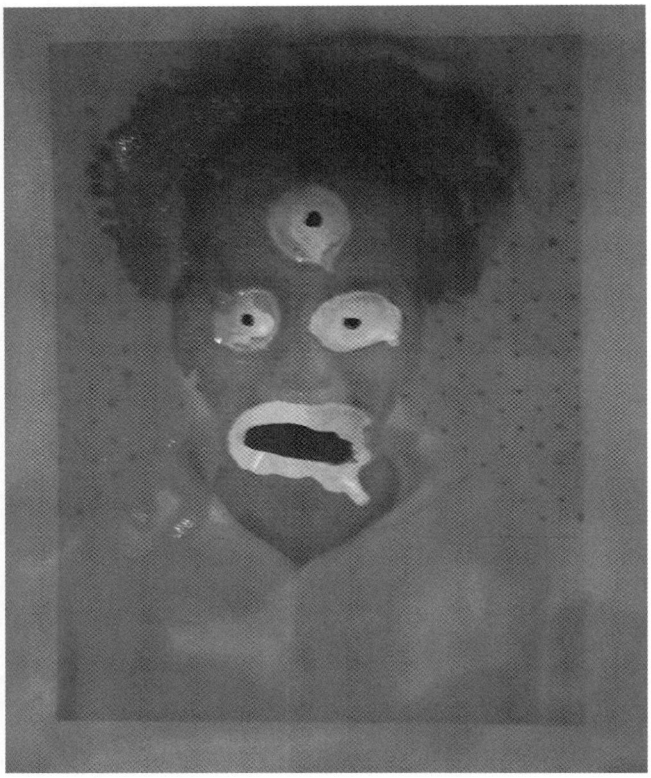

Abb. 2: Expressive Überarbeitung eines Computerausdrucks mit Sprayfarbe aus der Sprühdose.

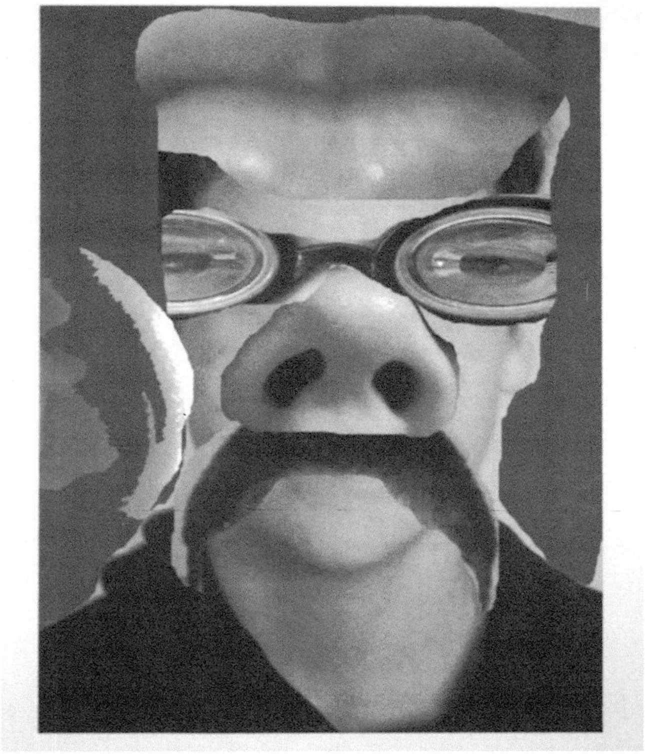

Abb. 4: Groteske Porträts entstanden im Laufe des Projekts durch eine immer experimentellere Herangehensweise.

● Das Herzstück des Projekttages war die Computerstation mit sechs PCs, an der das gesamte Bildmaterial zusammenkam und für jedes Kind ein eigener Ordner mit den entstandenen Bildern an-

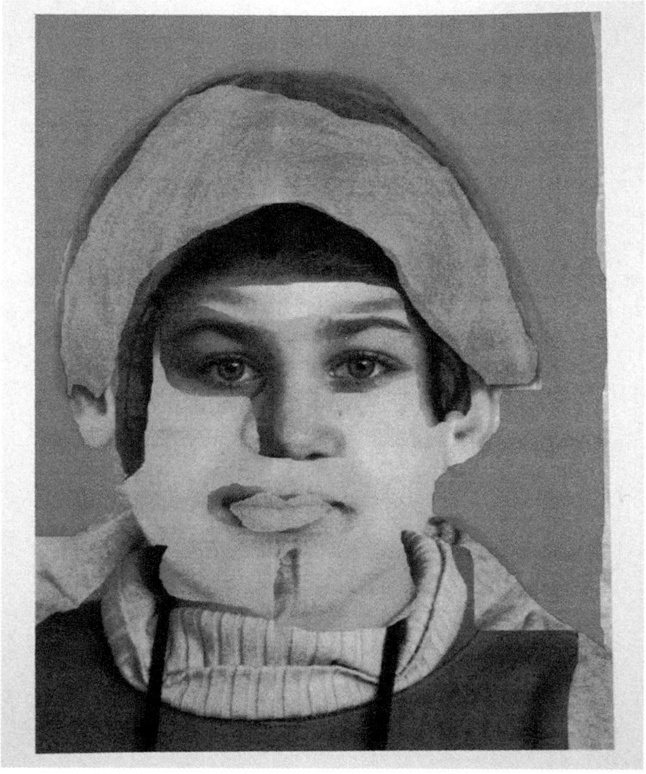

Abb. 3: Mehrere Elemente aus digitalen Porträtfotos der Schülerinnen und Schüler wurden zu einem neuen fiktiven Porträt mittels „Photoshop“ kombiniert.

gelegt wurde. Mit einfachen Mitteln der digitalen Bildbearbeitung (im Programm „Photoshop“) gestalteten sie die Bilder zum Beispiel farbig oder schnitten verschiedene Elemente aus ihrer Bilderdatenbank wie eine Art Collage aus und fügten sie neu zusammen. Besonders spannend war dabei, Gesichtsteile von Mitschülerinnen und Mitschülern zu verwenden und so zu witzigen bis grotesken Gesichtscollagen zu kommen (Abb. 3–5).

Dieses Bildbearbeitungsverfahren geschah nicht ohne eine gewisse emotionale Dynamik. „Der nimmt einfach meine Augen und fügt sie da in so eine Fratze ein!“ – „Die nehmen immer meine Haare.“ – „Was hat der mit meinem Gesicht gemacht?“ Diese Phase war also einerseits sehr spannend für die Schülerinnen und Schüler, andererseits aber auch eine emotionale Gratwanderung. Das eigene Gesicht so „benutzt“ zu sehen, verlangt von **Zwölf- bis Dreizehnjährige**n sehr viel; so zum Beispiel Selbstironie, Toleranz und Flexibilität sowie spielerischen Umgang mit sich selbst, aber auch Einfühlungsvermögen gegenüber anderen, die ihr Gesicht nicht „benutzt“ sehen wollen. Diese Problematik wurde in Gesprächen und während der Abschlussreflexion aufgefangen und die Freude an der überzeugenden Expressivität der bildnerischen Ergebnisse der ausgedruckten Bilder hat schließlich die Wogen wieder geglättet.

Abb. 5: Multiethnische Kombination mehrerer Elemente, wie z. B. dunkle Haut und blonde Haare, wurden zu einem Porträt zusammengefügt.

Einige Mutige experimentierten gegen Ende des Projekttages noch mit dem eigenen Gesicht, indem sie es auf den Scanner legten. Die so entstandenen Bilder versetzten sie in tiefes Befremden, eine Mischung aus Faszination und Ekel: „Ich sehe aus wie eine Wasserleiche.“ Ein Schüler speicherte seine so entstandene Bilddatei gar unter dem Dateinamen „tot“ ab. Das weitere Überarbeiten der Selbst-Scans mit dem Bildbearbeitungsprogramm oder auch das analoge Übermalen intensivierte noch zusätzlich die Auseinandersetzung mit der Selbstbild-Thematik.

Auf einer allgemeineren Ebene wurde die komplexe Art und Weise der biografischen Bezugnahme vor allem von den Schülerinnen verstanden. Es ging bei der Frage „Wer bin ich?“ nicht um Selbstbildnisse im engeren Sinne, sondern um das Austarieren von teils extremen Grenzen des Selbst im Sinne eines: „Bin ich das wirklich noch?“, wie Janine es etwa in Bezug auf multiethnische Kombinationen formulierte (Abb. 5). Das digitale Bildbearbeitungsprogramm bildete für das Verständnis und für das Erreichen dieses Ziels das zentrale, als sehr motivierend und positiv erfahrene ‚Werkzeug‘. Janine sagte hierzu: „Wir hatten in der Schule noch nie etwas mit dem Computer gemacht. Und es war einfach cool, es zu sehen, was man da so verändern kann, an den Leuten verändern kann, so andere Haare draufsetzen, andere Augen einsetzen. Und das war halt schon wie man aussehen kann, aber nicht wusste, dass man so aussehen kann.“

Nach dem Projekttag wurde in weiteren Kunstdoppelstunden an den Stationen gearbeitet. Da die Schülerinnen und Schüler unterschiedlich schnell gearbeitet hatten, war mir eine gemeinsame Aufbereitung und Abschlussreflexion am Ende dieser Einheit wichtig. Dazu bekam jede und jeder einen **Fragebogen** (vgl. Kasten 1), eine **Checkliste** (vgl. Kasten 2) und eine Anleitung zu einem **Interview** (vgl. Kasten 3). Insbesondere die Checkliste war wichtig, um Orientierungshilfen zu geben und der abschließende Fragebogen bot die Grundlage für ein Abschlussgespräch zu den Ergebnissen.

Bei der gemeinsamen Bildbetrachtung waren keineswegs erstaunte oder gar abfällige Bemerkungen über „grüne Striche im Gesicht“ zu hören. Auf einmal wurde es von Schülerinnen- und Schülerseite sogar als „cool“ bezeichnet, wenn bei ihren Arbeiten ein Gesicht aus einem riesigen Ohr schaute oder ein großer Mund wie ein Hut auf einem Kopf saß. Die Porträts konnten noch so grotesk sein, die Beschäftigung über einen relativ langen Zeitraum mit dem eigenen Selbst öffnete fast allen Schülerinnen und Schülern einen toleranteren Weg in verfremdende oder absurde Darstellungsweisen. Durch das eigene Handeln wurde ein Verständnis für die anfangs betrachteten Bilder geschaffen und darüber hinaus fand eine interessante Auseinandersetzung mit dem Selbst auf unterschiedlichen Ebenen statt, die bis heute nachhaltig geblieben ist. Das digitale Gestalten und Verändern war für diese Herangehensweise ganz besonders förderlich, da es das Merkmal bietet, dass Prozesse und Spuren, die man am Bildschirm veranlasst oder hinterlässt, nicht endgültig und unkorrigierbar sind. Spielerisch können Elemente ergänzt oder wieder entfernt werden, ohne dass das ursprüngliche Bild dabei zerstört wird. Die Erfahrung von Unvoreingenommenheit – „Es gibt zunächst nichts Falsches“; „Grundsätzlich kann gestalterisch alles ausprobiert werden“ – fördert und fordert bei den Heranwachsenden mehr Schaffensmut in kreativen und ästhetischen Prozessen. Auch die Zögerlichen, die sonst eher lange benötigen, um zu einer Bildidee zu gelangen oder die alle drei Minuten kommen und nach der Richtigkeit fragen, gelangen mit der digitalen Bildbearbeitung zu erstaunlich selbstständigem Arbeiten. Nicht umsonst war darum auch das Fazit der Fragebögen eindeutig „pro“ Computer und „dass wir das mit dem Computer in Zukunft ruhig öfter mal machen können“.

Mein **Resümee** mit Blick auf die Unterrichtsorganisation lautet, dass ich ein solches Unterrichtsthema unter den gegebenen personellen und technischen Vorraussetzungen in Zukunft anders planen und durchführen werde. Die Unterrichtssituation war für mich als einzige (aber auch noch ungeübte) Ansprechpartnerin in Sachen Computer oft unüberschaubar und belastend. Meine häufige Präsenz an der Computerstation war für alle Beteiligten mit Frustrationen verbunden, konnte ich doch hierdurch an anderen kreativen Hürden weniger Hilfestellung geben. In Zukunft werde ich die Auswahl an Arbeitstechniken der Bildbearbeitung und vor allem die Bilderdatenbank technisch und quantitativ reduzieren, damit es auch für die Schülerinnen und Schüler überschaubarer bleibt und sie sich noch selbstständiger ihren Arbeitsweg erschließen können. Außerdem ist es bestimmt von Vorteil, für eine solche Unterrichtseinheit einen oder mehrere „technische Assistentinnen bzw. Assistenten“ in tutorenähnlicher Funktion aus einer höheren Klasse zu integrieren, die mit entsprechendem Know-how die Computerstation während des Projekttages betreuen. Kolleginnen und Kollegen sammelten hiermit bereits sehr positive Erfahrungen.

Ein wichtiger Aspekt des Projekts soll abschließend herausgestellt werden: Der Unterricht hatte eine **integrative Wirkung** in dem Sinne, dass die Schülerinnen und Schüler mit sonderpädagogischem Förderbedarf keiner speziellen Förderung in Bezug auf die Inhalte und bildnerischen Verfahren der untersuchten modellhaften Unterrichtseinheiten bedurften. Häufig war eher das Gegenteil der Fall: Sie entwickelten mit großem Engagement in kürzester Zeit Kompetenzen in der Nutzung des Computers. Hierbei kam ihnen zu Hilfe, dass Spontaneität und überraschende Assoziationen zentrale Unterrichtsmerkmale waren. In Bezug auf die eingangs dargestellten Schwerpunkte konnten zwischen den Regelschülerinnen und -schülern und den Heranwachsenden mit sonderpädagogischem Förderbedarf keine Unterschiede festgestellt werden. Das Kunstunterrichtsprojekt „Wer bin ich?“ förderte somit die Integration dieser Kinder.

Anmerkung

Der Unterricht fand statt im Rahmen des Bund-Länder-Programmes „Kulturelle Bildung im Medienzeitalter“ (http://www.kubim.de), hier des Modellprojekts „MUSE COMPUTER – MUltiSEnsueller Kunstunterricht unter Einbeziehung der COMPUTERtechnologie“ (http://www.muse-computer.de). In sechs beteiligten südhessischen Schulen werden adäquate Räume geschaffen, in denen die digitalen Medien in Bezug auf Kunstunterricht positioniert werden können.

Kasten 1:

Fragen zum Kunstprojekt: „Wer bin ich?“

1. Was möchtest du innerhalb dieses Themas unbedingt noch erfahren oder ausprobieren?
2. Hast du am Computer etwas gelernt, was du vorher noch nicht konntest?
3. Erkläre kurz das Verfahren der Bildbearbeitung.
4. Welche Werkzeuge hast du in „Photoshop“ überwiegend benutzt? Wie funktionieren sie und für was kann man sie einsetzen?
5. Hat der Computer deiner Meinung nach etwas mit Kunst zu tun? Bitte begründe.
6. Welcher Bereich (Computer, Texte, Verkleiden, Fotografieren, Übermalungen, Tonband, Malen/Zeichnen) hat dir bei diesem Projekt am besten – am wenigsten gefallen? Warum?
7. Gab es Situationen, in denen du dich während des Themas „Wer bin ich?“ unwohl gefühlt hast? Versuche zu erklären, warum das so war.
8. Würdest du gerne öfter den Computer in den Kunstunterricht einbeziehen?
   Wenn ja, gibt es Bereiche oder Themengebiete, die dich ganz besonders interessieren?

Kasten 2:

Checkliste zur Stationenarbeit im Kunstprojekt: „Wer bin ich?"

Kreuze bitte an, was du bereits erledigt hast. Du solltest mindestens drei Ergebnisse aus den verschiedenen Bereichen zeigen können. Wenn dir noch Ergebnisse fehlen, überlegst du dir bitte, wie du deine Ideen umsetzen könntest (schriftlich am Ende der Seite).

- ○ Ich habe mich auch schriftlich mit dem Thema auseinander gesetzt und Gedanken, Gedichte oder Liedtexte verfasst.
- ○ Ich habe diese Texte entweder am Computer in eine ansprechende Form gebracht und/oder auf Tonband aufgenommen.
- ○ Ich habe am Computer gearbeitet und das Bildbearbeitungsprogramm „Photoshop" kennen gelernt.
- ○ Mit Hilfe dieses Programms „Photoshop" habe ich mein Bildmaterial bearbeitet (verändert, neu zusammengefügt) und ausgedruckt.
- ○ Ich habe ausgedruckte Porträts von mir überzeichnet, übermalt oder übersprayt.
- ○ Ich habe am Computer auch andere Verfahren (scannen) ausprobiert.
- ○ Ich habe alle meine Ergebnisse gesammelt, überarbeitet und mir eine ansprechende Form der Präsentation überlegt.
- ○ Ich habe eine Mitschülerin und/oder einen Mitschüler zu unserem Kunstthema interviewt.
- ○ Ich habe die Fragen auf dem Fragen-Blatt (s. Kasten 1) beantwortet.

Kasten 3:

Interview zum Kunstprojekt: „Wer bin ich?"

Suche dir bitte einen oder zwei Interviewpartner. Befrage sie zu ihren/seinen Bildern und Ergebnissen. Im unteren Schaubild kannst du erkennen, auf welche Fragen es ankommt. Halte dein Gespräch entweder schriftlich fest oder nimm es auf Tonband auf.

Bildergebnisse

Entstehung? Technik? Herstellung? Idee?

Thema

Persönliche Erfahrung Persönliche Bewertung

Wie geht es weiter?

Sammeln, Ordnen, Klassifizieren, Aufbewahren digital.
Erstes Kennenlernen von Grafik- und Bildbearbeitungsprogrammen sowie des Internets in der Grundschule

Anja Mohr

Es gibt mehrere Möglichkeiten, wie man im Kunstunterricht den Einstieg in ein neues Grafik- oder Bildbearbeitungsprogramm oder den Umgang mit dem Internet bereits für Kinder gestalten kann: (1) Eine eher restriktive Form ist das Zeigen und Erklären der einzelnen Funktionen durch die Lehrerin bzw. den Lehrer und die nachfolgende Anwendung durch die Kinder. (2) Eine sehr offene Vorgehensweise dagegen ist das selbstständige Ausprobieren und Experimentieren mit den Möglichkeiten eines Programms. (3) Folgende Methode liegt wohl irgendwo dazwischen und bezieht sich vor allem auf Bildgenerierungs- und Bildbearbeitungssoftware: das eigenständige Suchen, Zusammentragen und Präsentieren von fertigen Bildern, die das Programm in der Regel zur Verfügung stellt, nach vorab gemeinsam festgelegten Kriterien. Damit wird ein Vorgang auf digitaler Ebene beschrieben, der mit dem herkömmlichen Sammeln von festen Materialien in Struktur und Methode nicht nur vergleichbar ist. Mit dem Zusammentragen und Ordnen von digitalen Materialien werden vielmehr **spezifische ästhetische Handlungsstrategien** entwickelt, wie diese mit konventionellen Materialien so nicht möglich sind.

Bisher sind Sammelprozesse, das neugierige Suchen, Finden, Ordnen und Aufbewahren, im Kontext grundschul- und kunstpädagogischer Fokussierungen nur im Zusammenhang mit festen, an Material gebundenen Körpern thematisiert und das Sammeln als ein affektiver, spontaner und individueller Prozess beschrieben worden. Dabei wird immer wieder auf den elementaren Erfahrungs- und Erkenntnisgewinn von Welt und auf die Befriedigung ästhetischer Bedürfnisse in der Tätigkeit des Sammelns verwiesen (vgl. Otto/Otto 1987, S. 116 ff.). Computerunterstützte, also auf immaterieller Ebene und nicht im realen Raum ablaufende Vorgänge, fanden indessen noch keine Beachtung und erscheinen, zumindest auf den ersten Blick, auch kaum mit gewohnten Sammelprozessen vergleichbar. Dass Prozesse des Zusammenfügens und Aufbewahrens aber nicht unbedingt an festes Material gebunden sind und Gesammeltes keinen direkt greifbaren Aufbewahrungsort benötigt, zeigt schon ein kurzer Blick auf unseren täglichen Sprachgebrauch, wenn etwa metaphorisch vom „Sammeln von Meinungen", „Punkte-Sammeln im Spiel", oder dem „Sammeln von Erfahrungen" gesprochen wird (vgl. Sommer 1999, S. 124). Letztere z. B. werden im Gedächtnis, das ein unüberschaubares Fassungsvermögen aufweist, verortet und aufbewahrt (vgl. ebd., S. 313 ff. u. Stagl 1998, S. 38).

Kindliche Sammeltätigkeit unter konventionellen Bedingungen

Kindliche Sammlungen unterliegen einer kriteriengeleiteten Auswahl, auch wenn sie für Erwachsene oftmals willkürlich erscheinen und nur selten nachvollziehbar sind, denn „die Kinder haben klare Vorstellungen davon, was sie in ihre Sammlungen aufnehmen und was nicht" (Duncker 1999, S. 76). Die Form der Sammlung hängt davon ab, wie gesammelt wird. Bei einer „geschlossenen" Gestalt handelt es sich um eine auf Komplettheit abzielende Sammlung, mit einem vorher klar umrissenen Bereich, wie dies z. B. bei Sammeltassen der Fall ist. Wohingegen einer „offenen" Gestalt, und diese ist bei Kindern wesentlich häufiger anzutreffen, eine Idee zugrunde liegt, nach der Dinge thematisch ausgewählt werden, z. B. „alles, was blau ist" oder „alles, was irgendwie mit Pferden zusammenhängt" (vgl. Schloz 1986, S. 354). Will das Kind eine Sammlung aufbauen und erweitern, muss es seine Kriterien ständig präsent haben. Gleich einem dynamischen Kreislauf muss es das Gesammelte daraufhin überprüfen und vergleichen, zusammenstellen und kategorisieren, eventuell neue Kriterien hinzunehmen und alte modifizieren oder umdeuten, um dann wiederum das Gesammelte an ihnen zu überprüfen. Das Abwägen zwischen passenden und unpassenden Sachen, das Vergegenwärtigen von feinsten Unterschieden und Zusammenhängen und die Entscheidung für oder gegen ein Objekt wecken den „analytischen Verstand" (vgl. Duncker 1994, S. 163). Das Kind begegnet den Dingen selbstständig und mit Fantasie, mit Spekulation und Neugier. Die Dinge „werden zum

Bezugspunkt ästhetischer Erfahrungen, die eine Erkenntnistätigkeit mit einer Sinngebungsarbeit verbinden" (Duncker 1999, S. 79).
Um als Sammlung zu gelten, müssen die Dinge immer auch irgendwie geordnet und aufbewahrt werden. Dabei zeigen Kinder ein großes Spektrum an unterschiedlichen Ordnungskategorien, denkt man einmal an Schachteln oder Säckchen, in denen Dinge einfach hineingeworfen werden, oder an Setzkästen, bei denen alles in Reih' und Glied steht. Das Erkunden, Experimentieren und Spielen mit unterschiedlichen Gliederungsmöglichkeiten und das bewusste Auswählen und Strukturieren von Gleichem und Unterschiedlichem fördert die Ausbildung von Handlungskompetenzen, von Intelligenz und Kommunikationsfähigkeit und hilft dem Kind, einen kleinen Teil seiner Welt übersichtlich zu gliedern, um sie für sich selbst überschaubar und anschaulich zu machen (vgl. Lenz-Johanns 1990, S. 66; Duncker 1994, S. 164 ff.). Sobald Kinder erkennen, dass ihr selbst entwickeltes Beziehungsgefüge nur eine Möglichkeit unter vielen ist und dass andere Ordnungskriterien ebenso Gültigkeit haben können, wenn sie also offen genug sind zum Experimentieren und spielerischen Kombinieren, ist für Duncker eine entscheidende erkenntnistheoretische Voraussetzung erfüllt (vgl. Duncker 1994, S. 165).
Sammelprozesse können immer in eine Serie von Bewegungen und Handlungen unterteilt werden. Das ästhetische Sammeln, das sich nach Sommer in seiner reinen Form immer in die beiden Komponenten „Zusammentragen" und „Anschauen" gliedert, vollzieht sich in einem festen Kollektionsschema: einerseits das Hingehen zu einem Ort (Dispersionsraum) und Mitnehmen von Dingen, die vorher zerstreut waren, und andererseits das Herbringen einzelner oder mehrerer Dinge zu einer gemeinsamen Stelle (Kollektionsraum), wo sie, um der Anschauung willen, auch zusammenbleiben (Sommer 1999, S. 17 ff.). Diese sukzessiven Phasen, von Sommer als „Herhol-Schleife" bezeichnet, sind konstitutiver Bestandteil jeder Sammeltätigkeit. Die Sammelhandlung als Ganzes kann dabei als eine Bewusstseinsleistung aufgefasst werden, da nämlich der Sammelnde fähig sein muss, bei jedem Weg wenigstens noch vage zu wissen, welche Wege er bereits gegangen ist, und welche er noch vor sich hat. Auf diese Weise verknüpft sich das Bewusstsein dessen, was man gerade tut, mit den Erinnerungen an bereits Erledigtes und die Antizipation von noch Geplantem (ebd., S. 205).

Kindliche Sammeltätigkeit unter immateriellen Bedingungen

Den Computer in Beziehung mit Sammlungen zu bringen, ist nicht etwa neu. Aus kunstpädagogischer Perspektive wird er bereits als eine Art „Sammelbehälter" für digitales Material thematisiert, stellt doch das Internet auf der Suche nach umfassender Information einen nahezu unendlichen Fundus für Wissen und Bilder bereit. Als eine Art moderne „hypertextuale Kunstkammer" gehört das World Wide Web zu jenen Bereichen, in denen „Dinge im weitesten Sinne angesammelt, geordnet, archiviert, sortiert, kombiniert, präsentiert oder etikettiert werden" (Uhlig/Kirschenmann 2000, S. 9; http://www.kunstlinks.de). Aber auch ohne Anbindung an das Internet enthält jeder Computer in Abhängigkeit von seiner Kapazität eine gewaltige Ansammlung von Daten. Nur wenn diese in Dateien zusammengefasst, in Verzeichnissen geordnet, in Unterverzeichnissen systematisiert, gespeichert und letztlich benannt werden, ist es auch möglich, sie wieder abzurufen. Der Vorteil der Computertechnik ist gerade ihr Vermögen, riesige Datenmengen sowohl nach vorprogrammierten als auch nach selbst bestimmten Ordnungskriterien dauerhaft zusammenzufassen. Auf der einen Seite ist der Computer damit ein Werkzeug, mit dem man unterschiedliches Text- und Bildmaterial zusammentragen kann, und auf der anderen Seite ist er ein Apparat, der selbst nach Prinzipien des Ansammelns funktioniert. Beinahe jedes Programm arbeitet nach ähnlicher Systematik: Bei Aktivierung eines Menüfeldes wird ein weiteres „Fenster" geöffnet, dessen Inhalt auf struktureller, funktioneller oder inhaltlicher Basis der zuerst aktivierten Funktion ähnlich ist und damit zur gleichen Kategorie gehört.
Das Suchen, Zusammentragen, Fixieren und Aufbewahren auf digitaler Ebene konnte im Gießener Forschungsprojekt „Kinderzeichnung am Computer" (vgl. von Criegern/Mohr 1999) beobachtet werden, als ein Kind die im Programm „FINE ARTIST" enthaltenen Fertigzeichen, so genannte Sticker, nach unterschiedlichen Suchkriterien auf die Arbeitsfläche holte und dort positionierte, ohne dass dies vorher in irgendeiner Form thematisiert wurde (vgl. Mohr 2002, S. 64 f.). In einer Art „Herhol-Schleife" aktivierte der Junge hierzu mit der Maus ein Menüfeld, suchte sich einen Sticker aus, positionierte ihn auf der Arbeitsfläche und öffnete das Menüfeld erneut. Diesen Vorgang wiederholte er so lange, bis er alle Menüfelder geöffnet und sich deren Inhalt genau betrachtet hatte.

Die anfängliche Vermutung, dass es sich bei seinem Vorgehen nur um eine mehr oder weniger unsystematische Auswahl handelt, konnte bei detaillierter Betrachtung der Videoaufzeichnungen (siehe hierzu: http://www.medienpaed.com/01-1/mohr1.pdf) nicht aufrechterhalten werden. Vielmehr zeigte sich ein überlegtes Suchen, Abwägen, Auswählen und mit großer Konzentration ausgeführtes Positionieren von ganz speziellen Fertigzeichen nach selbst determinierten Ordnungskriterien. Am Schluss dieses Vorgangs speicherte der Siebenjährige ab und meinte: „Schau, da sind jetzt alle Tiere drauf." Der leidenschaftliche Stickersammler druckte das Bild daraufhin sofort aus, denn schließlich wollte er die Sticker zu Hause ausmalen und ausschneiden.

Das große Interesse von Grundschülerinnen und -schülern für alles Sammelbare und ihre Fähigkeit, sich über Sammelprozesse selbstständig einen gewissen Überblick verschaffen zu können, indem sie nach eigenen Kriterien und mit eigenen Such- und Ordnungsstrategien operieren, kann bei der Einführung eines neuen Programms oder des Internets zu intensiven Aktivitäten führen.

Mit einer **Computer-AG einer vierten Grundschulklasse** gelang der Einstieg in das Programm „FINE ARTIST" über die Suchkriterien „alles, was ihr zu Hause auch habt" (Abb. 1) und „was mit deinem Anfangsbuchstaben anfängt" (Abb. 2). Auf ihrer Suche öffneten die Schülerinnen und Schüler gespannt die unterschiedlichen Menüfelder, betrachteten die einzelnen Sticker, verglichen sie mit ihren Suchkriterien, wählten sie bei Übereinstimmung aus und positionierten sie auf der Arbeitsfläche. Viele Sticker wurden dabei kurzerhand umgedeutet oder es wurden einfach neue Namen erfunden, damit sie ebenfalls hinzugezogen werden konnten. Vor allem beim ersten Thema wurden die Kinder immer wieder vor ein Platzproblem gestellt, denn das Programm enthält viele Sticker, die mit dem häuslichen Inventar in Einklang gebracht werden können. Hierzu fanden sie allerdings sehr schnell vollkommen unterschiedliche Lösungsstrategien. So entfernten einige Schüler einfach wieder, was ihnen letztlich doch nicht so wichtig schien. Manche rückten die Sticker noch näher zusammen oder drehten sie in eine andere Richtung oder verzerrten sie. Andere Schüler verkleinerten ein paar Sticker und wiederum andere holten sich kurzerhand ein weiteres „Blatt". Während dieser Arbeitsphasen tauschten sich die Schülerinnen und Schüler immer wieder untereinander aus. Sie zeigten sich gegenseitig ihre Fundstücke, diskutierten darüber, warum denn dieses oder jenes hinzugezogen wurde, fragten nach dem „Fundort" von Stickern, die sie auch auswählen möchten und erkundigten sich, mit welchen Mitteln dieser oder jener Sticker koloriert wurde. Bei diesen sozialen und kommunikativen Prozessen wird ein besonderer ästhetischer Zugang durch Sammelprozesse offensichtlich, der im Sinne Kämpf-Jansens als „wichtiger sprachschöpferischer Akt" gewertet werden kann (Kämpf-Jansen 1998, S. 14). Da nämlich die einzelnen Werkzeuge, Menüfelder und Sticker selbst keine Bezeichnungen haben, müssen die Kinder durch genaues Betrachten, durch Differenzieren und Klassifizieren hierfür selbst Begriffe finden, denn ansonsten können sie über ihre gesammelten Exemplare, deren Herkunft und Bearbeitung kaum etwas erzählen.

Abb. 1: Johannes wählte Sticker unter dem Thema: „Alles, was ihr zu Hause auch habt" aus.

Abb. 2: Stefanie positionierte Sticker, die mit ihrem Anfangsbuchstaben beginnen.

Sollte ein Programm nicht über eigene Bilder verfügen, gibt es unzählige CD-ROMs oder das Internet, aus denen heraus die Kinder Sticker zusammentragen können. Gegenüber einem in sich abgeschlossenen Programm erweist sich das Angebot von Bildern im World Wide Web als unerschöpflich und die Suchwege als unbegrenzt und weit verzweigt. Um dem Phänomen des „lost in hyperspace", dem „Verlorensein im Netz", entgegenzusteuern, sollte man freilich einige Internetadressen, unter denen Sticker oder auch sonstige

Abb. 3: Unter dem Motto: „Was du bei deinem letzten Zoobesuch gesehen hast" fand Erik diese Bilder im Internet.

Bilder zu finden sind, vorgeben. Mit eindeutigen Kriterien und systematisch durchdachten Such- und Ordnungsstrategien scheint das Kopieren und Übertragen von Stickern auf die Arbeitsfläche dann selbst für Grundschülerinnen und Grundschüler kein größeres Problem mehr darzustellen. Beim Thema „Was du bei deinem letzten Zoobesuch gesehen hast" zumindest gingen sie auf spannende Exkursionen und förderten allerlei Kurioses zu Tage (Abb. 3).

Durch das computerunterstützte Zusammentragen und Anordnen von fertigen Bildern übertragen Kinder nicht nur ihre mit festen Materialien eingeübten Handlungsschemata auf ein neues Medium. Das Suchen, Auswählen, Zusammentragen und Positionieren von Stickern am Computer erfordert vielmehr unterschiedliche medienspezifische Vorgehensweisen. Der Computer eröffnet ästhetische Handlungsspielräume, in denen nach vielfältigen Kriterien, inhaltliche wie formale, spielerisch kombiniert, experimentiert, ausprobiert, strukturiert und kategorisiert werden kann. Die Kinder erweitern dabei ihre Handlungskompetenzen und differenzieren sie stärker aus. Ausdrücke wie „Datei neu" „Speichern unter", „Einfügen" und „Ausdrucken" stehen beim sammelnden Umgang mit Stickern nicht mehr als abstrakte Begriffe da, sondern erhalten inhaltliche Bedeutung. Schließlich ist es für ein Kind etwas Selbstverständliches, seine Sammlung zu erweitern, sie für die Zukunft zu fixieren und zu präsentieren, um sie nicht zuletzt mit anderen anschauen und austauschen zu können.

Beim Positionieren von Stickern geben die Grenzen der Arbeitsfläche, ebenso wie im ‚Realen' Vitrinen, Schubladen oder große Tafeln, einen gewissen Präsentationsrahmen vor. So wie diese „ordnungsstiftenden Momente" (Uhlig/Kirschenmann 2000, S. 7) noch Raum für subjektive Handlungsstrategien lassen, eröffnet auch der Computer ein breites Spektrum, in dem das Kind nach eigenen Gesetzmäßigkeiten und Systematisierungen vorgehen kann. Die Flexibilität und Variabilität der Positionierung und Veränderung ergibt sich aus den softwaretypischen Optionen wie verkleinern, entfernen, zusammenrücken, drehen, überlagern, ein neues „Blatt" öffnen oder eine neue Datei anlegen.

Zuletzt noch zu einen möglichen Einwand: Das Sammeln von Stickern wird aus kunstpädagogischer Perspektive im Allgemeinen eher negativ bewertet: Die Vereinnahmung durch Werbeinteressen und die bereits festgelegte Anordnung der Bilder in teuren Sammelalben sind nur einige Gründe hierfür. Das Zusammentragen von Bildern am Computer erweist sich demgegenüber als ein sehr viel offenerer Prozess, bei dem nach eigenen Kriterien, subjektiven Ordnungsstrategien und zahlreichen Positionierungsmöglichkeiten vorgegangen werden kann. Zudem können die gefundenen und geordneten Bilder digital weiterverarbeitet werden. Indem Kinder verschiedenste Kriterien und Ordnungen ausprobieren und durchspielen, gelingt ihnen unter ästhetischen Vorzeichen der „Einstieg in das Unbekannte" (Duncker 1994, S. 162). In diesem Fall ist es die Hard- und Software des Computers.

Literatur

Criegern, Axel von/Mohr, Anja: Kinderzeichnung am Computer: vom Ergebnis zum Prozess. In: Neuß, Norbert (Hg.): Ästhetik der Kinder. Interdisziplinäre Beiträge zur ästhetischen Erfahrung von Kindern. Frankfurt/M. 1999, 251–271

Duncker, Ludwig u. a.: Sammeln als ästhetische Praxis des Kindes. Eine Befragung Leipziger Grundschulkinder. In: Neuß, Norbert (Hg.): Ästhetik der Kinder. Interdisziplinäre Beiträge zur ästhetischen Erfahrung von Kindern. Frankfurt/M. 1999, S. 63–82

Duncker, Ludwig: Lernen als Kulturaneignung. Schultheoretische Grundlagen des Elementarunterrichtes. Weinheim/Basel 1994

Kämpf-Jansen, Helga: Kisten, Kästen, Koffer, Schachteln. In: Die Grundschulzeitschrift 116/1998, S. 14–16

Lenz-Johanns, Martin: Ästhetik im Spiel. In: Wegener-Spöhring, Gisela/Zacharias, Wolfgang (Hg.): Pädagogik des Spiels – eine Zukunft der Pädagogik? München 1990, S. 64–81

Mohr, Anja: Kinderzeichnung am Computer. Neue Aspekte ästhetischen Verhaltens bei Vor- und Grundschulkindern. In: Spiegel der Forschung. 1/2001, S. 62–69

Mohr, Anja: Analyse von Videodokumentationen in der kunstpädagogischen Forschung. In: MedienPädagogik (1/01), Onlinezeitschrift: http://www.medienpaed.com/01-1/mohr1.pdf, (03.02.04)

Otto, Gunter/Otto, Maria: Auslegen. Ästhetische Erziehung als Praxis des Auslegens in Bildern und des Auslegens von Bildern. Seelze 1987

Schloz, Thomas: Alltagskultur: Sammeln. In: Haller, Hans-Dieter/Meyer, Hilbert (Hg.): Ziele und Inhalte der Erziehung und des Unterrichts. Stuttgart 1986, S. 352–356

Sommer, Manfred: Sammeln. Ein philosophischer Versuch. Frankfurt/M. 1999

Stagl, Justin: Homo Collector: Zur Anthropologie und Soziologie des Sammelns. In: Assmann, Aleida u. a.: Sammler – Bibliophile – Exzentriker. Tübingen 1998, S. 37–54

Uhlig, Bettina/Kirschenmann, Johannes: Das Gedächtnis der Welt: Kunst und Wunderkammern. In: Kunst + Unterricht 244/2000, S. 6–13

Gestaltungshinweise: Bildschirmdarstellung von Schriftarten

Georg Peez/Michael Schacht

Als Kriterium für die Schriftgestaltung und die Auswahl der Schrifttypen innerhalb multimedialer Präsentationen oder Internetseiten sollte in erster Linie eine gute Lesbarkeit angestrebt werden. Weil Textpassagen oftmals in dynamische, interaktiv zu rezipierende Zusammenhänge eingebunden sind, ist der Darstellung der Schrift auf dem Bildschirm besondere Aufmerksamkeit zu schenken. Gerade z. B. bei animierten bzw. sich über den Bildschirm bewegenden Überschriften sollte eine **deutlich lesbare Schriftart** gewählt werden, denn Text ist in dieser Präsentationsform weniger dafür bestimmt, ausgedruckt als vielmehr nur am Bildschirm gelesen zu werden. Im Vergleich zum Druck wird Schrift gerade auf älteren sowie kleineren Monitoren (14–15″) in einer schlechteren, d. h. groberen Auflösung dargestellt. Bei der Auswahl der Schriftgröße für Fließtext empfiehlt sich ein Schriftgrad von 12 Punkten als untere Grenze. Wegen der im Vergleich zum Druck groberen Bildschirmdarstellung sollte man mit kursivem Schriftstil und geneigten Schriften grundsätzlich sparsam umgehen.

Für Fließtext kann man bestimmte Buchstaben bzw. Zahlen auf deren Ähnlichkeiten hin testen. Ein Beispiel: Eine Schriftart, bei der sich das große „I" (i) vom kleinen „l" (L) unterscheidet, ist ebenso wichtig wie der Vergleich des kleinen „i" mit der Ziffer „1".

Times	Arial
Garamond	Verdana
Bodoni	Bell Gothic

Serifenschriften, wie „Times", „Garamond" oder „Georgia", haben die Tendenz, bei der Monitordarstellung „zu verklumpen" (Abb.). Man sollte sie nur verwenden, wenn auf dem Bildschirm eine Kantenglättung (Anti-Aliasing) stattfindet. Hierunter versteht man das Filtern eines Bitmap-Bildes oder Schriften, um Zacken in Objekträndern zu entfernen. Durch Anti-Aliasing werden Ausgleichspixel mit Zwischenfarben oder Abstufungen von Grau eingefügt, sodass Farbübergänge geglättet werden.

Für eine optimale Lesbarkeit kann zudem hilfreich sein, eine Schriftart zu verwenden, die eine relativ große Mittelhöhe und verhältnismäßig kleine Ober- und Unterlängen bietet, wie etwa „Verdana" oder „Frutiger". Meist nimmt die Darstellung eines Textes in einem solchen Fond dann allerdings mehr Platz auf dem Bildschirm ein. Die Textblöcke werden größer, für die grafischen Anteile wie Bilder bleibt weniger Raum.

Für multimediale Präsentationen, die in HTML generiert werden, auf die Darstellung in einem Browser angewiesen sind und im Internet präsentiert werden sollen, gilt selbstverständlich, nur die Schriftarten zu verwenden, die auch von älteren Browsern unterstützt werden; dies sind mit Sicherheit „Times New Roman", „Arial" und „Courier". Ansonsten muss man damit rechnen, dass die verwendete Schrift durch eine dem Browser bekannte Schriftart ersetzt wird und das Erscheinungsbild komplett verändert wird. Weiterhin stellen verschiedene Browser die Schriften unterschiedlich dar. Wie stark eine Schriftart dabei in ihrem Aussehen differiert, hat Owen Briggs auf 264 Screenshots festgehalten. Zu finden ist diese Übersicht im Internet unter http://www.thenoodleincident.com/tutorials/box_lesson/font/. Für die Darstellung von Internetseiten mittels Plug-Ins wie Macromedia Shockwave oder Flash gilt dies nicht. Hier ist die Auswahl an Schriften sehr umfassend.

Eine weitere Möglichkeit der Einbindung auch ausgefallenerer Schriftarten in Internetseiten besteht darin, diese mit Hilfe eines Bildbearbeitungsprogramms als GIF-Bilddatei abzuspeichern. Dabei lassen sich Überschriften oder Texte auch weiter bearbeiten und z. B. mit einem kantenbetonenden Schlagschatten hinterlegen, mit einem Muster ausfüllen usw. Programme wie z. B. „Adobe Photoshop" oder „Corel Photo Paint" bieten hierzu eine Fülle von Möglichkeiten und Einstellungen. Ebenso lohnt es sich, mit typographischen Elementen, wie z. B. Initialen, zu experimentieren, um die Aufmerksamkeit der Lesenden auf bestimmte Teile eines Textes zu lenken. Beispiele, wie sich Schriften gestalterisch als GIFs einsetzen lassen, finden sich im Internet z. B. unter http://www.funwithfonts.com.

Weitere allgemeine typographische Regeln und Hinweise finden sich in Peez 1998 sowie unter http://www.janaszek.de/t/typograph-online.htm, von Ralf Janaszek zusammengestellt und als Hypertext aufbereitet.

Literatur

Siegel, David: Web Site Design. Frankfurt am Main 1999, S. 95–113
Bernard, Michael/Lida, Bonnie/Riley, Shannon/Hackler, Telia/Janzen, Karen: A Comparison of Popular Online Fonts: Which Size and Type is Best? In: http://psychology.wichita.edu/surl/usabilitynews/41/onlinetext.htm
Janaszek, Ralf: Typograph online. In: http://www.janaszek.de/t/typograph-online.htm
Peez, Georg: Gestaltungshinweise und Grundlagen für die Arbeit mit Textverarbeitungs- und Desktop-Publishing-Programmen. In: Kirschenmann, Johannes/Peez, Georg (Hg.): Chancen und Grenzen der Neuen Medien im Kunstunterricht, Hannover (BDK-Verlag) 1998, S. 84–86

„Scherereien mit dem Computer". Objektanimation im Crossover zwischen Hand- und Digital-Arbeit in einer 6. Klasse

Hans-Jürgen Boysen-Stern

Scheren erscheinen im folgenden Beitrag ausnahmsweise einmal als Akteure im kreativen, kunstpraktischen Tun von Heranwachsenden im 6. Schuljahr an einem Gymnasium und nicht nur als dortselbst allseits strapazierte Werkzeuge. An dieser Stelle sei die Schere aber auch als Metapher gebraucht, um ein substanzielles Anliegen eines „multisensuellen Kunstunterrichtes unter Einbeziehung der Computertechnologie" (Anm. 1) zu verdeutlichen: Denn so oft scheinen beim Verwenden digitaler Werkzeuge im Kunstunterricht genuine Elemente desselben auf der Strecke zu bleiben: Multisensualität, der Gebrauch aller Sinne, das Arbeiten innerhalb eines werkstattähnlichen Ambientes, welches mehr als in anderen Fächern den Heranwachsenden gegenüber ein Versprechen verschiedener Möglichkeiten der Realisation eines Vorhabens enthält.
Mit der Maus in der Hand vor dem Bildbearbeitungsprogramm am PC wird zu oft „zerschnitten", was in unserem Fach zusammengehört, nämlich die räumliche und zeitliche Einheit von Erfahrungs- und Handlungsraum. Am Beispiel der Schere als Motiv in Zeichnung und Malerei, als Anlass für die Schöpfung eines Raumambientes und als animierter Akteur in kleinen Filmsequenzen zeige ich hier eine Möglichkeit, auch und gerade bei Verwendung digitaler Werkzeuge die Einheit von Materialerfahrung und -verarbeitung im kunstpraktischen Tun zu erhalten bzw. erneut herzustellen (Anm. 2). **Das vorgestellte Unterrichtsbeispiel** versucht damit, die von Henning Freiberg geforderte „Doppelstrategie" einer „Medien-Kunst-Pädagogik" (Freiberg 1998, S. 15) in der Gleichzeitigkeit von realen und digitalen Erfahrungs- und Werkräumen zu verwirklichen. Die „Entwicklung von Medienkompetenz im Umgang mit elektronischen Medien" findet gleichzeitig statt mit der „Entwicklung von ästhetischen Grunderfahrungen" (Freiberg 1998, S. 15), wie sie z. B. der zugrunde liegende Lehrplan in der Jahrgangsstufe 6 einfordert.

Absicht und Lerngegenstände

Das **Thema „Zirkus"** ist nicht nur in den Klassen 5 und 6 ein Dauerbrenner, vereinen sich im Rund der Manege als Erfahrungsraum und Motiv für kunstpraktisches Arbeiten doch Märchenhaftes, Anreize zum Staunen, das nahe Beieinanderliegen von Gefahr und Komik, Spielerei und Exotik mit den Möglichkeiten farbenprächtigen Ausschmückens kindhafter Fantasieräume. Da gibt es Kinder-, Tier- und Flohzirkusse – warum dann nicht auch einmal ein „Scheren-Zirkus". Das aus der Unterrichtspraxis bekannte Werkzeug wird zum Akteur unter der Zirkuskuppel. Da stellt sich natürlich gleich die Frage, wie dieser Akteur ausgeschmückt und als agiler Artist vorgeführt werden kann?
Im Hintergrund liegt der Lehrplan aus und fordert von uns, kontrastfarbiges Malen mit den bekannten Themen (eben auch „Zirkus") einzuüben und inhaltlich z. B. das Thema „Vertrauen" umzusetzen. Darüber schwebt die nicht auf einen konkreten Unterrichtsgegenstand hin bezogene Generalklausel, auch in dieser Jahrgangsstufe schon in den Gebrauch digitaler Werkzeuge einzuführen.

In der hier vorgestellten Unterrichtseinheit sollen nun für die Heranwachsenden bekannte nicht-digitale und unbekannte digitale Techniken bei der projektartigen Erarbeitung eines Themas zum Tragen kommen. Als typische Elemente für einen multisensuellen Kunstunterricht unter Einbeziehung der Computertechnologie spielen dabei **Material- und Werkzeug-Crossover sowie „Stationenlernen" im Werkstatt-Ambiente** unter Verwendung multisensueller Schnittstellen eine wichtige Rolle (Boysen-Stern 2002). Die für den Computergebrauch typischen, ungeplanten „Artefakte", also fehlerhafte (Teil-)Ergebnisse eines Arbeitsprozesses sollen bewusst einbezogen und kreativ gewendet werden (Anm. 3).

Kontinuierlich müssen sich die Heranwachsenden während der zentralen Arbeitsphasen über Bearbeitungsweisen und Zwischenergebnisse austauschen; dazu wird – rollenspielartig – am Werkstatt-Tag (siehe unten) ein „Reporter" – ein Mitschüler aus dieser Klasse – als Anstifter zur Reflexion in das Geschehen eingeführt, der gleichzeitig auch eine Art Supervisionsfunktion übernimmt und einzelne Unterrichtsvorkommnisse fotografisch festhält (Anm. 4). Seine Interviews an den einzelnen Stationen werden zum Anlass für die Abschlussreflexion in der Klasse genommen und entlasten gleichzeitig den Lehrer bei der betreuenden Aufsicht über die einzelnen Gruppen.

Zentraler Lehrgegenstand ist das Phänomen der Bewegungsdarstellung im Bild und in der Praxis die Objekt-Animation im erzählerischen Zusammenhang, hier zum Thema „Zirkus". Als zu animierendes Objekt wurde bewusst das aus der kunstpraktischen Arbeit nur zu vertraute Werkzeug „Schere" gewählt, welches sich mit seiner einfachen Mechanik, Größe und assoziationsanregenden Gestalt als bestens geeignet für dieses Vorhaben erwies.

„Scherereien in der Manege" – Scheren als Akteure unter der Zirkuskuppel – Bewegungsdarstellung im stehenden und laufenden Bild

Für die Umsetzung des Themas und der geplanten Lernschritte sind folgende Einheiten vorgesehen, die zum Teil in linearer Abfolge, zum Teil parallel nebeneinander behandelt werden:

Gegenstand der ersten Stunde ist die Einführung in die Problematik der Bewegungsdarstellung im Bild, ausgehend von der Betrachtung und Besprechung von Beispielen aus der Kunst- und Mediengeschichte wie Muybridge, Boccioni und Duchamp sowie Richter.

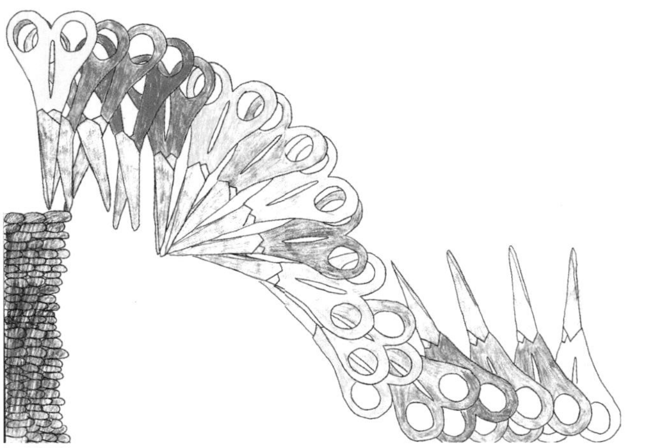

Abb. 1: Farbstiftzeichnung: „Scheren-Schritte" (2 Doppelstunden).

In der Praxis werden die Beobachtungen aus der Begegnung mit der Kunst angereichert durch eigene Fotografie-Erfahrungen. Dies führt zu einer ersten zeichnerischen Darstellung der „Schere in Bewegung". Einzelne Bewegungsphasen einer Schere in Überlagerung werden verschiedenfarbig ausgeführt auf einem Blatt Papier als Form der Bewegungsdarstellung in Anlehnung an Duchamps „Akt, die Treppe hinabsteigend" gezeichnet (Abb. 1).

Parallel zu den Farbstiftzeichnungen werden die Schülerinnen und Schüler mit den für die Einheit wichtigen digitalen Werkzeugen vertraut gemacht. Das geschieht notwendigerweise im Lehrervortrag per Beamer mit anschließenden kurzen Praxisversuchen durch die Schülerinnen und Schüler an den dafür mitgebrachten mobilen Arbeitsstationen mit Notebook und Scanner (Abb. 2).

Abb. 2: Einführung in den Gebrauch der digitalen Werkzeuge Grafiktablett, Scanner, Digitalkamera und der Software „Art Dabbler" (2 Doppelstunden).

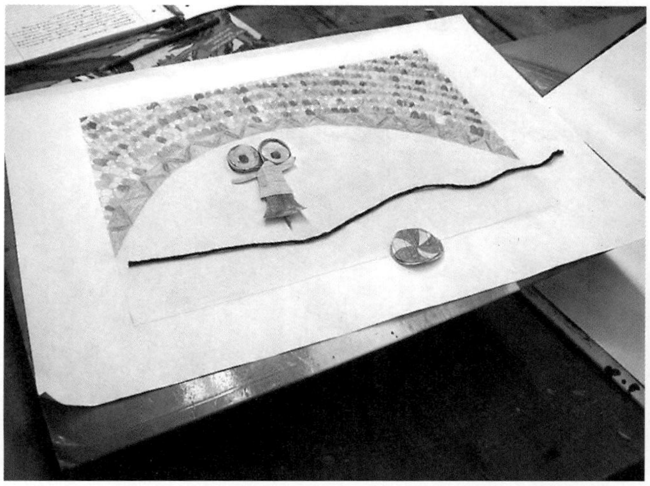

Abb. 3: Farbstiftzeichnung bzw. Deckfarbenmalerei: „Blick in die Manege" (2–3 Doppelstunden).

Abb. 4: Schüler an ihren Arbeitsplätzen.

Es folgt die Herstellung der Bildhintergründe für den Legetrick auf DIN-A4-Malgründen (Abb. 3), parallel dazu entwickeln die Heranwachsenden in Partner- bzw. Kleingruppenarbeit ihre:
Konzeption einer Bewegungssequenz „Scherereien in der Manege", die im Crossover-Verfahren an verschiedenen Stationen in einer dafür eingerichteten Werkstatt realisiert wird. Hierbei stehen neben den nicht-digitalen Arbeitsplätzen des Kunst-Werkraumes als Möglichkeiten die Einzelbildaufnahme per Digitalkamera in einer improvisierten Studio-Situation und die Objektanimation mit dem Notebook und Scanner sowie die digitale Videoaufnahme von marionettenartig bewegten Objekten im Raum.

Realisation der Objekt-Animation
1 Werkstatt-Tag und 2 Doppelstunden

Zum Werkstatt-Tag

– **Räumlichkeiten/Arbeitsmöglichkeiten:**

Ein Computerraum mit 10 Computer-Arbeitsplätzen sowie einer zentralen Arbeitsfläche für analoges Arbeiten in der Mitte des Raumes.
Ein Kunst-Werkraum mit Arbeitstischen für nicht-digitales Arbeiten und Werken, in dem gleichzeitig 5 mobile digitale Arbeitsstationen aufgebaut werden (Abb. 4).

– **Arbeitsstationen:**

(1) Herstellung der Bildhintergründe für den Legetrick (26 herkömmliche Arbeitsplätze)

Materialien: Farbstifte, Deckfarben, DIN-A4-Blätter

Von den Heranwachsenden wurden buntfarbige, kontrastreiche Manege-Ansichten als Hintergründe für die späteren Objekt-Animationen gemalt. Diese Hintergrundbilder sollten dann entweder auf Staffeleien aufgebracht (Stab-Animation) oder in den Deckel des Scanners (Legetrick) eingeklebt werden. Diese Hintergrundbilder wurden teilweise während des Werkstatt-Tages überarbeitet bzw. ergänzt, wenn die Erfahrungen aus den ersten Scan-Vorgängen dieses notwendig erscheinen ließen bzw. wenn besondere unerwartete Effekte zu veränderten Hintergrund-Ideen führten.

(2) Ausstattung der Scheren für Objektaufnahmen bei Stab-Animation und für Legetrick auf dem Scanner sowie eventuelle Anfertigung dreidimensionaler Manegenhintergründe (10 Arbeitsplätze)

Materialien und Werkzeuge: Scheren, verschiedene Stoff- und Papierreste, Draht, Nadel und Faden usw.

Zu diesem Zweck wurde eine Art „Garderobe" eingerichtet, die auf Bedarf hin genutzt werden konnte.

(3) Legetrick auf dem Scanner (5 Arbeitsplätze)

Materialien und Werkzeuge: 5 Notebooks (funkvernetzt) mit Scanner und Grafiktablett sowie Software „Art Dabbler" (Anm. 5) und „Photoshop"

Die Software „Art Dabbler" ermöglicht auf einfachste Art die Herstellung von „Daumenkinos", also Trickfilmsequenzen mit Hilfe des eingebauten Zeichen- und Malprogramms. Dort können Scans oder auch Aufnahmen der Digitalkamera importiert und weiterbearbeitet sowie zu einem „Daumenkino" aneinandergereiht werden, welches sich dann zu einer außerhalb des Programms abspielbaren AVI-Datei umformatieren lässt.

Abb. 5: Schüler fotografieren ein Bild auf der Staffelei mit digitaler Kamera.

Abb. 6: Schüler bei Aufnahme-Experimenten.

(4) Stab-Animation und Fotografie: (1 Arbeitsplatz als Aufnahmestudio, 1 Arbeitsplatz zur digitalen Nachbearbeitung) (Abb. 5 und 6)

Materialien und Werkzeuge: Staffelei, Digitalkamera auf Stativ, PC zur Nachbearbeitung der Aufnahmen und deren Animation

Bearbeitung und Aneinanderreihung der Einzelbilder waren sowohl mit dem Programm „Art Dabbler" wie auch mit einem GIF-Animator möglich, für den die Einzelbilder mit Hilfe eines einfachen Bildbearbeitungsprogrammes in GIF-Dateien umgewandelt wurden.

(5) Digital gezeichnete Scheren-Schritte bzw. Herstellung digitaler Manegen-Hintergründe am PC (10 Arbeitsplätze)

Materialien und Werkzeuge: PC (vernetzt) mit Grafiktablett und „Art Dabbler" sowie „Photoshop"

Zwecks Vergleich der materialen Hintergrundbilder mit digitalen Arbeiten wurde auch die Möglichkeit der Herstellung von Manege-Hintergründen mit einem digitalen Zeichenprogramm am PC angeboten. Diese Form wurde allerdings im Verlauf von keinem Schüler genutzt.

Erfahrungen und Ergebnisse

Es gab diverse Anzeichen dafür, dass die Schere zwischen Realität und Digitalität von den Heranwachsenden in dieser Unterrichtseinheit überwunden werden konnte. Ihr souveränes Umgehen mit den in solchen Arbeitsprozessen immer wieder auftauchenden digitalen Artefakten zeigte sich z. B. beim Einsatz unvorhergesehener Schattierungen, die sich im Scan-Vorgang ergaben:
Die Schere verhinderte ein planes Auflegen der Scanner-Abdeckung, auf dessen Innenseite das Hintergrundbild geklebt war. Das führte zu einer schattenhaften Aura um die Schere herum, was sofort als raumschaffendes Mittel im Bild erkannt und entsprechend weiter eingesetzt wurde (Abb. 7).

Abb. 7: Schülerarbeit.

Es wäre allerdings vermessen, dies schon als eine besondere Form digitaler Ästhetik sehen zu wollen. Dennoch machte es den Heranwachsenden das Prinzip einer kreativen Fehlerwendung klar. Für eine mehr malerische Ausbeute herstellungsbedingter Artefakte war die Aufgabe selbst allerdings zu grafisch angelegt und ließ – auf Realitätsnähe bedacht – für die Heranwachsenden keine abstrahierenden Abwandlungen, z. B. des eingescannten Bildhintergrundes, zu.
Viel leichter fiel ihnen dagegen das mit „Art Dabbler" problemlos mögliche Einfügen digital gezeichneter Elemente in die gescannten Einzelbilder. So sehen wir in dem Seilkunststück einer Schere das Seil selbst als später eingefügte digitale Strichzeichnung (Abb. 8).

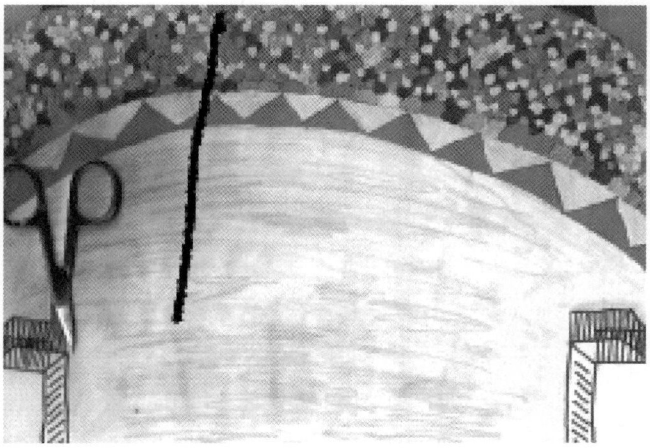

Abb. 8: Digitale Schüler-Strichzeichnung.

Das Ruckeln beim Abspielen der „Daumenkinos" tat im Urteil der Betrachter dem „Realitätswunsch" keinen Abbruch, sondern untermauerte die komikhafte, kintop-artige Variante, welche – anfänglich so zwar nicht geplant, aber hinterher als passend für ein eher clowneskes Zirkuskunststück empfunden wurde.

Anmerkungen

1 „Multisensueller Kunstunterricht unter Einbeziehung der Computertechnologie", kurz „MuSe Computer" heißt ein inzwischen beendetes Modellvorhaben des BMBF gemeinsam mit dem Land Hessen, in dem es um die Konzeption und Erfahrung eines Kunstunterrichtes geht, der die Schere in Kopf und Hand zwischen realem und digitalem Tun überwinden will und aus dem auch der hier beschriebene Unterricht stammt.

2 Dass damit die Redlichkeit des ausschließlichen Arbeitens z. B. mit einem Bildbearbeitungsprogramm im Kunstunterricht nicht in Frage gestellt werden soll, möchte ich hier eigentlich nicht betonen, denn es geht hier um ein Konzept kunstpraktischen Tuns neben und nicht gegen andere(n).

3 Ganz im Sinne Johannes Kirschenmanns sollen die Heranwachsenden mit den Möglichkeiten einer „Irritationsästhetik" bekannt und vertraut gemacht werden, welche neben anderem auch als Ermutigung zur kreativen Fehlerwendung gerade im manchmaligen Kampf mit der Hybris Computer verstanden werden kann (siehe zum Begriff der „Irritationsästhetik": Kirschenmann 2003).

4 Alle hier gezeigten Abbildungen stammen vom „Reporter", einem Mitschüler aus der 6. Klasse.

5 „Art Dabbler 2.1" lag bis vor 2 Jahren z. B. Scannern und Druckern als Application Software bei, wurde aber wie das „Mutterprogramm" „Painter" von Corel geschluckt und aus dem Verkehr gezogen. Glücklich, wer sich von „Art Dabbler" noch Exemplare gesichert hat, denn entgegen dem Aufdruck auf der CD-ROM läuft Art Dabbler 2.1 auch noch unter Windows 2000 und XP problemlos und stellt meines Erachtens für den Kunstunterricht gerade in den unteren Klassen eine konkurrenzlose Alternative zu mit Features überladenen oder kitschig maskierten Malprogrammen dar (vgl. Mohr 1998).

Literatur

Boysen-Stern, Hans-Jürgen: „Schnittstellen". Zwischen Realität und Digitalität im Kunstunterricht. In: Kunst + Unterricht 262/2002, S. 4–10

Freiberg, Henning: Thesen zur Bilderziehung im Fach Kunst. In: Kirschenmann, Johannes/Peez, Georg (Hg.): Chancen und Grenzen der Neuen Medien im Kunstunterricht, Hannover (BDK-Verlag) 1998, S. 12–17

Ders.: Medien-Kunst-Pädagogik. Anstöße zum Umgang mit Neuen Medien im Fach Kunst. http://www.kunstunterricht.de/material/fachd1.htm

Kirschenmann, Johannes: Medienbildung in der Kunstpädagogik. Zu einer Didaktik der Komplementarität und Revalidierung. Weimar (Verlag und Datenbank für Geisteswissenschaften; VDG) 2003

Mohr, Anja: Kindgerechte Malsoftware? Paintbrush, Dabbler und Fine Artist im Vergleich. In: Kirschenmann, Johannes/Peez, Georg (Hg.): Chancen und Grenzen der Neuen Medien im Kunstunterricht, Hannover (BDK-Verlag) 1998, S. 125–129

Das Daumenkino neu entdecken. Einzelbildanimation mit Video und Computer

Roland Meinel

Bewegte Bilder sind heute keine Seltenheit. In den etwas mehr als einhundert Jahren seit der Erfindung des Filmes hat das bewegte Bild eine rasante Entwicklung genommen; schon kündigt sich das bewegte räumliche Bild an, das vom Betrachter selbst gesteuert wird und von der Realität nicht mehr zu unterscheiden ist. *Virtual Reality* ist nicht nur ein modernes Schlagwort, der Begriff zeigt quasi das Ziel an – die Fiktion als wirkliches Leben. Animation ist die Erschaffung künstlicher Welten von bewegten Bildern, herkömmlicher Film und Fotografie werden genutzt oder mit Zeichnung, Malerei, Modellen, Objekten bzw. am Computer mit errechneten Szenerien gearbeitet.
Und doch ist seit den ersten Stopptricks von Georges Méliès am Ende des 19. Jh. bis zu den heutigen komplexen rechneranimierten Animationen das Prinzip ähnlich geblieben – der Unterschied einer Abfolge von Bildern wird durch die Trägheit unserer Wahrnehmung als Bewegung interpretiert. Geändert haben sich nur die technischen Gegebenheiten der Erstellung und Anzeige dieser Bilder.
In diesem Beitrag sollen vor allem Möglichkeiten aufgezeigt werden, mittels einfacher Mittel **analog und digital**, mit Stift und Pinsel, mit Kamera und Computer **kleine Animationen** anzufertigen. Eine Vermischung der Möglichkeiten zwischen einfachen manuellen Tätigkeiten wie Zeichnen, Modellieren usw. und technischen Aufnahmemöglichkeiten wie Foto und Video sowie die nachträgliche Bearbeitung im Computer ist bewusst angestrebt. Auf 3-D-Animationen wird verzichtet, dieses Prinzip ist für die Arbeit in der Schule wenig anschaulich.
Beschränkt wird sich weiterhin auf allgemeine Hinweise zum Prinzip und zu Möglichkeiten der technischen Umsetzung. Die Betrachtung inhaltlicher und gestalterischer Aspekte wird nur angesprochen; hier gibt es eine Reihe brauchbarer Materialien in Büchern oder im Internet (z. B. http://www.kreidestriche/onmerz/pdf-docs/loos-trickfilmhandbuch.pdf; Datum des Zugriffs: 28. 3. 2003).

Animationsfilm in der Schule

Animationen sind keine Seltenheit. Trickfilme im Fernsehen oder Animationen am Computer oder im Internet gehören zum Leben der Schüler dazu. Weniger bekannt ist das *Prinzip* des bewegten Bildes und damit auch die Möglichkeit für Schüler, selbst kleine eigene Animationen zu erstellen – für die eigene Website, als kleiner Film auf VHS oder für den Computer oder auch nur als wirkliches Daumenkino zum Blättern.
Hier kann der Lehrer mit der Problematik ansetzen – **im Kunst- oder Informatikunterricht**, im Fachunterricht zu einem bestimmten Thema oder aber besser **im fachübergreifenden Projektunterricht**. Die technischen Vorraussetzungen dafür sind nicht hoch, Videokamera (analog oder digital), Fotoapparat, Scanner, Rechner und Drucker sind meist vorhanden.
Die hier vorgestellten Prinzipien und Techniken sind geeignet für die Arbeit in der **Primarstufe/ Grundschule** (einfache Animationen) und der **Sekundarstufe I**. In der **Sekundarstufe II** sind schon komplexe Animationen oder 3-D-Animationen möglich.

Folgende Tätigkeitsfelder eröffnen sich dabei:

- *Daumenkino* als eigene praktische Demonstration des Prinzips „bewegtes Bild" beim Film. Es entstehen kleine Daumenkino-Bücher, gezeichnet oder gemalt.
- *Stopptrick und Einzelbildanimation* bei filmhistorischen Betrachtungen: „Als die Bilder laufen lernten", Erprobung des Prinzips. Es entstehen kleine Filme oder Videos in Manier der Stummfilmzeit, Realaufnahmen in Verbindung mit einfachen Trickaufnahmen.
- *Reales oder digitales Daumenkino in Verbindung mit Zeichnen, Malen, Modellieren, Bauen, Fotografieren.* Es entstehen kleine Animationen zu freien Themen oder zu Aspekten einzelner Unterrichtsfächer (Animationen zum Sichtbarmachen von Sachverhalten).
- *Animationen für das Internet*. Hier können kleine Gif-Animationen zum Einbau in die Website oder auch komplexe Flash-Animationen entstehen.
- *Video und Animation*: Analog oder digital aufnehmen – digital bearbeiten – analog oder digital ausspielen, am Computer zeigen oder als Daumenkino ausdrucken – die Möglichkeiten sind unerschöpflich – es entstehen Animationsfilme.

Das Prinzip der Animation

Animation bezeichnet Peter Weibel als eine grafische Kunst, die in einem zeitlichen Kontext stattfindet. „Ein statisches Bild kann zwar komplexe Informationen über ein einziges Bild darstellen, doch erst durch die Animation können ebenso komplexe Informationen durch eine Reihe in der Zeit gezeigte Bilder übermittelt werden. Im Gegensatz zu statischen Bildern ist es charakteristisch für dieses Medium, dass die grafischen Informationen … relativ nebensächlich sind. Die Informationsquelle für den Betrachter eines Zeichentrickfilms liegt im ständigen Wechsel der Bilder; Wechsel der relativen Positionen, Form und Dynamik" (Weibel 2000, S. 219).
Dieser Wechsel und die Unterschiede in den einzelnen Bildern, die unsere Wahrnehmung als zusammenhängende Bewegung darstellt, bestimmen das Wesen einer Animation. Unwesentlich ist das erzeugende Medium.

Ähnlichkeit und Differenz

Bilder einer Animation bilden immer Sequenzen – gleiche Bilder oder Bilder in Veränderung folgen aufeinander. Diese Ähnlichkeit bzw. Differenzen werden von uns als statisches Bild oder aber als zusammenhängende Bewegung wahrgenommen – der Wechsel wird ab 8 bis 10 Bildern in der Sekunde als zusammenhängende Bewegung gesehen. Moderne Medien arbeiten mit 25 und bis 30 Bildern pro Sekunde, aber schon ab sechs Bildern kann man Animationen erzeugen, die zwar „ruckeln", aber doch Bewegung vortäuschen. Auch der Grad der Differenz von Bild zu Bild ist wichtig. Ist der Unterschied zu groß, wirkt die Animation nicht. Vor allem bei Einzelbildaufnahmen mit der Videokamera sollte man probieren, wie viele gleiche Zwischenbilder eingefügt werden sollten. (Da VHS mit 25 Bildern pro Sekunde arbeitet, sollte sich mindestens jedes dritte Bild verändern – dies entspricht ca. acht Bildern pro Sekunde.) Bei der Arbeit am Computer wird dies erleichtert – hier kann man die Bildfrequenz selbst festlegen.
Am deutlichsten wird die Veränderung beim so genannten **Stopptrick**, bei dem die Kamera bei einer laufenden Szene einfach angehalten wird, dann die Szene verändert wird, Dinge dazu kommen bzw. weggenommen oder verändert werden und dann mit unveränderter Kamera (Stativ) weitergefilmt wird. Als Ergebnis erscheinen oder verschwinden im Film geisterhaft – neue Gegenstände oder Darsteller bzw. wechseln Dinge geheimnisvoll ihre Plätze. Diese einfache Animation ist leicht in Videos oder Filme eingebaut und kann auch von jüngeren Schülern praktiziert werden. Mit dieser Methode lassen sich auch ganze Filme drehen. Solche Trickfilme „ruckeln" meist heftig, was aber bei einer guten Idee oft zweitrangig erscheint. Im Stopptrick sind alle Möglichkeiten der Realszene, der Zeichnung, der Malerei, der Montage, des Modellierens usw. auch in ihrer Kombination möglich.

Beschleunigung – Verlangsamung

Zeitlicher Wechsel und damit Rhythmus sind im Animationsfilm ein unverzichtbares Gestaltungsmittel. Durch die gegebene (Video) bzw. festlegbare Bildfrequenz (Computer) wird ein zeitliches Grundraster erstellt, in dem sich Ähnlichkeit und Differenz der Bilder vollzieht.
In dieses Grundraster kann man eingreifen, den Bildwechsel verkürzen oder verlängern und so die wahrgenommene Bewegung schneller oder langsamer machen. Eine Bewegung, die eine Sekunde dauert, wäre dabei über genau so viele Einzelbilder verteilt, wie die Bildfrequenz beträgt.
Entfernt man aber gleichmäßig einzelne Bilder bzw. verdoppelt oder verdreifacht sie, so wird die Bewegung schneller oder langsamer. Viele Videoschnittprogramme verkürzen oder verlängern automatisch einzelne Szenen und fügen Bilder ein bzw. schneiden sie heraus.
Nicht nur im Animationsfilm, auch im Spiel- oder Dokumentarfilm (KOYAANISQATSI und POWAQQATSI von Godfrey Reggio z. B.) werden diese Möglichkeiten der Zeitlupe oder des Zeitraffers eingesetzt, machen zeitliche Abläufe so deutlicher und heben sie von unserem realen Lebensrhythmus ab.

Wiederholung – Wechsel

Beide oben betrachteten Prinzipien sind an Wiederholung bzw. Wechsel von Bildern gebunden, um Bewegungen überhaupt zu erzeugen bzw. um sie schneller und langsamer zu machen.
Im Animationsfilm lässt sich zudem noch ein Verhältnis Wiederholung – Wechsel beobachten, das aus der Wiederkehr bestimmter Bewegungsabläufe resultiert. Ständige Wiederholungen (Loops) ermöglichen auch eine gleichartige Bewegung, die als reine Wiederholung (1, 2, 3, 4, 1, 2, 3, 4, 1 …) oder als Wiederholung mit Umkehrung – Pendelbewegung (1, 2, 3, 4, 3, 2, 1, 2 …) wahrgenommen wird. Beide Möglichkeiten werden

benötigt, Pendel vor allem für Bewegungen, die an ihren Ursprung wieder zurückgehen.
Durch gezielten Einsatz wiederkehrender Abläufe kann der enorme Arbeitsaufwand einer Animation beträchtlich verkürzt werden und er ist vor allem bei der Arbeit mit dem Computer anzuraten. Einige Animationsprogramme („Flash" oder „TakONE") lassen auch die Kombination einzelner Abläufe zu, indem sie eine Szene als Schleife oder Pendel mehrmals durchlaufen lassen und dann zu einer anderen springen.
Die Umkehrung von Bildsequenzen ist eine gute Möglichkeit der Trickaufnahme. Wird eine Szenerie z. B. zerstört, von Bild zu Bild etwas weggenommen oder abgebaut, so zeigt die Umkehrung den Aufbau der Szenerie. Verblüffende Aufnahmen lassen sich so erstellen, nicht nur die bekannten rückwärts laufenden oder aus dem Badebassin springenden Menschen.

Prinzip Interaktivität

Interaktivität bei Animationen ist dem Computer vorbehalten. Hierbei hat der Benutzer die Möglichkeit, die Animation zu beeinflussen bzw. zu steuern. Diese Interaktionen sind besonders anzutreffen bei Computerprogrammen und -spielen und sprengen das Prinzip des Daumenkinos.
Vereinfacht gesehen handelt es sich meist um eine Verkettung von einzelnen Animationen, die vorbestimmt oder zufällig ablaufen und die der Benutzer selbst steuern kann. Er kann also Einfluss auf den Ablauf bzw. den Handlungsablauf nehmen. Diese Art der Animation kommt einer multimedialen Sichtweise entgegen. Eine sehr gute Möglichkeit, in diesem Sinne zu arbeiten, sind die Programm „TakONE", „Mediator" und „Flash".

Animationen erstellen

Das klassische Daumenkino

Gezeichnet, geschnitten und geheftet – fertig ist das Daumenkino! Diese vereinfachte Darstellung zeigt zwar die Herstellung, aber nicht die Schwierigkeiten der Gestaltung der Bewegungsabläufe. Einfachste Animationen ohne komplizierte Bewegungen sind hierzu geeignet, durchscheinendes Papier und fertige Heftchen erleichtert das Zeichnen.

Die Gif-Animation

Die animierte Gif-Datei besteht aus mehreren Bildern, die ähnlich einem Daumenkino nacheinander angezeigt werden. Diese Datei wird von jedem Internetbrowser und auch von anderen Programmen akzeptiert. Eine Farbe kann als transparent gekennzeichnet werden, sie wird dann durchsichtig. Die Bildfrequenz kann Bild für Bild festgelegt werden, ebenso die Anzahl der Wiederholungen. Durch diese Eigenschaften ist die Gif-Animation vor allem im Internet weit verbreitet und auch bei Schülern bekannt.
Viele Programme können diese oft als digitales Daumenkino bezeichneten animierten Gifs erstellen: Fotobearbeitungsprogramme wie „Corel Photo Paint" ebenso wie spezielle Internet-Bildprogramme wie „Macromedia Fireworks". Für die Schule gibt es kostenlose Freeware oder Shereware (z. B. „TakONE").
Animierte Gifs eignen sich besonders für die Einbindung in Webseiten (Abb. 1). Sie können Aufmerksamkeit erregen oder auch Sachverhalte darlegen, werden aber immer einfach aufgebaut sein, denn ihre Größe und Länge ist durch den Speicherplatz begrenzt und sie stellen nur 256 Farben dar. Die einzelnen Bilder lassen sich ausdrucken und heften.

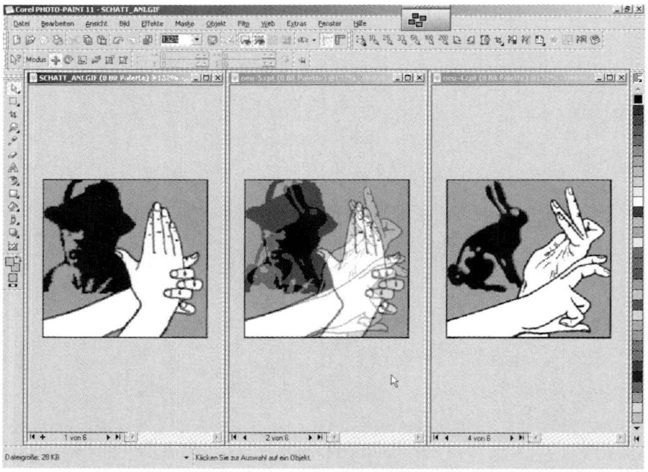

Abb. 1: Erstellung einer animierten Gif-Datei mit „Corel Photo Paint", Überblendung von zwei Bildern.

Komplexe Animationen mit dem Computer

Einige **Programme** lassen neben der Erstellung von Bewegungsabläufen auch Interaktionen und komplexe Animationen zu. Hier sei vor allem das Programm „Macromedia Flash" genannt, ein Animationsprogramm vor allem für das Web, das vektororientiert sehr kleine Dateien liefert und auch Bewegungsabläufe zwischen Bildern berechnet (Tween). Für die Arbeit in der Schule ist dieses Programm zu komplex. Einzelne Schüler vor allem aus höheren Klassen werden aber damit auch um-

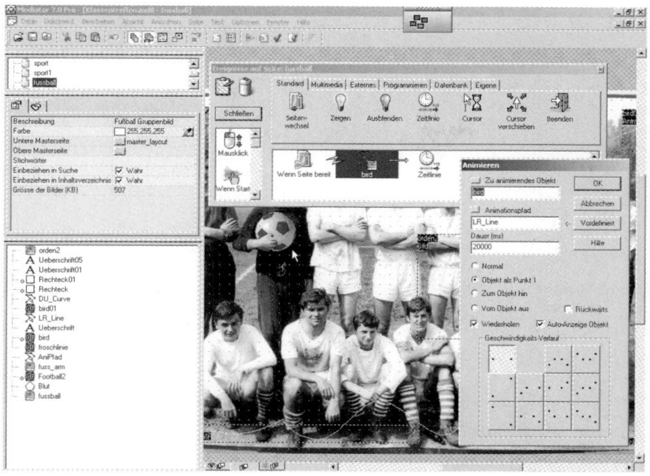

Abb. 2: Animation mit dem Programm „Mediator 7" (animierte Gifs und Animationspfade).

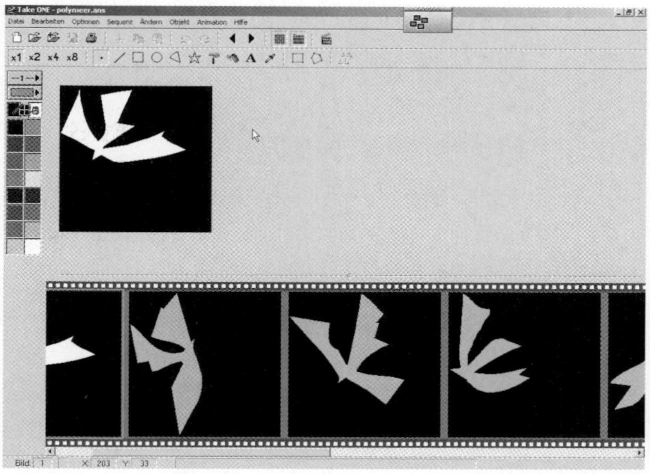

Abb. 3: Animation mit dem Programm „TakeONE 4", oben das gerade zu bearbeitende Bild, unten die Filmrolle mit den fertigen Einzelbildern.

gehen können. Neben vielen sinnlosen Flash-Intros gibt es im Netz inzwischen auch richtige Animationsfilme mit hervorragenden Bewegungen und lustigen Inhalten.

Besser geeignet sind die Programme „Mediator" von Matchware (http://matchware.net; Datum des Zugriffs: 28. 3. 2003), eigentlich ein Multimediaprogramm, das animierte Gifs verarbeitet und auch Animationspfade verwendet (Abb. 2). Durch die Option, die Eigenschaften der einzelnen Objekte zu beeinflussen, sind vielfältige Animations- und Interaktionsmöglichkeiten gegeben. Die Animationen können ausgegeben werden als selbststartende CD, als Exe- oder Flashdateien, bzw. auch als animierte Bildschirmschoner. Wegen seiner Funktionsvielfalt und der relativ geringen Einarbeitungszeit ist dieses Programm für die Arbeit in der Schule sehr zu empfehlen – besonders zum Erstellen multimedialer Programme.

Ähnlich vielseitig, aber vorrangig für Animationen bestimmt ist das Programm **„TakeONE" – ein Alleskönner auf dem Gebiet der Animation**. Einfach aufgebaut und leicht erlernbar, kann man mit diesem Programm Animationen im Stil eines Daumenkinos (animierte Gifs) zeichnen, ausdrucken oder abspeichern. Neben dieser Sequenzanimation sind Pfad- und Ablaufdefinitionen möglich, die einfache Interaktionen zulassen (Abb. 3 und 4). Da es dieses Programm kostenlos für Prüfzwecke im Internet gibt (http://take1.de/deutsch.html), ist der Einsatz unkompliziert. Die Vollversion (ca. 34,90 €) bringt einige Erleichterungen bei der Steuerung der Animation und die Option eines nützlichen Durchpauseffektes und bietet noch mehr Möglichkeiten der Dateiausgabe.

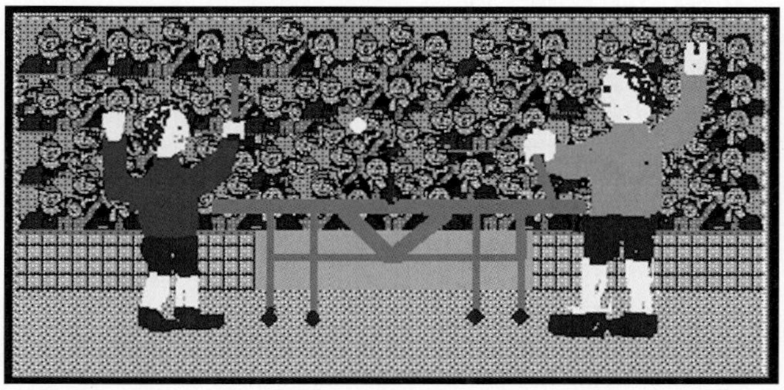

Abb. 4: Animation mit „TakeONE": Tischtennis-Wettkampf, nach elf Ballwechseln (Schleifen) wird der Sieger geehrt (Schülerarbeit, Gregor Meinel, 13 Jahre).

Animationen mit Video und Computer

Animationen mit der Videokamera zu erstellen scheint schwierig zu sein, da die Kameras meist keine Einzelbildschaltung besitzen. Der schon erwähnte Stopptrick ist die einzige Möglichkeit ohne Computer und Bildschnitt Bilder zu animieren.

Man kann einzelne Bilder oder kurze Sequenzen aufnehmen und in der Zwischenzeit die Szene verändern. Durch eine Nachbearbeitung in einer geeigneten Videoschnitt-Software lassen sich Einzelbilder oder Sequenzen verschieben, verlängern, verkürzen und neu ordnen.

Dies ist möglich durch eine Fotofunktion oder die Option der Einzelbildüberspielung der fest montierten Kamera (Stativ oder Tricktisch). Meist haben Video-Capture-Programme dafür eine Funktion eingebaut. Zwischen den Aufnahmen wird die Szenerie verändert, übermalt, weitergezeichnet, gebaut (Lego) oder montiert usw. Ein an die Kamera angeschlossener Fernsehschirm lässt uns die wahre Größe des Bildes erkennen (Fernsehbilder sind immer etwas kleiner als das Bild im

Computer – das ist wichtig für Animationen, die man auf Video ausspielt).

Der Tricktisch oder die Trickkiste

Der Tricktisch ist eine Vorrichtung, die das Erstellen von Animationsfilmen mit der Videokamera erleichtert. Sie ist nicht unbedingt nötig, erleichtert die Aufnahmen aber beträchtlich (über den Kinderkanal des Fernsehens können Schulklassen oder Kindergruppen eine Trickbox ausleihen. Näheres Dazu: http://www.kika.de/_inhalte/tv/sendungen/t/trickboxx oder http://www.arche lino.de/trickboxx.html; Datum des Zugriffs: 28. 3. 2003).

Tricktische dienen vor allem dazu, die Kamera in ihrer Aufnahmefunktion zu fixieren (Klemmstativ oder Stativgewinde) und eine Arbeitsfläche für die eigentliche Animation zur Verfügung zu stellen. Die Möglichkeit einer Beleuchtung von oben bzw. auch von unten (Arbeitsplatte) macht von Lichtverhältnissen unabhängig und lässt auch Rückprojektion (Scherenschnittanimation) zu, ist aber verzichtbar. Ein aufgezeichnetes Format auf der Arbeitsplatte und die abgestimmte Entfernung der Kamera (kein Zoom verwenden – viele Modelle stellen ihn nach Neuanschalten zurück) erleichtern die Aufnahme. Angeschlossen wird die Kamera, sofern keine Möglichkeit der Einzelbildaufzeichnung besteht, an einen Computer (Videokarte oder entsprechende Eingänge) und zur Kontrolle an ein Fernsehgerät. Mittels Fernbedienung oder Software wird ein Einzelbild oder eine kurze Sequenz aufgenommen, dann die Szene umgebaut und wiederum ein Bild erstellt. So geht es von Bild zu Bild. Capture-Programme, die meist mit Videokarten zusammenarbeiten, Videosequenzen und eben auch Einzelbilder aufnehmen, nummerieren und speichern meist automatisch. Oftmals bieten auch Videobearbeitungsprogramme diese Funktion an.

Die Animation selbst wird auf der Arbeitsplatte ausgeführt. Die gezeichneten, gemalten, geschnittenen oder aufgelegten Teile werden über einem Hintergrund Bild für Bild bewegt.

Man kann ein Bild malen und nach jeder Aufnahme etwas verändern, man kann ausgeschnittene Objekte bewegen (zerschnittene Zeitschriften-Fotos eignen sich gut), Zeichnungen auf Papier oder in Sand herstellen, Gegenstände benutzen (Lego-Steine sind aktuell), mit Ton (besser als Knete), Händen, Gemüse, Puppen arbeiten – der Fantasie sind keine Grenzen gesetzt.

Bei Figuren ist es anfangs günstig, mit ausgeschnittenen Gelenkpuppen zu arbeiten, mit etwas Erfahrung sind aber einzelne Teile besser zu platzieren.

Abb. 5: Gezeichnete Animation mit einem Videobearbeitungsprogramm („Ulead VideoPaint"); aus Schrift entwickeln sich Tiere und Formen (Studentenarbeit, Tilo Walther).

Sind die Einzelbilder oder Sequenzen im „Kasten" – also im Computer –, gilt es, sie mit Hilfe eines Videobearbeitungsprogramms fertig zu stellen (Abb. 5).

Das Programm sollte die Möglichkeit der Einzelbildbearbeitung besitzen. Jetzt können die Bilder geladen und platziert werden, die Nummerierung erleichtert dies. Die einzelnen Animationssequenzen müssen noch an die Bildfrequenz angeglichen werden – also z. B. acht unterschiedliche Bilder pro Sekunde. Das heißt, jedes Bild müsste dreimal hintereinander eingefügt werden. Einfacher ist es, die aufeinander folgenden Bilder schon als Video auszuspielen, dann wieder in das Programm zu laden und auf die richtige Länge zu bringen. Das geht über Einstellungen der Software für jede Sequenz unabhängig. Das Programm fügt dann die notwendigen Bilder dazwischen. Zusätzlich können noch Videoeffekte und Sounds eingefügt werden, denn unsere Einzelbilder haben ja keine Toninformation. Auf die Vertonung sollte nicht verzichtet werden, denn sie gehört zu einer Animation dazu. Bei Computerbearbeitung ist dies durch die Arbeit mit Tonspuren sehr leicht, es lassen sich Sounddateien verwenden. Auch das Anfertigen geht über Soundprogramme oder den Audiorekorder einfach (man benötigt aber ein Mikrofon dazu).

Ist der Film fertig, kann er als Videodatei gespeichert (zum Anschauen auf dem Computer) oder als Video digital oder als VHS ausgespielt werden (über einen Camcorder mit Video-In oder eine Videokarte für den Anschluss eines Videorekorders). Es ist auch möglich, von einem gespeicher-

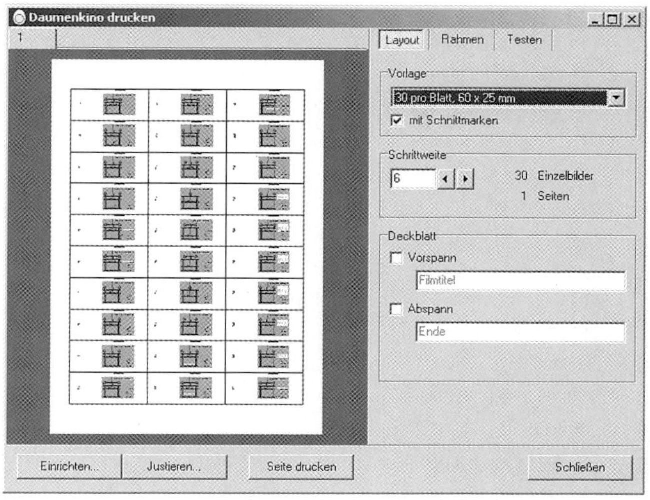

Abb. 6: Daumenkino – Trickfilm – Druckmaschine, ein Video ist zum Ausdruck vorbereitet.

ten Video ein Daumenkino zu drucken. Dafür gibt es ein Programm, in dem ein Video oder ein Teil davon automatisch auf Druckvorlagen aufgeteilt wird (Daumenkino – Trickfilm Druckmaschine: http://www.dacamyo.net/labs/show.php?act=minicine&lang=deutsche; Datum des Zugriffs 28.3.2003, Abb. 6).

Man kann dann die Schrittweite festlegen, d.h. bestimmen, welches Bild gedruckt wird. So werden aus ganz normalen Videoaufnahmen „ruckelnde" Daumenkinos hergestellt. Zusätzlich lassen sich die Bilder noch mit vorgefertigten Rahmen versehen, ehe sie ausgedruckt werden. Die nummerierten Bilder können dann ausgeschnitten, gebündelt und geheftet werden.

Gedruckt, geschnitten und geheftet – und fertig ist wieder das klassische Daumenkino!

Unverwüstlich, aber immer wieder aktuell und neu.

Literatur

Weibel, Peter: Zur Geschichte und Ästhetik des digitalen Bildes. In: Hemken, Kai-Uwe (Hg.): Bilder in Bewegung. Traditionen digitaler Ästhetik. Köln 2000

Website über Animation: http://www.uni-leipzig.de/studienart/animation

Gestaltungshinweise: Bildschirmhintergrund

Georg Peez/Michael Schacht

Den Bildschirmhintergründen kommt innerhalb multimedialer Präsentationen und bei Internetseiten eine große Bedeutung zu: Vor welchen Hintergründen werden die Inhalte dargestellt? Muss der Hintergrund eines Videos schwarz sein?

Der Bildschirmhintergrund sollte **bestimmte Bedingungen** erfüllen:

Er sollte in der Regel von den eigentlichen Elementen und zu vermittelnden Inhalten nicht ablenken; es sei denn, dies ist bewusst so beabsichtigt. Er sollte unter Text stark zurücktreten, um die Lesbarkeit zu gewährleisten. Ein hellblauer Hintergrund ist hier im Allgemeinen zweckdienlicher als ein roter, der sich „nach vorne drängt". Allerdings ist hierbei auf eine passende Schriftfarbe zu achten.

Eine unterschwellige leicht gekörnte Struktur kann beim Lesen von Text durchaus als angenehm empfunden werden, weil sich das Auge hieran „festhalten" kann. Beispielhaft hierfür wäre ein gelblicher heller Ton, der fein strukturiert ist; ähnlich einem Büttenpapier. Hierfür stellen Bildbearbeitungsprogramme in der Regel eine Reihe an Variationsmöglichkeiten zur Verfügung. Gleichfalls gibt es spezielle Software, die Hintergründe generiert, wie z. B. „Reptile" (http://www.sausage tools.com). Ein strukturierter oder auf einem Bild basierender Hintergrund kann dabei auch nur einen Teil der Seite ausfüllen, z. B. für die Menüstruktur, während sich der Fließtext zur besseren Lesbarkeit auf einem einfarbigen, hellen Hintergrund befindet.

Längere Textpassagen mit unscharfen Gründen zu hinterlegen sollte man vermeiden, weil sich das Auge vergeblich zu fokussieren bemüht. Rezipierende werden hierdurch vom Lesen abgelenkt. Ebenso sollte man Hintergrundbilder nur in Einzelfällen einsetzen, in denen wenig Text präsentiert wird und eine inhaltliche Nähe besteht. Generell sind weiße oder sehr helle Hintergründe zu bevorzugen.

Abb. 1

Sind Bilder oder Videos zentraler Anteil der Seite, dann empfiehlt sich häufig ein dunkler, einfarbiger Untergrund, der nicht ablenkt, die Farben der Bilder besser zum Leuchten bringt und somit klarer zur Geltung kommen lässt (Abb.).

Auch hier gilt: Warme, dunkle Farbtöne drängen nach vorne, das Video vermittelt dann das Gefühl, als blicke man in die Tiefe, evtl. in einen Raum hinein. Bei einer kühlen Umgebung erweckt das Video oder das Bild den Eindruck, nahe am Auge der betrachtenden Person zu sein.

Der Bildschirmhintergrund sollte thematisch zu den präsentierten Inhalten passen. Dies kann sich in Farbe, Formenwahl und -vielfalt manifestieren. Zwar bieten die Assistenten der Multimedia-Editor-Programme, der HTML-Editoren sowie die Schreibtischhintergrundfunktion des eigenen Betriebssystems bereits eine Auswahl an fertigen Hintergründen, und im WWW lassen sich von allen Sites problemlos Hintergründe herunterladen/kopieren, doch können solche Gründe selbstverständlich auch nach eigenen Vorlagen wie Scans, Screenshots oder Digitalfotos erstellt werden. Für die eigene individuelle Gestaltung eines (Monitor-)Hintergrunds empfehlen sich folgende Schritte:

- Ausgangsmaterial kann ein großflächiges, zum Thema passendes Muster sein, etwa ein Foto oder ein Scan von Rasen oder Erde.
- Der Hintergrund kann z. B. aus mehreren Inhalten der Präsentation wie eine Collage zusammengesetzt werden.
- Mit Hilfe der Bildbearbeitungsfunktion „Rauschen" wird eine körnige, gleichmäßige Strukturierung erzielt.
- Durch den „Weichzeichner" geht die Härte der Ränder und der dunklen Flächen etwas verloren.
- Das Motiv lässt sich daraufhin als 3D-Relief stanzen.
- Zum Schluss wird die Farbigkeit des Bildes den eigenen Vorstellungen angepasst, etwa mit Hilfe der Gradationskurven.

Bei geschickter Auswahl des Motivs in Bezug auf die Übergänge an den Kanten kann die „Kacheln"-Funktion genutzt werden, um mit einer möglichst kleinen Grafikdatei einen vollständigen Hintergrund zu erzeugen. Doch gerade auch die „ungeschickte" Auswahl kann interessante Effekte hervorbringen, wenn die aneinander stoßenden Kanten zu neuen Mustern führen.

Literatur

Loviscach, Jörn: Klick-Collage. Gestalten für Multimedia. In: c't, Heft 19, 2000, S. 202–211

Neue Dimensionen in der schulischen Arbeit mit digitalem Video. Video & Computer AG am Luitpold-Gymnasium München

Ulrich Schuster

Was, bitte, ist DeVau?

Digitales Video ist unter den Schulfilmern heute kein Fremdwort mehr. Dabei gibt es allerdings verschiedene Zugänge zu dieser nicht nur technischen Neuerung im Medium „Film". Die einen schwören auf DV wegen seiner **Bildqualität**, die den alten Systemen VHS und Video8 überlegen sein soll. Eine andere Gruppe schwört auf DV, weil es neue Möglichkeiten des Schnitts eröffnet, **verlustfrei** und **bildgenau** sind die Reizwörter. Schulfilmer wollen neue Technologien **hauptsächlich** dazu verwenden, das, was sie immer schon gemacht haben, schneller, einfacher und technisch perfekter zu tun. Darauf basiert beispielsweise der Erfolg von **Casablanca**. Von den Schulfilmern weniger beachtet haben sich mit DV abseits von Film und Video neue **Vertriebswege** (Internet), **Präsentationsweisen** (DVD, CD-ROM), Arbeitsformen (Editing, Compositing, Computeranimation, Soundmix auf 100 und 1 Spuren), **Erzählweisen** (Hypertext und Multimedia) und **ästhetische Möglichkeiten** (Imageing, Editing) entwickelt, die darauf warten, auch von experimentierfreudigen und neugierigen Schülern und Lehrern erkundet und erprobt zu werden.

Ist Video überhaupt noch Video?

Eine dieser Neuerungen ist das **Compositing**. Aus dem Bereich der statischen **Bildbearbeitung** (z. B. „Photoshop") kennt man die Technik der Zusammenfügung von Bildmaterial aus verschiedenen Layers oder Ebenen. Compositing ist Zusammenfügen von bewegtem Bildmaterial aus zwei oder mehreren Ebenen, die sich teilweise überlagern. Über das **Editing** hinaus ermöglicht digitales Video eine überlagernde Montage von Clips und statischen wie bewegten Bildern zu Kompositionen. Die einzelnen Elemente können dabei sehr unterschiedlicher Herkunft sein. Elemente, die mit einer Kamera gedreht wurden, und andere, die computergeneriert sind. Das mit der Videokamera erzeugte Bild – für die Schulfilmer immer noch das Zentrum filmischer Arbeit – ist **nur noch eine Art Grundstoff**. Das im Rechner virtuell erzeugte statische oder bewegte Bild, die Computeranimation, kann ein weiterer Grundstoff sein.

Schulische Wege zur Integration von Video und Animation

Bildmischer, Genlock und Computer waren in unserer Video & Computer AG Stationen auf diesem Weg. Seit Anfang der 1990er-Jahre haben wir im Animationsfilm immer wieder neue Wege gesucht, Videoaufnahmen mit Computeranimation zu mischen.
Zunächst hat das meist bedeutet, **kleine Elemente zweidimensionaler bewegter Grafik** durchs Videobild laufen oder fahren zu lassen. 1998 hat sich dieses Prinzip umgedreht. Im Video „Katharsis" waren erstmals **alle Schauplätze computergeneriert**. In den animierten 3D-Szenarien bewegten sich die mit Video vor Bluescreen aufgenommenen Darsteller. Im Jahr 2001 hat einer der Schüler mit seiner Facharbeit in Kunst den Trend noch einmal verkehrt. Moritz Mayerhofer hat ganz im Stil von „Jurassic Park" einen **computergenerierten Darsteller**, „Emil", animiert und ihn mit realen Schauspielern in gefilmten Realszenen interagieren lassen. Die Dimensionen solcher Videoarbeit möchte ich zunächst an zwei Einstellungen aus „Katharsis" erläutern,

bevor ich auf die Arbeit an „Emil" zu sprechen komme.

Zwei Beispiele aus der Arbeit unserer Gruppe „Softbimage"

In „Katharsis" (LPG, Regie: Bartosz Grudziecki, 1998, 18', VHS) gibt es eine Sequenz in einem Raumschiff mit einer Einstellung, die zeigt, wie der Handlungsträger die Tür zu einem Abteil dadurch verschließt, dass er auf einer neben der Tür angebrachten Tastatur eine Zahlenkombination eingibt. Er tippt mit dem Finger Zahlen an, die Tür schließt sich – Schnitt. Zu dem Zeitpunkt, als die Sache mit dem Schauspieler im Zeichensaal der Schule vor blauer Wand gedreht wurde, gab es die Animation mit der sich öffnenden Tür noch gar nicht. Was es von der Kulisse gab, in der die Sache später spielen sollte, war ein grobes 3D-Modell, in dem allerdings der Platz für die Tastatur und die Tür bereits festgelegt waren. Die Abfolge dieser Produktion sah nun folgendermaßen aus: Die Schüler postierten die reale Kamera so, wie sie sich es für diese Einstellung vorstellten und gaben dem Schauspieler die nötigen Hinweise, wo und wann er seine Hand hinbewegen sollte. Dann sollte er ein wenig mit den Fingern „ins Leere" tippen – schon war der Dreh fertig. Die Einstellung wurde digitalisiert, das gedrehte Material wurde in das 3D-Programm geladen und nachdem auch die virtuelle Kulisse erstellt war (Innenraum des Raumschiffs), konnte die **virtuelle Kamera** so positioniert werden, dass ihre Perspektive im Raumschiff der Sicht der realen Kamera auf den Darsteller vor der blauen Wand entsprach. Die blaue Farbe musste herausgefiltert werden, dann stand der Schauspieler im Raumschiff und seine Finger trafen die zuvor noch nicht existenten Tasten. Der Unterschied zwischen der gewöhnlichen „realen" Kamera und der „virtuellen" Kamera ist erklärungsbedürftig: Mit der realen Kamera dreht man ganz konventionell die Einstellungen; durch die virtuelle betrachtet man Bilder, die man in einem 3D-Programm o. Ä. erzeugt.

Im Zeichensaal gibt es durch eine Fensterreihe eine natürliche Lichtquelle, die den Schauspieler vor der blauen Wand in bestimmter Weise ausleuchtet. Beim Fertigstellen der Kulisse musste später für diesen Innenraum eine virtuelle Beleuchtungssituation erzeugt werden, in der der real gefilmte Schauspieler nicht wie ein Fremdkörper erschien. Wer sich die Interaktion von realen Spielern mit einem virtuellen Raum bisher ganz einfach vorgestellt hat, mag an dieser einen Einstellung erkannt haben, dass hier außergewöhnliche Dimensionen filmischer und tricktechnischer Arbeit anklingen.

Abb. 1 a–e

Das Ende von „Katharsis“ wird eingeleitet mit einer rasanten, 25 Sekunden langen (!) **Kamerafahrt** durch die riesige Abfertigungshalle eines Flughafens. Durch das offene Dach des Gebäudes senkt sich die **virtuelle Kamera** wie ein Raumschiff in den Terminal hinab bis auf Brusthöhe der dort wartenden rund 80 Fluggäste und fährt mit beachtlicher Geschwindigkeit zwischen den sich bewegenden Personen hindurch auf eine Person zu, die am Ende der Halle steht. Eine derartige Fahrt wäre mit **realer Kamera** in einem realen Raum ohne riesigen Kran, ohne ein Studio in der

Abb. 2

Größe eines Fußballfelds mit den entsprechenden Bauten und ohne eine erhebliche Zahl von Statisten nicht zu machen gewesen. Da die Kulisse ein 3D-Modell war, konnte die Fahrt durch den Raum mit der **virtuellen Kamera** als Animation berechnet werden. Aber wie kommen die 80 Personen in die Halle und wie können sie sich auch noch in den verschiedensten Richtungen bewegen? Aufgenommen wurden die Personen alle innerhalb einer Kunststunde im Zeichensaal vor einer blauen Wand, einzeln oder in kleinen Grüppchen, stehend, redend, gestikulierend, ge-

Abb. 3

Abb. 4

hend, frontal oder im Profil ... Manche der Schüler und auch einige Lehrer – soweit verfügbar – kommen auch mehrfach vor, mit und ohne Mantel, Hut, Schirm, Tasche ... Aus diesen Videoaufnahmen wurden einzelne Clips geschnitten und die Figuren darin freigestellt (der blaue Hintergrund transparent eingefärbt). Im 3D-Modell wurde dann für jeden Clip ein rechteckiger **Dummy** aufgestellt. Man kann sich das so vorstellen, als ob in der Kulisse hundert transparent-unsichtbare Leinwände im ganzen Raum so wie später die Personen aufgestellt wären, jeweils so groß, dass darauf je die Figur und ihre Bewegung eines Clips Platz hat. Jedem dieser Dummies wurde dann ein Clip als bewegte „Textur“ zugewiesen, einzelne Clips wurden mehrfach verwendet; ohne dass dies sehr augenfällig ist, weil sie beispielsweise einmal vorne und einmal hinten im Raum platziert und gespiegelt wurden. Als in der Vorschau alles genau stimmte, was zugegebenermaßen einige Bastelei erforderte, wurde die Animation berechnet. Dieses Berechnen ist mit unseren Rechnern eine recht zeitaufwändige Sache und kann bei so einer Einstellung Nächte und Tage dauern, weshalb Fehler, die erst nach dem Rendern sichtbar werden, oft im Material bleiben müssen, um den Zeitplan für die gesamte Arbeit nicht zu strapazieren. (Rechnung: 1 Bild dauert zum Berechnen ca. 3 Minuten; die gesamte Animation soll 25 Sekunden lang sein; jede Sekunde hat 25 Bilder; daraus folgt 3 Minuten [pro Bild] mal 25 [Anzahl der Sekunden] = 75 Minuten; 75 mal 25 [Anzahl der Sekunden] = 1875 Minuten geteilt durch 60 [für die Anzahl der Stunden] = $31\,^1/_4$ Stunden Berechnungszeit für eine 25 Sekunden lang dauernde Animation.)

Abb. 5

Zweites Beispiel

Die **Charakteranimation** ist vom Schwierigkeitsgrad wohl der Gipfel der 3D-Animation. „Emil“ (LPG 2001, Moritz Mayerhofer, 13′, DV) erzählt sechs Episoden aus dem Leben eines kleinen Elefanten, der als Findelkind von einem Ehepaar aufgenommen und großgezogen wird. Die Entscheidung für den Elefanten und die Struktur der Geschichte war ein ehrgeiziges Unternehmen im Zeitrahmen einer Facharbeit. Nach ersten zeichnerischen Studien gab es Versuche, die Figur in einem 3D-Programm (Lightwave) zu modellieren.

Abb.6

Parallel dazu entstand die Geschichte in einer Textfassung und als Pictureboard/Storyboard. Jede der ca. 80 Einstellungen des Films wurde zeichnerisch festgelegt, Bewegungen der Kamera sowie Bewegungen on screen inbegriffen. Aus diesen Zeichnungen ging hervor, was der Charakter darstellerisch leisten musste und in welchen Umgebungen er agieren würde. Außerdem war aus den Zeichnungen herauszulesen, wie die realen Schauspieler mit dem virtuellen Charakter interagieren sollten.
(Eine Bemerkung zum Umfang der Animationsarbeit in diesem Video: In ca. 50 der insgesamt etwa 80 Einstellungen sind entweder Emil oder andere digitale Bildveränderungen zu sehen.)
Als erste filmische Komponente wurde der Text aufgezeichnet, den der Erzähler des Films vorträgt. Als zweite Komponente wurden die Realaufnahmen für die einzelnen Episoden gedreht.

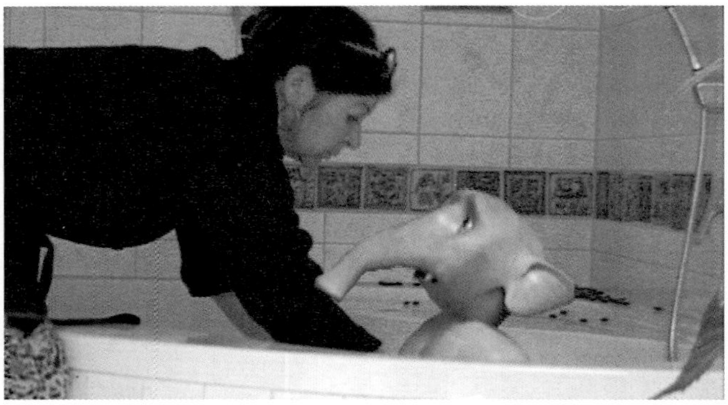

Abb. 7

Für die realen Schauspieler gibt es dabei ein zentrales Problem. Sie agieren zwar in einem realen Raum; in den meisten Einstellungen allerdings müssen sie mit einem Hauptdarsteller interagieren, der bestenfalls in ihrer Vorstellung vorhanden ist. Körperhaltungen, Bewegungsrichtungen und -geschwindigkeiten und, ganz wichtig, die Blickrichtungen müssen später mit dem ins Bild eingefügten virtuellen Charakter harmonieren. Damit kann deutlich werden, dass bei einer solchen

Abb. 8

Arbeitsweise ein präzises Pictureboard/Storyboard ebenso notwendig vorausgesetzt ist wie eine gute Führung der Schauspieler.
Ein Beispiel: In Episode 4 hat Emil aus Versehen einen Apfel in seinen Rüssel eingesaugt und muss zum Arzt gebracht werden, um den Riechgang wieder frei zu bekommen. Am Ende dieser Sequenz sitzt der Elefant mit dem Arzt auf dem Behandlungsbett. Beide schauen sich an, der Arzt spricht zu Emil und klebt ihm ein Pflaster auf den Rüssel. Bei der Videoaufnahme in der Arztpraxis kam ein „Dummy" zum Einsatz, um dem Arzt die Position der Augen von Emil zu geben und einen Ort, an dem er das Pflaster aufkleben konnte. Dieser Dummy wird dann bei der Montage durch den virtuellen Darsteller überlagert.

Abspann

Am Luitpold-Gymnasium ist nach 12 Jahren und vier Schülergenerationen erst einmal der Faden filmischer Arbeit mit Video und Computeranimation gerissen. „Katharsis" und „Emil" werden so schnell keine Nachfolger finden. Wenn man sich die schulische Produktion von Video heute bundesweit anschaut, dann hat die Entwicklung der bewegten Bilder von Video hin zur digitalen Animation bislang kaum stattgefunden. Das Interesse der Schulfilmer an den Möglichkeiten von DV beschränkt sich weitgehend auf die Nutzung der verbesserten Bildqualität und die Nutzung des digitalen Editing für eine präzisere Montage. So gesehen hat unser Weg für andere Schulfilmgruppen keinen Vorbildcharakter gehabt.
Dabei ist heute im Bereich Multimedia, aber auch im Medium Film bei der Montage der Bilder oder der Strukturierung des Erzählflusses vielfach schon ein Punkt erreicht, wo der Zuschauer oder Rezipient gerne selbst Hand anlegt, sich im Fernsehen seine individuelle Montage mit der Fernsteuerung selbst erzeugt, oder bei Multimedia-Applikationen sich seinen individuellen Weg mit

der Maus durch ein Programmangebot klickt. Der Erzählfluss bei Kinofilmen und im Fernsehen reagiert auf diese Entwicklung mit schnellen Schnitten und einer assoziativen, clipartigen Montage. Der Produktion von Video erwächst auch schulisch eine Konkurrenz von Seiten Multimedia. Es ist schwer einzuschätzen, aber ich vermute, dass heute in den Schulen die Zahl der Multimedia-Produktionen bereits die Zahl der Videoproduktionen übertrifft. Dabei ist interaktives Multimedia an den Schulen erst rund sieben Jahre alt. Die Rolle, die Video im Kontext von schulischen Multimedia-Produktionen allerdings einnimmt, hat meist nur wenig zu tun mit der Dramaturgie filmischer Regie und Montage oder auch mit der fotografischen Gestaltung von Bildern. Da sind wir eher bei **Knipsen und Draufhalten** angelangt.

Zur Arbeit mit Bluescreen bei „Katharsis" gibt es eine Internetseite bei www.kusem.de

Die direkte Adresse ist:
www.kusem.de/proj/bluset.htm

Wer einen flotten Rechner und eine schnelle Internetverbindung hat, der kann sich dort auch einen Videoausschnitt herunterladen:
www.kusem.de/proj/anhvi.htm

An der gleichen Adresse finden Sie einen Abriss über 10 Jahre Video & Computer am Luitpold-Gymnasium mit Filmbeschreibungen und -ausschnitten.

Darüber hinaus gibt es eine Seite zum Thema Animation mit zahlreichen Filmausschnitten unter der Adresse:
http://www.kusem.de/texneu/3m/animat.htm

Die ehemalige Schülergruppe softbimage hat ihre eigene Homepage mit Filmstills und Beschreibungen:
www.softbimage.com

Multimediale Präsentationen – Elemente und fachpraktische Aspekte vom Drehbuch bis zum fertigen Produkt

Michael Schacht

In multimedialen Präsentationen werden u. a. Texte, Bilder, Grafiken, Audio- oder Videodokumente miteinander verknüpft. Diese Arbeit übernehmen bestimmte Programme, zumeist so genannte **Autorensysteme**, wie z. B. „Macromedia Director", „Matchware Mediator" oder auch „Macromedia Flash". Ebenso lassen sich Programme zur Präsentation, wie z. B. „Microsoft PowerPoint", für einen experimentellen Umgang mit multimedialen Elementen nutzen (Kunkel 2003). Autorenprogramme bieten die Möglichkeit, die unterschiedlichen Medien in einem vom Anwender des Autorensystems zeitlich festgelegten Ablauf aufzurufen bzw. gezielt miteinander zu verknüpfen. Zugleich wird das Layout der Bedienoberfläche(n) der endgültigen multimedialen Präsentation („Screendesign") erarbeitet, gestaltet und Navigationsmöglichkeiten werden bestimmt (Steinke 2000; Eden 2000). Auch interaktive Elemente können mittels Autorensoftware in die Präsentation mit einbezogen werden. Die einzelnen Elemente, wie z. B. Text, Bild, Video und Ton, müssen in der Regel vorher in speziellen Programmen erstellt, bearbeitet und gestaltet werden.
Im Folgenden werden die Bausteine zur Produktion multimedialer Präsentationen vorgestellt und zum Teil anhand fachpraktischer Anwendungen erläutert (zur Begrifflichkeit siehe Peez 2001). Die Zusammenstellung verdeutlicht, wie stark Werkstattgedanke und Teamarbeit (vgl. die Beiträge von Susanne Habermann sowie Martin Dürk/ Georg Peez) bei der Produktion multimedialer Präsentationen zum Tragen kommen; unterschiedlichste Bereiche erlauben es Schülerinnen und Schülern, sich dort zu engagieren, wo ihre gestalterischen Schwerpunkte (Text, Bild, Video, Ton) liegen. Gleichfalls werden alle Bestandteile später in einem Projekt zusammengefasst (Landbeck 1997).

Drehbuch, Skripterstellung

Zu Beginn des Arbeitsprozesses sollte die Erstellung eines Drehbuches stehen, das zum einen den Ablauf der Präsentation skizziert sowie festlegt, zu

Abb. 1 a: Storyboard für die Entstehung eines Comicstrips (Studentenarbeit von Manuel Tiranno, Institut für Kunstpädagogik, Universität Frankfurt am Main).

Abb. 1 b und 1 c: Storyboard aus dem Kinofilm „The Matrix"; Vorzeichnung und endgültige Filmszene.

welchem Zeitpunkt welche Medien eingesetzt werden. Gleichfalls müssen Hintergründe, Schaltflächen und (animierte) Grafiken entworfen, Inhalte recherchiert, Texte geschrieben und zum Teil bestimmten Aktionen zugeordnet werden.
Ein Drehbuch kann – auch in Hinblick auf eine bewusste Verbindung analoger und digitaler Techniken – herkömmlich in Form von zeichnerischen Skizzen (Abb. 1) auf Papier entworfen werden („Scribble") (Meyer 1996, S. 35). Einzelne Drehbuchseiten beschreiben in der Regel jeweils eine Einstellung („Screen"), die in einer Skizze die Position der einzelnen Bildelemente und Klickpunkte festlegt sowie die Aktionen, die innerhalb dieser Einstellung ausgeführt werden sollen. Für ein Drehbuch in digitaler Form eignet sich die Darstellung in einer Tabelle, die in Textverarbeitungs- und Tabellenkalkulationsprogrammen erstellt werden kann. Hierbei lassen sich neben dem Text auch vorher digitalisierte Zeichnungen oder Digitalfotografien einbinden. Ein digitales Drehbuch kann der eigentlichen Präsentation – gleich ob im Internet oder auf CD-ROM/DVD – als Element hinzugefügt werden, sodass für Interessierte später die Ideenfindung und die vollzogenen Änderungen im Arbeitsprozess transparent werden.

Digitalisierung von Bildern – Scannen, Digitale Fotografie, Digitales Video

Um vorhandenes Bildmaterial, wie z. B. Fotografien oder Abbildungen aus Büchern, am Computer verwenden bzw. bearbeiten zu können, muss es digitalisiert werden. Steht eine hochauflösende Digitalfotokamera zur Verfügung, kann man die Abbildungen abfotografieren. Einfacher und günstiger geht dies jedoch mit einem Flachbettscanner. Digitale Videokameras liefern Filmmaterial für Videoeinspielungen, das per digitalem Videoschnitt bearbeitet werden kann (vgl. den Beitrag von Ulrich Schuster). Ebenso lassen sich an aktuelle Soundkarten des Computers problemlos Videorekorder anschließen oder Fernsehbilder aufzeichnen. Aufgrund des digital vorliegenden Materials können selbstverständlich auch aus Videofilmen Einzelbilder extrahiert werden, diese sind jedoch qualitativ schlechter als mit einer Digitalfotokamera aufgenommene Bilder.

Grafikprogramme

Grafikprogramme dienen der Bildproduktion und -bearbeitung. Im Folgenden werden unterschiedliche Ausprägungen beschrieben, die für die Erstellung multimedialer Präsentationen im Kunstunterricht von Bedeutung sind. Die Dateneingabe bei der Bildproduktion erfolgt in der Regel per Maus oder Grafiktablett. Bei Letzterem sind Druckpunkt und Stiftdicke einstellbar. Inzwischen sind auch druckempfindliche LC-Displays auf dem Markt. Hier „malt" der Anwender mit einem elektronischen Stift, sodass die Striche direkt unter der Spitze des Zeichengeräts auf dem Bildschirm erscheinen – elektronisches Papier. Allerdings „bleibt jede Simulation von Pinsel, Kreide oder Zeichenstift im Computer ein Kompromiss, der das ‚Körpergefühl' nur unzureichend nachbildet" (Kirschenmann 1998, S. 130).

Bildproduktion

Bei vektororientierten Grafikprogrammen (z. B. „Corel Draw“) werden keine einzelnen Bits des Bildes gespeichert, sondern mathematische Beschreibungen der Objekte. Vektorgrafiken sind ohne Qualitätsverlust skalierbar und aufgrund ihrer geringen Dateigrößen von Bedeutung. Vektorformate sind jedoch nur für Zeichnungen geeignet und nicht für Fotos bzw. für die Bildbearbeitung.

Bildbearbeitung

Pixelorientierte Grafikprogramme (z. B. „Corel PhotoPaint“, „Adobe Photoshop“, „The GIMP“) bieten die Möglichkeit, jeden einzelnen Punkt (Pixel) eines digitalen Bildes zu verändern. Jeder Eingriff, jede Bearbeitung ist folglich eine Bildmanipulation, die am Computer so durchgeführt werden kann, dass die Veränderungen mit dem bloßen Auge nicht mehr wahrnehmbar sind. Dieses Vorgehen ist z. B. aus der heutigen Werbebranche nicht mehr wegzudenken: „Es gibt kaum noch ein öffentliches Bild, das nicht den Prozess seiner Digitalisierung hinter sich hat: sei es nun aus Gründen mutmaßlicher Optimierung, der mehr oder weniger offenen Manipulation oder der (...) Disposition via lokale, regionale und globale Netze“ (Kossak 1994, S. 44). Auch die Medienkunst bedient sich der Mittel digitaler Bildbearbeitung und schafft Werke, die bei der Betrachtung erhebliche Irritationen hervorrufen können. Bekannte Vertreter sind hierbei Aziz & Cucher, Inez van Lambsweerde und Dieter Huber.

Digitale Bildbearbeitung im Kunstunterricht kann Schülerinnen und Schüler dafür sensibilisieren, aufgrund eigener Erfahrungen mit dem Medium ihr Rezeptionsverhalten zu hinterfragen (Grün/Höhler-Helbig 1998) (vgl. die Beiträge von Petra Schmid und Frieder Kerler). Auch zur Bildanalyse können Bildbearbeitungsprogramme eingesetzt werden: Farben und Formen können separiert, verändert, verfremdet, verschoben und neu angeordnet werden, um sowohl „eine Haltung des aktiven und gleichzeitig kritisch-distanzierten Gebrauchs gegenüber den faszinierenden Möglichkeiten als auch Kreativität und Sinnlichkeit im Umgang mit den neuen Bildmedien (zu, M. S.) entfalten“ (Lehmann 1995, S. 41; vgl. auch die Beiträge von Markus Jaursch und Johannes Kirschenmann). Mittels digitaler Bildbearbeitung fotografischer Selbstporträts am Computer kann ferner auch die Auseinandersetzung mit der eigenen Identität der Jugendlichen thematisiert werden (vgl. den Beitrag von Judith Werner). Sie können sich so „ein Bild von sich machen“ und bekommen „eine virtuelle Macht über ihr eigenes Erscheinungsbild, von der sie in der Realität meist nur träumen können. Bei der Verfremdung des eigenen Porträts bieten sich zwei mögliche Richtungen an: entweder die Anpassung an das eigene Wunschbild oder die fantasievolle, auch unrealistische Ausgestaltung“ (Fritzsche 2000, S. 149).

Darstellung von Körpern und Räumen

Eine weitere Variante der Grafikprogramme sind **CAD-Programme,** die im professionellen Bereich für Bau- und Architekturzeichnungen genutzt werden. CAD – Computer Aided Design – bietet die Möglichkeit, technische Zeichnungen, Körper und Räume am Computer darzustellen.

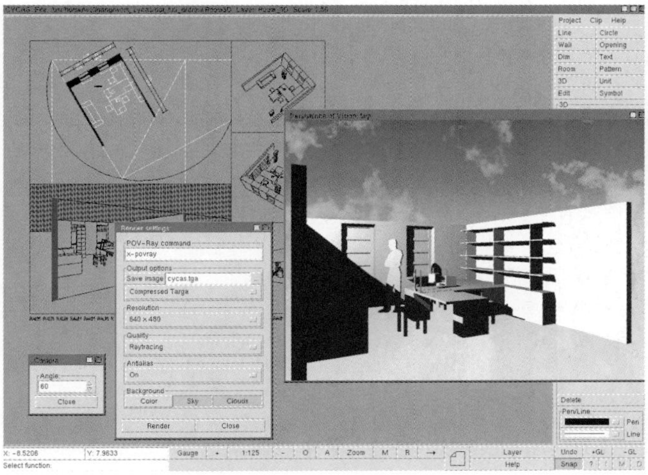

Abb. 2: Mit einem CAD-Programm generierte Raumdarstellung (Abb. entnommen aus: http://www.cycas.de).

Neben 2D-Funktionen zum Entwerfen von z. B. Gebäuden beherrschen viele Programme auch die 3D-Visualisierung (Abb. 2) und -Präsentation, sodass sich die digital geschaffenen Objekte aus verschiedenen Perspektiven betrachten lassen. Eine für den privaten Bereich kostenlose Version des CAD-Programms „Cycas“ lässt sich unter http://www.cycas.de herunterladen.

In multimedialen Präsentationen lassen sich per CAD-Programm gestaltete Gebäude einbinden, z. B. wenn es um die Darstellung architektonischer Bauwerke geht oder darum, das Schulgebäude auf der Schulhomepage dreidimensional zu veranschaulichen. Ein entsprechendes Beispiel findet sich im WWW unter http://www.swin.de/bildung/wrg. Im Umgang mit 3D- oder CAD-

Abb. 3: 3D-Landschaftsgenerator: Mit „TerraGen" lassen sich nahezu fotorealistische Landschaften am Computer erstellen.

Anwendungen können Schülerinnen und Schüler für das Konstruieren sowie Zusammensetzen dreidimensionaler Gebilde sensibilisiert werden. Räumliches Denken kann gefördert und in der Auseinandersetzung mit Bauwerken Stilkunde fachpraktisch vermittelt werden.
Grafikprogramme zur Generierung dreidimensionaler Welten sind so genannte Raytracing-Programme (englisch für (Licht-)Strahlverfolgung); Werkzeuge zur Erzeugung nahezu fotorealistisch aussehender dreidimensionaler Grafiken. Licht- und Schatteneffekte, Spiegelungen sowie die Farbwerte einzelner Bildpunkte lassen sich mit Raytracern, wie z. B. „PovRay" (http://www.povray.org) exakt berechnen, was zu einer plastischen Darstellung der Objekte führt. Mit dem Landschaftsgenerator „TerraGen" (http://www. planetside.co.uk) lassen sich ohne lange Einarbeitungszeit dreidimensionale Landschaften erstellen (Abb. 3).
In multimedialen Präsentationen werden solche Grafiken oft als Hintergründe bzw. Image Maps benutzt. Die dargestellten Objekte verweisen dann auf thematisch aneinandergebundene, über Hyperlinks verknüpfte Seiten, die sich per Mausklick aufrufen lassen.

Animation

Computeranimationen sind Sequenzen von Einzelbildern ähnlich einem Daumenkino, die bei Betrachtenden die Illusion flüssiger Bewegung erzeugen. Diese Sequenzen können dann entweder zu einer Endlosschleife zusammengefügt werden oder nach einer vorher festgelegten Anzahl von Durchläufen mit einem Standbild enden (vgl. die Beiträge von Hans-Jürgen Boysen-Stern und Ulrich Schuster).

Für das Internet werden aufgrund ihrer geringen Dateigröße und der verbreiteten Nutzung des GIF-Formates so genannte „Animated GIFs" verwendet. Auch mit modernen Bildbearbeitungsprogrammen wie „Corel PhotoPaint" können kleinere Animationen im Unterricht erstellt werden. Beispiele finden sich im WWW unter http://www.phil.uni-sb.de/fr/kunsterziehung/neue_medien/animation/html/frameset.htm.
Aktuelle Multimedia-Autorenprogramme, wie z. B. „Macromedia Director" (für die CD-ROM-Produktion) oder „Macromedia Flash" (für das World Wide Web) bieten komfortable Werkzeuge, bei denen sich Multimedia-Autorinnen und -Autoren kaum noch um Einzelbilder kümmern müssen: Sie definieren Punkte auf einer Zeitskala („time line"), zu denen Elemente zum ersten Mal erscheinen sollen sowie deren Bewegungsablauf und einen Endpunkt – um die Umsetzung kümmert sich die Software. Ebenso lassen sich interaktive Elemente hinzufügen, sodass Nutzende selbst in den Ablauf der Animation eingreifen und deren weiteren Verlauf steuern können (Abb. 4).

Abb. 4: 3D-Animation eines Hovercrafts aus dem Wettbewerbsbeitrag „Die multimediale Expo: AMG: Mensch – Natur – Technik" des Multimedia-Teams des Albertus-Magnus-Gymnasiums, Rottweil; das Hovercraft lässt sich über die virtuelle Tastensteuerung lenken, sodass die Pavillons angeflogen werden können.

Ein besonderer Effekt von Animationsprogrammen ist das „**Morphing**" (vgl. den Beitrag von Petra Schmid). Es bezeichnet im Computergrafikbereich ein Verfahren, mit dem sich ein Bild schrittweise in ein anderes Bild umwandeln lässt, z. B. die Verwandlung eines Menschenschädels in einen Tierschädel (Abb. 5 a–c).
Der Computer erstellt zwischen dem Ausgangsbild und dem Zielbild angenäherte Zwischenschritte, die dann, als Animationssequenz abgespielt, den Anschein einer nahtlosen Umwand-

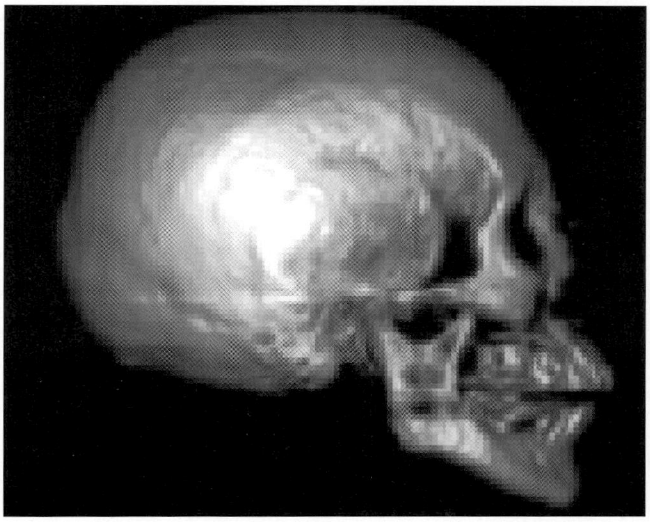

Abb. 5a

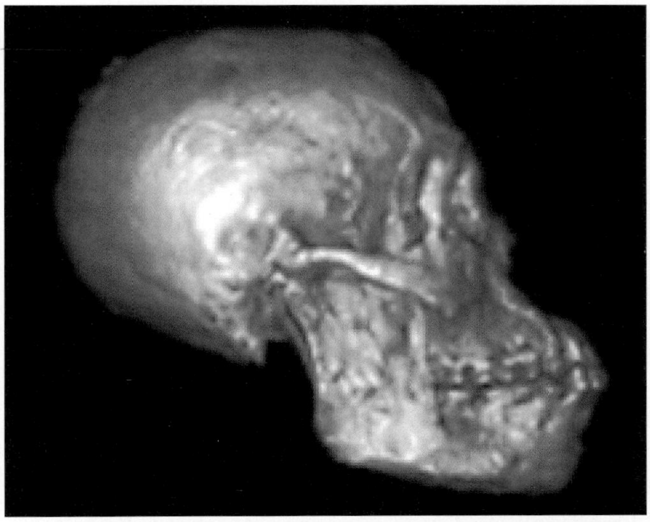

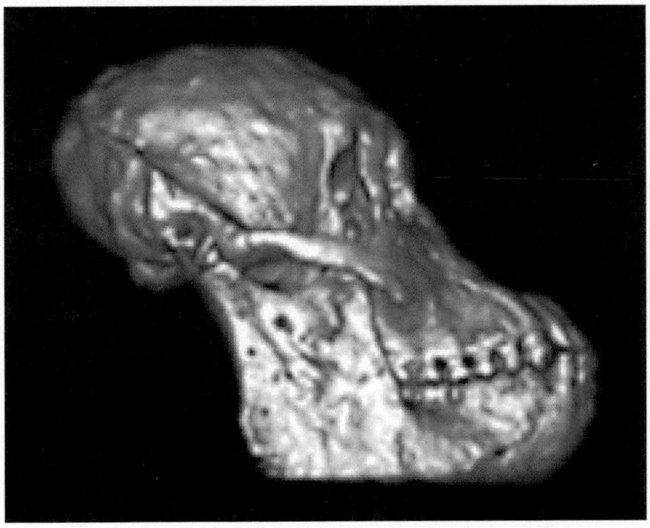

Abb. 5b und 5c: Morphing; drei exemplarische Schnappschüsse der Verwandlung eines Menschenschädels in einen Affenschädel; komplizierte Inhalte lassen sich anhand von Animationen oder Morphingsequenzen verdeutlichen.

lung vermitteln. Auf dem Ausgangsbild werden möglichst viele Punkte festgelegt und deren Entsprechung auf dem Zielbild markiert. In vorher festgelegter Anzahl berechnet der Computer dann die sich verändernden Einzelbilder, die daraufhin zu einer Animation zusammengefasst werden.

Bild-Text-Verarbeitung (Desktop-Publishing)

Unter DTP-Programmen (Desktop-Publishing-Programme) versteht man Anwendungen, die es erlauben, Bilder und Texte in einem Dokument zusammenzufassen und zu gestalten: „DTP ist die Integration ehemals eigenständiger Software-Produkte. Texte, Grafiken, Fotos und Bilder, Tabellen und Datenbanken können mit einem DTP-Programm am PC zusammen bearbeitet werden. Die Besonderheit des DTP-Gedankens ist also, verschiedene Aufgaben zum Anfertigen einer Druckvorlage wie Layout, Texterfassung, Satz, Bildbearbeitung, Grafik und Montage durch eine einzige Person und mit einem einzigen Werkzeug leisten zu können“ (Peez 1998, S. 84). Vertreter solcher Programme sind z. B. Adobe PageMaker, Macromedia InDesign oder Ragtime (www.ragtime.de) Für multimediale Präsentationen, die an Schulen oftmals im fächerübergreifenden Unterricht erarbeitet werden, kann z. B. im **Zusammenspiel der Fächer Kunst und Deutsch** die Auseinandersetzung mit der Integration von Text und Bild dazu führen, „die Lernenden für die bildlichen Ausdrucksmöglichkeiten der Sprache zu sensibilisieren und dazu anzuregen, Gedichte mit visuellen Gestaltungsmitteln zu interpretieren“ (Rustige/Kaisers 1994, S. 42). Neben der Gestaltung einzelner Seiten innerhalb der Präsentation kann mit DTP-Programmen – im Falle einer CD-ROM-Produktion – gleichfalls ein Cover für die CD-Hülle sowie ein CD-Booklet entworfen und umgesetzt werden, das Systemvoraussetzungen, Benutzungshinweise und Angaben zum Inhalt berücksichtigt. Aufgrund der Vielfältigkeit der heutigen Programme lassen sich solche Aufgaben inzwischen aber ebenso z. B. mit Grafikprogrammen wie „CorelDraw“ durchführen.

Musik, Geräusche, Töne

Zu multimedialen Präsentationen gehören neben visuellen Elementen selbstverständlich auch akustische Bestandteile. Über ein an die Soundkarte des Computers angeschlossenes Mikrofon oder über ein Keyboard können Sprache und Töne aufgenommen und mit entsprechenden Audio-Editoren weiterverarbeitet und gespeichert werden. Zudem finden sich im Internet umfangreiche und frei zugängliche Sounddatenbanken, wie z. B. http://www.findsounds.com, auf die im Unterricht zurückgegriffen werden kann. Autorensoftware, wie z. B. „Matchware Mediator", ermöglicht es Nutzenden dann, so aufgenommene Musikstücke, Sprache, Töne und Geräusche einzelnen Aktionen zuzuordnen. Z. B. kann das Anklicken eines Schaltknopfes mit der Maus von einem akustischen Signal begleitet werden, das vorher von den Schülerinnen und Schülern selbst aufgenommen wurde und inhaltlich passend die Präsentation unterstützt. So können beispielsweise in einer Präsentation zum Thema „Graffiti" Klänge von zeitgemäßen Instrumenten stammen oder die akustische Hintergrunduntermalung kann aus Techno-Musikstücken bestehen.

Für die Veröffentlichung im Internet bieten viele Autorenprogramme bereits entsprechende Tools zur Konvertierung in HTML, DHML oder Flash. Hierbei sollte man jedoch trotzdem auf die Ladezeiten der Seiten bzw. Bilddaten achten. Handelt es sich um eine CD-ROM- oder sogar DVD-Produktion, ist dieser Aspekt vernachlässigbar. In diesem Fall kann umfangreiches Datenmaterial, wie z. B. hochauflösende Fotos, Videos und Soundfiles, in die Präsentation einbezogen werden.

Literatur

Eden, Karl-Heinz: Struktur und Screen-Design am Beispiel der CD-ROM „Max Beckmann". In: Zacharias, Wolfgang (Hg.): Interaktiv. Medienökologie zwischen Sinnenreich und Cyberspace. München 2000, S. 269–275

Fritzsche, Marc: Ein Medium drängt sich nach vorn. Computer in der Kunst-Werkstatt oder Kunst in der Computer-Werkstatt? In: Kirchner, Constanze/Peez, Georg (Hg.): Werkstatt: Kunst. Hannover 2001, S. 144–159

Grün, Peter/Höhler-Helbig, Konrad: Die Fälscherwerkstatt. In: Kirschenmann, Johannes/Peez, Georg (Hg.): Chancen und Grenzen der Neuen Medien im Kunstunterricht. Hannover 1998, S. 75–79

Kirschenmann, Johannes: Zeichnen und Malen mit dem drahtlosen Stift. Über Grafiktabletts, deren Eigenschaften und Anwendungsbereiche. In: Kirschenmann, Johannes/Peez, Georg (Hg.): Chancen und Grenzen der Neuen Medien im Kunstunterricht. Hannover 1998, S. 130–131

Kossak, Reinhold: Das Bild aus der Maschine. Kunstpädagogische und technische Perspektiven digitaler Bildgestaltung mit Fotomaterialien. In: Kunst + Unterricht 187/1994, S. 44–45

Kunkel, Roland: Computer kreativ. Literarische Schreib- und Multimedia-Experimente für den Deutsch- und Kunstunterricht. Frankfurt am Main 2003

Kunst + Unterricht 230/231/1999: Neue Medien – Computer im Kunstunterricht

Landbeck, Barbara: Die Herstellung eines Edutainment-Titels. Von der Konzeption bis zur Auslieferung. In: Fritz, Jürgen/Fehr, Wolfgang: Handbuch Medien: Computerspiele. Theorie, Forschung, Praxis. Bonn 1997, S. 175–182

Lehmann, Raimund: „Pferde und Adler" per Computer. Metamorphosen in einem Kurs der 12. Jahrgangsstufe. In: Kunst + Unterricht 194/1995, S. 41–43

Meyer, Bernhard: Comic als Selbstdarstellung. In: Kunst + Unterricht 208/1996, S. 35 f.

Peez, Georg: Gestaltungshinweise und Grundlagen für die Arbeit mit Textverarbeitungs- und Desktop-Publishing-Programmen. In: Kirschenmann, Johannes/Peez, Georg (Hg.): Chancen und Grenzen der Neuen Medien im Kunstunterricht. Hannover 1998, S. 84–88

Peez, Georg: Multimediale Präsentationen. In: Kunst + Unterricht 257/2001, S. 10 f.

Rustige, Wennemar/Kaisers, Stefan: Visuelle Poesie – Unterrichtserfahrung mit der Gestaltung lyrischer Texte. In: Kunst + Unterricht 182/1994, S. 42–43

Steinke, Antje: Produktbeschreibung der CD-ROM „Bildende Kunst". In: Zacharias, Wolfgang (Hg.): Interaktiv. Medienökologie zwischen Sinnenreich und Cyberspace. München 2000, S. 260–268

Gestaltungshinweise: Buttons, Icons und animierte Schaltflächen

Georg Peez/Michael Schacht

Auf Interaktivität hin konzipierte multimediale Präsentationen oder Internetseiten kommen ohne **Bedienelemente** nicht aus. Solche Bedienelemente werden auf dem Bildschirm meist als Knöpfe (engl.: „Buttons“) dargestellt. Wenn Nutzende einen Knopf oder eine Schaltfläche innerhalb des auf dem Monitor dargestellten Bildes anklicken, wird eine Aktion ausgeführt, ihre Handlung hat Folgen: Beispielsweise erklingt Musik, ein Video wird abgespielt oder eine neue Seite wird aufgerufen.

Im Gegensatz zu vorgefertigten Schaltflächen und Knöpfen, die viele der Editorenprogramme wie „Matchware Mediator“ oder „Macromedia Director“ fix und fertig bieten und die für Anfänger hilfreich, weil leicht verfügbar sind (Abb. 1), lassen sich mit einem Grafikprogramm oder speziellen Icon-Editoren wie z. B. Microangelo (http://www.microangelo.us) durchaus interessantere Schaltflächen individuell und passend zum Thema der eigenen Präsentation gestalten.

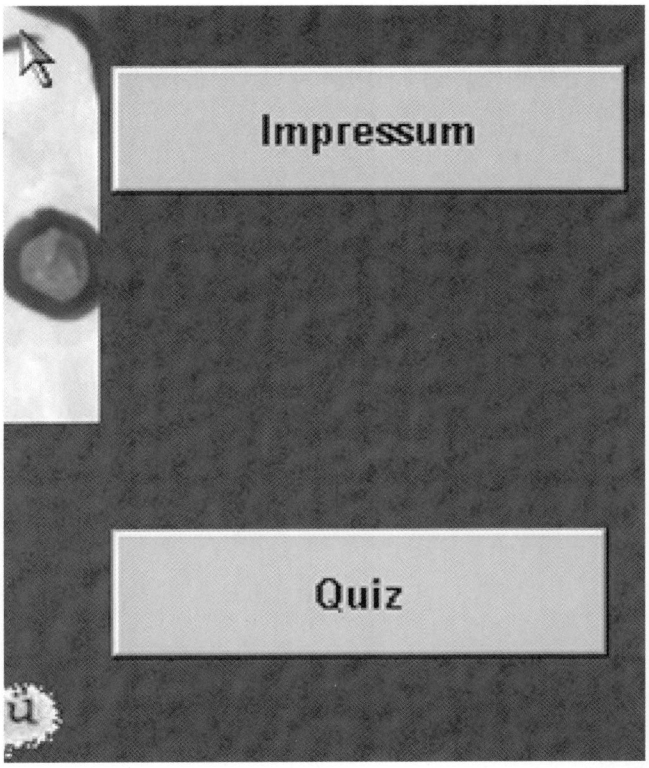

Abb. 1

Ebenso können mit speziellen Programmen wie z. B. „Gamani GIF Movie Gear“ (http://www.moviegear.com) animierte Grafiken („Animated GIFs“) aus mehreren Einzelbildern gestaltet werden.

Wenn man Worte in einer bestimmten Schrift schreibt, als GIF abspeichert und diese Grafik dann in einer Multimediapräsentation oder auf einer Webseite mit einem Link belegt, so kommen viele Nutzende nicht unbedingt auf den Gedanken, mit der Maus hierüber zu fahren, um zu sehen, ob sich der Mauszeiger evtl. zu einer Hand mit ausgestrecktem Zeigefinger verwandelt, ob also hierunter ein Link bzw. eine Funktion verborgen ist (Abb. 2).

Abb. 2

Ein Link sollte (neben der aus dem Internet bekannten Option des unterstrichenen farbigen Textes) in aller Regel als Schaltfläche erkennbar sein und „anfassbar“ erscheinen. Eine Ausnahme wäre ein bewusstes „Verstecken“ des Links, um Nutzende zum „Suchen“ anzuregen, damit sie sich mit der Seite näher beschäftigen. Gerade in multimedialen Präsentationen oder Internetseiten, die innerhalb des Kunstunterrichts entstehen, sollte die Anweisung „Bitte hier klicken“ eigentlich nicht vorkommen, wenn dieser Verweis optisch durch eine entsprechend gestaltete Grafik vermittelt werden kann.

Abb. 3

Eine sehr einfache und zugleich sinnvolle Lösung ist die Darstellung eines runden Knopfes oder einer beispielsweise rechteckigen Fläche, die einem Wort vorangestellt werden kann. Diese Grafik ließe sich im oberen Bereich etwas aufhellen und unten etwas abdunkeln, sodass sie plastisch erscheint. Ein solcher Knopf vermittelt optisch Assoziationen zu einem Schalter oder einem Klingelknopf. Je kleiner diese Fläche ist, desto schwieriger ist es allerdings, sie mit der Maus zu treffen (Abb. 3). Aus diesem Grunde werden die entsprechenden Worte oft direkt auf eine größere Schaltfläche geschrieben.
Ein Button wird einem realen Knopf noch ähnlicher, wenn sich der Knopf tatsächlich zu senken scheint, sobald man ihn mit der Maus anklickt, oder sich zumindest verändert, z. B. seine Farbe von Grau zu Rot wechselt. Hierfür muss man eine zweite Grafik im Grafikprogramm erstellen und im (Web-)Editorenprogramm für die Präsentation entsprechend einfügen, sodass die zweite Grafik erscheint, sobald die Maustaste gedrückt wird (Abb. 4 a und 4 b).

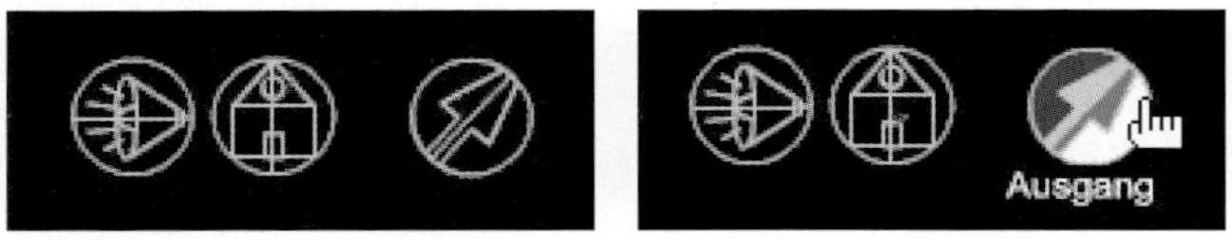

Abb. 4a und b

Diese Funktion kann zusätzlich mit einem entsprechenden Geräusch – das nicht unbedingt immer ein einfaches „Klick" sein muss, sondern eine zum Thema passende Tonfolge oder ein gesprochenes Wort sein kann – unterlegt werden.
Die Unterlegung eines Textes mit einem Schlagschatten, um hierdurch Räumlichkeit zu erzielen, erscheint allerdings wenig eindeutig (Abb. 5).

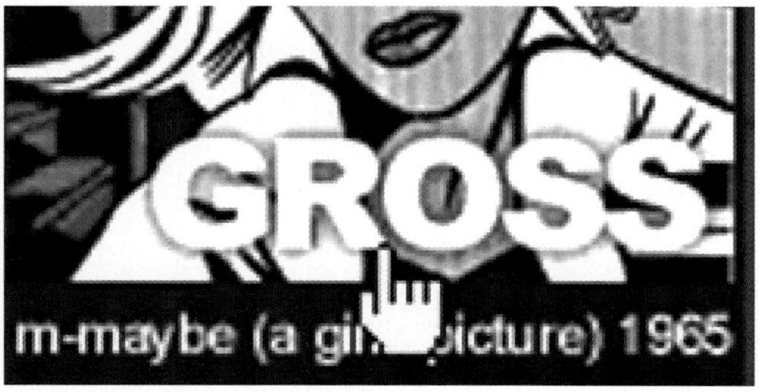

Abb. 5

Auch wenn der Text über der Grundfläche zu schweben scheint, so ist er dennoch nicht als Schaltfläche eindeutig zu erkennen. Zu oft wird inzwischen dieser Schlagschatten-Effekt in den Printmedien oder auch auf Webseiten genutzt, ohne mit einem Link unterlegt zu sein. Zu größerer Klarheit würde hier die Option einer Veränderung der Schrift bei gedrückter Maustaste führen, wie zuvor beim Button geschildert.
Eine effektive und sinnvolle Lösung für das Kenntlichmachen einer Schaltfläche mit unterlegtem Link ist der so genannte *Roll-over-Effekt*, wie er im

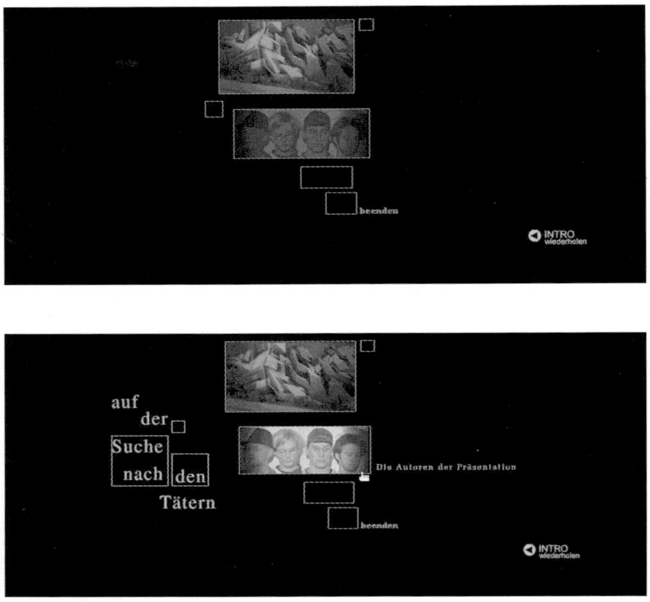

Abb. 6a und b

Internet in den unterschiedlichsten Varianten häufig verwendet wird. Fährt man mit der Maus über eine zunächst nicht erkennbare Schaltfläche, ändert diese ihre Farbe, sie scheint aufzuleuchten oder man löst mit seiner Bewegung eine kurze Animation aus (Abb. 6 a und 6 b).
„Roll-over" ist eine Funktion, die jedes Multimedia-Editoren-Programm bereithält. Per Java-Skript lassen sich Roll-over-Effekte auch in HTML-Dokumente einbinden. Eine weitere Möglichkeit: Der Button ist zunächst im Normalzustand nur angedeutet, etwa leicht grau. Gelangt man mit dem Mauscursor hierüber, wird erst dann die Schaltfläche vollständig sichtbar. Auch das Roll-over lässt sich freilich mit einem Sound unterlegen. Der Einsatz solcher Effekte nimmt auf Internetseiten und in CD-ROM-Präsentationen ständig zu. So wird z. B. verstärkt das vektorenorientierte Autorenprogramm „Macromedia Flash" eingesetzt, um Inhalte zu animieren oder beim Überfahren von Grafiken und Worten weitere, sich bewegende Aktionen auszulösen. Anwender sollten jedoch solche Werkzeuge nicht nur aus Experimentierfreude einsetzen, sondern bewusst und gezielt auf die zu vermittelnden Inhalte anwenden, um

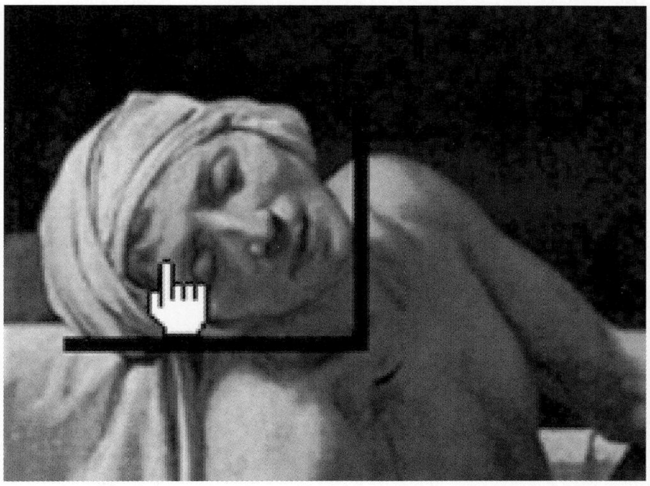

Abb. 7

den Nutzwert einer CD-ROM oder einer Internetseite zu steigern.

Ein Knopf muss nicht immer mit einem Begriff versehen werden, der auf eine Funktion verweist. Ein entsprechendes **Icon** bzw. ein Bildausschnitt (Abb. 7) können oft auch die Botschaft an Nutzende vermitteln. Gerade in unserer von den Bildmedien geprägten Zeit lernen Heranwachsende im Entwerfen eines Icons als Schaltfläche, ihre Bildsprachenkompetenz aktiv und produktiv weiterzuentwickeln und auszubauen. Doch Icons sind längst nicht immer eindeutig: Wer z. B. statt den Namen von Künstlerinnen und Künstlern zu schreiben, deren Porträts oder ein Kunstwerk abbildet, setzt bei Nutzenden voraus, dass diese die Konterfeis bzw. Arbeiten der Personen entsprechend erkennen können. Dennoch: Für ein Schulfach, das die visuelle Kommunikation zum Thema hat, ist es wichtig, Schaltflächen in Präsentationen oder Internetseiten nicht nur mit Worten zu bestücken, sondern deren Funktion bildlich kenntlich zu machen.

Literatur

Loviscach, Jörn: Klick-Collage. Gestalten für Multimedia. In: c't Heft 19, 2000, S. 202–211

Wolter, Sascha: Skip Intro. Flash-Benutzerführung und Rich Internet Applications. In: c't Heft 11, 2003, S. 176–181

Projekt „Schlossgarten Oldenburg". Erstellen einer Multimedia-Präsentation für das Internet in der Sekundarstufe II

Ralf Janaszek

Überblick

In diesem Beitrag wird das Projekt „Schlossgarten Oldenburg" vorgestellt, das in der ersten Hälfte des Jahres 2001 am Herbartgymnasium in Oldenburg entstand. Die Schülerinnen und Schüler beschäftigten sich **im Rahmen des Kunstunterrichts** der Oberstufe mit einer lokalen, kontinentalen Adaption des englischen Landschaftsgartens im Geiste Reptons aus dem frühen 19. Jahrhundert und dokumentierten diese – und ihre erworbenen Kenntnisse – in Form von Webseiten. Im *Aufblick* soll – der Struktur der Website folgend – das fertige Projekt zunächst kurz skizziert werden, während der *Einblick* einen solchen in die unterrichtlichen Entstehungsbedingungen gewährt. Im *Rückblick* wird schließlich Bilanz gezogen, um dann im *Ausblick* die Aufmerksamkeit auf zukünftige Entwicklungsmöglichkeiten des Projektes zu richten.

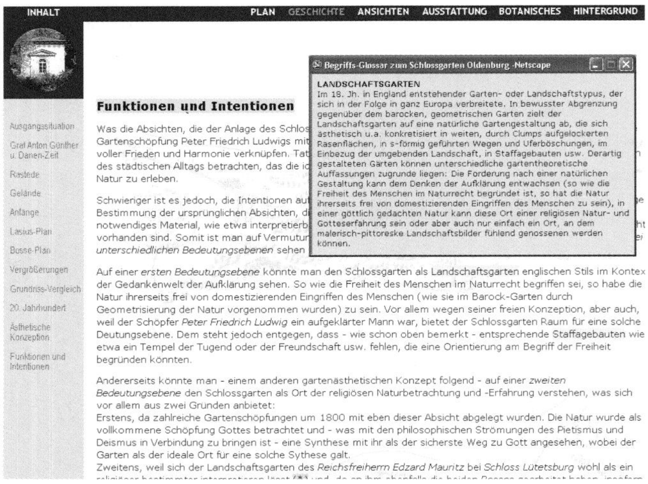

Abb. 2: Hauptbereich ***Geschichte*** *mit Begriffserklärung als Pop-Up.*

Aufblick: Das Ergebnis

Die Website (http://www.schlossgarten-oldenburg.de – Abb. 1) enthält neben einem einführenden Übersichtsplan, der verschiedene Gartenpartien vorstellt, im ersten Hauptbereich *Geschichte* (Abb. 2) eine kurze Einführung in die Geschichte des Gartens, in dem auf mehreren Seiten auch Grundrisse aus verschiedenen historischen Stadien verglichen und die ästhetische Konzeption der Anlage zu analysieren versucht wird. Ein weiterer Hauptbereich enthält vor allem *Ansichten* des Gartens. Dieser Hauptbereich ist wiederum gegliedert in die Unterbereiche Rundgang (in dem über 100 unkommentierte Fotografien die Gartenanlage dokumentieren – Abb. 3), Rundblick (wo Virtual-Reality-Panoramen Rundum-Blicke ermöglichen – Abb. 4), Durchblick (in dem teilweise auf Slide-Shows basierende Sichtachsen, Points de vue und Clairvoyées die ästhetische Konzeption des Gartens anschaulich werden lassen – Abb. 5) und Rückblick (wo heutige Ansichten in der Konfrontation mit Stichen, Gemälden und Fotografien aus früheren Zeiten die Veränderung des Gar-

Abb. 1: Startseite mit Logos der Elftklässler.

Abb. 3: Unterbereich ***Rundgang*** *des Hauptbereichs* ***Ansichten****.*

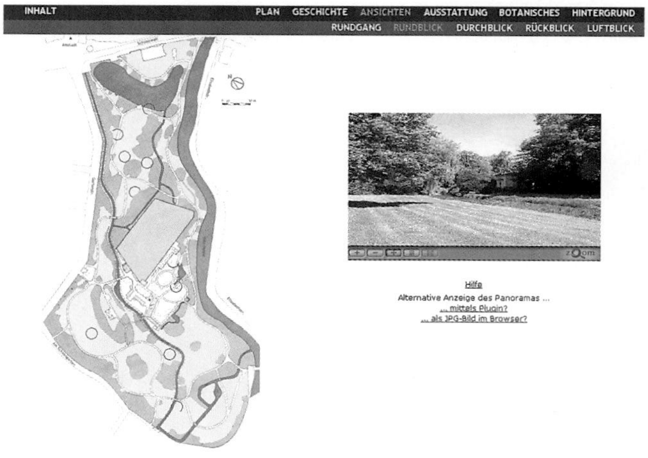

Abb. 4: Unterbereich **Rundblick** des Hauptbereichs **Ansichten** mit Panorama.

Abb. 5: Unterbereich **Durchblick** des Hauptbereichs **Ansichten** mit Sichtachse als Slide-Show.

tens verdeutlichen – Abb. 6). Bei allen vier vorstehend genannten Unterbereichen sind die gezeigten Abbildungen durchgängig auf beigefügtem Kartenmaterial verortet, sodass der Besucher die entsprechende Ansicht in den Gesamtkontext der

Abb. 6: Unterbereich **Rückblick** des Hauptbereichs **Ansichten** mit Vergleich eines Gemäldes von 1848 mit einer heutigen Fotografie.

Gartenanlage einordnen kann und eine verwirrende, kaleidoskopartige Bildpräsentation vermieden wird.

Im dritten, *Ausstattung* (Abb. 7) benannten Hauptbereich werden auf 29 Einzelseiten besondere botanische und architektonische Ausstattungsmerkmale wie Clumps, Pinetum, Grotte oder Pavillon in Bildern und Texten vorgestellt. Im letzten, *Hintergrund* titulierten Bereich, befindet sich schließlich neben üblichen Angaben wie Impressum, Danksagungen, technischen Hinweisen usw. auch eine site-eigene Suchmaschine. In allen Texten wird beim Überfahren eines Fachbegriffs mit der Maus automatisch ein Popup-Fenster mit Erläuterungen zum jeweiligen Begriff geöffnet,

Abb. 7: Hauptbereich **Ausstattung**.

sodass gartentheoretisch nicht vorgebildeten Lesern das Verständnis gartenspezifischer Fachtermini und damit der Texte erleichtert wird.

Einblick: Die Entstehung

Das Projekt „Schlossgarten Oldenburg“ erwuchs primär aus einem 12er-Grundkurs zum **Thema „Mensch – Natur – Landschaft“**. Nachdem die Schülerinnen und Schüler in der vorangegangenen Kurssequenz dieses dreipolige Spannungsverhältnis in Hinblick auf Aspekte der Landschaftsmalerei und bedingt auch der künstlerischen Gestaltung von Natur in Form der Land Art bearbeitet hatten, ging es im Folgenden darum, das Verhältnis „Mensch – Natur – Landschaft“ anhand der Gestaltungsintentionen und -konzeptionen von Gärten und Parkanlagen als bewusst gestalteter Landschaft zu eruieren. Zunächst folgte eine Phase, in der Grundbegriffe der Gartenkunst und die klassischen Gartenkonzeptionen (von der Antike über Mittelalter, Renaissance und Barock bis

Abb. 8: Luftbild.

hin zum englischen Landschaftsgarten) erarbeitet wurden. (Auf das hierzu benutzte Material kann mittlerweile auch im Netz zurückgegriffen werden – vgl. zu allen im Text genannten Websites unten unter URLs aufgeführte Adressen.)

Angeregt durch einige mittlerweile im Web verfügbare hervorragende Gartendokumentationen (besonders Tatters Seiten über Stowe Landscape Gardens) entstand die Idee, sich nicht nur mit dem örtlichen Schlossgarten als lokalem Phänomen in einem kurzen Diskurs zu beschäftigen, sondern die Ergebnisse dieser Beschäftigung zudem auf Internetseiten zu dokumentieren. Für die Realisierung eines solchen Projektes sprach aus meiner (Lehrer-)Perspektive auch, dass so eine sinnvolle **Verzahnung von theoretisch-rezeptivem und praktisch-produktivem Lernen** möglich wurde, das zudem im Sinne eines Spiralcurriculums (für einen Teil der Schülerinnen und Schüler) die Möglichkeit eröffnete, an im vorangegangenen Schuljahr vermittelte Fertigkeiten im Bereich der digitalen Bildproduktion anzuknüpfen. Unter didaktischen Vorzeichen schien die Idee der Erstellung von Internetseiten auch auf dem Hintergrund der Überlegung sinnvoll, dass aufgrund der bei einer Veröffentlichungsabsicht notwendigerweise intensiveren Auseinandersetzung mit dem Schlossgarten dieser eher seiner „Alltäglichkeit" enthoben und als denkmalpflegerisch zu konservierendes und zu schützendes Artefakt erfahren werden könnte. Außerdem war zu hoffen, dass der lokale Aspekt sowie der Umstand, dass die Ergebnisse der eigenen Bemühungen weltweit abrufbar sein würden, die Lerngruppe positiv motivieren würde.

Im **Verlauf einer Planungsphase** wurde sehr schnell deutlich, dass die anfallenden Arbeiten in den bis zu den Sommerferien zur Verfügung stehenden 15 Unterrichtsstunden (fünf Schulwochen in einem dreistündigen Grundkurs) nicht von dem Kurs allein zu bewältigen sein würden, weshalb eine zweite Lerngruppe einbezogen wurde, und zwar eine (ebenfalls von mir unterrichtete) 11. Klasse, die gerade eine Einführung in digitale Bildbearbeitung absolviert hatte und der daher die Aufgabe zufiel, ein Logo für die Startseite sowie ein weiteres, auf allen Seiten erscheinendes Logo zu gestalten. (Zur genauen Aufgabenstellung und zu den Ergebnissen vgl. unten genannte Webseite.) Zuvor waren durch Absprache beider Lerngruppen Entscheidungen hinsichtlich des Layouts der Seiten getroffen worden, wobei sich als etwas hinderlich erwies, dass der bei allen Schülern vorhandenen kreativen Gestaltungsenergie nur wenig Erfahrung in der Erstellung von Webseiten korrespondierte, man sich aber schließlich auf ein Gestaltungskonzept einigte, das sich etwas an den Webauftritt des Schlossgartens Stuttgart anlehnt.

Während die Elftklässler Logos entwarfen, indem sie Entwürfe ihrer Logos skizzierten, mit der schulischen Digitalkamera Fotografien der zu verarbeitenden Motive anfertigten und schließlich die Fotografien und Texte (mit Hilfe des Bildbearbeitungsprogramms „Paint Shop Pro" bzw. teilweise auch unter Benutzung von „FontTwister", einem Programm zur Schrifterstellung) zu Logos montierten, wurde auch im 12er-Kurs fleißig gearbeitet. Aufbauend auf bereits erworbene Kenntnisse über den Typus des englischen Landschaftsgartens wurde zunächst ein **Grundlagentext** über den Schlossgarten rezipiert, um so den im Folgenden zu bildenden Arbeitsgruppen eine gemeinsame inhaltliche Grundlage zu verschaffen. Angesichts des Umfangs der zur Bearbeitung an-

stehenden Aufgaben schien ein arbeitsteiliges Vorgehen ratsam, wobei die Bildung der Arbeitsgruppen sich in etwa an den oben unter *Aufblick* genannten (Unter-)Bereichen orientierte.
Diese durch drei bis vier Schülerinnen gebildeten Arbeitsgruppen hatten dann in unterschiedlichen Proportionen geeignetes Bildmaterial anzufertigen bzw. Texte zu schreiben. Bildmaterial wurde durch eigenes Fotografieren mit der Digitalkamera oder auch Scannen bereits publizierter Materialien, etwa alter Gartengrundrisse, erstellt und mit „Paint Shop Pro“ weiterverarbeitet. Die Rundblick-Gruppe verarbeitete zudem ihre Fotografien mittels der Software „PhotoVista“ zu Panoramen. Die Motivauswahl war von den Schülerinnen und Schülern selbst zu verantworten. Die etwas unübersichtliche und zudem beschränkte Literaturlage ließ es sinnvoll erscheinen, die Kursteilnehmer gezielt auf für die jeweilige Arbeitsgruppe Erfolg versprechende Quellen oder auch historisches Bildmaterial hinzuweisen, wobei dann die Formulierung der Texte bzw. die hierbei zu setzenden Schwerpunkte von der jeweiligen Gruppe vorzunehmen waren. Zur Erstellung der Webseiten wurden die Texte und Bilder – nicht ohne zuvor „abgenickt“ und in einigen Fällen auch überarbeitet worden zu sein – in auf der Basis der getroffenen Layout-Entscheidungen kreierte HTML-Templates (mit der Software „Phase 5“) eingefügt.

Rückblick: Der Blick nach hinten

Rückschauend – zumal im zeitlichen Abstand von drei Jahren – ist nicht nur aufgrund der positiven öffentlichen Resonanz und des im Rahmen des Multimedia-Wettbewerbs MB21 gewonnenen Preises das Projekt sicherlich als Erfolg zu bewerten: Es handele sich um „eine außerordentlich gute Darstellung des Schlossgartens“, wobei der Beitrag „in den Abschnitten zur Ästhetik und zur Funktion des Gartens [...] die bisher beste Kompilation unseres bisherigen Wissens“ (Reindl-Scheffer 2002, S. 97) sei. Auch die gestalterische Aufbereitung der Materialien scheint gelungen zu sein. Und somit steht der interessierten Öffentlichkeit eine leicht zugängliche Informationsquelle zur Verfügung, die den realen Gartenspaziergang auf einem virtuellen, gartenhistorische Einblicke ermöglichenden Weg begleitet und vielleicht somit auch ein wenig dazu beitragen kann, die Anlage als schützenswertes Kulturgut (und nicht als zu vermüllenden Feten-Platz) zu empfinden.
Die Leistungen der Schülerinnen und Schüler waren erfreulich. Vor allem waren sie recht engagiert dabei, sodass beispielsweise durch freiwilligen Einsatz Einzelner noch zusätzlich eine GIF- bzw. eine Flash-Animation entstanden. Das überdurchschnittliche Interesse der Jugendlichen ist sicherlich auch dem Umstand zuzuschreiben, dass der Blick auf etwas Lokales gerichtet wurde, das – obwohl in die Alltagswahrnehmung fest integriert – durch die unterrichtliche Beschäftigung in einem neuen Kontext erfahren wurde, was den Rekurs auf lokale Phänomene einmal mehr als didaktisch sinnvollen Zugriff erscheinen lässt. Aus kunstdidaktischer Sicht wurde hiermit die Zielperspektive eingelöst, zuvor scheinbar bekannte ästhetische Phänomene neu, aus einem anderen Blickwinkel wahrzunehmen und hierdurch intensiver zu erfahren. Zudem wurden Bezüge zwischen den Themen „Gestaltete Natur“, „Elektronisches Publizieren“ und „Web-Design“ geknüpft.
Doch auch negative Aspekte sollen nicht verschwiegen werden. Als problematisch erwies sich der zu eng gesteckte Zeitrahmen. Das Problem konnte zwar durch den Einbezug einer zweiten Lerngruppe gemildert werden, doch angesichts der bevorstehenden Sommerferien und der Nicht-Fortführbarkeit beider Lerngruppen im nächsten Schuljahr „musste“ das Projekt fertig werden, was u. a. dazu führte, dass das nicht gerade abwechselungsreiche Kopieren der von den Schülern erstellten Texte aus Word-Dateien in bestehende HTML-Templates teilweise zu Beginn der Sommerferien vom Lehrer besorgt werden musste.
Ein größeres Zeitbudget hätte ermöglicht, die SchülerInnen stärker in der Planungsphase z. B. bei der Materialbeschaffung in Archiven einzubinden und damit Lernmöglichkeiten auf einer weiteren Ebene erschlossen. Wünschenswert wäre zudem gewesen, neben der theoretisch-rezeptiven und praktisch-produktiven künstlerischen Kompetenz der Schülerinnen und Schüler auch auf Fähigkeiten und Fertigkeiten im Bereich des Screen-Designs und der HTML-Programmierung zurückgreifen zu können. Hier dürften für zukünftige Vorhaben jedoch heute bessere Rahmenbedingungen existieren, da einerseits nach meiner Beobachtung in den letzten drei Jahren das entsprechende (Vor-)Wissen deutlich gewachsen ist, andererseits auch im Rahmen des Kunstunterrichts – an unserer Schule in Form eines Medienprofils des Faches Kunst curricular abgesichert – Fragen des Screen-Designs stärker Berücksichtigung finden.
Neben den Tücken des Klimas, das im Norden im Verlauf von fünf frühsommerlichen Wochen nicht nur fotogenen Sonnenschein produziert, sind als weitere Schwierigkeit die Tücken der Technik zu

nennen: Insbesondere das Fehlen einheitlicher Standards im Virtual-Reality-Bereich machte sich störend bei der Erstellung der Panoramen bemerkbar und führte dazu, dass selbst heute trotz verschiedener verfolgter Lösungsstrategien (via Java-Applets und Plugins, Browserabfragen usw.) die Panorama-Bilder nicht in allen Browsern anzeigbar sind.

Ausblick: Der Blick nach vorn

Der vom Entstehungszeitpunkt aus gesehen zukunftsgewandte Blick ist ebenfalls zunächst durch technische Widrigkeiten beeinträchtigt: Soll eine Website längerfristig im Netz verbleiben, so ist eine funktionierende Ansicht der Site sicherzustellen. Dabei aber stößt man auf Probleme, die – den Angaben der Software-Anbieter zum Trotz – durch mangelnde Abwärtskompatibilität der Browser verursacht sind: Das, was eben noch funktionierte, klappt nun nach dem Release einer neuen Browserversion plötzlich nicht mehr und lässt das Seitenlayout zusammenbrechen (z. Z. der Abfassung dieses Artikels beispielsweise anhand eines störenden hellgrünen Streifens auf manchen Seiten der Schlossgarten-Site erkennbar). Selbst zum Erhalt des Status quo ist also eine gewisse Pflege nötig, die – soll die Site nicht verkümmern – angesichts des Umstandes, dass die vor drei Jahren beteiligten Schülerinnen und Schüler schon studieren oder zumindest das Abitur hinter sich haben, vom betreuenden Lehrer zu leisten ist. Dieser personelle Engpass zeichnet auch dafür verantwortlich, dass die Site abgesehen von einer neuen Rubrik, die Veröffentlichungen der *Staatlichen Schlossgartenverwaltung* und der *Gemeinschaft der Freunde des Schlossgartens e. V.* enthält, im Wesentlichen den bereits vor drei Jahren erreichten Umfang aufweist.

In Sinne eines exemplarischen, auf ein lokales Phänomen ausgerichteten Lernens wäre noch einiges ergänz- und vertiefbar: Unter der Perspektive unseres Faches wären beispielsweise Studien zur Stil-Architektur des Schlossgartens, zu in diesem befindlichen Kunstwerken oder zu Künstlern, die sich künstlerisch mit dem Schlossgarten auseinander gesetzt haben, denkbar. Aber auch für andere Schulfächer und Disziplinen bestehen vielfältige Zugriffsmöglichkeiten: Gegenstände der Biologie sind bislang nur durch einen Verweis auf bedeutendere Gehölze vertreten; Ergänzungen zu den Pflanzen des Schlossgartens, zu zoologischen Aspekten oder zu Fragen der Ökologie wären beispielsweise sinnvolle Vertiefungen. Unter geographischen Fragestellungen könnte das Terrain untersucht, unter chemischen Bodenproben analysiert werden, und die verkehrspolitischen Begehrlichkeiten der Verkehrsplaner in den 50er-, 60er- und 70er-Jahren und die gegen damit verbundene Eingriffe in den Schlossgarten gerichtete Interessensartikulation von Bürgern dieser Stadt bilden exemplarisch Untersuchungsmöglichleiten von außerparlamentarischen Partizipationsformen.

Einem Vorschlag, u. a. diese angedeuteten Fragestellungen im Rahmen einer Projektwoche zu verfolgen, konnte die Gesamtkonferenz unserer Schule leider nicht folgen. Doch in der Bezugnahme auf Phänomene der Lebenswelt der Schüler im weiteren Sinne, deren Bearbeitung unter fachspezifischen Fragestellungen und dem webbasierten Publizieren der Ergebnisse dieser Auseinandersetzungen liegen meines Erachtens didaktische Möglichkeiten, die es auch zukünftig zu nutzen gilt.

Literatur

Reindl-Scheffer, Gundrun: „Was wäre Oldenburg ohne dieses Stückchen Erde?" Der Schlossgarten in der Literatur des 19. und 20. Jahrhunderts – ein Diskussionsbeitrag; in: 1952–2002. 50 Jahre Gemeinschaft der Freunde des Schlossgartens e. V. (Festschrift), hrsg. von der Gemeinschaft der Freunde des Schlossgartens e. V., Oldenburg 2002, S. 51–102

URLs

Das Schlossgarten-Projekt:	http://www.schlossgarten-oldenburg.de
Grundbegriffe der Gartenkunst:	http://www.gartenaesthetik.de
Stowe Landscape Gardens:	http://panther.bsc.edu/~jtatter/stowe.html
Logo-Entwürfe für SG-Site:	http://www.herbartgymnasium.de/hgohome.html?faecher/kunst/sg_logo/index.shtml
Schlossgarten Stuttgart:	http://www.schlossgarten.de
MB21 (allgemein):	http://www.mb21.de
MB21 (Preisgewinn):	http://www.medienzille.de/jugendkultur/mb21-katalog.pdf

Benutzte Software

Paint Shop Pro	Bildbearbeitung	http://www.jasc.de/
FontTwister	Schrifteffekte	http://www.neuber.com/twister/deutsch/index.html
Phase 5	HTML-Texteditor	http://www.meybohm.de/htmledit.html
PhotoVista	Panoramenerstellung	(nicht mehr erhältlich; Nachfolgeprodukt: PhotoSuite 5 bei http://www.roxio.de)

Hyperspace. Arbeiten im virtuellen Raum

Michael Scheibel

Hypertext

„Die Erfindung des World Wide Web war die Folge meiner über lange Zeit herangereiften Erkenntnis, dass eine Kraft darin liegt, Ideen in einer unbegrenzten und netzartigen Struktur anzuordnen" (Berners-Lee 1999, S. 1 f.).
Tim Berners-Lee arbeitete Anfang der 1990er-Jahre am europäischen Kernforschungszentrum Cern in der Schweiz mit seinem Kollegen Robert Cailliau an einem Dokumentationssystem, das den Wissenschaftlern den Zugriff auf Unterlagen von allgemeinem Interesse von jedem beliebigen Ort erlaubte. Berners-Lee Idee war, das Internet zu nutzen, um Hypertexte (Texte mit Verbindungen, so genannten Links) zu veröffentlichen. Auf diese Weise kann jeder Benutzer von Information zu Information springen, die in einer netzartigen Struktur im virtuellen Raum organisiert sind – unabhängig davon, welche Computer oder welche Software zum Erstellen und Aufrufen der Informationen verwendet werden. Zur Umsetzung dieses Vorhabens entwickelte Berners-Lee eine neue Seitenbeschreibungssprache: „HyperText Markup Language" (HTML). HTML ist das Grundgerüst des World Wide Web und erlaubt es erstmals im Internet, Daten jeder Art in einer netzartigen Struktur zu verknüpfen: seien es Texte, Töne, Bilder oder Videos (vgl. Winter 1998, S. 274 ff. und Berners-Lee 1999).

Hyperimage

Mit der Entwicklung des World Wide Web hielt das Bild Einzug in das Internet. Bis zu diesem Zeitpunkt war die Kommunikation im Internet wesentlich auf die Vermittlung von Texten beschränkt. Das veränderte sich durch das WWW, das als eine Symbiose von Multimedia und Internet verstanden werden kann.
Jedes Medium hat seine eigenen Bedingungen, so wie auch das WWW spezifische Charakteristika besitzt, die nicht durch andere Medien ersetzt werden können. Möchte man den Merkmalen insbesondere des Bildes im WWW auf die Spur kommen, ist es notwendig den Veränderungen eines Bildes bei einer Transformation auf ein anderes Medium nachzuspüren. Ein Bild aus dem WWW lässt sich beispielsweise auf Papier ausdrucken, aber die Verknüpfung dieses Bildes mit anderen Bildern nicht. Ist es zudem einmal auf Papier festgehalten, so ist es fixiert und nicht mehr digital veränderbar. Dies verdeutlicht, dass gewisse Merkmale eines Bildes, das im WWW integriert ist, nicht auf andere Träger übertragen werden können. Wendet man diese Überlegung positiv, dann lassen sich zwei Hauptkriterien als spezifische Merkmale des Bildes im Internet formulieren (Allgemein zu den charakteristischen Merkmalen von Hypermedien vgl. Tergan 1997, S. 123 ff.):
Erstens das *Prozesshafte:* Das Internet entwickelt tendenziell keine Produkte, sondern Prozesse. Das Bild im WWW ist kein einmalig fixiertes Objekt, sondern ist inhaltlich und materiell einem ständigen Prozess unterworfen. Bilder können jederzeit aus ihrem Kontext gelöst, verarbeitet und in neue Umgebungen integriert werden. Bilder können zudem beliebig oft und mit beliebig vielen Adressaten kommuniziert werden.
Zweitens die *Verknüpfbarkeit:* Im Internet dominiert die nicht-lineare Struktur des Hypertextes. Äquivalent werden für das Bild die *Begriffe Hypergraphic, Hyperpicture* und *Hyperimage* benutzt. Als Hypergraphic bezeichnet man eine Grafik in einem HTML-Dokument, die zugleich ein Link ist (vgl. MacKelvey 1999).
Die Einbettung des Bildes in eine Hyperstruktur, die im Weiteren *Hyperimage* genannt werden soll, erlaubt die Schaffung eines beliebig verknüpfbaren und variablen Bildsystems (beispielhaft das Webprojekt http://www.waxweb.org des Künstlers David Blair von 1994).

Hyperspace

In den 1990er-Jahren bildeten die Bereiche Multimedia und Netzkommunikation im World Wide Web eine Symbiose. Auf gleiche Weise wird es zukünftig eine Verbindung zwischen Virtual Reality und Internet geben (vgl. Alsdorf/Bannwart 1997, 437 ff.; zu den Entwicklungsprognosen des Internets vgl. Beck/Glotz/Vogelsang 2000). Das Charakteristikum von virtuellen Realitäten ist die Begehbarkeit oder das Eintauchen, die Immersion in Datenräume. Dies geschieht durch dreidimensional gestaltete Räume die via Internet verlinkt sind und mit Hilfe von Navigationsinstrumenten *begehbar* werden. Eine Symbiose von Virtual Reality und

Internet bedeutet, dass virtuelle Bildräume kommuniziert und vernetzt werden können. Verbunden über Datennetze bilden die virtuellen Bildräume eine gemeinsame Orientierungsumgebung, in der Informationen, Texte, Daten und Bilder anschaulich in einer neuartigen virtuellen Architektur strukturiert werden. Architektur ist nicht nur ein Ensemble von Gebäuden, sondern wird zunehmend als räumliches, soziales und virtuelles Beziehungsgefüge verstanden mit jeweils eigenen visuellen Qualitäten. Virtuelle Environments bilden in Zukunft diskursive Räume unter spezifischen medialen Bedingungen. Der Zugang zu virtuellen Welten über globale Netzwerke ermöglicht eine immaterielle Infrastruktur, die als Kommunikationsnetz ausgebaut werden kann.
Im virtuellen Raum sind inzwischen vor allem in der Game-Kultur im Internet zahlreiche dreidimensionale mediale Kommunikationsräume im Entstehen, so genannte 3D-Welt-Communities, in denen sich Besucher treffen und austauschen können (z. B. die „Adobe Atmosphere Sample Worlds" unter http://www.adobe.com/products/atmosphere/worlds/sampleworlds.html). Sie bilden eine 3D-Alternative zu Hypertext-Verknüpfungen auf traditionellen 2D-Websites. Beliebige Objekte sind in einer Welt mit einer Website verknüpfbar. In einer 3D-Welt ist es möglich, auf 2D-Inhalte, wie Text und Grafik, zuzugreifen. Durch die Integration von 2D- und 3D-Inhalten können Benutzer auf intuitive Weise durch das Web navigieren. Solche 3D-Environments können Medien zum räumlichen Übermitteln jeglicher Art von Information sein und bieten eine neuartige Sinneserfahrung gegenüber 2D-Websites. Mit Hilfe von Avataren (virtuelle Figuren) navigiert der User durch virtuelle Räume, ruft Informationen ab oder trifft auf andere von Usern gesteuerte Avataren, mit denen kommuniziert werden kann. Dabei entsteht eine interaktive Telepräsenz der User im medialen Netzwerk. Der Künstler Stelarc beschäftigt sich seit den 1990er-Jahren in Performances mit dieser Thematik und entwirft Mensch-Maschinen-Hybride, die mit einer vernetzten Umgebung interagieren können. Sein Postulat ist ein Körper, der aus dem physischen Bereich des Biologischen in die Cyperzone der Schnittstellen und der Erweiterung situiert wird (http://www.stelarc.va.com.au).

Pädagogische Skizzen

Gerade das Unterrichtsfach Kunst kann in der neuartigen visuellen Kultur eine wichtige Aufgabe für die Bildung übernehmen. Eine Vermittlung visueller Kompetenz im Medienzeitalter als integraler Bestandteil des Kunstunterrichts kann auf das Konzept der *Visuellen Kommunikation* aufbauen und übernimmt von der außerschulischen *Handlungsorientierten Medienpädagogik* projektorientierte Herangehensweisen.
Als eine pädagogische Reaktion auf die Dominanz der Massenmedien in der Bilderwelt von Schüler/innen etablierte sich in den 1970er-Jahren das Konzept der *Visuellen Kommunikation* (Ehmer 1971). In Abgrenzung gegen den damals vorherrschenden Kunstunterricht wurde es als Aufgabe angesehen, ästhetische Erziehung an den Alltagserfahrungen der Jugendlichen zu orientieren. Werbung, Film, Fernsehen und Comic wurden zu Lerninhalten innerhalb des Kunstunterrichts erhoben. Geprägt von dem Begriff der *Kultur- bzw. Bewusstseinsindustrie* (Horkheimer/Adorno und Enzensberger) sorgte ein medienkritischer Ansatz für die Vermittlung der gesellschaftlichen Bedeutung von Massenmedien. Der Kunstunterricht verwandelte sich tendenziell in einen Medienunterricht, da neue Medien und Massenmedien statt Kunst zum Gegenstand des Unterrichts wurden. Spätestens im Laufe der 1990er-Jahre wurde diese Tendenz zu einem großen Teil rückgängig gemacht. Parallel zu den innerschulischen Entwicklungen entstand in den 1970er-Jahren eine Medienbildung auch außerhalb der Schulen. In diesem Bereich dominierte anfangs ebenso eine ideologiekritische Medienpädagogik, die sich jedoch bald in eine *Handlungsorientierte Medienpädagogik* (Baacke 1994 u. 1999) wandelte. In Jugendarbeit und Erwachsenenbildung wurden insbesondere durch Film- und Medienhäuser eine Medienkompetenz durch das Arbeiten mit den neuen Medien vermittelt. Eigene Produktionen gewährten einen Einblick in Produktionsabläufe von Film, Fernsehen und Radio und schärften damit den Blick auf die Medienpräsenz und Meinungsbildung. Der Rezipient sollte durch die produktive Komponente die Fähigkeit zur kritischen Haltung gegenüber den Massenmedien erlangen. Zugleich erwarb er Kompetenzen in der Handhabung der neuen Medien. Als Herausforderung gegenüber der hochkomplex organisierten Öffentlichkeit der professionellen Massenmedien wurde in offenen Kanälen eine alternative Öffentlichkeit aufgebaut, die als Forum für die Eigenproduktionen der Medienhäuser diente und eine basisbezogene, emanzipatorische und kritische Instanz hervorbringen sollte (zur Geschichte der Medienpädagogik vgl. Hüther/Podehl 1997, S. 116–125).
Diese Konzepte verfolgten das Erlernen der Bild-

produktion und eine kritische Auseinandersetzung mit der Rezeption und Wirkung der Medien, getreu der Idee von Hans Magnus Enzensberger, den Konsumenten zum Produzenten zu machen. Die Ansätze reagierten somit auf die Massenmedien ihrer Zeit. Fernsehen und Hörfunk sind Medien, die eine eindirektionale Kommunikation verwirklichen. Eindirektional heißt, dass ein zentral organisiertes Massenmedium als ein Sender fungiert und Informationen an ein disperses Publikum liefert. Das Publikum kann rezipieren, jedoch nur begrenzt und zeitversetzt reagieren. Durch dieses Medium wird eine Trennung zwischen Produktion und Rezeption vorgegeben. Dagegen heben die neuen Kommunikationstechnologien diese Trennung in einem Maße auf, indem sie jedem Benutzer erlauben, gleichzeitig zu produzieren und konsumieren, zu agieren und reagieren.
Um die Möglichkeiten digitaler Netze und virtueller Räume als eine neue visuelle Umgebung auszuschöpfen, bedarf es einer Revision der angesprochenen pädagogischen Modelle, da diese das interaktive und kommunikative Potenzial der neuen Medien zu wenig berücksichtigen. Eine scharfe Trennung zwischen Bildrezeption und Bildproduktion in Bezug auf Multimedia, Internet und Virtual Reality wird nicht aufrechterhalten werden können. Vielmehr wird man von Bildinteraktion und Bildkommunikation ausgehen müssen, um ein aktuelles Konzept für die Kompetenzbildung im pädagogischen Raum zu erhalten.

Projekt: Treppentreffen

Das Projekt *Treppentreffen* (http://www.vk.abk-stuttgart.de/treppe) ist ein Ergebnis einer Zusatzqualifikation, das innerhalb des Modellprojekts *Visuelle Kompetenz im Medienzeitalter* an der Staatlichen Akademie der Bildenden Künste Stuttgart angeboten wurde (Abb. 1). In einem zweiwöchigen Blockseminar wurde den Student/innen der Kunsterziehung, die bis dato kaum Berührungspunkte mit dem Internet hatten, eine theoretische und praktische Internet-Schulung gegeben. Nach einer viertägigen Lehreinheit, in der Theorie und Analyse im Vordergrund standen, gab es eine sechstägige Projektphase, die am letzten Tag mit einer Publikation des Ergebnisses im Internet endete. Während die erste, theoretische Lehreinheit inhaltlich relativ streng vorstrukturiert war, wurde in der zweiten Einheit, der Projektphase, die Planung weitgehend den Student/innen überlassen.
In einer Lektüre- und Diskussionsgruppe, in der auch die Betrachtung und Analyse von Websites

Abb. 1: Treppentreffen: Erweiterung des physischen Raums (http://www.vk.abk-stuttgart.de/treppe).

und Netzkunst einen hohen Stellenwert einnahmen, konnten Aspekte gesammelt werden, die als Vorhaben im Projekt weitergeführt wurden. Das Projekt wurde von den Student/innen auf der Basis der erworbenen theoretischen und analytischen Kenntnisse selbst entwickelt. Vorschläge wurden gesammelt, in der Gruppe diskutiert und auf ihre zeitliche und technische Realisierbarkeit geprüft. Es ergab sich ein Gesamtprojekt, zu dem Kleingruppen einzelne Bausteine lieferten. Das Projektziel wurde selbstbestimmt von den Student/innen unter der Beratung der Lehrenden formuliert. Alle Computeranwendungen, die während der Projektarbeit für die Realisierung benötigt wurden, mussten im selbst gestalteten Lernprozess angeeignet werden. Das Lehrpersonal stand hierfür hilfsbereit zur Seite, schob Lerneinheiten ein, in denen grundlegende Kenntnisse über Software- und Computeranwendungen vermittelt wurden. Jedoch war in dieser zweiten Phase des Projekts keine feste Unterrichtsstruktur vorgegeben. Vielmehr wurden Hilfestellungen gegeben, die ein selbstreguliertes Lernen förderten.
Der theoretische Teil des Blockseminars zielte auf eine Auseinandersetzung mit der Raummetapher im Netz. Sehr schnell wurde in der Gruppe der Student/innen über die wechselseitige Durchdringung von physischem und virtuellem Raum diskutiert. Bei der Projektentwicklung fielen Stichwörter wie „virtueller Treffpunkt", „Verlinkung konkreter Orte der Stadt", „Netzwerk kultureller Orte" oder „Spuren, die auf den virtuellen Raum verweisen". Das von den Student/innen entwickelte Projekt war letztlich eine Reaktion auf einen aktuellen Anlass im urbanen Raum Stuttgarts. Genau zum Zeitpunkt des Projekts wurde eine Freitreppe am Kleinen Schlossplatz abgerissen, um dem Neubau der Galerie der Stadt Stuttgart zu weichen. Diese

Freitreppe – wie auch der gesamte Kleine Schlossplatz – war ein Platz im Zentrum Stuttgarts, der in den 1970er-Jahren entstand und in den letzten Jahren zu einem beliebten Treffpunkt unterschiedlichster Szenen wurde. Dementsprechend groß war die öffentliche Reaktion, als die Treppe abgerissen wurde. Ziel des Projekts *Treppentreffen* war die Idee, die Freitreppe als neues Gebilde im virtuellen Raum des Internets entstehen zu lassen. Das Internet sollte als eine Erweiterung des physischen Raums dienen. Während die Treppe sich realiter in eine Baustelle verwandelte, entstand sie gleichzeitig im virtuellen Raum. Auf den virtuellen Treppenstufen sollte die Geschichte und Beliebtheit der Treppe reflektiert werden. Versuchsweise sollte die virtuelle Treppe zudem ein Treffpunkt werden, indem via Internet Kommentare ausgetauscht werden können. Gleichzeitig wurde auf das Projekt im physischen Raum, z. B. durch Zeitungsartikel, aufmerksam gemacht.
Dieses Projekt war zum einen der Versuch, die Qualitäten und Grenzen des Internets auszuloten. Durch den Bezug zwischen dem virtuellen Raum des Internets und dem physischen Stadtraum traten die spezifischen Merkmale und die Transformationsmöglichkeiten und -*un*möglichkeiten dieser Kommunikationsräume hervor. Zum anderen wurden im Projekt weitreichende theoretische und praktische Erfahrungen zum Thema Internet gesammelt. Die praktische Komponente der Projektarbeit beschränkte sich dabei nicht nur auf die Anwendungen im Internet, sondern wuchs zu einer umfassenden multimedialen Auseinandersetzung. Für das Projekt musste vor Ort auf der Baustelle fotografiert werden, Menschen wurden interviewt und Material über die Geschichte des Platzes in Bibliotheken recherchiert. Das Internet wurde vorerst als Informationsmedium genutzt, indem auch hier Recherchen durchgeführt wurden. In einem zweiten Schritt ging es dann um die Informationsgestaltung. Alle Text-, Ton- und Bildmaterialien wurden für das Web aufbereitet, eine Website-Struktur konzipiert und letztlich wurde die Website angelegt. Durch diese umfangreiche und komplexe Arbeitsweise war nicht nur eine Auseinandersetzung mit der Thematik des Raums im Netz, sondern auch eine vielschichtige praktische Anwendung garantiert. Unterschiedlichste analoge und digitale Werkzeuge wurden in der Anwendung erlernt. Im Vergleich zwischen älteren und neueren Medien konnten die charakteristischen Qualitäten der einzelnen Medien erfasst und für die einhergehende Wahrnehmungsveränderung sensibilisiert werden. (Dies zeigte sich u. a. in späteren individuellen Arbeiten der Student/innen, in denen die Qualitäten des Internets in künstlerischen Projekten mit einbezogen wurden. Ein Beispiel hierfür ist das Bilderbüro der Klasse Burkhard Blümlein: http://www.vk.abk-stuttgart.de/projekte/bilderbuero/)

Projekt: Arbeiten in digitalen Netzen und virtuellen Räumen

Anfang 2003 wurde innerhalb des Modellprojekts *Visuelle Kompetenz im Medienzeitalter* eine Kooperationsveranstaltung über das *Arbeiten in digitalen Netzen und virtuellen Räumen* mit der Landesakademie Schloss Rotenfels, einer Fortbildungsstätte für Kunstlehrer/innen, durchgeführt. Diese Veranstaltung reagierte ganz allgemein auf die technologische und gesellschaftliche Entwicklung sowie speziell auf den neuen Bildungsplan für die Kursstufe des Gymnasiums in Baden-Württemberg, in dem das Arbeiten in digitalen Netzen und virtuellen Räumen vorgesehen ist. Dementsprechend stand innerhalb einer Fortbildung für Kunstlehrer/innen eine Auseinandersetzung mit dem Internet und mit virtuellen Realitäten im Vordergrund. Inhaltlich wurden neben einer technischen Einführung insbesondere künstlerische, kritische und pädagogische Fragen erörtert. Ziel war es, methodische Modelle zur Integration digitaler Netze und virtueller Räume in die Kunstausbildung vorzustellen und zu lehren. Anschließend war eine Unterrichtsevaluation in der Schulpraxis vorgesehen, um eine Qualitätssicherung zu erproben und Grundsteine für die Weiterentwicklung von Unterrichtsmaterialien zu legen. (Die Unterrichtsversuche sind zurzeit des Verfassens dieses Textes am Laufen, weshalb eine Auswertung noch nicht stattfand. Das Projekt und die Evaluation wird detailliert dokumentiert unter: http://www.vk.abk-stuttgart.de/ schulprojekt/ (s. Kasten; Abb. 2).)
Thematisch wurde sich in der Lehrer/innen-Fortbildung zwei besonderen Merkmalen von digitalen Netzen und virtuellen Räumen genähert. *Hypercomic* arbeitet mit der Non-Linearität der neuen Medien. Gefragt wurde nach der Veränderung des Erzählens von Bild-Geschichten durch die erweiterten Möglichkeiten der Hyperstruktur. Die vielschichtige, nicht-lineare Aufbereitung von Geschichten im Web aus dem Fundus schon bestehender Zeichnungen, Fotografien oder computergenerierten Bildern sollte für die Eigenarten des World Wide Web sensibilisieren. Hypercomic bedeutet das Erforschen von neuen Erzählformen, in

Abb. 2: Mission Impossible: Eine Hypertextgeschichte (http://www.visuelle-kompetenz.de/krimi).

denen der User seinen eigenen Weg durch eine vernetzte Bild-Geschichte kreiert. Ein Beispiel ist die innerhalb der Akademie der Bildenden Künste Stuttgart entstandene Hypertextgeschichte *Mission Impossible*, das angehende Kunstlehrer/innen unter der Leitung von Bettina Lockemann realisierten (*http://www.vk-abk-stuttgart.de/krimi*).
Das zweite Thema *Architextur* befasste sich mit der Verknüpfung zwischen Technologien der Informationsvermittlung und der Struktur und Organisation von Informations- und Kommunikationsräumen. Zwischen der Struktur von Informationen (Datentexturen) und der Organisation des Informationsraums (Architektur), besteht eine direkte und wechselseitige Beziehung. Architextur verweist auf die Verbindung von Datentexturen und

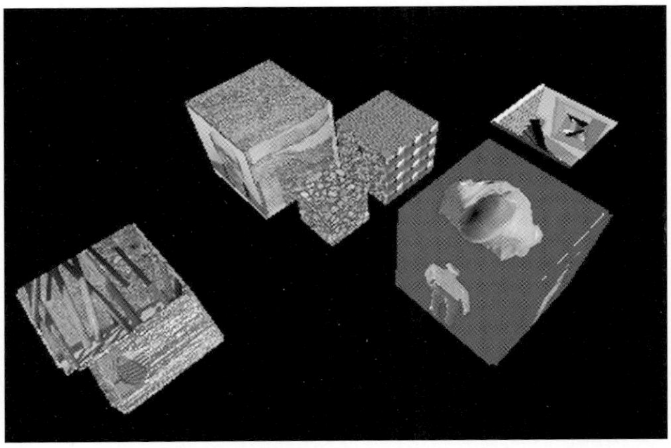

Abb. 3: Architextur: Arbeiten im virtuellen Informationsraum (http://www.vk.abk-stuttgart.de/schulprojekt/).

Abb. 4: Architextur: Arbeiten im virtuellen Informationsraum (http://www.vk.abk-stuttgart.de/schulprojekt/).

virtueller Architektur. Unter Architextur wird eine Baukunst der medialen Informationen verstanden (Abb. 3 und 4).
In einem eintägigen Praxisprojekt entstand während der Fortbildung für Kunstlehrer/innen an der Landesakademie Schloss Rotenfels ein virtueller Kunstraum. Jeweils zwei Teilnehmer/innen stand ein computergenerierter Kubus zur Verfügung, den sie mit Hilfe von geometrischen Körpern gestalten und mit Datentexturen ausgestalten konnten. Hierfür wurden digitale Fotos gesammelt, die als Texturen für die dreidimensionalen Räume dienten. Die Kuben konnten mittels eines 3D-Tools mit Quadern, Zylindern, Wänden, Treppen und anderen geometrischen Grundkörpern ausgestattet oder umgebaut und mit den Texturen überlagert werden. Alle Kuben wurden am Ende zu einem Universum zusammengefügt und als Web-taugliche Datei abgespeichert, so dass eine Erkundung der virtuellen Räume über das World Wide Web mit einem gewöhnlichen Browser und einem speziellen Plug-in möglich ist. Wie in einem Universum schweben diese Kuben als virtuelle Ausstellungsräume, zwischen denen und durch die der User frei navigieren kann.

Freeware

Für die Anwendung im Unterricht wurde ausschließlich auf Freeware zurückgegriffen. Freeware sind Programme, die im Internet kostenlos zur Verfügung stehen und auf den Computer heruntergeladen werden können (Download). Der Vorteil von Freeware sind in erster Linie Kostenersparnisse für die Bildungseinrichtungen. Darüber hinaus können die Schüler auch an ihrem privaten Computer diese Programme herunterladen und dort mit ihnen weiterarbeiten. Zahlreiche Programme für Anwendungen zur Bildbearbeitung, Website-Gestaltung und Virtuellen Realität stehen im Internet kostenfrei zur Verfügung (eine Auflistung ist auf der Projekt-Website publiziert: http://www.vk.abk-stuttgart.de/schulprojekt/).

Projektinfos

http://www.vk.abk-stuttgart.de
http://www.vk.abk-stuttgart.de/schulprojekt/

Literatur

Alsdorf, Claudia/Bannwart, Edouard: Virtuelle Realität. Ehrfahrbare Information im Cyperspace. In: Issing, Ludwig J./Klisma, Paul (Hg.): Information und Lernen mit Multimedia, 2. Aufl. Weinheim 1997, S. 437–450

Baacke, Dieter: Die Medien. In: Lenzen, Dieter (Hg.): Erziehungswissenschaft. Ein Grundkurs. Reinbek bei Hamburg 1994, S. 314–339

Baacke, Dieter: Medienkompetenz als zentrales Operationsfeld von Projekten. In: Baacke, Dieter u. a. (Hg.): Handbuch Medien: Medienkompetenz. Modelle und Projekte. Bonn 1999, S. 31–35

Bauer, Jochen u. a.: Schnittmengen ästhetischer Bildung: zwischen Künsten, Medien, Wissenschaften und ihrer Didaktik. München 2000

Beck, Klaus/Glotz, Peter/Vogelsang, Gregor: Die Zukunft des Internet. Internationale Delphi-Befragung zur Entwicklung der Online-Kommunikation. Konstanz 2000

Berners-Lee, Tim: Der Web-Report. Der Schöpfer des World Wide Webs über das grenzenlose Potential des Internet. München 1999

Ehmer, Hermann K. (Hg.): Visuelle Kommunikation. Beiträge zur Kritik der Bewusstseinsindustrie. Köln 1971

Grau, Oliver: Virtuelle Kunst in Geschichte und Gegenwart. Visuelle Strategien. Berlin 2001

Hüther, Jürgen/Podehl, Bernd: Geschichte der Medienpädagogik. In: Hüther, J./Schorb, B./Brehm-Klotz, Ch. (Hg.): Grundbegriffe der Medienpädagogik. München 1997, S. 116–125

MacKelvey, Roy: Hypergraphics. Design und Architektur von Websites. Reinbek 1999

Scheibel, Michael/Huber, Hans Dieter/Lockemann, Bettina (Hg.): Bild – Medien – Wissen. Visuelle Kompetenz im Medienzeitalter. München 2002

Scheibel, Michael/Huber, Hans Dieter/Lockemann, Bettina: Visuelle Netze. Wissensräume für die Kunst. Ostfildern-Ruit 2004.

Tergan, Sigmar-Olaf: Hypertext und Hypermedia. Konzeption, Lernmöglichkeiten, Lernprobleme. In: Issing, Ludwig J./Klisma, Paul (Hg.): Information und Lernen mit Multimedia, 2. Aufl. Weinheim 1997, S. 123–137

Thiedecke, Udo (Hg.): Kreativität im Cyberspace. Erfahrungen und Ergebnisse im Projekt: Vom Grafik-Design zum künstlerischen Arbeiten in Netzen. Wiesbaden 2000

Winter, Carsten: Internet/Online-Medien. In: Faulstich, Werner (Hg.): Grundwissen Medien, 4. Aufl. München 1998, S. 274–295

Website-Gestaltung für Schulen im Kunstunterricht

Sebastian Müller

Das äußere Erscheinungsbild einer Schule wird unter anderem geprägt durch das Schulgebäude, Auftritte des Schulchors, besondere sportliche Leistungen im Wettkampf oder eine Theateraufführung. Mittlerweile gibt es jedoch noch etwas mindestens genauso Bedeutungsvolles – die **Schulwebsite**. Durch die rasche Verbreitung des Internets ist es vielen Menschen möglich sich in das WWW einzuwählen und auch im Web zu publizieren. Im Mai 2003 waren im deutschen Schulweb 9286 Schulen eingetragen, die mit einer eigenen Homepage im Netz vertreten sind (http://www.schulweb.de/). Nach einer in Auftrag gegebenen Studie vom Bundesministerium für Bildung und Forschung, sind derzeit in ca. 30 000 ausgestatteten Schulen etwa 685 000 Computer eingerichtet (Peschke 2003, S. 90). „Tatsächlich sind offiziell alle Schulen in Deutschland am Netz (…), doch werden die Schulen und vor allem die Schülerinnen und Schüler auch ‚drin' bleiben?" (ebd., S. 90).
Wenn man etwas Bestimmtes über eine Schule wissen möchte, sich einen ersten Eindruck von der Schule verschaffen will oder nur eine kurze wichtige Mitteilung senden möchte, ist die Schulhomepage oftmals die erste Anlaufadresse. Hieraus geht hervor, welche Bedeutung diese Websites haben und in welchem Umfang sie in immer stärkerem Maße das öffentliche Erscheinungsbild der jeweiligen Schule mitprägen. Sie sind ein wichtiger Bestandteil des Corporate Designs einer Schule und repräsentieren sie in der Öffentlichkeit (vgl. Kunst + Unterricht Themenheft „Corporate Design: Schule gestalten" 272/2003).
Ein Grund für häufig eher technisch und weniger unter künstlerischen Gesichtspunkten gestaltete Schulwebsites ist die Dominanz der Informatik in diesem Bereich (Westram 2000, S. 93). Im Folgenden werden Begründungen, Hinweise und Tipps gegeben, warum und wie **im Kunstunterricht die Gestaltung einer Schulwebsite** thematisiert werden kann.

Zur Einordnung des Webdesigns in den künstlerischen Kontext

In diesem Zusammenhang ist es wichtig, die Begriffe *Internetkunst* und *Webdesign* oder Websitegestaltung voneinander zu trennen. Die Internetkunst ist eine Form der bildenden Kunst. Im Gegensatz dazu ist das Webdesign eine Form der angewandten Kunst. Beiden Kunstformen ist es gemeinsam, dass sie eine bestimmte Sicht auf die Welt zum Ausdruck bringen (vgl. Regel/Schulz 2001, S. 42) und vorrangig der Kommunikation dienen, wenn auch auf unterschiedliche Weise. Das Webdesign ist zweckgebundener als die Internetkunst und muss sich wesentlich mehr bestimmten Gegebenheiten und außerkünstlerischen Ansprüchen unterwerfen. Zur Gestaltung beider Formen werden gestalterische Kompetenzen benötigt und die Fähigkeit, einem bestimmten Inhalt eine entsprechende Form geben zu können in Abhängigkeit von der eigenen Sicht auf die Dinge und von den Möglichkeiten der technischen Umsetzung.

Arbeitsstrukturierung bei der Website-Erstellung

Der komplexe Ablauf der Erstellung einer Website gliedert sich in **fünf grundlegende Phasen:**

Phase 1 (die Suche) Analyse der Ausgangssituation/Zielsetzung/Grobstrukturierung/Plan
empfehlenswerte Sozialform: Erarbeitung in der Klasse bzw. Gruppe, aufbauend auf individuelle Einzelüberlegungen.
In dieser Phase müssen die Erwartungen und Ansprüche an die Schulhomepage diskutiert werden. Daher ist es notwendig, Rücksprache mit der Schulleitung zu nehmen, um wichtige Parameter zu besprechen. Folgende Punkte sind im Vorfeld zu klären:

- Corporate Identity der Schule/Schulprofil,
- Bestimmung der Zielgruppe,
- Inhaltliches Profil,
- Vorstellungen zum allgemeinen Aussehen,
- Serverplatz/Provider und Domain-Name, (Der Ort bzw. Computer im Netz, WWW, auf dem die Internetseiten gespeichert werden und die Adresse, unter der die Homepage aufgerufen werden kann.)
- Zur Verfügung stehende Programme und Hardware,
- Aufteilung der Arbeitsaufgaben sowie
- Zeitrahmen mit angestrebten Terminen.

Am Ende werden die Ergebnisse mit den wichtigsten Vereinbarungen schriftlich festgehalten. Sie bilden den Rahmen für die Arbeit, innerhalb dessen sich die eigentliche Gestaltungsaufgabe vollzieht (s. Kasten 1).

Phase 2 (die Idee) Entwicklung der grundlegenden Idee, Konzeption, Gestaltung
empfehlenswerte Sozialform: Gruppenarbeit.
Techniken der Ideenfindung, z. B. Brainstorming, Mind Mapping oder verschiedene Spielformen. Am Ende dieses Abschnitts sollte eine Art *Drehbuch oder Storyboard* (Abb. 1) für den weiteren Arbeitsverlauf entstehen.

Abb. 1: Auf dieser Schulwebsite realisiert sich die Hauptnavigation über sensitive Bereiche auf dem Hintergrundbild. Diese Bereiche ändern die Farbe, wenn man mit der Maus darüber kommt. Über eine dem Link hinzugefügte Schrift soll dem Benutzer der sich dahinter verbergende Inhalt klar werden (Studentenarbeit, Multimediaausbildung, Kunstpädagogisches Institut der Universität Leipzig; http://www.uni-leipzig.de/studienart/krea web/index.htm).

Diese zweite Phase ist **der eigentliche Gestaltungsprozess** – hier muss das Spagat vollzogen werden zwischen künstlerischem Anspruch, gestalterischem Können und den außerkünstlerischen Rahmenbedingungen. Eine Aufgabe, die im professionellen Fächerkanon nur im Kunstunterricht bewältigt werden kann, da nur hier die künstlerisch-ästhetische und gestalterische Kompetenz ausgebildet wird und der künstlerische Prozess im Mittelpunkt des Unterrichts steht.

Hinweis: Diese Phase bedarf noch keines Computereinsatzes! Es geht um die Entwicklung einer grundlegenden und kreativen Idee, wie die Website aussehen könnte. Es empfiehlt sich die Verwendung von Bleistift, Buntstift, Schere und Papier. Durch eine voreilige Verwendung des Computers kann die Vielfalt der technischen Mittel schnell zum Verhängnis werden, weil ziellos programmspezifische Mittel eingesetzt werden (Effekthascherei) und elementare Gestaltungsgrundsätze ignoriert werden (Lewandowsky/Zeischegg 2002, S. 6). Daher empfiehlt sich der Einsatz analoger Mittel und Techniken. Das entstehende Drehbuch oder Storyboard kann in Form einer Skizze oder Collage erstellt werden. Hierauf sollten alle zu verwendenden Bilder und Texte sowie wichtige räumliche und zeitliche Parameter für die weitere Arbeit vermerkt werden.

Das Gestaltungskonzept – Möglichkeiten der Darstellung der Schule im Netz

Welche Möglichkeiten gibt es, die eigene Schule charakteristisch darzustellen? Jede Schule ist einzigartig und keine ist der anderen gleich. Demzufolge gibt es immer etwas Bestimmtes an der Schule, das sie von anderen unterscheidet. Das können z. B. ein besonderes Schulkonzept, ein bereits vorhandenes Corporate Design oder architektonische Merkmale des Schulgebäudes sein. Diese Besonderheiten gilt es aufzuspüren, um sie im Konzept der eigenen Website umzusetzen. Zusätzlich zum Gestaltungsentwurf muss die Sitestruktur – Aufbau und Funktionsweise der Website – erarbeitet werden. Dieser Entwurf beinhaltet alle wichtigen, logischen und möglichen Verweise innerhalb der Website, einschließlich der darauf aufbauenden Navigation. Visualisiert werden diese Überlegungen in einem so genannten Flussdiagramm (Abb. 2), das eine wesentliche Voraussetzung für die weitere Arbeit darstellt.

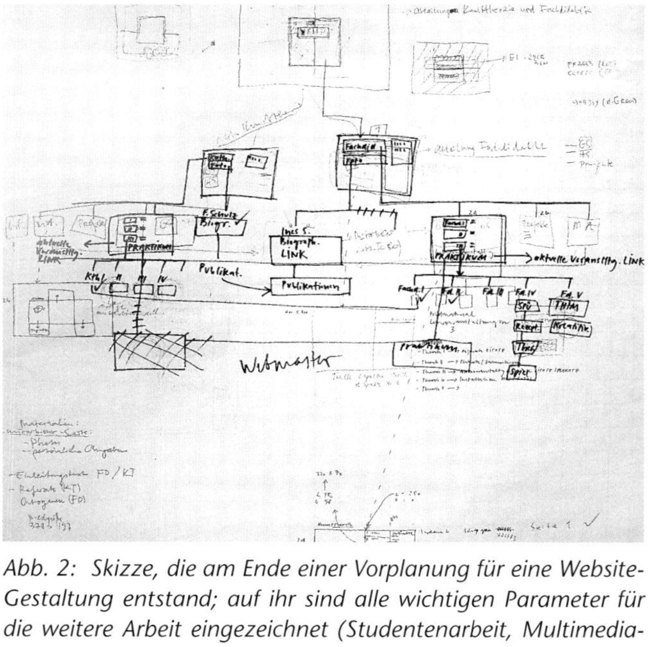

Abb. 2: Skizze, die am Ende einer Vorplanung für eine Website-Gestaltung entstand; auf ihr sind alle wichtigen Parameter für die weitere Arbeit eingezeichnet (Studentenarbeit, Multimediaausbildung, Kunstpädagogisches Institut der Universität Leipzig).

Verbindung von Analog und Digital – „Schnittstellen", *eine* mögliche Konzeption

Den Ausgangspunkt der Gestaltungsarbeit stellt die eigene Schule dar. Man kann eigene Bilder verwenden oder auf bereits Bestehendes zurückgreifen, verändern und neu in Beziehung setzen. Auf Abb. 1 ist die Website einer Grundschule abgebildet, die das Schulgebäude von innen, sowie die wirkliche und zusätzlich eine erdachte Umgebung zeigt. Dieses Bild, das als Hintergrundbild auf die Website platziert wurde, haben die Schüler selbst gemalt und es wurde mit Hilfe von Lehrern und Studenten auf die Website übertragen. Auf ähnliche Weise wurde die Website auf Abb. 3 erstellt. Auch hier bildete eine analoge Handzeichnung die Grundlage für das Gestaltungskonzept.

Abb. 3: Die Website von Tomoko Takahashi wurde analog erstellt und im Nachhinein digitalisiert; sie erinnert an eine Windowsanwendung, auf der jedoch Informationen über digitale Merkzettel und handgezeichnete Eingabefelder gegeben werden. Diese Site ist ein Beispiel dafür, eine analoge Idee „handmade" in ein digitales Medium zu übertragen, ohne die eigentliche charakteristische Idee aufzugeben (www.e-3.org).

Gerade der Kunstunterricht bietet die Möglichkeit, Zeichnungen, Bilder oder auch Druckgrafiken der Schülerinnen und Schüler weiter zu verarbeiten, um der Website einen eigenen Charakter zu verleihen und sie deutlich von „gängigen Sites" zu unterscheiden. Der Computer bietet dabei die einzigartige Chance, Bilder traditioneller Techniken in ein anderes Medium zu überführen, sie zu digitalisieren und weiter zu verarbeiten. Hierfür wird der Begriff *Crossover* verwendet, der diese Form im Kunstunterricht als eine computerintegrative Kunstpädagogik bezeichnet (vgl. auch den Beitrag von Hans-Jürgen Boysen-Stern). Diese schöpferische Neuerschaffung ist eine Möglichkeit ein Grundkonzept für eine Website zu entwickeln.

Eine weitere Möglichkeit wäre schon Vorhandenes umzugestalten und neu zu arrangieren (z. B. Fotos der Schule, des Schulgeländes oder der bezeichnenden Alltagssituationen), durch eine Motivveränderung im Bildbearbeitungsprogramm oder eine farbige Veränderung. Die **Collage** ist ein weiteres ausgezeichnetes Mittel der Um- bzw. Neugestaltung. Durch das Arrangement von Papier, Stoffen oder Resten einer Zeitschrift entstehen völlig neue Zusammenhänge, die der Website ihren eigenen Charakter verleihen. Bestimmte Dinge werden hervorgehoben und andere wiederum weggelassen, Wichtiges betont, Unwichtiges zurückgenommen (s. Kasten 2).

Phase 3 (die Realisierung) Produktion, technische Umsetzung, Test
empfehlenswerte Arbeitsform: Gruppenarbeit in fächerübergreifenden Unterrichtsprojekten;
Für den Fall, dass der Kunstlehrer nicht unbedingt auch ein Computerexperte ist, empfiehlt sich für diese und die folgenden Phasen ein fächerübergreifender Unterricht. Die technische Umsetzung könnte z. B. in Zusammenarbeit mit dem Informatikunterricht realisiert werden. Dies kann im regulären Fachunterricht stattfinden oder auch in Form einer Projektarbeit o. Ä.
Die Realisierungsphase umfasst die Umsetzung der Idee und des Entwurfes in eine digitalisierte Form mit Hilfe bestimmter Computerprogramme (s. Kasten 3). Hier spielen vorrangig computertechnische Aspekte eine Rolle, die sich jedoch nicht von inhaltlichen und gestalterischen Aspekten loslösen lassen. Auf einige Punkte soll im Folgenden näher eingegangen werden.

Konsequenz

Bei der Websitegestaltung ist es wichtig, dass sich die Idee des Gestaltungskonzeptes grundlegend durch die gesamte Site zieht. Auf der Website in Abb. 3 wurde das Crossover-Konzept konsequent weiterentwickelt, indem einzelne Inhalte der Website in Form von „digitalen Handzetteln" visualisiert wurden und somit der analoge Charakter erhalten blieb. Auch hier wurden analoge Handzeichnungen als konzeptioneller Grundgedanke digital verarbeitet.
Abb. 4 zeigt die Schulhomepage eines Leipziger Gymnasiums. Das Konzept wurde in einer Arbeitsgemeinschaft erstellt. Die teilnehmenden Schüler kamen aus unterschiedlichen Klassenstufen. Die Grundidee der Site wurde vorrangig durch die Navigationselemente realisiert. Dies sind kleine

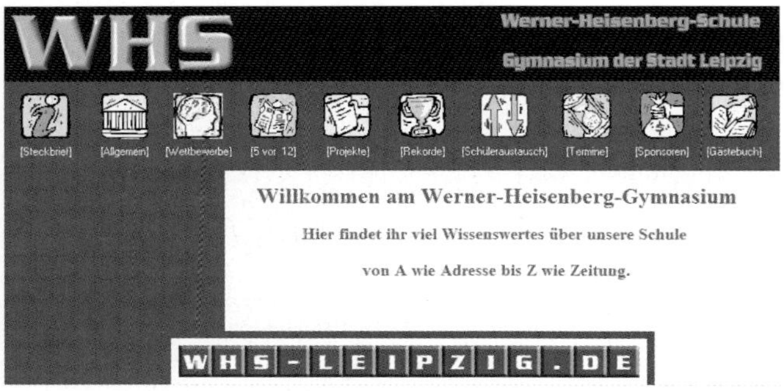

Abb. 4: Die Startseite des Leipziger Werner-Heisenberg-Gymnasiums fällt besonders durch die auffällige Navigation auf, die nur die wichtigen Unterseiten der Website zeigt und die sich dahinter verbergenden Inhalte durch so genannte Icons visualisiert (www.whs-leipzig.de).

Grafiken oder Bilder, die das „Umherklicken" – das Navigieren auf der Website – ermöglichen. Hervorzuheben ist, dass die verwendeten **Icons** selbst erstellt wurden und nicht – wie auf vielen Schulwebsites oft sichtbar – vorgefertigte Bilder, Grafiken und Animationen aus dem Internet oder Clipart-Grafiken von diversen CD-ROMs sind.

Die Entwicklung eigener Ideen und Lösungen steht immer im Vordergrund. Trotz verlockender Vielfalt des Internets und der zur Verfügung stehenden Software, sollten keine vorgefertigten Elemente übernommen werden. (Letztlich kann dies auch zu rechtlichen Problemen führen.) Bei der Gestaltung von Navigationselementen ist es wichtig, nach klaren und einfachen Formen zu suchen und die Darstellungen möglichst eindeutig verständlich zu halten (Turtschi 1998, S. 327).

Die **Navigation einer Homepage** sollte so eindeutig wie möglich gestaltet werden und nur die wichtigsten Unterseiten zeigen. Auf den folgenden Seiten bietet es sich an, auf einer zweiten oder gegebenenfalls einer dritten Navigationsebene weiterführende Unterseiten aufzuführen. Eine zusätzliche Möglichkeit sind so genannte „Popup Menüs", die auf Mausklick ein Untermenü ausklappen (Abb. 5).

Werden zu viele Links angezeigt, wirkt die Gestaltung verwirrend und unstrukturiert und der Nut-

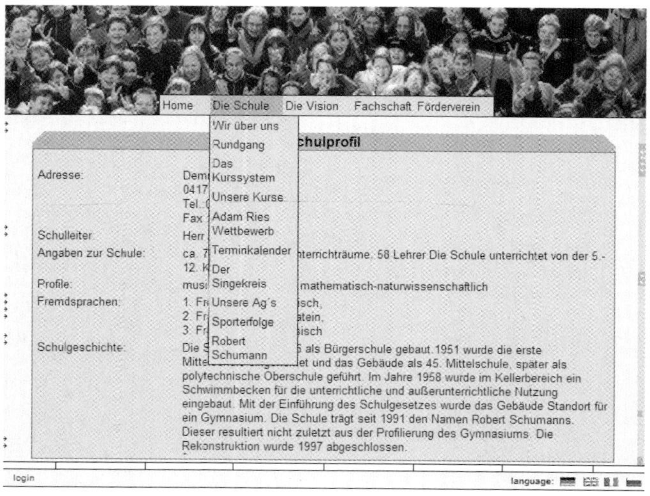

Abb. 5: Die Navigation der Website des Robert-Schumann-Gymnasiums Leipzig (www.rsg-leipzig.de) ist in ein großes freundliches Hintergrundbild integriert und wurde durch aufklappbare Menüs gestaltet. Dadurch wird ein schneller Überblick über alle aufgeführten Themen ermöglicht. Die farbliche Gestaltung ist sehr zurückhaltend und wirkt deshalb sachlich und seriös.

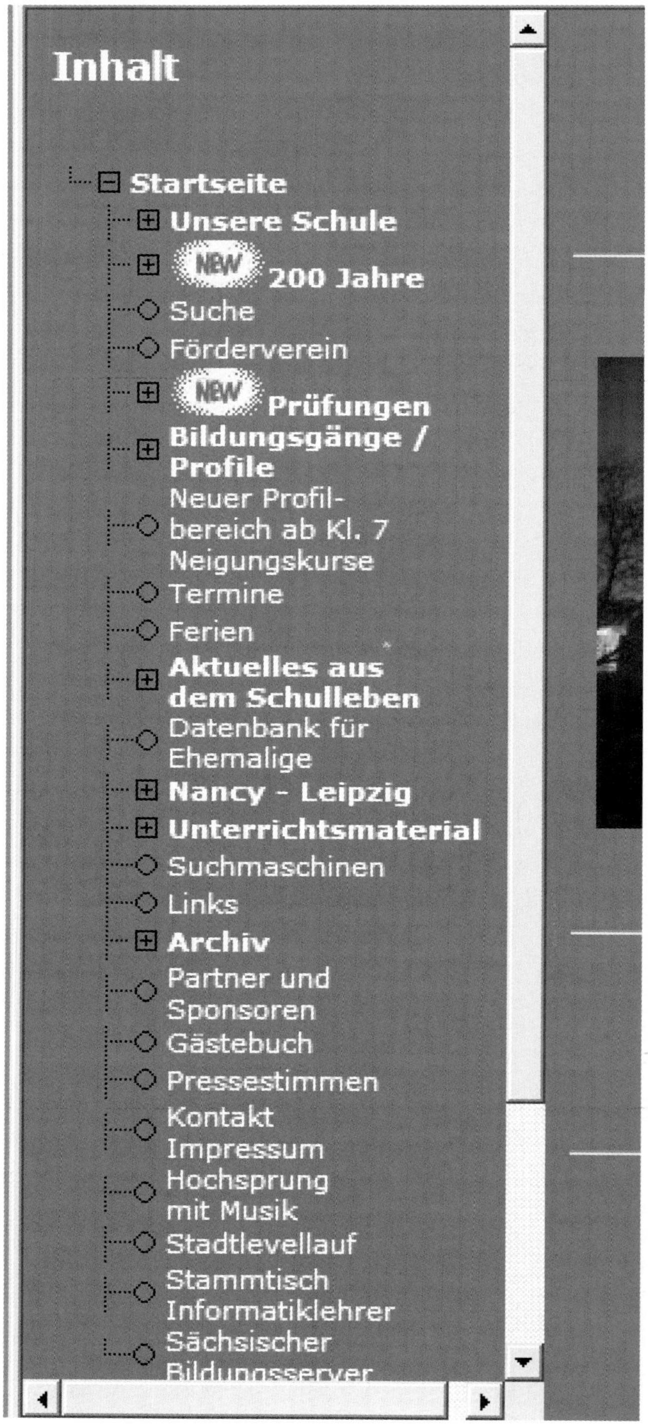

Abb. 6: Diese Navigation ist eher ungeeignet für eine Website; alle Punkte liegen auf einer Ebene und wichtige Positionen werden nur gering hervorgehoben. Der Nutzer fühlt sich schnell überfordert, da er in jeder Position alle Punkte anklicken kann – eher eine Übersicht über die gesamte Site als eine Navigation.

zer wird die Website schnell wieder verlassen (Abb. 6). Die hier verwendete Darstellung wäre wohl eher für eine *Sitemap* geeignet (vereinfachte grafische Darstellung der gesamten Website, meist auf einer separaten Seite), als für eine Navigation. Die Anordnung der Navigationselemente muss dabei nicht immer im herkömmlichen Sinne auf der linken Seite realisiert werden, sondern kann überall auf der Site in allen möglichen Formen platziert werden, als Textlinks (Textverweise) oder auch als Bildlinks (Abb. 7).

Abb. 7: Die Anordnung der Icons erfolgte in einer Kreisform; die freie Fläche im entstandenen Innenkreis wurde für nähere Erläuterungen zu den entsprechenden Navigationspunkten genutzt. Wenn man mit der Maus über einen der Buttons kommt, erscheint der zugehörige Text.

Wichtig ist eine erkennbare Struktur und die Geschlossenheit der Gestaltung. Ob die Bilder für die Site traditionell hergestellt oder direkt am Computer erstellt werden, obliegt der Aufgabenstellung, dem Ausdrucksvermögen der Schüler und dem Konzept der Site. Ein Beispiel für Webgrafiken, die vorrangig am Computer erstellt wurden, zeigt die Website einer Mittelschule (Abb. 8). Trotz technischer Einschränkung durch verwendete Computerprogramme zeigt sie Individualität und Eigenständigkeit. Die Navigation wurde hier durch eine Kreideschrift auf einer Tafel ausgeführt, wobei durch einen karikierenden Stil der Darstellung ein gewisser Witz verliehen wird, ohne dabei an Klarheit und Ernsthaftigkeit der Aussage zu verlieren.

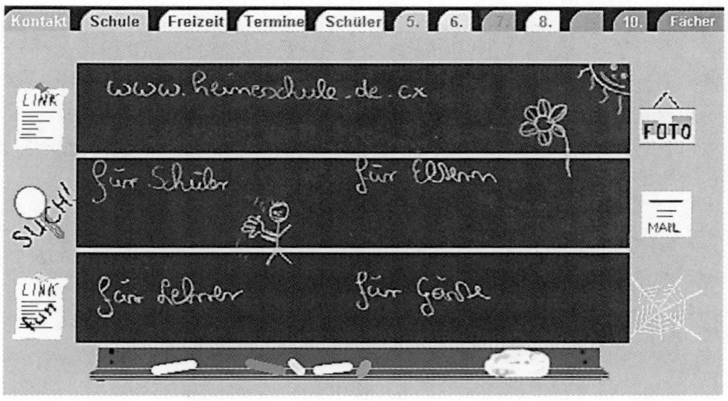

Abb. 8: Die Abbildung zeigt die Startseite der Mittelschule, Heinrich-Heine-Schule Leipzig; www.l.schuttle.de/l/107.ms. Als konzeptioneller Grundgedanke diente die Darstellung einer Tafel, auf der mit „Kreideschrift" die wichtigen Links gesetzt wurden; zusätzliche Verweise wurden durch „angeklebte Zettel und Bilder" gestaltet.

Die Größe der Website

Die Bilder, die für die Website erstellt werden, sollten schon im Vorfeld für eine digitale Verarbeitung ausgerichtet werden. Da die Standardgröße heutiger Websites auf 1024 × 768 Pixel ausgerichtet ist, sollten die Bilder nicht zu detailreich sein und sich auf das Wesentliche beschränken. Hinzu kommt, dass durch diverse Navigationsleisten verschiedener Browser (Netscape, Internet Explorer, Opera Browser) die Darstellungsfläche zusätzlich eingeschränkt wird und am Ende eine Fläche von etwa 955 × 600 Pixel effektiv zur Verfügung steht. Alles, was über diese Größe hinausgeht, führt an den Seiten automatisch zu Scrollbalken.

Die Schriften

Alle auf der Website verwendeten Schriften müssen auch auf dem Computer des Nutzers vorhanden sein, sonst verwendet der Computer nur ähnliche Schriften, die meist die Gestaltung stark verändern können. Aus diesem Grund beschränkt man sich im Netz standardmäßig auf einige wenige Schriften (Times New Roman, Courier, Verdana, Arial). Alle zusätzlich verwendeten Schriften sollten in einem Bildbearbeitungsprogramm gesetzt, als Bild abgespeichert und in die Website als Grafik eingefügt werden (vgl. Peez/Schacht: Gestaltungshinweise: Bildschirmdarstellung von Schriftarten).

Digitalisieren und Weiterverarbeiten von Bildern

Die Bilder der Kinder können eingescannt oder abfotografiert werden, um sie somit für die digitale Umsetzung am Computer bereitzustellen. Die Datengröße der Bilder auf einer Website sollte so klein wie möglich sein, um ein schnelles Laden zu gewährleisten und in der Qualität so gut wie möglich sein, um Verluste in der Darstellung gering zu halten. Dafür bieten sich zwei verschiedene Bildformate an:

- GIF: max. 256 Farben, 1 Farbe als transparenter Bereich möglich, häufige Anwendung: Buttons, animierte GIFs, transparente GIFs – als Abstandhalter in Tabellen (vgl. Peez/Schacht: Gestaltungshinweise: Buttons, Icons und Schaltflächen);
- JPG: 16,7 Mio. Farben, gebräuchlichstes Format für die Darstellung von Fotos und Bildern mit vielen Farben. Die Einstellungsoption der Kompressionsrate ist vorhanden. Dadurch wird die Bilddatei wesentlich kleiner, aber es treten immer deutlicher Verluste im Bild auf – Kompromisslösung (vgl. Peez/Schacht: Gestaltungshinweise: Grafiken für das Internet – Arbeiten mit GIF- und JPEG-Formaten).

Da größere Bilder lange Ladezeit erfordern empfiehlt es sich, in einem Bildbearbeitungsprogramm das Bild in so genannte Slices – in einzelne Bildabschnitte – zu zerschneiden. Über farbige Veränderungen bestimmter Bereiche kann von Bildabschnitten ein zweites Bild erzeugt werden, das auf den Mauszeiger reagiert und sich verändert (Effekt des Mouseover). Auf dem zweiten Bild kann zusätzlich eine Schrift gesetzt werden, die den Link zu den nächsten Unterseiten näher beschreibt (Abb. 1). Als Letztes werden die Bilder in einer oder mehreren Tabellen zum Gesamtbild wieder zusammengefügt, wobei darauf zu achten ist, dass alle Ränder der Tabelle auf „0" gesetzt werden, damit kein Abstand zwischen den Einzelbildern entsteht.

Hinweis: Einzelne Bilder oder Texte nie einfach auf die Site platzieren (z. B. über Leerzeichen), sondern immer in Tabellen setzen und durch transparente Bilder als Platzhalter den Raum gestalten. Ansonsten zerfliegt die Site und wird immer unterschiedlich dargestellt entsprechend der Browsergröße des Nutzers. Zusätzlich können Tabellen wiederum in Tabellen gesetzt werden (Verschachtelung), um komplexere Gestaltungen zu ermöglichen.

Phase 4 (unsere Schule ist im Netz) Online-Start, Online-Test – *umfangreiche Dokumentation für spätere Nachbearbeitungen (vgl. Phase 3), Präsentation, Auswertung (Reflexion).*
Die Site sollte zuvor auf verschiedenen Computern, in unterschiedlichen Auflösungen und in verschiedenen Browsern getestet werden, bevor sie jedermann zugänglich ist. Dabei kann man Fehler (z. B. fehlerhafte Links, falsche Bildverweise, ungünstige Standardeinstellungen, beispielsweise der Schriften oder Links) aufspüren und beheben. Die Präsentation der neuen Schulwebsite könnte auf einem Schulfest erfolgen, das von den Schülern der Schule selbst gestaltet und organisiert wird (Plakat-, Flyer- und Raumgestaltung sowie die eigentliche Präsentation der neuen Homepage).

Phase 5 (wir sind immer noch im Netz) Ausbau, Update, Aktualisierungen, Pflege
In dieser Phase sollte der Kunstlehrer immer ein wachsames Auge auf die Fortführung der Homepage richten, um gestalterischen „Wildwuchs" zu vermeiden und veraltete Inhalte zu aktualisieren. In dieser Phase könnte sich ein Kurs etablieren, der künstlerisch und technisch interessierte Schüler in die Aktualisierung, Fortführung und Erweiterung der Site einbindet und zugleich neue Projekte (z. B. Internetkunstprojekt) initiiert.
(Phaseneinteilung vgl. Radtke/Pisani/Wolters 2001, S. 293 ff.)
Die Thematisierung des **Webdesigns im Kunstunterricht** ist eine Herausforderung für die Schüler aber auch für die Lehrer. Die Tatsache, dass Schüler ihren Lehrerinnen und Lehrern im technischen Bereich oftmals überlegen sind, sollte jedoch nicht dazu führen, dass man sich mit diesem Thema lieber nicht beschäftigt und diese anspruchsvolle Gestaltungsaufgabe anderen Fächern überlässt. Die technischen Fähigkeiten der Schüler sollten als Chance genutzt werden für die Realisierung einer derartigen Arbeit, bei der der Kunstlehrer als „Gestaltungsprofi" beratend zur Seite steht. Somit kann ein gelungenes Websiteprojekt im Kunstunterricht einen großen Beitrag zur Vermittlung von Medienkompetenz leisten und das äußere Erscheinungsbild der jeweiligen Schule positiv mitprägen.

Kasten 1:

In welcher Form kann eine Website entwickelt werden?

Die Erarbeitung einer Schulwebsite kann erfolgen in:

- speziellen Kursen (z. B. Niveaukurs Sek. II)
- einer Arbeitsgemeinschaft interessierter Schülerinnen und Schüler,
- einem fächerübergreifenden Schulprojekt (z. B. Sek. I)
- im regulären Kunstunterricht (z. B. Gruppenunterricht in der Grundschule)

Hinweis: Es ist empfehlenswert, die an der Realisierung beteiligten Schüler in einzelne, ihren Fähigkeiten entsprechende Arbeitsgruppen zu unterteilen (Möglichkeit der Differenzierung).

Kasten 2:

Websitegestaltung in unterschiedlichen Klassenstufen

Die im Text aufgeführten Beispiele sollen zeigen, dass die Gestaltung von Websites nicht an ein bestimmtes Alter oder eine konkrete Klassenstufe gebunden ist. Die Rolle und Aufgaben der Lehrerinnen und Lehrer unterscheiden sich jedoch wesentlich. Während im Grundschulbereich die Kinder hauptsächlich Bilder und Zeichnungen gestalten können, die im Nachhinein von den betreuenden Lehrern digitalisiert und für die Website verarbeitet werden (Abb. 1), können ältere Schüler (Sek. I und Sek. II) entsprechend ihrem Niveau verstärkt in die konzeptionelle Arbeit und die technische Realisierung eingebunden werden. Inwieweit die Schüler dazu fähig sind, bedarf der professionellen Einschätzung der unterrichtenden Lehrerinnen und Lehrer. Unterrichtsprojekte zeigten, dass größere Vorhaben unter dem Einsatz der neuen Medien durchaus schon mit Kindern der Klasse 5 realisiert werden können und ein selbstständig und handlungsorientiertes Arbeiten möglich ist, ohne größeres Zuarbeiten der Lehrerinnen und Lehrer.

Kasten 3:

Programme und Links für Websitegestaltung im Kunstunterricht

Mittlerweile gibt es eine große Anzahl von Programmen zur Erstellung von Internetseiten. Einige Editoren sind kostenlos (z. B. Netscape Composer – http://www.netscape.de), als Shareware Programme (http://www.shareware.de) oder als günstigere Schulversionen erhältlich (z. B. Macromedia Dreamweaver – http://www.macromedia.com) dies gilt auch für andere Software wie Bildbearbeitungsprogramme (Corel Photopaint, Photoshop) oder Autorensysteme (MatchWare Mediator).

Literatur

Lewandowsky, P./Zeischegg, F.: Visuelles Gestalten mit dem Computer. Reinbek 2002

McKelvey, Roy: Hypergraphics. Design und Architektur von Websites. Hamburg 1999

Müller, Sebastian: Kunstpädagogik und Websitegestaltung. Zur Entwicklung von Gestaltungs- und Medienkompetenzen am Beispiel ausgewählter Schulwebseiten, unveröffentlichte Examensarbeit. Leipzig 2002

Page, Magazin für Kreative und Medienprofis. Hamburg 09/2000, 5/2003

Peschke, Rudi: Schulen sind am Netz – und was passiert – nicht? In: Merz, Medien und Erziehung. Heft 2, April 2003, S. 90 f.

Radtke, S. P./Pisani, P./Wolters, W.: Handbuch Visuelle Mediengestaltung. Berlin 2001

Schulz, Frank/Regel, Günther: Moderne Kunst. Zugänge zu ihrem Verständnis. Leipzig 2001

Turtschi, Ralf: Mediendesign. Sulgen 1998

Welsch, Wolfgang: Ästhetisches Denken. Perspektiven für das Design der Zukunft. Stuttgart 1995

Westram, Hiltrud: Internet in der Schule. Band 75. Opladen 2000

Willberg, Hans Peter/Forssman, Friedrich: Erste Hilfe in Typographie. Ratgeber für Gestaltung mit Schrift. Mainz 2001

Willberg, Hans Peter: Wegweiser Schrift. Mainz 2001

Gestaltungshinweise: Grafiken für das Internet – Arbeiten mit GIF- und JPEG-Formaten

Georg Peez/Michael Schacht

Will man multimediale Präsentationen möglichst vielen Menschen preisgünstig und aktualisierbar zur Verfügung stellen, ist das Internet *das* Medium. Die leichte und umfassende Verfügbarkeit wird jedoch mit dem Preis bezahlt, dass große Dateien in den meisten Fällen nur relativ langsam via Telefonleitung übertragen werden und sich dementsprechend zeitverzögert auf dem Bildschirm aufbauen. Auch in Zeiten von ISDN und DSL ist es notwendig, Grafiken für das World Wide Web zu komprimieren, damit diese eine möglichst geringe Dateigröße aufweisen. Eine durchschnittliche Webseite (Text und Bild) sollte inklusive aller eingesetzten Bilder nicht größer als 40 Kilobyte sein – eine echte Herausforderung für die Gestaltung, da eine geringe Dateigröße häufig auf Kosten der Bildqualität, der Farbigkeit bzw. der Bildgröße geht. Allerdings braucht die Auflösung der Bilder für die Bildschirmdarstellung im Browser auch nicht allzu hoch zu sein (in der Regel haben die Grafiken im Web eine Auflösung von 72–150 dpi). Möchte man den Nutzenden Fotos oder Videos in besserer Qualität zur Verfügung stellen, sollte man diese als Vorschau zeigen und die umfangreiche Originaldatei zum Download anbieten.

Eigenschaften der GIF- und JPEG-Formate

Die beiden gebräuchlichsten Bilddateiformate für das WWW sind GIF und JPG bzw. JPEG. Ohne Plug-Ins werden nur diese Grafik-Formate von allen Browsern unterstützt. Das Format PNG („Portable Network Graphic") ist zwar auch internettauglich, wird jedoch nicht durch alle Browser dargestellt.
Welches Format besser geeignet ist, hängt von mehreren Kriterien ab. Insbesondere folgende Punkte sollten bei der Wahl des Formats in Betracht gezogen werden:

- der Typ des Bildes, das erstellt werden soll,
- die Dateigröße,
- die gewünschte Bildqualität sowie
- die Zeit für den Bildschirmaufbau.

Allgemein wird das GIF-Format für Linienzeichnungen und Grafiken mit wenigen Farben oder scharfen Übergängen gewählt. JPEG bietet sich an, wenn Dateien mit großen Farbspektren, wie Fotos oder gescannte Bilder, dargestellt werden sollen.
Entscheidend ist die Frage, welches Format die beste Bildqualität bei möglichst kleiner Dateigröße und optimaler Bildschirmdarstellung bietet. Eingeführt von der JPEG („Joint Photographic Experts Group"), gilt das JPEG/JPG-Format als internationaler Standard für komprimierte Foto-Bilder. Es können Komprimierungsraten von 20 zu 1 fast verlustfrei erzielt werden. Sein Komprimierungsverfahren arbeitet verlustreich in dem Sinne, dass Farbinformationen zu größeren gleichfarbigen Blöcken zusammengefasst werden. Dabei ge-

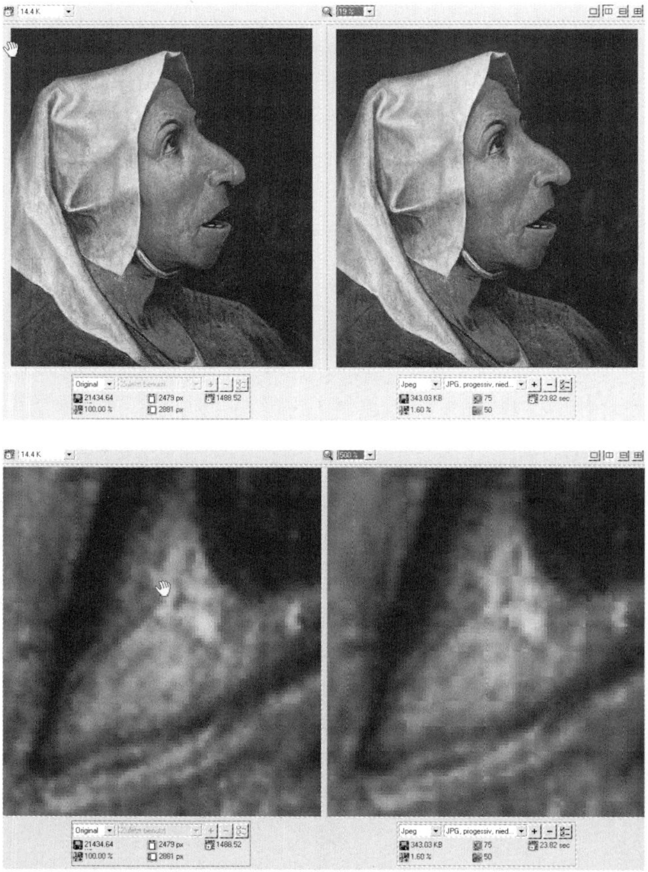

Abb. 1: Original und JPG-Komprimierung im Vergleich: Das Original (links) hat eine Dateigröße von 1,18 Megabyte, das jpg-Bild (rechts) hat bei 75%-iger Komprimierung noch 343 Kilobyte (Abb. 1a). Ist hier kaum ein Unterschied zwischen den beiden Fotos zu sehen, so tritt bei 500 % Vergrößerung (Abb. 1b) auf dem rechten Bild die bereichsweise Zusammenlegung farblich ähnlicher Bereiche deutlich hervor (Pieter Bruegel: Alte Bäuerin, um 1560, München, Alte Pinakothek. Entnommen der CD-ROM-Sammlung 5555 Meisterwerke, Directmedia 2000).

hen allerdings Bildinformationen verloren. So entstandene harte Übergänge und einfarbige Flächen lassen sich mit der Vergrößerungsfunktion im Bildbearbeitungsprogramm betrachten (Abb. 1 a + b). Sie können störend wirken, wenn die Bilddatei zu stark komprimiert wird. Moderne Bildbearbeitungsprogramme bieten jedoch eine komfortable Vorschau verschiedener Kompressionsstufen im Vergleich mit dem Original inklusive Kompressionsrate und geschätzter Ladezeit an, sodass sich eine vertretbare Lösung zwischen Bildqualität und Dateigröße schnell finden lässt.

Das GIF-Format („Graphics Interchange Format") wurde als Plattform übergreifender Grafikstandard entwickelt und wird von allen grafischen Internet-Browsern dargestellt. GIF unterstützt 8-Bit-Farbe (256 Farben) und reduziert Bild- bzw. Grafikdaten auf zwei Weisen: Erstens beschränkt es die Palette auf 256 Farbtöne. Und zweitens komprimiert es zeilenweise, wodurch einfarbige horizontale Linien und Flächen sowie vertikale Farbverläufe besonders gut schrumpfen. Einfache Vektordateien wirken in der Regel im GIF-Format am besten, sofern sie scharfe Umrisse oder kleine Textobjekte enthalten. Wegen dieser Eigenschaften eignet sich das GIF-Format besonders für grafische Darstellungen, wie Schemata, Schriftzüge oder Schaubilder mit wenigen Farben und monochromen Flächen. GIF-Dateien bieten Komprimierung ohne Datenverlust, sodass nach der Konvertierung die Datei-Information im Bild gespeichert ist und die GIF-Datei fast genauso wirkt wie die Grafik, die erstellt wurde. Allerdings können einige Farben bei der Komprimierung weniger deutlich ausfallen.

Bildbearbeitung

Die Bildbearbeitung einer Grafikdatei sollte vor der endgültigen Nutzung in der multimedialen Präsentation zunächst immer im Echtfarbenmodus geschehen, nicht etwa in einer die Anzahl der Farbtöne verändernden Form.

Dient ein Scan einer gerasterten Abbildung als Vorlage, etwa aus einer Illustrierten, lässt sich das Raster per Weichzeichner in der Bildbearbeitung weitgehend entfernen. Ebenfalls bietet in der Regel bereits die den Scannern beiliegende Software entsprechende Funktionen für die Entrasterung.

Digitale Aufnahmen aus der Fotokamera werden in der Regel im JPEG-Format gespeichert, qualitativ hochwertigere Kameras mit entsprechenden Speichermöglichkeiten bieten auch die Speicherung im TIF-Format an.

Die Fotos sollten jedoch keinesfalls im JPEG-Format bearbeitet werden, sondern in einem verlustfreien Format, wie TIF, RAW oder TGA, bevor das Duplikat des möglicherweise separat zu sichernden Endergebnisses dann wieder als JPEG abgespeichert werden kann. Ansonsten würde das Bild bei jedem JPEG-Speichervorgang aufs Neue komprimiert und an Qualität verlieren.

Eine Skalierung der Grafiken – insbesondere des JPEG-Formats – passiert stets auf Kosten der Schärfe des Bildes, denn das Bildbearbeitungsprogramm muss bei der Skalierung die bestehenden Pixel komplett neu berechnen. Um diese Unschärfe auszugleichen, sollte das Bild in seiner endgültigen Größe deshalb mit dem entsprechenden Werkzeug bzw. Hilfsmittel scharfgezeichnet werden.

Enthält ein JPEG-Bild Bereiche, die auf jeden Fall scharf bleiben müssen, aber andere Bereiche, die unscharf werden können und somit die Dateigröße verringern, so lassen sich in der Bildbearbeitung bestimmte „unwichtigere" Stellen maskieren und weichzeichnen. Freilich müssen die Ränder der Selektion geglättet werden, so dass keine scharfen Konturen zwischen den verschiedenen Bildbereichen entstehen.

Das JPEG-Format sollte nicht für die Darstellung von Grafiken verwendet werden, die immer einfarbige Flächen und starke Kontraste aufweisen, denn bei der Umwandlung aus dem Grafikprogramm zu einer JPEG-Komprimierung bildet sich stets „Fliegendreck", kleine Schmutzpünktchen (Abb. 2).

Für multimediale Präsentationen lassen sich mit GIF-Animationstools mehrere GIFs in einer Datei zusammenpacken zu einem „Multi-Image-GIF", auch „Animated GIF" genannt. Man gibt die Abfolge der einzelnen GIF-Grafiken und die Geschwindigkeit im Datei-Header ein. Der Browser stellt aus diesen Steuerungsdaten dann eine GIF-Animation dar. Diese lässt sich für die Präsentation

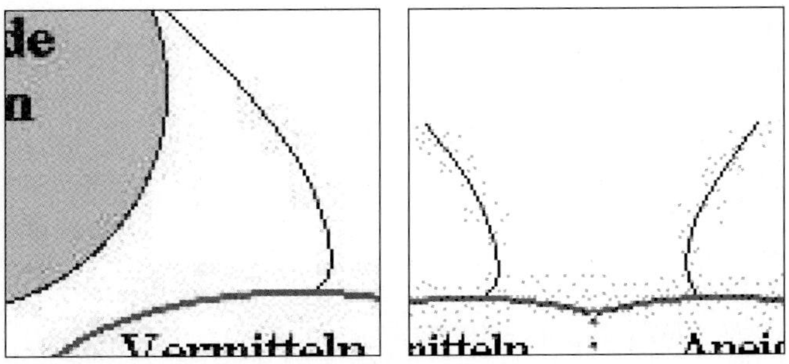

Abb. 2 a und b: „Schmutzpunkte", die entstehen, wenn man eine Grafik als JPG konvertiert und speichert.

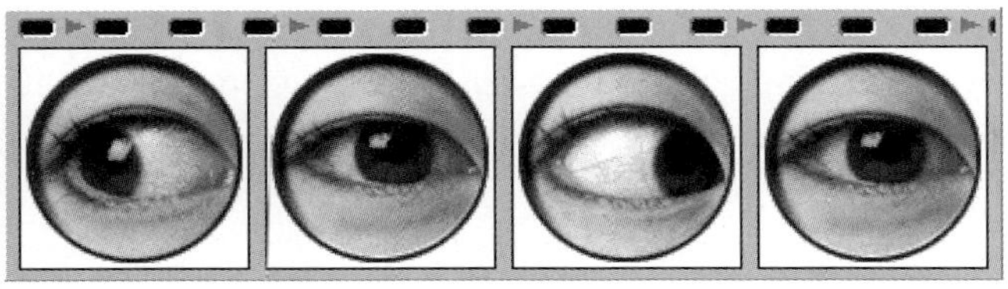

Abb. 3: Einzel-Grafiken nebeneinander, die in einer GIF-Animation hintereinander ablaufen.

z. B. mit hierauf abgestimmter Musik oder mit Geräuschen unterlegen (Abb. 3).
Für die Darstellung eines Bildes bzw. einer Grafik sind ausschließlich dessen Pixel-Dimensionen relevant. Im Bildbearbeitungsprogramm werden zwar dpi-Angaben in der Datei gespeichert, aber der Browser ignoriert diese Angaben. Er gibt die Grafiken immer 1:1, also Pixel für Pixel, wieder. Aus diesem Grund sollte man Grafiken nie z. B. im HTML-Editor in der Größe verändern, sondern immer bereits in der gewünschten Größe abspeichern. Verkleinert man ein Bild im Browser, so wird trotzdem das größere und datenintensivere Ursprungsbild geladen.
Für die Bearbeitung von Grafiken und Bildern spielt freilich die Darstellungsqualität am eigenen Monitor eine entscheidende Rolle. Nur auf einem großen und präzise eingestellten Bildschirm kann man die verändernden Einwirkungen des eigenen Tuns auf das Bild einschätzen.

Literatur

Himmelein, Gerald: Weboptimal. Mit wenig Aufwand gut aussehende Web-Grafiken produzieren. In: c't Heft 25, 2000, S. 288–290
Siegel, David: Web Site Design. Frankfurt am Main 1999, S. 33–61

Wer wird Mister Art? – Ein mediales Kunstgeschichtsprojekt im Kunstunterricht

Thomas Michl

„Das Spielerische ist kein Luxus, etwas Hinzugefügtes des Menschen (...); das Spielerische, im Sinne einer Sichtweise, in der die Dinge ihre festgefügten Funktionen aufgeben, um oft ganz andere, erfundene Funktionen anzunehmen." (Julio Cortázar)

Vermischungen und Durchdringungen sind mittlerweile in allen Lebensbereichen, im sozialen, kulturellen und im künstlerischen Kontext selbstverständlich. Kompromisse werden geschlossen, Kombinationen neu definiert. Lineare, polarisierende und klar festgefügte Positionen werden zugunsten integrativer Modelle zunehmend in Frage gestellt. Nützliches der verschiedensten Ansätze und Bereiche wird herausgefiltert und neu zusammengefügt. Es entstehen Mischformen in allen Kontexten, die neue Kräfte und gewaltige Energien freisetzen.
Das in diesem Beitrag vorgestellte **Unterrichtsprojekt „Wer wird Mister Art?"** bringt Elemente aus den verschiedensten Bereichen zusammen. Es vereint ehemals klar abgegrenzte Territorien. Aus „Zuerst die Arbeit, dann das Spiel" wird „In der Arbeit ist das Spiel"; aus dem antagonistischen Paar „Schule und Leben" soll „Schule im Leben" werden; aus dem Lehrer als Wissensvermittler und dem Schüler als Lerner werden Spielpartner mit wechselnden Rollen und Funktionen; selbst schulisches Lernen und Freizeit gehen ein neuartiges Beziehungsgeflecht ein.

1. „Copy and paste" – Leben kopieren, in die Schule einfügen

Das Kunstprodukt „Wer wird Mister Art?" (Abb. 1) ist als Zitat der aus dem Fernsehen bekannten Quiz-Show „Wer wird Millionär?" zu verstehen. Das Vorbild für diese Kopie liefert die Kunst selbst. Seit es Bilder gibt, werden diese von anderen

Abb. 1: Kunstprodukt „Wer wird Mister Art?".

übernommen, zitiert oder in einen neuen Zusammenhang gebracht. Es finden jedoch nicht nur kunstinterne Austauschprozesse statt, sondern auch zwischen dem Kunstkontext und kunstfernen Gebieten oder umgekehrt. Bei Andy Warhols Brillo-Boxes z. B. fließen die Vorbilder aus der Waren- und Konsumwelt direkt in die Kunst ein. Mike Bidlo wiederum kopiert Warhols Brillo-Boxes und stellt sie in eine neue Beziehung. Original und Zitat werden hierbei, sowohl einzeln in ihrer Stellung gestärkt, gehen aber auch untereinander eine untrennbare Verbindung ein.
Ähnliches passiert bei „Wer wird Mister Art?". Durch die Hereinnahme von Quiz-Show-Elementen aus dem Leitmedium Fernsehen in die Schule, wird der immer wieder von vielen Seiten gestellten Forderung, der Verbindung von Schule und Leben, Rechnung getragen.
Die unendliche Erweiterbarkeit und prinzipielle Offenheit von „Wer wird Mister Art?" betont den Prozessgedanken, der dem Prinzip des Lebensflusses entspricht. „Wer wird Mister Art?" ist grundsätzlich als im Wachsen begriffen zu betrachten. Ähnlich einem Open-Source-Projekt soll „Wer wird Mister Art?" für jeden einseh-, kopierbar und erweiterungsfähig sein. Alle Interessenten können sich auf dem Internetportal (www.mister-art.de) über das schon vorhandene Spielmaterial informieren, dieses kopieren oder mit eigenem Material erweitern.
Angemerkt sei, dass sich das Spiel selbstverständlich an Mädchen wie an Jungen gleichermaßen richtet und von diesen gemeinsam gespielt wird. In der persönlichen Anrede nutze ich ab und zu gegenüber Schülerinnen die Bezeichnung „Miss Art". Die maskuline Form „Mister Art" ergibt sich durch das Markennamen-Merkmal (vgl. „Mister Proper" oder „Millionär").
Obwohl „Wer wird Mister Art?" keineswegs als „Eins-zu-eins-Kopie" von „Wer wird Millionär?" verstanden werden soll, lohnt es sich doch, bestimmte Vermittlungsstrategien des Vorbildes, die sich für die Übernahme in den Kunstunterricht eignen, näher zu beleuchten.

2. „Wer wird Millionär?" – Stell dir vor, es wird Wissen vermittelt und es ist kein Unterricht

„Wer wird Millionär?", fragen sich seit einigen Jahren, an mehreren Abenden der Woche, Millionen Menschen auf der ganzen Welt und rätseln mit den Kandidaten der Fernsehshow. Das Konzept des Frage- und Antwort-Spieles ist so einfach wie erfolgreich und wurde inzwischen von vielen Fernsehsendern übernommen und adaptiert.
Der Erfolg der Show gründet hauptsächlich auf folgenden Elementen:
Die allabendlichen Darbietungen werden auf unglaubliche Weise überhöht: Die perfekte, mediale Inszenierung fängt bei der showeigenen Hymne an, geht über die extreme Lichtführung, bis hin zur astronomischen Gewinnsumme. Verbunden mit einer rigorosen Ritualisierung des Ablaufes, dienen die gut gesetzten akustischen und visuellen Reize vor allem der Spannungssteigerung und Aufmerksamkeitsführung.
Weitere Schlüssel des Erfolges der Show sind die Einfachheit und Transparenz der Spielregeln und die Teilnahmemöglichkeit für jeden, sowohl am Fernsehbildschirm oder als Kandidat der Sendung. Der Quiz-Show gelingt eine Verquickung von Elementen der Wissensvermittlung mit Show- und Entertainmenteinlagen. Als „Edutainment"-Sendung verstanden, bei der die klassische Trennung in Lernen und Vergnügen aufgehoben ist, enthält sie Teile aus beiden Bereichen und vermischt diese zu einer neuen Art der spielerischen Wissensvermittlung.
„Wer wird Mister Art?" greift viele der oben angeführten Erfolgselemente auf, modifiziert diese aber zugunsten einer profunderen Wissensvermittlung in der Schule.

3. Der praktische Ablauf und die Spielregeln von „Wer wird Mister Art?"

„Wer wird Mister Art?" wird vorwiegend als PowerPoint-Präsentation mit Hilfe eines Beamers vorgeführt. Jede Runde beginnt mit der Einblendung des Mister-Art-Logos. Das „Markenzeichen" dient durch seinen hohen Wiedererkennungswert als optischer Schlüsselreiz, es stellt gleichsam die „Eintrittskarte" zum Spiel dar. Grundsätzlich schafft diese Ritualisierung das vertraute Lernumfeld, das die Voraussetzung für ein entspanntes, emotional positiv aufgeladenes Lernen darstellt. Darüber hinaus werden die Schülerinnen und Schüler in dieser „Anwärmphase" nicht völlig unvorbereitet mit dem neuen Unterrichtsstoff konfrontiert. Durch den vorgefertigten Ablauf ergibt sich außerdem eine bedeutende Zeitersparnis. Lange einleitende Sätze werden so gut wie überflüssig und die Einbettung in den Zusammenhang erfolgt innerhalb des festen Rahmens wie von selbst.
Die feste Struktur der „Wer-wird-Mister-Art?"-Präsentationen soll aber keinesfalls als starres Konzept, das beliebigen Inhalten übergestülpt wird,

verstanden werden. Vielmehr ist ein spielerischer und unkompliziert kombinatorischer Umgang erwünscht.
„Wer wird Mister Art?" kann in einer langen Version, in der Kurzfassung oder als Online-Quiz gespielt werden.
Für die Langversion im Unterricht teilt sich die Klasse in mehrere Gruppen auf und es werden zwei Moderatorinnen bzw. Moderatoren ausgewählt. Der Lehrer erklärt die Spielregeln, die Staffelung der sechs Fragen, die Punktevergabe und die Funktion des „Spickzettel-Jokers" und des „Überspringen-Jokers". Die zu erreichende Punktzahl pro Frage richtet sich nach ihrem Schwierigkeitsgrad, der als Klassenstufe ausgedrückt wird. So erhält man zum Beispiel für die so genannte „Siebte-Klasse-Frage" sieben Punkte; die Antwort auf die komplizierteste Frage, die „Mister-Art-Frage", wird mit der Verdoppelung der Punktzahl belohnt. Dieses System der Punktevergabe hat sich in der Praxis sehr gut bewährt, da auf diese Weise die Siegchancen für alle und die Spannung bis zur letzten Frage aufrechterhalten bleiben.
Nach den allgemeinen, einführenden Erklärungen, präsentieren die Moderatoren, die alle Fragen und Antworten bereits ausgedruckt in Händen halten, die erste PowerPoint-Folie mit der Anfangsfrage und den vier möglichen Lösungen. Im Anschluss an die interne Beratung, muss sich jede Gruppe für eine Antwort entscheiden, die an der Tafel notiert und auf der nächsten Folie überprüft wird (Abb. 2 bis 7).
War der Ablauf des Schulquiz' der Fernsehshow bis jetzt sehr ähnlich, weicht „Wer wird Mister Art?" in den darauf folgenden Folien stark von der Fernsehsendung ab, denn es erfolgt die für die Schule unverzichtbare Vertiefung der Lösung und die Ausweitung der Fragestellung unter Einbeziehung verwandter Phänomene.
Dieser Block, bestehend aus ungefähr drei bis sieben Folien, ist für eine fundierte Festigung des Wissens unbedingt notwendig, denn das Schulquiz darf sich, anders als im Fernsehen, nicht in bloßer, unverbindlicher Raterei erschöpfen.
Meine anfänglichen Bedenken, dass die Schülerinnen und Schüler die eingeschobenen Wissenspakete schnell als solche entlarven und mit Desinteresse bestrafen würden, bestätigten sich nicht. Das Gegenteil ist der Fall: Im Wechsel zwischen Intensität des Spiels und erhöhter Spannung auf der einen sowie Auflockerung, z. B. im informellen Austausch in der Gruppe, auf der anderen Seite, sind die Jugendlichen aufnahmebereiter und aktiver als in den herkömmlichen Kunstgeschichts-

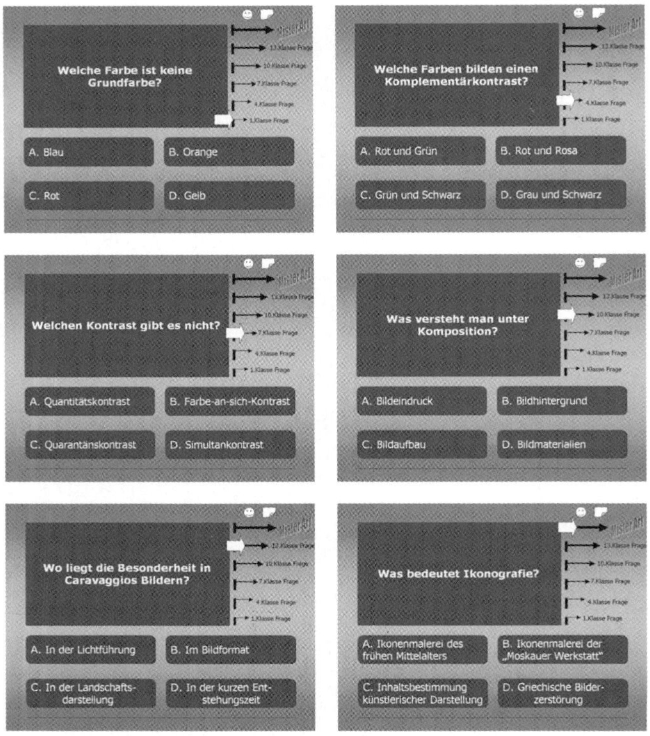

Abb. 2 bis 7: Beispiele/Folien für Show in der Schule „Wer wird Mister Art?".

stunden. Die gemeinsame Spielstrategie stärkt darüber hinaus den Zusammenhalt der einzelnen Gruppen und wirkt sich positiv auf die Motivation und das Lernverhalten der ganzen Klasse aus (Abb. 8 bis 10).
Auf diese Weise werden sechs Fragen durchgespielt. Diese eher geringe Fragenanzahl füllt in etwa den zeitlichen Rahmen einer Schulstunde und lässt dennoch einen umfassenden Überblick zu einem Themenkreis zu. Thematisch ist eine Schwerpunktsetzung entweder chronologisch oder inhaltlich sinnvoll.
Die Kurzversionen des Quiz' bestehen aus nur einer Frage, die im Plenum etwa zehn Minuten erörtert und vertieft wird. Idealerweise steht diese Frage in Verbindung mit dem praktischen Thema der laufenden Kunststunde. So wurde z. B., während die Schülerinnen und Schüler in fünf Unterrichtseinheiten eine Bleistiftzeichnung anfertigten, am Ende jeder Stunde ein Aspekt des Themenkomplexes „Zeichnung" vertieft, beginnend mit den Ursprüngen der Zeichnung, über die Herstellungsverfahren des Bleistiftes, bis hin zur Geschichte des Papiers.
Durch den Einbau von „Werbepausen", z. B. für interessante Kunstausstellungen, an wichtigen Stellen des Spiels, können neben der unmittelbaren Spannungssteigerung indirekt die Manipulationsmechanismen der Medien praktisch erfahrbar gemacht und reflektiert werden.

Abb. 8 bis 10: Schüler während des Projekts.

Ich denke, dass nicht jede Stunde im Quizmodus ablaufen soll. Bewährt hat sich eine künstliche Verknappung. Diese steigert gewissermaßen die „Nachfrage" und letztlich auch die Bedeutung der Inhalte. Für die Schülerinnen und Schüler bleiben die Spannung und eine Art „Vorfreude" erhalten, die sich vor allem in den Unterstufenklassen oft im erwartungsfrohen „Spielen wir heute wieder Mister Art?" ausdrückt.

Am Ende des Quiz' gibt es keine Belohnung. Zu Beginn des Projekts hatte ich mir Gedanken über einen eventuellen Hauptpreis für die Gewinner gemacht. Zwei grundsätzliche Aspekte standen bei meinen Überlegungen im Vordergrund: Würde eine von außen gesetzte Belohnung der intrinsischen Motivation der Schülerinnen und Schüler zuwiderlaufen? Oder ist ein Spiel ohne Gewinner und Preis vielleicht gar kein Spiel? Ich entschied mich letztlich für einen Preis. Doch während ich innerlich noch auf der Suche nach einem geeigneten Preis war, wurde „Wer wird Mister Art?" in der Schule schon gespielt. Hierbei machte ich folgende überraschende Beobachtung: Obwohl die Schülerinnen und Schüler (vor allem in der Unterstufe) um jeden Punkt feilschten und kämpften, spielte die Auswertung der an der Tafel notierten Punkte am Ende für sie eine untergeordnete Rolle. Oft wurden die Punkte gar nicht mehr genau zusammengerechnet, sondern die Gruppe, die gewann, die ein reiches Lob von meiner Seite erntete, wurde nur grob ausgemacht. Auf diese Weise wurde die Stunde beendet. Das große Interesse am Spiel selbst, verbunden mit dem Desinteresse am Festmachen der Gewinner, lässt auf ein hohes Maß an intrinsischer Motivation der Jugendlichen schließen.

So hat sich „Wer wird Mister Art?" – obwohl ursprünglich anders geplant – in der Praxis zu einem Spiel ohne Hauptgewinn entwickelt. Auf diese Weise ist „Wer wird Mister Art?" ein spielerisches Experimentierfeld, das nicht von schulischem Leistungsdenken geprägt ist.

Die oben ausgeführten Muster liegen nicht nur den vom Lehrer ausgearbeiteten Mister-Art-Versionen zugrunde, sondern dienen den Schülerinnen und Schülern als Hilfestellung für die Ausarbeitung von eigenen Spielserien, die in der eigenen Klasse gespielt oder an andere Klassen weitergegeben werden können.

4. Herstellung einer „Wer-wird-Mister-Art?"-Spielrunde – eine Alternative zum klassischen Schülerreferat

Bei der Zusammenstellung von „Wer wird Mister Art?" erschließen sich die Heranwachsenden in selbstständiger Eigenarbeit kunstgeschichtliche Themenkreise: Sie formulieren in Gruppen die Quizfragen, legen ihre Schwierigkeitsgrade fest, finden Antworten auf die Fragen und untermauern die richtige Lösung mit Wissen. Ihre wichtigsten Werkzeuge sind das Internet und der Computer. Ihr eigenes Vorwissen und ihre Ansprüche dienen beim Zusammenstellen als Orientierungsmaßstab.

Damit wird, meiner Meinung nach, eine der wichtigsten Forderungen für die sinnvolle Arbeit mit neuen Medien eingelöst, nämlich die starke, aktive Schülerrolle. Zu leicht verflacht sonst der Umgang mit dem Computer zu einer isolierten, beliebigen, passiv-reagierenden Herangehensweise; in Zeiten von Lara Croft und Co., für die Schüler leider oft der einzige Zugang zum Medium Computer.

Neben der sprachlich-theoretischen Auseinandersetzung mit Kunstgeschichte, geht es bei der Zusammenstellung von „Wer wird Mister Art?", im Gegensatz zum konventionellen Schülerreferat, auch um die didaktische Metaebene, die traditionellerweise dem Lehrer vorbehalten war. Die Dramaturgie einer Mister-Art-Stunde muss von jeder Gruppe wohl überlegt, das Material genügend didaktisch reduziert und grafisch aufbereitet werden.

In der Praxis zeigt sich, dass z. B. das Finden und die wiederholte Eingabe bestimmter Schlüsselwörter in die Internetsuchmaschinen, die Erfindung absurder Alternativantworten oder gewisse, bewusst eingebaute „falsche Fährten", auf der einen Seite den Spieltrieb der Schülerinnen und Schüler, auf der anderen Seite das Behalten des Gelernten fördern.

Es findet auch ein ständiger Rollentausch zwischen Mitspieler und Spielerfinder, zwischen Lehrer und Schüler statt. Der Lehrer ist während dieser Unterrichtssequenzen vor allem Berater, manchmal aber auch Lerner, wenn er zum Beispiel mit Hilfe der Spezialisten unter den Schülern sein Computerwissen erweitern kann. Soziales Lernen wird auf diese Weise, sowohl im Bereich der Inhalte und der technischen Aspekte, aber auch auf der didaktischen Ebene und sogar zwischen Lehrer und Schülern, praktiziert.

Obwohl sich „Wer wird Mister Art?" im Schulalltag des Kunstunterrichtes sehr gut bewährt hat, liefen meiner Idealvorstellung des Spielerischen zwei Faktoren zuwider: Die strenge Bindung an das zeitliche Korsett der Schulstunden und an den, oft negativ besetzten, Ort der Schule.

Ein Versuch, diese beiden Hürden zu umgehen, und das Kunstgeschichtsprojekt praktisch über die Schule hinaus zu erweitern, ist die Online-Version von „Wer wird Mister Art?".

5. „Wer wird Mister Art?" immer und überall – die Online-Version

Die Struktur von „Online-Mister-Art" ist die gleiche wie die der Langversionen, wobei jedoch den Schülerinnen und Schülern die Fragen per E-Mail zugeschickt werden. Nach Beantwortung einer Frage wird die Lösung nach Bedarf vertieft und die nächst schwierigere Frage verschickt.

Die Jugendlichen sollen bei der Recherche der Lösung das Internet als reiche Informationsquelle entdecken, selbstständig intelligente Suchstrategien entwickeln und den technischen Umgang mit dem Medium Computer einüben.

Wieder werden zwei Pole miteinander vereint, wenn sich Heranwachsende, die nach eigenen Angaben „nicht an Kunst interessiert" sind, freiwillig in ihrer Freizeit mit Kunstgeschichte auseinander setzen. Der Reiz, der von den neuen Medien ausgeht, überträgt sich offensichtlich auf die Beschäftigung mit den Inhalten. Es entsteht neben dem offiziellen Schulunterricht eine weitere Kommunikationsplattform für künstlerische und kunstgeschichtliche Fragestellungen. Ein Forum, das von jeglichem schulischen Druck und Pflichterfüllung entbunden ist. Vielleicht kommt deshalb die Online-Version von „Wer wird Mister Art?" bei den Schülerinnen und Schülern so gut an und beim Lehrer der Idealvorstellung von Kunstgeschichtsvermittlung am nächsten. Paradoxerweise wird aber genau hier der schulische Rahmen gesprengt, denn der Lehrer hört auf, Lehrer zu sein und der Schüler ist nicht mehr Schüler. Beide sind streng genommen Spielpartner geworden. Und wie bei den herkömmlichen Online-Spielen werden beide Seiten in den Bann gezogen. Aurelius, ein Spieler der Unterstufe, schreibt z. B., dass ihn „das Mister-Art-Fieber richtig gepackt" habe, während der Zehntklässler Pascal feststellt, dass er langsam „ein bisschen süchtig danach" ist. Auch Mädchen äußern sich positiv zum Spiel, aber wesentlich differenzierter und mehr an den Inhalten interessiert, so schreibt beispielsweise Annemarie aus der 11. Klasse: „Ich finde ‚Mr. Art' eigentlich eine ganz gute Idee, da man sich so auch mal mit der Kunsttheorie ein bisschen auseinander setzt und es dann wirklich interessant ist, z. B. herauszufinden, welcher Künstler bekannt für seine auf den Kopf gestellten Motive ist oder was ein Sujet ist."

An der Online-Version beteiligen sich zudem mehr Mädchen als Jungen und ihre Antworten sind oft mit reichhaltigen, wohl ausformulierten Zusatzinformationen versehen oder sie stellen manchmal weiterführende Fragen zum besprochenen Kunstwerk.

Nun, am Ende dieses Beitrags, möchte auch ich den Lesenden nicht mehr vorenthalten, dass ich der Faszination des Spiels erlegen bin, doch nicht mehr als Lehrer, sondern als Spieler.

Abschließende Gedanken

Mein Wunsch ist es, dass dieser Beitrag die Lust und den Mut zum Spiel wiedererweckt; zu einem Spiel, verstanden im Sinne des Eingangszitates, als Aufhebung der fest gefügten Rollen, als Vernetzung und Vermittler zwischen den gegensätzlichsten Ansätzen. Es wäre schön, wenn sich dabei Lehrer und Schüler als praktisch gleichwertige Spielpartner gegenüberstünden, wenn Schule und Lernen als gemeinschaftlicher Prozess verstanden, Leben und Schule als Einheit begriffen, alte Unterrichtsmethoden und neue Medien als gegenseitig befruchtend betrachtet würden. Wenn dazu das Ganze noch Freude macht und belustigt – umso besser!

Literatur

Prego, Omar: La fascinación de las palabras. Barcelona 1985
Schneider, Irmela; Thomsen, Christian (Hg.): Hybridkultur: Medien, Netze, Künste. Köln 1997

Praktische Tipps, nützliche Hinweise und Systemempfehlungen

Schulversionen:
- Rechner mit Pentium-II-Prozessor (mind.)
- Beamer
- Präsentationssoftware „Microsoft PowerPoint"
- Bildbearbeitungssoftware, z. B. „Adobe Photoshop"

Für die Foliengrafiken, Schaubilder und die Vorführung wird „Microsoft PowerPoint" benutzt. Bilder werden mit beliebigen Bildbearbeitungsprogrammen zum Einfügen in die Präsentationen vorbereitet.

Online-Versionen:
- Internetfähiger Rechner
- Präsentationssoftware „Microsoft PowerPoint"
- Bildbearbeitungssoftware
- E-Mail-Programm, z. B. „Microsoft Outlook Express"

Die Zusammenstellung der Fragen erfolgt in „Microsoft PowerPoint". Nach der Anfertigung eines Screenshots, kann dieser bearbeitet und in einer niedrigen Auflösung im jpg-Format an eine E-Mail angehängt und an die Schülerinnen und Schüler verschickt werden.

Vernetzte Gespräche. Kunstvermittlung zur Ausstellung „VALIE EXPORT – Mediale Anagramme"

Ulrike Stutz

Neue Medien finden in der Kunstvermittlung verschiedene Anwendungsformen. CD-ROMs informieren multimedial über Künstlerinnen, Künstler und künstlerische Werke. Das Internet ermöglicht Recherchen, Computerspiele, die z. B. in Museumsshops angeboten werden, fordern auf zur interaktiven Erkundung von Kunstwerken. Neue Medien fungieren hierbei als Informationsträger bzw. dienen der Informationsbeschaffung, wobei die Intention darin besteht, wissenschaftlich abgesichertes Wissen über Kunst zu transportieren.
Neue Medien und speziell die Online-Medien sind aber darüber hinaus in besonderer Weise geeignet, als Katalysator für ein gemeinsames Hervorbringen von Wissen zu dienen, z. B. durch Dialoge zu künstlerischen Arbeiten per Netzkonferenz oder E-Mail. Der Wissensbegriff, auf den ich mich hierbei beziehe, beschreibt Erkenntnis als Prozess statt als Produkt (Kron 1999, S. 25). Kunstvermittlung, bei der Neue Medien zur Kommunikation individueller Erfahrungen in der Annäherung an bildende Kunst verwendet werden, beruht auf einem subjektorientierten (IGBK 1998) und rezeptionsästhetischen Ansatz (Kemp 1985) der die Rezeption als Teil der Bedeutungskonstitution von Kunst begreift. Kunst wird hier als „offenes Kunstwerk" (Eco 1998) verstanden, das auf Mehrdeutigkeit und kommunikative Prozesse hin angelegt ist (Eco 1998, S. 184).
Ich möchte im Folgenden ein Kunstvermittlungsprojekt vorstellen, bei dem Neue Medien im Sinne eines rezeptionsästhetischen Ansatzes verwendet wurden und nach einer kurzen Darstellung der Arbeit der Medienkünstlerin VALIE EXPORT und der Vermittlungsaktion das Projekt hinsichtlich der Relevanz für die Verwendung von Neuen Medien bei der Auseinandersetzung mit künstlerischen Werken im Kunstunterricht reflektieren.

Das Vermittlungskonzept im Überblick

Zur Ausstellung VALIE EXPORT „Mediale Anagramme" in der Akademie der Künste, Berlin 2003 führte ich im Rahmen des Projekts **„Kunstcoop© – Künstlerinnen machen Kunstvermittlung"** der **Neuen Gesellschaft für Bildende Kunst** (NGBK) ein Projekt durch, bei dem ich verschiedene Gruppen, die unabhängig voneinander mit mir die Ausstellung besucht hatten, über das Internet in einen Austausch miteinander brachte.
Die Gruppen vertraten verschiedene Altersstufen und Interessensschwerpunkte und hatten unterschiedliche institutionelle Anbindungen. Teil nahmen eine Gruppe Kunstlehrerinnen, ein Grundkurs Kunst der 11. Klasse eines Berliner Gymnasiums, Beteiligte eines ASTA-Referats zu gleich geschlechtlichen Lebensformen der Humboldt-Universität Berlin sowie die Arbeitsgruppe *Polymorph* der Heinrich-Böll-Stiftung, die zu Genderstudies und speziell dem Thema Transgender arbeitet (Polymorph 2002). Diese Auswahl der teilnehmenden Gruppen ergab sich aus den thematischen Schwerpunkten der feministischen Medien-, Aktions- und Performancekünstlerin VALIE EXPORT, die in ihren Arbeiten die Funktion von Medien bei der Konstruktion gesellschaftlicher Zuschreibungen u. a. von Geschlecht und Identität entschlüsselt. Die Ausstellung zeigte retrospektiv Arbeiten der Künstlerin aus allen Werkphasen, die in die Themenschwerpunkte „Dekonstruktion der Wahrnehmung", „Realität und Repräsentation", „Weiblichkeitsbilder und Geschlechterdifferenz", „Öffentlicher Raum und kulturelle Codierung", „Übersetzungen" sowie „Technologie und Wirklichkeitsproduktion" gegliedert waren.
Den Ausstellungsbesuch begann ich mit einer Überblicksführung, wobei es mir wesentlich war, in dialogischen Situationen mit den Teilnehmenden keine absolute Deutung der Werke vorzunehmen, sondern bereits hier den produktiven Charakter des gemeinsamen Sprechens über Kunst zur Geltung kommen zu lassen (Sturm 1996).
Anschließend hatten die Teilnehmenden die Gelegenheit, sich den Arbeiten im Anfertigen von digitalen Fotografien oder auch Zeichnungen ästhetisch zu nähern. Eine weitere sprachliche Auseinandersetzung entstand durch die Formulierung von Texten und Fragen zu den künstlerischen Werken. Sowohl Bild- als auch Textmaterial wurde auf der Website von Kunstcoop© (www.kunstcoop.de) appliziert und bildete einen Impuls für den Austausch über Ausstellungsinhalte per E-Mail der Gruppen untereinander.
Die beteiligten Schülerinnen und Schüler formulierten in Kleingruppen innerhalb einer Doppelstunde im Kunstunterricht im Anschluss an den

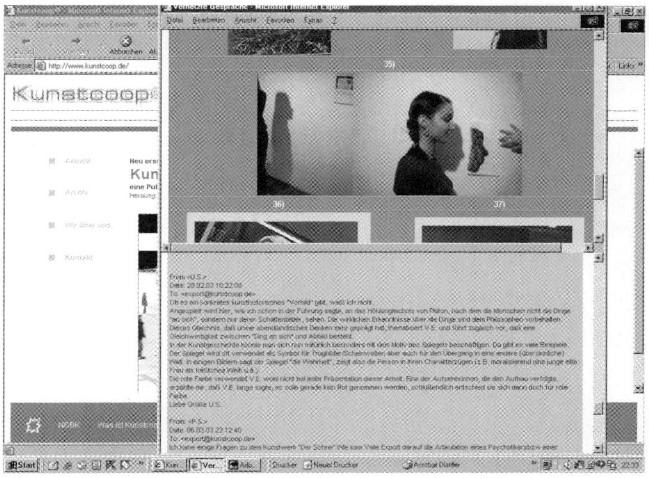

Abb. 1: Screenshot der Website: Realität und Repräsentation – Vermittlungssituation in der Ausstellung.

Ausstellungsbesuch Fragen zu Werken, die sie besonders interessiert hatten. Hierdurch wurde innerhalb des Kurses die Kommunikation über die künstlerische Position VALIE EXPORTs und den Ausstellungsbesuch angeregt. Die Fragen wurden im Medienlabor der Schule von den Jugendlichen über eine Mailing-Liste, in der alle Teilnehmenden eingetragen waren, versandt. Aus den anderen Teilnehmenden-Gruppen hatten sich verbindliche „Expertinnen" und „Experten" zur Verfügung gestellt, die die Fragen beantworteten. Die Fachkenntnis richtete sich dabei nach den vertretenen Fachrichtungen wie Ethnologie, Psychologie, Genderstudies, Kunstpädagogik u. a. Da alle beteiligten Schülerinnen und Schüler über einen Internet-Anschluss verfügten, riefen sie die Antworten direkt von zu Hause aus ab.

Ausschnitte aus der E-Mail-Korrespondenz wurden mit dem Bildmaterial auf der Website kombiniert. Die auf der Website sukzessive entstehende Bild-Text-Kombination spiegelt die subjektorientierte, dialogische Annäherung an die künstlerischen Arbeiten wider und vermittelt außenstehenden Besucherinnen und Besuchern der Website ein offen strukturiertes Bild der Ausstellung, das zur eigenen Auseinandersetzung anregt.

Um das Projekt als Kunstvermittlungsprojekt zu reflektieren, ist es relevant, das Verhältnis zwischen der gewählten Vermittlungsmethode einschließlich der Anwendung von Medien und den Inhalten der vermittelten Künstlerin zu betrachten.

Deswegen möchte ich zunächst den künstlerischen Ansatz von VALIE EXPORT skizzieren.

VALIE EXPORT – Mediale Anagramme

Die 1940 in Österreich geborene Künstlerin nennt sich ab 1967 VALIE EXPORT, ein Name, der zugleich als Marke und Logo fungiert. In der Verwendung von technischen Medien wie Fotografie, Film und Video, die nicht von traditionellen künstlerischen Arbeitsweisen und dem damit transportierten Künstlerbild besetzt sind, findet sie die geeigneten Produktionsmittel für die ästhetische Bearbeitung ihres repräsentationskritischen Ansatzes. Mit ihren medialen Analysen zeigt sie kulturelle Muster in Wahrnehmungs- und Darstellungskonventionen, in Geschlechterkonstruktionen, im kulturellen Umgebungsraum wie der Stadtarchitektur und in Ritualen auf.

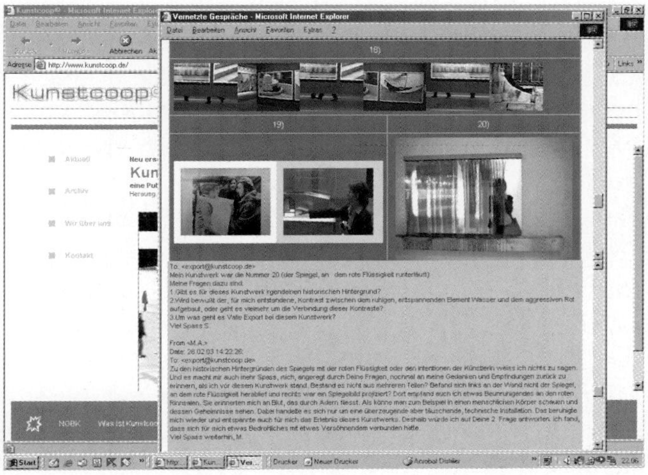

Abb. 2: Screenshot der Website mit Fotos aus dem Ausstellungsbesuch zu den Arbeiten; Körperkonfigurationen, Tapp- und Tastkino und abstract film No. 1.

Durch ihre selbstreferenzielle und paradoxe Medienverwendung verwendet sie Medien in ihrer Arbeit nicht nur als Instrumente zur Formulierung ihrer Aussagen, sondern Medien werden selbst zum Thema der Analyse. Ihre Medienverwendung beschreibt sie, in Analogie zum literarischen Verfahren der Neuzusammensetzung von sprachlichen Elementen zur Variation von Sinnstrukturen, als „anagrammatisch". „Mediale Anagramme" entstehen im Umgang mit verschiedenen Medien: In ihren frühen konzeptionellen Fotografien und Filmarbeiten untersucht sie die dokumentarische Konvention technischer Medien, analysiert die zentralperspektivische Darstellungskonvention und dekonstruiert das dichotome Verhältnis von Objekt und Abbild. Formalästhetisch gelingt ihr dies durch die gleichzeitige Repräsentation verschiedener Wirklichkeiten mit unterschiedlichen ästhetischen Mitteln; wie z. B.: In der sequenziellen Verwendung von Fotos, in filmischen „Split-Screen"-Arbeiten, in denen ein projiziertes Filmbild mittels eines Spiegels verdoppelt wird, im „Split-Reality"-Prinzip, das sie u. a. durch einen

collagierenden Umgang mit dem Filmmaterial in ihren Experimentalfilmen anwendet und in ihren medienkritischen Closed-Circuit-TV-Produktionen wie z. B. „Facing Family", ein im österreichischen Fernsehen ausgestrahlter Kurzfilm, der eine fernsehschauende Familie zeigt.
Als „Expanded Cinema" (Erweitertes Kino) bezeichnet VALIE EXPORT ihre Filmarbeiten, bei denen sie Momente der Produktion und Rezeption mit einbezieht: Die Filmaktion „Adjungierte Dislokation" beinhaltet sowohl die Aktion der Künstlerin, die mit zwei an ihrem Körper befestigten Super-8-Kameras Filmaufnahmen anfertigt als auch die Präsentation der entstandenen Aufnahmen, die die Bewegungsvollzüge der Künstlerin protokollieren und die gefilmte Situation in mehrfacher Perspektive zeigen. Programmatisch für VALIE EXPORT als Pionierin des feministischen Aktivismus ist die Expanded-Cinema-Aktion „Tapp- und Tastkino", die sie anlässlich des 1. Europäischen Treffens Unabhängiger Filmemacher 1968 in München durchführte: Auf einer belebten Straßenkreuzung in der Münchner Innenstadt steht die Künstlerin mit einem Aluminiumkasten vor ihrer bloßen Brust, in den die Passanten hineingreifen und die Künstlerin anfassen können, wobei sie ihr in die Augen schauen müssen (Abb. 3).
In dieser provokanten Aktion radikalisiert VALIE EXPORT ihren medienanalytischen feministischen Ansatz und thematisiert Voyeurismus und Geschlechterhierarchie als cinematische Traditionen, womit sie an die Auslegungen der psychoanalytischen Filmtheorie anknüpft (Koch 1995, S. 221 ff.). VALIE EXPORTs Körper wird in dieser Arbeit zum Medium und Träger ritueller Codes, die inkorporierte Verhaltensmuster signalisieren. Mit diesem Ansatz, den sie auch in ihren Performances und Bodysign-Aktionen, wie mit dem 1970 auf ihren Oberschenkel tätowierten Strumpfband, verfolgt, übernimmt sie das von Foucault formulierte Körperkonzept (Foucault 1994). Ästhetische Untersuchungen der sozialen Konstruktion von Geschlecht und das Experiment mit Rollenmustern ist eines der Hauptaspekte in VALIE EXPORTs künstlerischen Produktionen. Exemplarisch hierfür sind Arbeiten wie „Identitätstransfer", eine Fotoserie, in der sie mit verschiedenen Posen Fragen nach Zuschreibungen von „Weiblichkeit" und „Männlichkeit" aufwirft, sowie ihre fotografischen Nachstellungen von weiblichen Körperstellungen in Renaissance-Bildern.

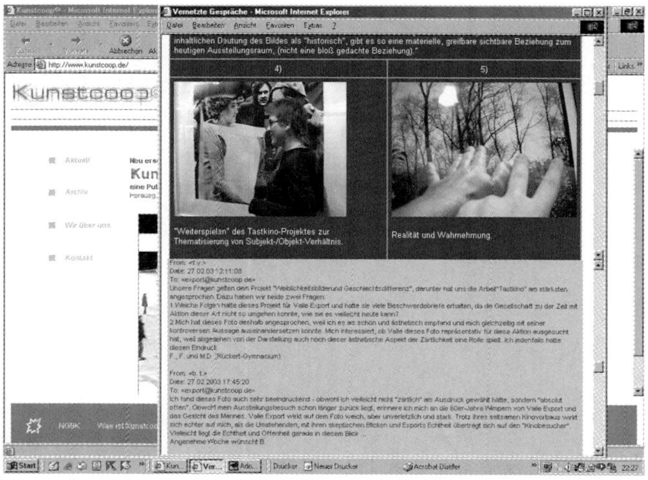

Abb. 3: Screenshot der Website: Tapp- und Tastkino und konzeptionelle Fotografie. Fotoinszenierungen einer Teilnehmerin in der Ausstellung.

Mit diesen Arbeiten entwickelt sie bereits in den 1970er-Jahren Fragestellungen, die später in den postfeministischen Theorien formuliert werden. Die Entwicklung von Geschlecht und Identität wird hier als performativer Akt, dem die Trennung von biologischem und sozialem Geschlecht als *sex* und *gender* (Butler 1991) zugrunde liegt, beschrieben; was auch eine Erweiterung der binären Codierung von weiblich/männlich zur Folge hat (Fuchs/Roedig 2002). Ein Thema, das in den Sozial- und Kulturwissenschaften verhandelt wird und zunehmend auch Bedeutung für den Sexualkundeunterricht in der Schule (Mergl 2002) erlangt. Hieraus ergibt sich auch eine Relevanz für die Kunstpädagogik als Fach, in dem zentral Auseinandersetzungen mit Wahrnehmungs- und Darstellungskonventionen stattfinden. Als „Medienkunst" sind VALIE EXPORTs Arbeiten insofern zu bezeichnen, als sie Struktur, Wirkung und Funktion der Medien bei der Formulierung und Produktion von Wirklichkeit reflektiert und die Medialität ihrer Arbeiten auf immer weitere Technologien von der Fotografie bis zur digitalen Bildbearbeitung ausgedehnt hat (Schade 2003).

Dezentrale Vermittlung mit Online-Medien

Eine Intention des Kunstvermittlungsprojektes bestand darin, den medien- und repräsentationskritischen Ansatz VALIE EXPORTs zur „Anwendung" zu bringen und hierbei innerhalb einer dezentralisierten Vermittlungsaktion die spezifische Qualität von Online-Medien zu nutzen. Diese Vermittlungsform basiert auf einem Kunstvermittlungskonzept, das Kunst nicht innerhalb dichotomer Subjekt-Objektverhältnisse zu „erklären" versucht, sondern Kunstvermittlung als Annäherung durch die Anwendung künstlerischer Strategien in zugleich rezeptiven und generativen Prozessen begreift (Pazzini 2000).

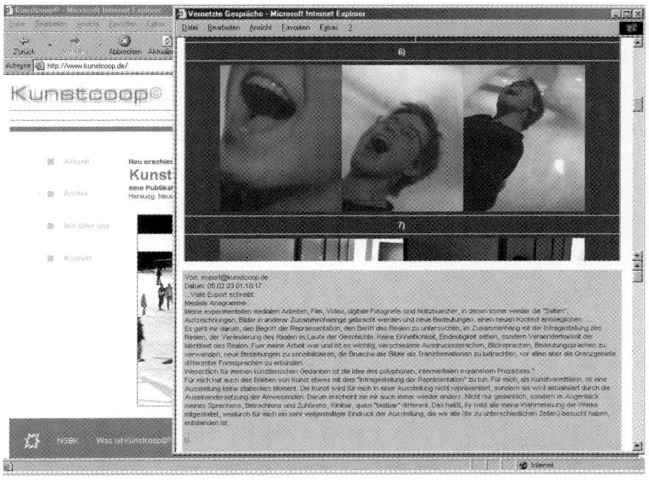

Abb. 4: Screenshot der Website: Kunstvermittlung als Infragestellung von Repräsentation – Fotoinszenierung einer Teilnehmerin in Korrespondenz mit der Installation.

Parallel zu VALIE EXPORTs künstlerischer Position, mit der sie eindimensionale Perspektiven und Zuschreibungen dekonstruiert, kann auch die Vermittlungsaktion nur so angelegt sein, dass keine eindirektionale Kommunikationsstruktur entsteht, sondern innerhalb kollektiver Auseinandersetzungsprozesse sich Sinnstrukturen verdichten. Eine der radikalen Konsequenzen einer Kunstvermittlung, die sich nicht als „erklärend", sondern als „permanente Herstellung von Situationen ohne Verfügungsgewalt" (Sturm 2002, S. 29) versteht, ist, dass im Unterschied zur klassischen monologischen Führung die Deutungshoheit der Vermittelnden aufgegeben und neues Wissen von den Teilnehmenden produziert wird.

Dabei entsteht auch die Frage nach den Kommunikationsformen und -medien, die geeignet sind, diese Intention zu unterstützen. Der Frage nach dem adäquaten „Sprechen über Kunst", die Sturm aufwirft (Sturm 1996), kann die Frage nach der entsprechenden Medienverwendung angeschlossen werden. Nahe liegend ist es, für dezentrale Kommunikationsformen Online-Medien zu verwenden, die die Prinzipien von Vernetzung und Interaktivität aufweisen, wodurch die Trennung von Sender und Empfänger und so die Differenz von Produzent und Rezipient aufgelöst werden kann (Winter 2000, S. 274). Interaktivität oder darüber hinausgehende partizipative Prozesse stellen sich jedoch im Umgang mit Online-Medien nicht zwangsläufig ein. Dies führt Kuni in ihrer Reflexion der Vision kollektiver Netzkunstpraxen aus (Kuni 2001) und wird von Huber in seiner Klassifizierung von Netzkunstwerken in reaktive, interaktive und partizipative Arbeiten beschrieben (Huber 2000). So besteht ein Unterschied dazwischen, ob Online-Medien als Präsentationsmedium, z. B. zum Aufrufen von Bildern, oder als Kommunikationsmedium verwendet werden. Werden kommunikative Aktionen eingeleitet, kommt der dynamische und prozesshafte Charakter des Mediums zur Anwendung, wodurch auch kunstnahe Prozesse, wie sie in der Netzkunst festzustellen sind, begünstigt werden können (Maset 2001).

Im **Kunstvermittlungsprojekt „Vernetzte Gespräche"** wurden Online-Medien sowohl zur Präsentation als auch zur Kommunikation verwandt. Die Mailing-Liste, mit der die elektronische Post zugleich an alle Teilnehmenden versendet wurde, fungierte als Kommunikationsmedium für die Teilnehmenden am Projekt. Die Website diente der Präsentation der während des Ausstellungsbesuchs angefertigten Bilder und von Ausschnitten aus der E-Mail-Korrespondenz. Interaktivität war hier durch die Möglichkeit des Scrollens und die Zusendung von Mails auch von nicht am Projekt Beteiligten über ein E-Mail-Dialogfenster gegeben. Mit der Präsentation des Projekts auf der Website ergab sich wiederum ein ästhetisches Produkt, das die künstlerische Position von VALIE EXPORT aufgriff: Das Fenster ist „aufgesplittet" in die Bereiche Text und Bild, die unabhängig voneinander gescrollt werden können, sodass keine definitorischen Bild/Text-Kombinationen festgelegt, sondern diese individuell bestimmbar sind.

Die konstitutive Verknüpfung von Technischem, Ästhetischem und Sozial-Kommunikativem, die Heibach als charakteristisch für die Verwendung von Online-Medien, speziell des WWW-Browsers, beschreibt (Heibach 1999), wurde so im Kunstvermittlungsprojekt aufgegriffen. Hierdurch wurden Kompetenzen in allen drei Bereichen angesprochen.

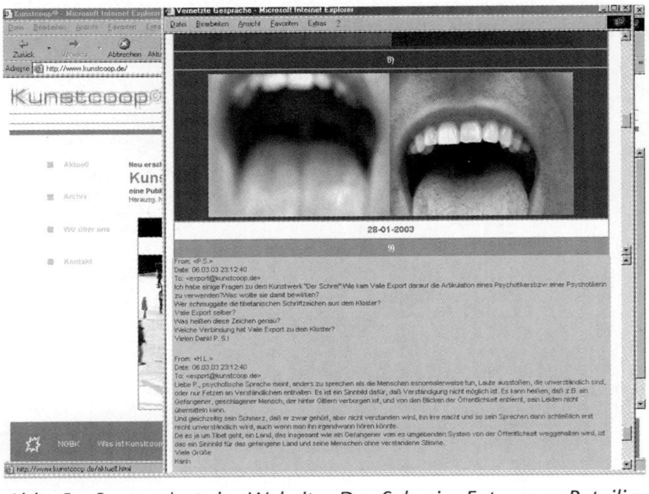

Abb. 5: Screenshot der Website: Der Schrei – Fotos von Beteiligten zur Installation Der Schrei von VALIE EXPORT.

Da die Website nicht von den Teilnehmenden, sondern von Kunstcoop© unter der Verwendung des eingesandten Materials eingerichtet wurde, waren die technischen Nutzungsanforderungen gering. Die ästhetischen Auseinandersetzungen fanden in der Rezeption der Werke in der Ausstellung, in der Anfertigung von Bildmaterial und dem Lesen des auf der Website applizierten Bildmaterials statt. Ein Schwerpunkt lag auf den kommunikativ-sozialen Aspekten. Es zeigte sich, dass bei der Nutzung von Online-Medien für direkte Kommunikation eine Moderation, die den Austausch einleitet, Impulse gibt, resümiert und nachfragt, wichtig für das Gelingen des Austauschs ist. Dieses gilt besonders für die Behandlung von sensiblen Themen und die Beteiligung von Menschen aus verschiedenen Milieus, Altersstufen und Kontexten. Es erwies sich als Vorteil, dass sich für die Beantwortung der Fragen der Jugendlichen verbindliche „Expertinnen" bzw. „Experten" zur Verfügung gestellt hatten. Die Leichtigkeit der digitalen Kommunikation vereinfacht den Informationsaustausch, kann aber zugleich auch, gerade durch alltägliche kommunikative Überlastungen z. B. durch Spam- und Werbe-Mails, zu Unverbindlichkeit und Überforderung führen.

„Vernetzte Gespräche" als Projekt im Kunstunterricht der Schule

Die Bildungsaspekte des Projektes für die medienkunst-pädagogische Arbeit (Freiberg 1999) lassen sich in mehrerer Hinsicht aufzeigen. So bietet der medienanalytische Ansatz von VALIE EXPORT, der Lebensweltbezug ihrer Arbeiten, ihr gesellschaftspolitisches Engagement und die Reflexion der Entstehung von Geschlechterrollen die Möglichkeit, die Funktion von Medien bei der Konstruktion gesellschaftlicher Zuschreibungen zu reflektieren.

Der Einsatz von Neuen Medien konnte im Kunstvermittlungsprojekt aber nicht nur in der Rezeption der künstlerischen Arbeiten, sondern auch in der eigenen Praxis mit Neuen Medien erfahren werden. Hierzu zählte einerseits die Anfertigung von digitalen Fotos in der Ausstellung als Möglichkeit, eigene Betrachtungsweisen und Annäherungen an die künstlerischen Werke direkt anschaubar und somit reflektierbar zu machen, und andererseits die Kommunikationsaktion.

Die Verwendung Neuer Medien innerhalb eines handlungsorientierten Kunstvermittlungsprojekts konfrontierte die beteiligten Schülerinnen und Schüler mit neuen Erfahrungen, auch aus dem Grund, da hierbei nicht vorrangig auf die Vermittlung von Faktenwissen, sondern auf die Entwicklung von einem Wissen abgezielt wurde, das Lühmann im Bezug auf Kleists „Über die allmähliche Verfertigung der Gedanken beim Reden" als „Rede- oder Körperwissen" bezeichnet (Sturm 1996, S. 180). Lühmann benennt hiermit ein prozessual beim Sprechen entstehendes Wissen und unterscheidet dies vom „Unterweisungswissen".

In den Äußerungen, Fragen und Antworten, die über die Mailing-Liste versandt wurden, äußern sich Annäherungsversuche und Interpretationsansätze, spiegeln sich Erlebnisse, die in der Ausstellung entstanden und Gedanken, die an Erfahrungen in anderen Lebenszusammenhängen anknüpfen. (Auszüge aus der E-Mail-Korrespondenz finden sich auf der Website von Kunstcoop© und auf der Website zu diesem Buch.) Während der Austausch der erwachsenen Teilnehmenden zunächst um Methoden der Kunstvermittlung, Rezeption von Kunstwerken und geschlechtsspezifische Themen kreiste, formulierten die Jugendlichen, die als letzte Gruppe in die Austauschaktion einstiegen, gezielte Fragen zu einzelnen Werken. Diese bezogen sich z. T. sowohl auf kunsthistorische Hintergründe als auch auf persönliche Ansichten der anderen Beteiligten zu den Werken.

In den Antworten, die an die Schülerinnen und Schüler gesandt wurden, wird deutlich, dass durch die Auseinandersetzung mit der Frage wiederum ein Auseinandersetzungsprozess beim Antwortenden in Gang gesetzt wurde. Der Prozess der „Verfertigung der Gedanken" wird nicht nur durch das Sprechen, sondern auch beim Schreiben eingeleitet (Pöppel 2000, S. 183). Ein Teilnehmer, der sich als „Experte" zur Verfügung stellte, begründete dies sogar mit der Möglichkeit, durch die Formulierung der Antworten seine Argumente zu präzisieren und verständlicher zu machen.

Neben den von den Teilnehmenden formulierten Antworten war es mir als Kunstvermittlerin möglich, Informationen zu Kunstwerken, die gezielt nachgefragt wurden, zu geben. Die Verwendung Neuer Medien ermöglichte kommunikative Erkenntnisprozesse und führte zu kooperativen Lernformen (Holzkamp 1995, S. 501 ff.), bei denen die typische Asymmetrie zwischen Lehrenden und Lernenden aufgeweicht wurde zugunsten von gemeinsamen Annäherungsbewegungen von Jugendlichen und Erwachsenen als Studierende, Graduierte und in Ausbildung begriffene oder ausgebildete Pädagoginnen.

Die Kunstvermittlerin übernahm verschiedene Rollen: die der Initiatorin der Auseinandersetzung mit den künstlerischen Werken, der Moderatorin des Austauschs sowie der „Expertin" für kunsthistorisches Wissen. Die beteiligte Kunstlehrerin verwendete das Projekt zur Vorbereitung einer Unterrichtseinheit zur Visuellen Kommunikation und wechselte zwischen den Rollen der pädagogischen Begleiterin und der selbst am Projekt Teilnehmenden.

Der Ansatz des Projektes hat für den Kunstunterricht in der Schule eine innovative Bedeutung, da die Verknüpfung von Erwachsenenbildung und Schule, die Erweiterung des Lernortes Schule und die Modifikation der Vermittlungs- bzw. der Lehrenden-Rolle die Initiierung von Bildungsprozessen im Sinne eines Verständnisses von Lernen als Selbstorganisation (Lenzen 1997) ermöglichen kann. Im vorgestellten Projekt waren Außenkontakte durch den Ausstellungsbesuch, die Verwendung von Online-Medien und die gezielte Initiierung der Kommunikationsaktion gegeben. Besonders der Aspekt der Globalität des Internet (Winter 2000, S. 280), d. h. die Möglichkeit, Webseiten von den verschiedensten Orten aus aufzurufen, begünstigt die Verbindung unterschiedlicher sozialer Räume. Hieraus entstehen Chancen für die Einbeziehung von außerschulischen künstlerischen und kunst- und museumspädagogischen Angeboten in den Kunstunterricht.

Das didaktische Modell, das dieser Form von Annäherung an Kunst zugrunde liegt, lässt sich mit Hilfe der interaktionistisch-konstruktivistischen Pädagogik (Reich 2002) aufzeigen. Reich beschreibt ein Modell, das nicht von einer eindirektionalen Vermittlung von Fakten als Lernform ausgeht, sondern einen Lernprozess auf den Ebenen von Konstruktion, Rekonstruktion und Dekonstruktion aufzeigt. „Konstruktion" bedeutet dabei die subjektgebundene individuelle Wissensproduktion, „Rekonstruktion" eine Auseinandersetzung mit dem bereits produzierten, in diesem Fall kunsthistorischen Wissen, „Dekonstruktion" die Modifizierung der eigenen Konstruktionen durch die kommunikative Auseinandersetzung mit den Konstruktionen anderer. Für die Initiierung von Lernprozessen, die diesem Modell entsprechen, können Online-Medien geeignete Medien sein, wenn auf das interaktionistisch-konstruktivistische Lernmodell bewusst abgezielt wird und die entsprechenden Voraussetzungen geschaffen werden.

Literatur

Butler, Judith: Das Unbehagen der Geschlechter. Gender Studies. Frankfurt/M. 1991

Eco, Umberto: Das offene Kunstwerk. 8. Auflage. Frankfurt/M. 1998

Foucault, Michel: Überwachen und Strafen. Frankfurt/M. 1994

Fuchs, Christian; Roedig, Andrea: Sieben Geschlechter hat der Mensch – Intersexualität. In: Online-Ausgabe der Wochenzeitschrift Freitag 44; Quelle: http://www.freitag.de/2002/44/02441701.php#top (Datum des Zugriffs: 30. 05. 2003)

Freiberg, Henning: „Was hat die Arbeit am Bildschirm mit bildender Kunst zu tun?" In: BDK-Mitteilungen 2/99, S. 12–16

Holzkamp, Klaus: Lernen. Subjektwissenschaftliche Grundlegung. Frankfurt/M. 1995

Heibach, Christiane: Creamus, ergo sumus. Ansätze zu einer Netz-Ästhetik. Quelle: http://www.update.ch/beluga/digital/99/heibach.htm (Datum des Zugriffs: 30. 5. 2003)

Huber, Hans-Dieter: Digging the Net – Materialien zu einer Geschichte der Kunst im Netz. In: Kai-Uwe Hemken (Hg.): Bilder in Bewegung. Traditionen digitaler Ästhetik. Köln 2000

Internationale Gesellschaft der Bildenden Künste (IGBK), Bonn (Hg.): Kunst lehren? Stuttgart 1998

Kemp, Wolfgang: Der Betrachter ist im Bild: Kunstwissenschaft und Rezeptionsästhetik. Köln 1995

Kron, Friedrich W.: Wissenschaftstheorie für Pädagogen. München, Basel 1999

Koch, Gertrud: Zur Ansicht: Voyeurismus und Kino. In: Kunst- und Ausstellungshalle der BRD GmbH (Hg.): Sehsucht. Über die Veränderung der visuellen Wahrnehmung. Göttingen 1995

Kuni, Verena: Wie köstlich ist ein digitaler Kadaver? In: Arbeitsgemeinschaft Kultur im Großraum Nürnberg, Fürth, Erlangen, Schwabach in Zusammenarbeit mit dem Institut für moderne Kunst Nürnberg (Hg.): log.buch. Materialien zu „log.in – netzkunst-werke". Nürnberg 2001

Lenzen, Dieter: Lösen die Begriffe Selbstorganisation, Autopoiesis und Emergenz den Bildungsbegriff ab? In: Zeitschrift für Pädagogik 6/97, S. 949–968

Maset, Pierangelo: NetzKunst vs. Kunst im Netz. Die Kunst im Spannungsfeld der neuen Technologien; Quelle: http://www.artmediation.org/fakten_text4.html (Datum des Zugriffs: 30. 05. 2003) Veröffentlicht in: medien praktisch, Heft 99, August 2001, S. 9–12

Mergl, Matthias: Homosexualität kam vor, als wir in Bio über Aids sprachen. In: Siegessäule – Berlins schwullesbisches Onlinemagazin vom 30. 5. 03; Quelle: http://www.siegessaeule.de/magazin/03_02/schule.html (Datum des Zugriffs: 30. 5. 2003)

Pazzini, Karl-Josef: Kunst existiert nicht, es sei denn als angewandte. In: BDK-Mitteilungen 2/00, S. 34–39

Pöppel, Ernst: Grenzen des Bewusstseins. Frankfurt/M. 2000

Polymorph (Hg.): (K)ein Geschlecht oder viele? – Transgender in politischer Perspektive. Berlin 2002

Schade, Sigrid: Bilder-Sprachen – Medien-Realitäten. In: Neue Gesellschaft für Bildende Kunst (Hg.): VALIE EXPORT – Mediale Anagramme. Berlin 2003

Reich, Kersten: Systemisch-konstruktivistische Pädagogik. 4. Auflage. Neuwied, Kriftel 2002

Sturm, Eva: Im Engpass der Worte. Sprechen über moderne und zeitgenössische Kunst. Berlin 1996

Sturm, Eva: Kunstvermittlung als Dekonstruktion. In: Neue Gesellschaft für Bildende Kunst (Hg.): Kunstcoop. Künstlerinnen machen Kunstvermittlung. Berlin 2002

Winter, Carsten: Internet/Online-Medien. In: Werner Faulstich (Hg.): Grundwissen Medien. 4. Auflage. München 2000

Website mit weiteren Informationen zum Kunstvermittlungsprojekt: www.kunstcoop.de

Anmerkungen

Ich bedanke mich bei meiner Kunstcoop-Kollegin Nanna Lüth, die die Internetseiten des Projektes programmierte.

Auf der Website zu diesem Buch (http://www.lrz-muenchen.de/~kunstpaedagogik/medienbuch.html) lässt sich die E-Mail-Korrespondenz nachlesen, die innerhalb dieses Kunstvermittlungsprojekts entstand.

Praktische und theoretische Bildinterpretation in digitaler Bildbearbeitung und Präsentationssoftware zu einem barocken Bild von Jan Steen

Johannes Kirschenmann

Abb. 1: Wie die Alten sungen, so pfeifen die Jungen. 1664/65, Öl auf Leinwand, 111 × 141 cm, Den Haag, Mauritshuis.

Ein Bild als Sittenbild

Ein barockes Genrebild, das den Verfall der Sitten durch das schlechte Vorbild der Erwachsenen mit vielen erzählenden Einzelheiten und grotesken Figuren ausbreitet, wurde mit einer hoch aufgelösten Beamerprojektion in der **Lerngruppe einer 10. Klasse** ausführlich besprochen. Textliche Quellen klärten, soweit nicht unmittelbar zu entschlüsseln, die Symbolik auf. In einem zweiten Schritt wurde nach einer vorausgegangenen Wiederholung zu den Varianten einer Bildkomposition die kompositionelle Struktur des Bildes mit Hilfe des Beamers und im Bildduplikat eingezeichneten Kompositionslinien erkundet.

In seinem Gruppenporträt ordnet Jan Steen die Vertreter verschiedener Generationen in eine Komposition, die in unterschiedlichen Szenen, verdichtet zu einem Bild, Ausschweifungen der „Alten" wie Alkoholgenuss, Rauchen und erotische Anspielungen als schlechtes Vorbild für die Jugend zeigt. Der zeitgenössische Betrachter erfreute sich an den vielen doppelbödigen Andeutungen im Bild, wenn der Maler beispielsweise das Kleinkind in Verlängerung des Weinglases platzierte. Eine Sammlung zur Ikonographie des Bildes, also eine erklärende Deutung einzelner Bildelemente in ihrer Zeit, liefert das Arbeitsblatt 1 (siehe URL zum Download am Ende des Beitrages).

Abb. 2: Konturen und Kompositionen mit Hilfe digitaler Werkzeuge suchen.

Abb. 3: Markus Meckel, digital: Bedeutungszonen werden durch Farbverschiebungen gesucht.

Dem genauen Betrachten und Deuten des Bildes, der Rezeption, schloss sich die praktische Aufgabe an: Die Schülerinnen und Schüler sollten mit analogen oder digitalen Methoden die Komposition verändern, um zu einer modifizierten Bildaussage zu gelangen. Die eigene Arbeit war mit einer schriftlichen Interpretation zu versehen. Nun wurden die Schülerbildwerke in einem angeleiteten Verfahren digitalisiert, sodass jeder Schüler den Scanvorgang, das Speichern und die Nachbearbeitung für seine Arbeit leisten konnte. Die Interpretationen und Abbildungen standen damit über den Server der gesamten Lerngruppe zur Verfügung. In Kleingruppen sollten dann nach einer Einführung zur Arbeitsweise mit der Software alle Arbeiten der Lerngruppe zu einer digitalen Galerie aufbereitet werden.

Ziel der Unterrichtseinheit war es, die Schülerinnen und Schüler zunächst mit der barocken Bildsprache der niederländischen Genremalerei vertraut zu machen und die besondere, heute nicht unmittelbar verstehbare Bildsprache vorzustellen. Damit wurde auch deutlich, dass inhaltliche Kodierungen und Bedeutungen in Bildern immer ihren vielschichtigen Gehalt erst im Zusammenwirken der einzelnen Bildelemente mit der formalen Verknüpfung durch die Komposition erlangen. Eine Hilfe dazu war die Emblematik jener Zeit, auf die die Schüler mit knappen Beispielen aufmerksam gemacht wurden: Emblematische Literatur liefert Hinweise aus der Zeit des Barock, die die bildreiche Symbolik in ihrer Zeit besonders durch anschauliche Vergleiche erläutert (z. B. http://www.ammma.uni-bielefeld.de/museum/lesesaal/netscher/emblem.htm).

Verfahren der Bildveränderung

Und genau als ein Verändern der Komposition, inklusive der dazugehörenden Farbwerte, der Ortslagen wesentlicher Bildelemente im Bildganzen, wurde dann die explorierende Aufgabenstellung formuliert. Ob die Schüler dazu ihnen vertraute, nicht immer anspruchsvolle Verfahren der Malerei oder der digitalen Bildgestaltung wählten, war freigestellt.

Um die Lerngruppe hier mit systematischen Verfahren vertraut zu machen, wurde ihnen der Vorschlag des Kunstpädagogen und Kunsthistorikers Axel von Criegern offeriert, der zur verbalsprachlichen Auseinandersetzung mit einem Werk die bildnerische gleichrangig an die Seite stellen möchte. Seine leitenden Begriffe dafür sind *Rekonstruktion, Dekonstruktion* und *Konstruktion*. Die Schülerinnen und Schüler bekamen die drei Abbildungen des Arbeitsblattes 2 (siehe URL zum Download am Ende des Beitrages) zunächst ohne Erläuterung im Dia zu sehen – sein von der Lerngruppe aus dem Bildmaterial ablesbares Vorgehen wurde dann mit den Begriffen von Criegerns belegt (vgl. Criegern, Axel von: Konzepte künstlerischer Auseinandersetzung. In: Kunst + Unterricht 233/1999, S. 40–43).

Trainieren und Anwenden

Die gesamte Lerngruppe erhielt wiederholende Hinweise zur Malerei, zur Vorzeichnung, zu den Möglichkeiten eines Legelayouts mit Kopiermaterial in Schwarzweiß und die Lerngruppe nahm auch an einer von einem Mitschüler vorbereiteten Einführung in „Paint Shop Pro 7.0" teil. Die Soft-

Abb. 4: Daniel Streusel, analog: Silhouetten verdichten die Figurengruppen.

Abb. 5: Fabian Sperendiano, digital: Die Generationen im Bild werden farblich gruppiert, die Gesichtszüge maskiert.

ware war als Schullizenz auf allen Netzwerken der Computerarbeitsräume installiert. Diese Einführung umfasste den Scanvorgang, das erste Nachbearbeiten des Bildmaterials und dann die Möglichkeiten des Ausschneidens und Verschiebens von Bildteilen, der Markierung und farblichen Veränderung. Erst nach diesen Vorbereitungen konnten die Schüler sich einer Gruppe zuordnen. Besonders die Schüler, die sich zur digitalen Aufgabenlösung entschlossen, erhielten durch den Mitschüler und den Lehrer Unterstützung am PC. Die Hilfen für die im konventionellen Medium Malenden fielen in Folge der „Bilokalität" des Fachlehrers geringer aus, was die Qualität der Arbeiten leider beeinträchtigte. Hier müsste künftig durch eine Schülerin oder einen Schüler als Tutor/in einer höheren Jahrgangsstufe mit guten Malfertigkeiten eine Betreuung erfolgen, um der Gefahr entgegenzuwirken, dass die analoge Arbeit stiefmütterlich behandelt wird, wenn der Computer in den Kunstunterricht einzieht.

Nach etwa drei Doppelstunden wurde diese Arbeitsphase abgeschlossen und nun war ein kurzer Bildkommentar von jedem Schüler anzufertigen. Damit wurde die Reflexion am resultierenden Produkt gefordert; mögliche Verbesserungsoptionen wollten nur die „Digitalarbeiter" an ihrem Resultat noch vornehmen, die anderen scheuten weitere Eingriffe in ihre (nicht immer deckenden) Malereien. Während ein Teil der Lerngruppe noch am Bildkommentar schrieb, begann das Einscannen aller Arbeiten – die digitale Galerie auf CD-ROM sollte jede Arbeit ohne Hierarchisierung versammeln, auch weil der Klassenverband in der 10. Jahrgangsstufe sich mit Ende des Kurshalbjahres auflöste und so ein Erinnerungsdokument geschaffen wurde, das jeder Schüler bekam.

Beim Scannen war jeder Schüler für den gesamten Vorgang inklusive der ersten Nachbereitung verantwortlich, um auch die konventionell Arbeitenden an die Funktion der Hard- und Software und die minimalen (Sicherheits- und) Bedienungsbedingungen des schulischen Netzwerkes heranzuführen. Ebenso waren die Bildkommentare vom handschriftlichen Entwurf nun über die Textverarbeitung in einem (vom Lehrer vorbereiteten) „Namensordner" auf dem Server zusammen mit dem Bild abzulegen.

Anschließend folgte für die gesamte Lerngruppe eine Einführung in „Medi8tor"; auch diese Präsentationssoftware stand in der Version 6.0 als Schullizenz zur Verfügung und bot sich wegen ihrer intuitiven Menüführung an. Wiederum hatte ein in der Software versierter Mitschüler die Einführung nach Absprache mit dem Lehrer vorbereitet. Beide „Instruktoren" („Paint Shop Pro 7.0" und „Medi8tor 6.0") hatten verantwortungsvoll ihre Lektionen aufbereitet und sich an das Gebot der Reduktion von Fachtermini sowie einer übersichtlichen, schrittig strukturierten Darstellung ihrer Einführung gehalten. In ihrer Lehrerrolle wurden sie von den Mitschülern akzeptiert. Ihre Einführungen wurden jeweils am Programm demonstriert und über Beamer der Lerngruppe gezeigt. Nach kurzen Lernschritten waren Übungsaufgaben für die Lerngruppe vorgesehen, um handelnd und mit Perspektive auf einen sichtbaren Erfolg am Monitor die gesamte Klasse für die Anwendung der Software zu motivieren.

Rückschau im Vergleich

Im Ergebnis hat nur ein kleiner Teil für die kompositorische Bildmodifikation die digitale Variante als Methode gewählt, da das Vertrauen in eine souveräne Beherrschung der Software hier wenig ausge-

Abb. 6: Maribel Vital, analog: Abstraktionen in Anlehnung an Kandinskys Formelemente.

Abb. 7: Anita Kotyrba, analog: Abstraktionen in Anlehnung an Kandinskys Formelemente.

prägt war – trotz erfolgreicher Bildresultate in der Einführungsphase. Nicht wenige Schüler nutzen jedoch die Chance der digitalen Kompositionserprobung als jederzeit revidierbare Studie, die dann aufgrund der Erinnerung an das Monitorbild oder einen Ausdruck im traditionellen Malereimedium umgesetzt wurde. Der kleinere Rest, der a priori die digitale Gestaltung anstrebte, bot dann zumeist mehrere Varianten einer Lösung an – allerdings musste ein Bild als endgültige Auswahl durch den Produzenten markiert werden, um in die Präsentationsgalerie aufgenommen zu werden.

Das Design der Präsentationsgalerie war den einzelnen Gruppen zur Entscheidung überlassen. Zunächst sollten sie anhand mitgebrachter Beispiele auf CD-ROM oder im Internet die Möglichkeiten des Screendesigns und einer leichten, intuitiven Navigation erkunden, um im Abwägen der Vor- und Nachteile zu einer eigenen Lösung zu kommen, die unaufdringlich und übersichtlich die Arbeiten sämtlicher Schüler der Lerngruppe neben einer Einführung und mit den jeweiligen Bildkommentaren präsentierte. Zwei Doppelstunden waren für diese Layoutarbeit zu veranschlagen. Am Ende der Unterrichtseinheit stand nun die Präsentation via Beamer der Gruppenergebnisse. Anliegen dieses Finales war nicht nur der Rückblick auf Klippen und Hürden bei der Arbeit am Computer, sondern der Versuch eines Vergleichens und Abwägens zwischen den konventionellen Gestaltungsverfahren und den digitalen. Beide Seiten hatten ihre Verfechter, wobei die digitalen Ergebnisse in ihrer Ästhetik „gekonnter", weil oft näher am gewohnten Bild professionellen Grafik-Designs vor allem aus der Werbung, waren. Gerade diese nahezu unvermeidbare Nähe führte zum Argument einer fehlenden persönlichen, künstlerischen Handschrift, die ihrerseits immer mit einem größeren Risiko des Scheiterns behaftet ist.

Abb. 8: Isabell Krick, analog: Orientierung an jugendkulturellen Stilen der Malerei.

Bleibt als **Fazit**, dass die gesamte Lerngruppe Verfahren der Bildauslegung in Theorie und Praxis kennen lernte und mit Grundfertigkeiten der digitalen Bildbearbeitung und einfachen Präsentationen vertraut wurde. Die für jede Schülerin und jeden Schüler dann gebrannte CD-ROM enthielt nicht nur die Erinnerung an ein sehr erzählendes historisches Bildwerk mit auch heute noch lebensnahen Details, die silberne Scheibe enthielt auch die Arbeiten der ganzen Klasse, die sich danach in den Kursen der Oberstufe auflöste.

Links

Das Arbeitsmaterial inkl. einer digitalen Reproduktion des Steen-Bildes finden Sie unter:
http://www.lehrer-online.de/dyn/9.asp?url=325521.htm
Jan Steen: „Die verkehrte Welt", Abb. mit knapper Beschreibung des Kunsthistorischen Museums Wien
http://www.khm.at/system2.html?/static/page250.html
12 Abbildungen in guter Qualität und Material zur Bildsprache des Barock:
http://www.musee-imaginaire.de/lesesaal/steen/werke-fr.htm
http://www.khm.at/system2.html?/static/page250.html
37 Abbildungen von Werken Steens, die als Reproduktionen verkauft werden: http://www.inter-art.com/de/stehen1.htm
Knappe Bilderklärung und Künstlerbiografie zum Werk „Der Zeitungsleser": http://www.buehrle.ch/index.asp?lang=g&id_pic=166

Projektarbeit Kunstgeschichte – Kontextualisierung und 3D-Visualisierungen

Ernst Wagner

Homemade

Aufbruchstimmung: Seit kurzem präsentieren Fachkollegen – mit zunehmender Tendenz – eigene Beiträge aus ihrem Kunstgeschichtsunterricht im Netz. Interessant die Ansätze, in denen bestehende Softwaretools (vorrangig Bildbearbeitungsprogramme) für die reflexive Auseinandersetzung mit Kunstwerken im Unterricht eingesetzt werden (Anm. 1). Dabei ist es in Pionierzeiten verständlich, dass die meisten Kollegen hier zuerst einmal traditionelle und konventionelle Verfahren der Didaktik der Kunstvermittlung adaptieren.

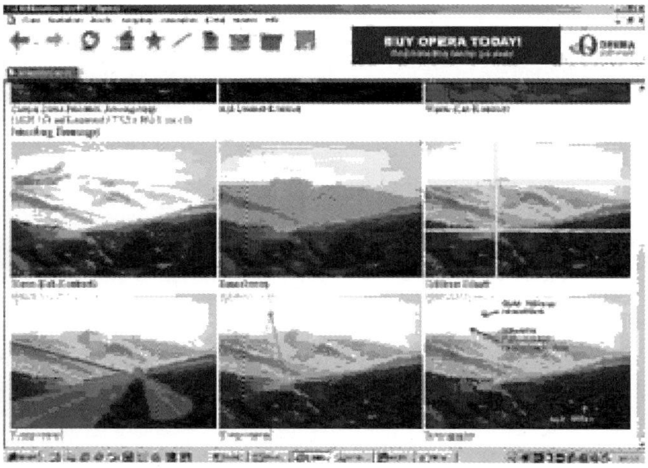

Abb. 1: www.kunstlinks.de/bdk (Beitrag von Ralf Janaszek).

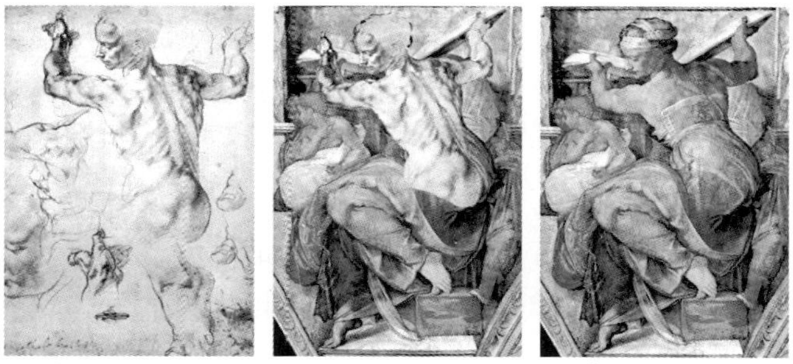

Abb. 2: Beispiel des Verfassers.

So werden z. B. – wie in vielen tradierten Kunstvermittlungsdidaktiken – verdeutlichende Kompositionsfiguren über Bilder gelegt (Anm. 2). In anderen Beispielen nutzen Lehrer wie Schüler Effekte des Rollover oder Animated GIFs, um Vorzeichnungen, Studien u. a. „unter" ein Gemälde zu legen. So wird ein schnelles Wechseln zwischen zwei Ansichten, die direkt übereinander liegen, möglich.

In diesen Beispielen macht die verwendete Software (vorzugsweise Bildbearbeitungsprogramme und hier vor allem „Photoshop") die Vorhaben zum Teil leichter, zum Teil erst möglich. Doch oft werden Intentionen verfolgt, die den Einsatz des Computers und seiner spezifischen Mittel eigentlich gar nicht erfordern würden. Auch bleiben die Kunstwerke weitgehend unverändert.

Andere Vorgehensweisen greifen dagegen direkt in den bildnerischen Bestand ein, um durch Veränderungen, Verfremdungen, Montagen den Blick auf Zusammenhänge zu lenken. Digitale Farbveränderungen können analytische Zusammenhänge deutlich machen. In der folgenden Abbildung wird z. B. durch Spiegelung und Neumontage die Anlage von Dürers Selbstporträt deutlich: Die Gestaltung wird als Ausgleichsleistung zwischen zwei widersprüchlichen Hälften unmittelbar sinnlich erfahrbar.

Abb. 3: Beispiel des Verfassers.

In einem anderen Projekt lässt das Einmontieren von Michelangelos Pietá-Madonna in Davids Marat nicht nur die Überprüfung des in der Literatur immer wieder behaupteten Zitats zu, sondern verdeutlicht darüber hinaus die propagandistisch appellative Wirkung der räumlichen Drehung des toten Marat hin zum Betrachter.

Abb. 4–6: Beispiel des Verfassers.

Professionelle und kommerzielle Angebote

Doch nicht nur Fachkollegen, auch Softwarefirmen haben in den letzten Jahren durch ihre Arbeit an kunstgeschichtlich orientierten CD-ROMs Vorschläge gemacht, wie der Beitrag der elektronischen Medien bei der Kunstvermittlung aussehen könnte. Neben den bereits aufgezeigten und von den Kollegen praktizierten Lösungen überzeugen hier vor allem drei Ansätze: die (Re-)Kontextualisierung von Kunstwerken, die flexible und individualisierte Nutzung von Bilddatenbanken sowie die Verwendung von interaktiven Bildgenerierungsverfahren (Anm. 3).

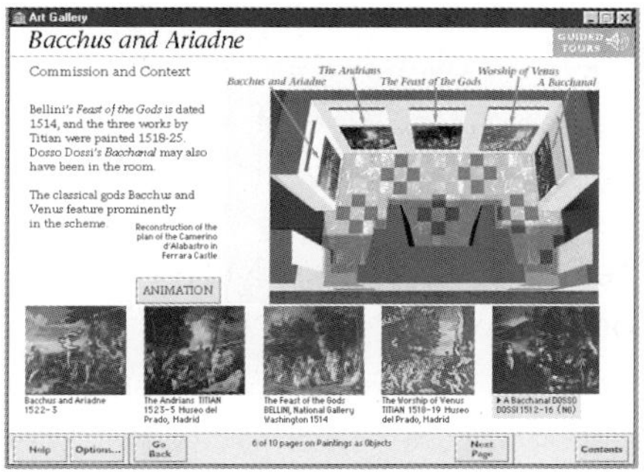

Abb. 7: Art Gallery.

Abb. 8–9: Louvre-Website: Räumliche Navigation zur Verdeutlichung des historischen oder aktuellen Kontextes.

Abb. 10–11: Art Gallery: Möglichkeit, auf der CD-ROM vorhandene Bilder nach unterschiedlichen Gruppen zu ordnen.

Kontextualisierung

Eine der frühesten und immer noch innovativsten Kunst-CD-ROMs war „Art Gallery", basierend auf dem Bestand der National Gallery, London (Anm. 4). Bereits in diesem Programm war es z. B. möglich, die Flügel des Marienkrönungsaltars von Giusto de Menabuoi interaktiv zu öffnen, um auf diese Weise das historisch überlieferte temporäre Sichtbarmachen der Innenansicht bei hohen kirchlichen Festen nachvollziehbar zu machen. In einem anderen Bereich der CD wird die ursprüngliche Hängung von Tizians „Bacchus und Ariadne" zusammen mit den Werken Bellinis und Dossis am Hof von Ferrara in einer 3D-Ansicht rekonstruiert (s. Abb. 7), wobei der Nutzer von einer, den Überblick bietenden Vogelschau zu einer Normalansicht im Raum wechseln kann. Mit diesem Perspektivewechsel ist das wichtige didaktische Konzept, Fokussierung und Kontextualisierung gleichzeitig anzubieten, gewährleistet: Der Betrachter kann sich auf das einzelne Werk konzentrieren oder aber die Einbettung des Werks in verschiedenen Kontexten nachvollziehen. Die Simultaneität erlaubt ein „Pendeln" zwischen beiden Zugangsweisen (Anm. 5).

Hier wurde aber auch – zu diesem frühen Zeitpunkt noch durch einfache, nicht beeinflussbare Animationen – ein interaktiver virtueller Raum antizipiert, der ein „Überblicken", ein „Umschauen" oder ein „Nähern" an einzelne Bilder ermöglicht. So werden nicht nur der ursprüngliche oder heutige Kontext der Bilder in der Hängung nachvollziehbar, sondern auch die jeweils spezifischen Präsentationsbedingungen, wie Raumsituation, Hängungshöhe, Lichtverhältnisse etc.

Mit heutigen Mitteln (Quicktime VR) ist dies vielleicht am wirkungsvollsten auf der Louvre-Website (www.louvre.fr) gelöst. Und solche Ansätze sind auch relativ einfach von Schülern zu realisieren (s. u.), einzelne Lehrkräfte experimentieren bereits damit (www.kusem.de/proj/glypt/glypt.htm). Mit Quicktime VR ist aber nicht nur das virtuelle Sichum-die-eigene-Achse-Drehen und das Nähertreten in Architektur, sondern vor allem auch das Umkreisen von Skulpturen möglich. Mit diesen Möglichkeiten nähern wir uns der Lösung des grundsätzlichen Problems der Vermittlung von Plastik und Architektur im Unterricht.

Abb. 12, 13: http://www.telfs.cc/Cubics/Kirchen/Stiftskirche-Stams1.html.

Abb. 14–16: http://mandarb.net/virtual_gallery/sculptures/nike.shtml.

Datenbanken

Auf „Art Gallery" gab es auch bereits die Möglichkeit, sich die Bilder des dort verwalteten Bestands der Londoner National Gallery nach Gattungen, Themen, Stilen, Entstehungsort, Entstehungszeitraum etc. unabhängig von der jeweiligen Hängung im Museum, individuell und nach eigenen Fragestellungen jeweils neu zusammenzustellen. Dies wäre bei einem realen Museumsbesuch natürlich so nicht möglich, selbst in der Vorstellung könnte der Interessierte dies nicht leisten: Er müsste sich von allen Bildern Postkarten kaufen, um sie jeweils immer wieder neu zu gruppieren.

Heute bieten Datenbanken auf der Basis einer entsprechenden Verschlagwortung der Bilder einen höheren und v. a. individuelleren Komfort. Größte Bildbestände organisieren sich auf Knopfdruck jeweils neu, um spezielle Fragen verfolgen zu können (Anm. 6). Je nach Erkenntnisinteresse des Benutzers ergeben sich durch diese Form der Datenstrukturierung unterschiedliche Zugriffsmöglichkeiten, die den selbst gesteuerten Wissenserwerb, eine forschend-explorative Vorgehensweise in der Schule erleichtern und z. T. erst ermöglichen.

Die erste große Bilddatenbank, das vom Fotoarchiv Marbach entwickelte „Bildarchiv zur Kunst und Architektur in Deutschland" (http://bild index.de), umfasst einen riesigen Bestand, trägt aber eine schwere Bürde an den alten Schwarz-Weiß-Bildbeständen und dem komplizierten und etwas altbackenen Interface. Einen aktuellen Ansatz verfolgt der vom BMBF geförderte Forschungsverbund „Prometheus" mehrerer kunsthistorischer Universitätsinstitute, bei dem ein kooperatives System mit durchgehend hochwertigen Abbildungen und einem interessanten Interface entsteht. Darüber hinaus werden im Moment viele Spezialdatenbanken an Forschungseinrichtungen und Universitäten entwickelt.

Einen Spezialfall bildet das Vorhaben „Ikonothek", eine Bilddatenbank, die unmittelbar aus dem schulischen Kontext für die schulische Praxis aufgebaut wird. In diesem Projekt unter Beteiligung von Hochschulen legt eine Redaktionsgruppe eine Auswahl von 100 Schlüsselwerken fest, die als „Ikonen" unser kulturelles Bildgedächtnis und damit unsere kulturelle Identität prägen. Lehrer und Schüler haben die Möglichkeit (und die Aufgabe), diesen Bestand in eigenen Projekten zu erweitern und auf diese Weise neu zu definieren sowie mit alternativen Akzenten zu profilieren. Die ergänzten Objekte werden analog zu den 100 Ikonen verschlagwortet und in die Datenbank eingebunden. Die Schulen, aber auch einzelne Nutzer, erhalten damit zusätzlich ein Instrument für die Erfassung und v. a. Erschließung ihrer eigenen Bildbestände. Das Ergebnis kommt 2005 auf den Markt (www.ikonothek.de).

Interaktionen

Während ein Teil professioneller Angebote, wie gezeigt, v. a. auf die Visualisierung durch eine Rekonstruktion oder Dokumentation von räumlichen Kontexten oder auf die Datenorganisation nach bestimmten Fragestellungen zielt, setzen andere ihren Schwerpunkt auf interaktive „Spiele", um die Wahrnehmung des Nutzers für die jeweils spezifische Leistung eines Künstlers zu sensibilisieren. Hier können viele Anregungen von Veranschaulichungsstrategien technikgeschichtlicher Museen gewonnen werden, die seit Jahrzehnten eine differenzierte Debatte um „Public Understanding of Science" führen und dazu interessante Standards entwickelt haben. Ein gutes Beispiel ist das „interaktive Röntgen" durch die Überblendung von Unterzeichnung und endgültiger Ausführung über einen Schieberegler (CD-ROM Petrus Christus, Mib Berlin). Dadurch wird – technisch aufwändiger und in der Lösung überzeugender als bei den bereits oben erwähnten Rollovers – ein unmittelbarer Vergleich zwischen zwei „Zuständen" in der Entstehung des Kunstwerks ermöglicht.

In der schulischen Praxis können Schüler wie Lehrer skrupelloser sein und deshalb noch einen Schritt weitergehen, um z. B. den fiktiven Entstehungsprozess bekannter Kunstwerke zu „simulieren". Dies geschieht durch deren Manipulation mit Hilfe eines Bildbearbeitungsprogramms „rückwärts", d. h. vom Ergebnis, dem Bestand des Kunstwerks her. So generieren die Schüler durch die Umwandlung des Farbformats und die Anwendung von Filtern sowie durch gestalterische Veränderungen eine fiktive Ausgangsskizze, die über farbige Anlage und Rücknahme von Eingriffen dann zu dem endgültigen Ergebnis führt. Dabei müssen sie sich immer wieder alternative, aber in die Zeit zum Künstler und zur Gattung passende Alternativen ausdenken. Der Vergleich mit dem originalen Werk macht dann dessen spezifische Leistung im Einsatz der jeweiligen Gestaltungsmittel umso deutlicher. Interessant wird hier natürlich der Vergleich zu Bildbeispielen, bei denen verschiedene Phasen der Entstehung fotografisch dokumentiert sind, wie z. B. bei Picassos „Guernica".

Bei „!Kunst" von United-SoftMedia wurde am konsequentesten der Ansatz eines explorativen Lernens durch Ausprobieren und durch Erfahrung verwirklicht (Anm. 7). So kann der User dort in einem kleinen interaktiven Spiel z. B. die männliche Hand in Rodins Skulptur „Der Kuss" an verschie-

Abb. 17–21: Fiktive „Vorzeichnung"/Farbige Anlage/„Verworfene, erste Ausführung"/Spiegelung/Endgültige Lösung durch „Übermalen des Hintergrunds, dunkler Akzent rechts unten und bei der Halspartie".

denen Stellen des weiblichen Körpers anlegen (s. Abb. 22). Das macht Spaß und enthüllt gleichzeitig – im auswählenden Nachvollzug – die bildnerische Entscheidung, den schöpferischen Akt des Künstlers, der sich analog entscheiden musste. Noch schwieriger wird die Aufgabe, ein eigenständiges Bildteil, etwa eine Ganzfigur, sinnvoll zu platzieren, wenn das Objekt aus einem anderen kulturellen (wie hier dem asiatischen) Kontext stammt: An welcher Stelle im Bild sitzt die Figur mit dem Schirm am besten oder gar richtig (s. Abb. 23)?

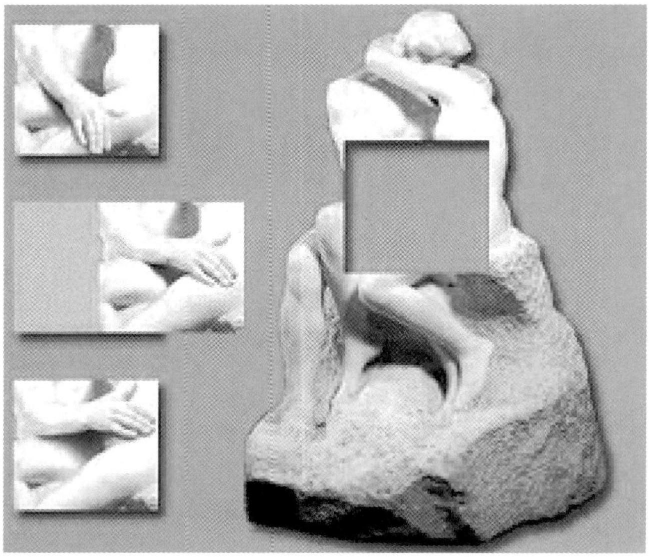

Abb. 22–23: „!Kunst" von United-SoftMedia.

Kontexte – 3D-Visualisierungen in schulischen Projekten

Projekt „Virtual Restoration“ (www.zum.de/Faecher/Materialien/ludwig/wagner/virtual_restoration)

Die ersten Versuche mit internetfähigen 3D-Modellen am Gymnasium Ottobrunn liegen relativ lange zurück: 1996 beteiligten wir uns an dem EU-geförderten Comeniusprojekt „Virtual Restoration“, wozu eine italienische Schule Partner suchte. Jeder Teilnehmer sollte ein verloren gegangenes Architekturdenkmal mit Hilfe von CAD-Programmen dreidimensional rekonstruieren. Wir suchten uns im Leistungskurs Kunst den spanischen Pavillon der Pariser Weltausstellung 1937 aus, einem Objekt von höchster kunstgeschichtlicher und historischer Brisanz: In unmittelbarer Nähe zum sowjetischen und zum Nazipavillon, errichtet vom demokratischen Spanien, das sich gerade – nach dem Putsch Francos – im Bürgerkrieg befand, in programmatisch moderner Formensprache von Sert gestaltet. Drei Stockwerke voller Kunst, wobei ein Stockwerk ausschließlich großen Fotomontagen vorbehalten war. Berühmte Künstler wie Picasso, Miro, Calder stellten hier ihre Werke aus und damit – am Vorabend des 2. Weltkriegs – in den Dienst der spanischen Republik. Nach der Zerstörung der baskischen Stadt Guernica durch deutsche Bomber konzipierte Picasso sein gleichnamiges Bild für den Pavillon.

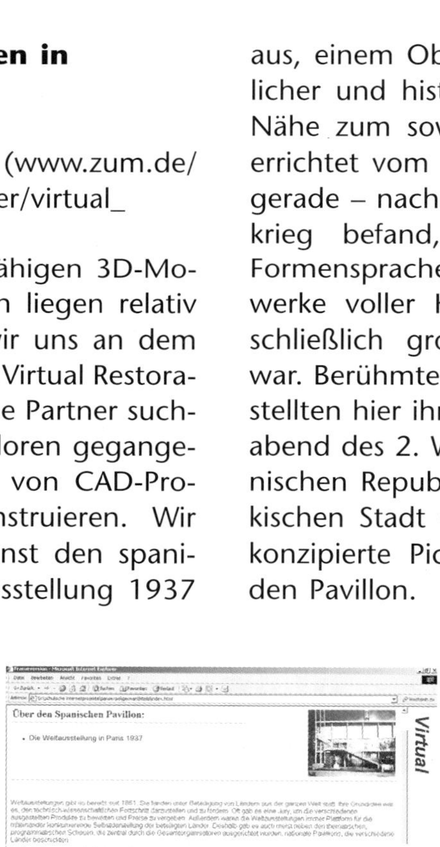

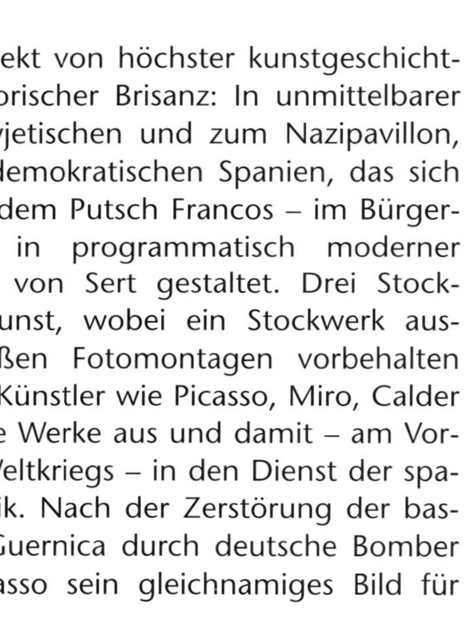

Abb. 24–26: Startseite des Projekts, Die Seite zur Weltausstellung 1937, Das Modell aus der Vogelperspektive.

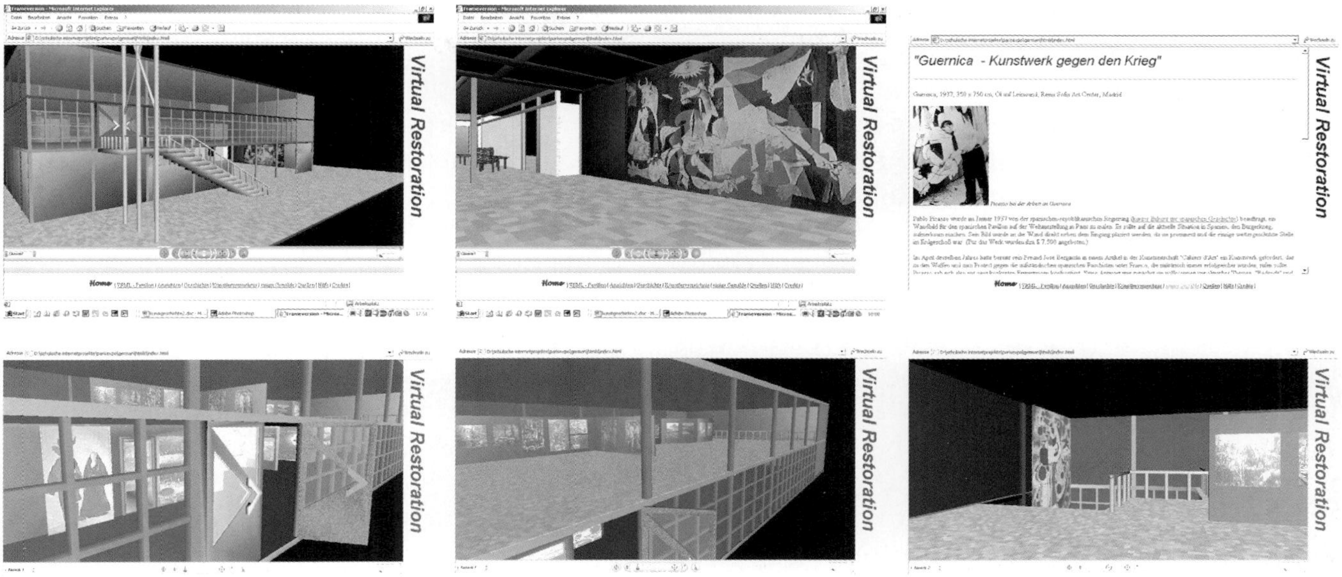

Abb. 27–33: Blick von außen in den Pavillon, an der rechten Wand im Erdgeschoss Picassos Bild, Das Werk aus größerer Nähe, Nach einem Mausklick auf das Bild öffnet sich eine Informationsseite, Blick von außen auf den ersten Stock, Blick auf den zweiten Stock, Miros Bild im Treppenhaus des 2. Stocks, Informationsseite zu Miro.

Im Zentrum des Projekts steht das dreidimensionale Modell des Pavillons. Der User erkundet dessen Stockwerke beim Durchwandern, wie es wohl auch der damalige Besucher gemacht hat. Bei einzelnen Objekten und Kunstwerken seines Interesses kann er diese anklicken und erhält (auf HTML-Seiten) tiefer gehende Informationen.

Projektdokumentation Borromini
(www.museumonline.at/1999/schools/via/ottobrunn)

Auch das folgende Projekt lief unter außergewöhnlichen Bedingungen ab: eine kleine Gruppe interessierter und hochmotivierter Schüler, die Abwicklung in einem zweistündigen Wahlunterricht, flexible Unterrichtszeiten, Kooperation mit einem zweiten Kollegen, ein halbes Jahr Zeit. Im Hinblick auf diese Bedingungen ist es sicher nicht einfach zu übertragen. Dennoch sind dort Aspekte realisiert, die auch für Vorhaben mit schlechteren Voraussetzungen interessant sein können.

Als Kunstlehrer am Gymnasium Ottobrunn reagierte ich auf die Ausschreibung eines Projekts zum Thema „Borromini" durch die Albertina Wien. Die barocke Architektur Borrominis (Rom, 1599–1667) formuliert eine innovative, dynamische Architektursprache, die bis heute höchst aktuell ist. Von Borromini aus kann eine gedankliche Linie bis zu heutigen Architekten wie Gehry oder auch zu den dynamisierten Räumen in Videoclips und im Cyberspace gezogen werden. Mit einigen Schülern und einer weiteren Gruppe einer befreundeten Schule wollten wir uns deshalb nicht nur mit dem Thema Barock, sondern auch mit Leitmetaphern eines Weltverständnisses auseinander setzen, die heute gerade in den virtuellen Realitäten und im Hinblick auf das Verhältnis von Illusion und Simulation virulent sind.
In einem ca. ein halbes Jahr dauernden Projekt erarbeiteten wir uns die kunsthistorischen Grundlagen Borrominis, dessen Traditionslinie in die Moderne hinein und ein eigenes gestalterisches Projekt, das theoretische Erkenntnisse und sinn-

liche Erkenntnisse in einer Einheit verschmelzen sollte. Die teilnehmenden Schüler aus den Jahrgangsstufen 7 bis 9 wählten zuerst ein Werk Borrominis aus, die Colonnata im Palazzo Spada, Rom, die exemplarisch für die spielerisch illusionistische Ausformung seiner Architektursprache steht. Es handelt sich dabei um die Ausgestaltung eines Verbindungsgangs zwischen zwei Höfen des Palastes, der so gebaut wurde, dass er im Vergleich zu den realen Abmessungen wesentlich länger und damit eindrucksvoller aussieht. Es folgte eine intensive Recherchephase. Nachdem wir Grund- und Aufrisse gesichert hatten, konnten wir uns an die dreidimensionale Umsetzung am Computer machen. In einem gemeinsamen dreitägigen Workshop erstellten die Schüler dann das maßstabgetreue 3-D-Modell mit Hilfe eines CAD-Programms (3D Studio Max) sowie die Texturen. Die dreidimensionale Rekonstruktion wurde als VRML-Modell exportiert und damit internetfähig, sie kann „aktiv durchwandert" werden. Dadurch werden die illusionistischen Konstruktionsprinzipien Borrominis sowie die Bedeutung des „gelenkten Blicks" erfahrbar. Die Erarbeitung kunst- und kulturgeschichtlicher Tutorials und die Gestaltung der einzelnen Webseiten erfolgte arbeitsteilig. Die Teilergebnisse wurden dann in einem weiteren gemeinsamen, zweitägigen Workshop zu einer kleinen „Borromini-Lernwelt" zusammengefasst.

Diese besteht aus unterschiedlichen Modulen. Im Zentrum stand für die Schüler die 3-D-Rekonstruktion des Korridors mit Hilfe eines CAD-Programms und der Transfer dieses Modells in eine interaktive, wie in einem Computerspiel zu durchwandernde 3-D-Welt. Nicht nur bei der Generierung, sondern auch bei der anschließenden Nutzung, konnten die Schüler sinnlich nachvollziehen, wie die optische Täuschung, der Illusionismus der perspektivischen Verkürzung im Korridor tatsächlich funktioniert. Ein Effekt, den die Schüler – wie im Übrigen auch die Rom-Besucher (der Korridor ist im Original nicht unmittelbar zugänglich) – sonst nur auf der Basis der Abbildungen **nicht** sehen können und deshalb einfach glauben müssen.

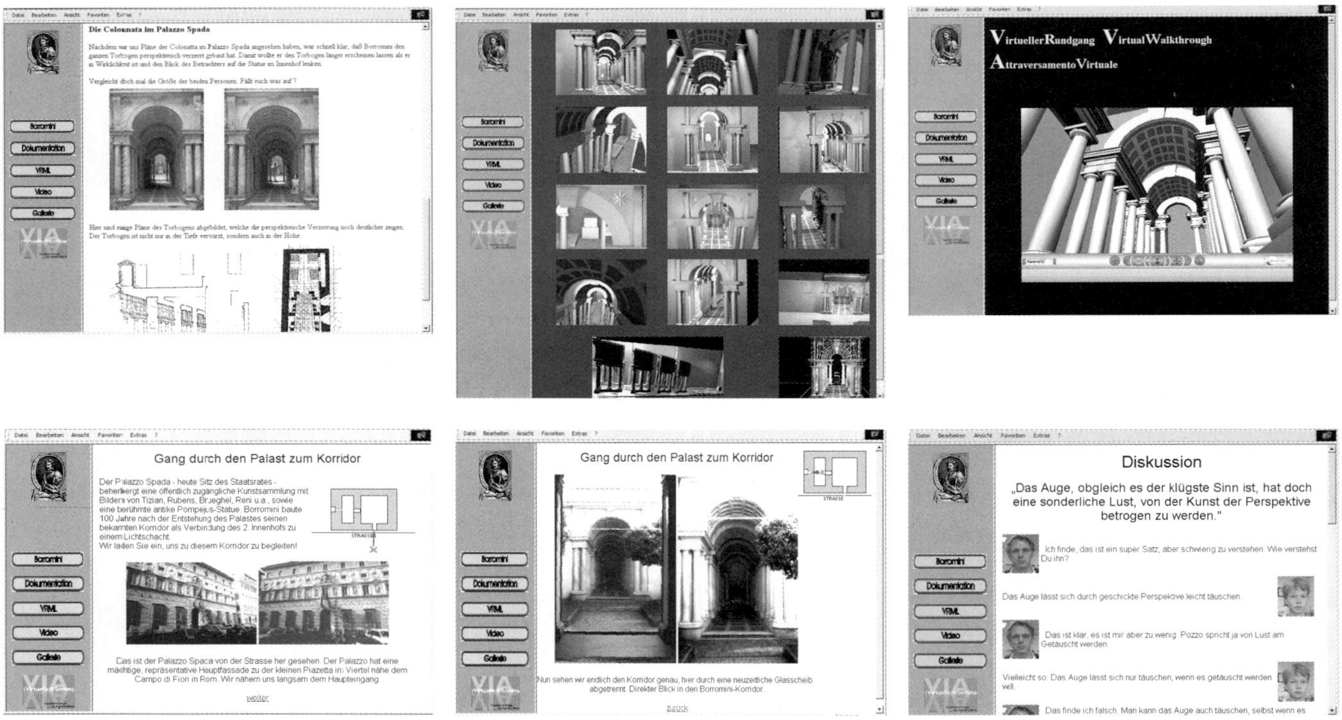

Abb. 34–39: Screenshots eines Projekts zum Thema „Borromini".

Dieses sinnliche Begreifen einer Architektur von innen, aus ihrem eigenen Binnenraum heraus wurde auf der Website des Projekts verbunden mit Begleittexten zur Biografie des Künstlers sowie zu historischen und kunstgeschichtlichen Zusammenhängen. Mit der (ausschließlich verbalen) Darstellung des architektonischen Kontexts des Korridors im Palazzo Spada waren wir jedoch unzufrieden. Durch Zufall konnten wir einen befreundeten Kollegen um Hilfe bitten, der bei seinem Rom-Aufenthalt für uns den Weg durch den Palast bis zum Korridor fotografierte und so die unmittelbare architektonische Umgebung auch für uns nachvollziehbar machte.

Alle bis dahin gemachten Erfahrungen und gewonnenen Kenntnisse mündeten schließlich in einer gruppeninternen, inhaltlichen Diskussion um ein Zitat Pozzos, das ein Schüler – ohne es jedoch recht verstanden zu haben – als Vorschlag für die Interpretationsseite mitbrachte: „Das Auge, obgleich es der klügste Sinn ist, hat doch eine sonderliche Lust, von der Kunst der Perspektive betrogen zu werden." Nach kurzem Disput kamen wir spontan auf die Idee, die Auseinandersetzung um dieses Zitat am Rechner schriftlich zu führen, wobei jeder Gesprächsteilnehmer – wie in einem Chat (oder wäre es besser, von einem sokratischen Lehrgespräch zu reden?) – seine jeweilige Antwort oder Frage in die Textverarbeitung eingab. So entstand ein Protokoll, das schließlich – natürlich nochmals redigiert – auf der Website veröffentlicht wurde.

Zusammenfassung

Betrachtet man abschließend das Spektrum der computerspezifischen Möglichkeiten, die wir heute bei einer Projektarbeit Kunstgeschichte im Kunstunterricht einsetzen können, ergibt sich ein reichhaltiges Bild sinnvoller Ansätze:

- Ein Klassiker ist die Visualisierung werkanalytischer Erkenntnisse an einzelnen Abbildungen mittels Bildbearbeitungsprogrammen, so problematisch sie im Einzelfall auch sein mögen. Der Computer erleichtert diese Arbeit ungemein. Am erfolgsversprechendsten sind hier wohl gezielte Montagen, die direkt in den Bildbestand eingreifen.
- Anspruchsvoller sind 3-D-(Re-)Kontextualisierungen, die Zusammenhänge sinnlich erfahrbar machen.
- Der Einsatz interaktiver Elemente, die Schüler heute leicht mit Multimedia-Programmen wie „Mediator" realisieren können, verspricht Erkenntnisse, die intuitiv zu erzielen sind und sich durch eigenes exploratives Erforschen nachhaltig einprägen.
- Bilddatenbanken mit sinnvoller Verschlagwortung schließlich machen die Suche nach eigenen Fragestellungen attraktiv und fördern so eine Lernkultur, die an individuellen Interessen ansetzt und auf innovative Ergebnisse zielt.

Die Einbindung und Erschließung von Datensätzen etwa zu bestimmten Themen in bestehende Datenbanktools (z. B. Lokando, aber auch ACD-See) ist eine denkbare und sinnvolle Aufgabe eines Projektunterrichts. Die Generierung von Datenbanken jedoch bleibt wohl noch eine geraume Zeit professionellen Programmierern vorbehalten. Alle anderen hier aufgezeigten Ansätze sind ohne große Probleme durch Schüler selbst zu realisieren. Entscheidend ist dabei der Prozess der Erstellung, weniger das Produkt, auch wenn sich eine attraktive Produktorientierung äußerst positiv auf die Motivation der Schülerinnen und Schüler auswirkt, wahrscheinlich sogar notwendig ist. Die Perspektive, dass sich die Ergebnisse für andere Schüler verwerten lassen, hat sich weitgehend als Illusion herausgestellt. Deshalb macht es vermutlich auch wenig Sinn, wenn Lehrer mit gutgemeinter Absicht solche Dinge für ihren Unterricht in Heimarbeit herstellen. Die Intensität der Lernerfahrungen bei der Produktion durch Schüler ist das entscheidende Argument für Vorhaben dieser Art, die in wesentlichen Dimensionen ausschließlich mit dem Computer zu realisieren sind.

Anmerkungen

1 S. die Beiträge von Schuster/Wagner: www.zum.de/Faecher/Materialien/ludwig/wagner/vom_nutzen/; von Janaszek: www.kunstlinks.de/bdk; von Mirbach: www.learn-line.nrw.de/angebote/goya/ u. a.
2 Zur Kritik dieses Verfahrens s. den Beitrag von Ulrich Schuster auf www.kusem.de/lk/komp3/ko3set.htm.
3 Die genannten Schwerpunkte decken einen Teil der Kriterien ab, die 1999 ein Symposium in München aufstellte. S. Ernst Wagner, Welche Software braucht die Kunst- und Kulturpädagogik? In: Wolfgang Zacharias (Hg.), Interaktiv – Medienökologie zwischen Sinnenreich und Cyberspace. München (Kopäd) 2000, S. 252
4 Art-Gallery wurde 1993 (!) in Zusammenarbeit mit Microsoft veröffentlicht (ASSY-Nr. 220-052-001).
5 S. meinen Beitrag zu „Wissensdesign" in diesem Buch, S. 168.
6 Hier ist eine zentrale Forderung erfüllt, Computer endlich das machen zu lassen, was sie am besten können, rechnen.
7 United-SoftMedia, !Kunst, 1999 (ISBN 3-8032-9375-8). Ähnlich bei DuMont, Escher interactiv, 1996 (ISBN 3-7701-3654-3). Auch diese sind frühe Produktionen aus Zeiten, in denen die Verlage es sich noch erlaubten, solch kostspielige Experimente zu realisieren.

Rechercheprojekte im Kunstunterricht. Erfahrungen mit herkömmlichen Klassen, Klassen in Computerklassenzimmern und Laptopklassen

Christian Dobmeier

Im Jahr 1998 konstatierte Johannes Kirschenmann, „dass das Erproben der neuen Medien mehr ist, als nur Medienerziehung, dass wichtige Strukturen des Lernens – im Sinne von fachunabhängigen Schlüsselqualifikationen – eingeübt werden [...]" (Kirschenmann 1998, S. 104). Heute, nur sechs Jahre später, ist nicht nur die Ökonomieblase der Internetunternehmen geplatzt, sondern auch die Anzahl der Hoffnungen, die mit der Mediennutzung im Unterricht verbunden werden, befindet sich in der Konsolidierungsphase. Zwar hat sich die Hardwareausstattung der Schulen seitdem wesentlich verbessert und die Anzahl der Kollegen, die mit Neuen Medien arbeiten wollen und schon gearbeitet haben, ist deutlich angestiegen. Viele haben Filme mit „Premiere"/ „iMovie / FinalCut" geschnitten, Bilder mit „Photoshop" / „CorelDraw" etc. bearbeitet, wissen längst, dass solche Programme aus gutem Grunde nicht mehr „Malprogramme" genannt werden, layouten mit „QuarkXPress", „PageMaker" oder „InDesign" und haben mit Klassen Internetseiten gestaltet und sich dabei mit HTML-Editoren oder „Flash" vertraut gemacht.
Kurz gesagt, der Einsatz neuer Medien ist in großem Umfang erprobt worden. Der Kunstunterricht kam auf diese Weise zu neuen, wohlverdienten Zuständigkeiten. Dennoch wird noch immer rege diskutiert, welche **pädagogischen Konzepte die Integration neuer Medien in den Unterricht** sinnvoll ermöglichen. Und es stellt sich die Frage, welches Maß der **Hardwareausstattung** notwendig ist, um den versprochenen pädagogischen Mehrwert durch Medieneinsatz heben zu können.
Im Folgenden werden Erfahrungen aus einem (Internet-)Recherche-Projekt, das in Klassen mit verschiedener Computerausstattung durchgeführt wurde, berichtet und Motivation, Recherche-Erfolg und pädagogischer Zugewinn in den jeweiligen Klassen gegeneinander abgewogen.

Abb. 1: Francisco Goya (1746–1828): Sonnenschirm (Teppichentwurf) 1777, Öl auf Leinwand, 104 × 152 cm, Museo del Prado, Madrid.

Das Projekt

1. Die Aufgabenstellung

Mit der Aufforderung „Heute sollt ihr eine Detektivaufgabe lösen", stimmte ich **Schüler der 8. Jahrgangsstufe** auf die Rechercheaufgabe ein. Anhand von zwei Gemälden Francisco Goyas wurde die Aufgabe konkret: Zuerst zeigte ich den Schülern mit dem Beamer den Tapisserieentwurf „Der Sonnenschirm" aus dem Jahr 1777 (Abb. 1).
Aufgefordert das Bild zu beschreiben, charakterisierten sie es vollkommen zutreffend als fröhliches, in Pastelltönen gehaltenes Bild mit luftiger Stimmung, das eine höfische Szene darstellt.
Anschließend projizierte ich das 1819–23 entstandene Bild „Saturn frisst eines seiner Kinder" (Abb. 2) und ließ es ebenfalls von den Schülern beschreiben. Die Schüler erfassten sofort die düstere und bedrohliche Stimmung des Gemäldes. Schon stand die Aufgabe im Raum: Was ist im Leben Goyas passiert, dass sich der Stil des Malers so stark verändert hat?
Die „Detektivaufgabe" ist in idealer Weise für die Recherche geeignet: Einerseits gibt sie den Schülern ein klares Rechercheziel vor und ist in einem vertretbaren Zeitrahmen zu erledigen. Andererseits ist die Aufgabenstellung offen genug, um die Schüler selbsttätig arbeiten zu lassen. Zudem lässt die Aufgabe mehrere Lösungswege und Lösungen zu, da es keine eindeutige Ursache für Goyas Wandel gibt.

Abb. 2: Francisco Goya (1746–1828): Saturn verschlingt eines seiner Kinder 1819/23, Fresko, 146 × 83 cm, Museo del Prado, Madrid.

Abb. 3/Abb. 4: Goya-Arbeitssituationen.

2. Die technischen Vorraussetzungen

Die „Akte Goya" ist bisher von sechs 8. Klassen bearbeitet worden. Dreimal in normalen Schulklassen ohne besondere Computerausstattung. Die Recherche fand in diesen Fällen entweder in der Schulbibliothek oder im Internet statt. Dabei hatten die Schüler im Computerraum der Schule oder zu Hause Zugang zum Internet. Während des Kunstunterrichts stand es den Schülern frei, entweder die Bibliothek oder den Computerraum aufzusuchen. Der Computerraum der Schule ist mit 18 Computern ausgestattet, die damals über eine ISDN-Leitung an das Internet angeschlossen waren.

Zwei Klassen hatten in Computerklassenzimmern Unterricht. Diese Räume sind mit einem Klassensatz Laptops ausgerüstet. Die Laptops lagern in einem Tresorschrank und werden den Schülern, denen jeweils ein bestimmter Rechner persönlich zugeordnet ist, bei Bedarf ausgehändigt. Jeder Arbeitsplatz in diesen Räumen ist vernetzt und hat mittels einer gemeinsamen DSL-Leitung Zugang zum Internet. Der Einsatz von Computern im Rahmen des regulären Unterrichts ist in diesen Klassen also jederzeit möglich.

Am besten ausgestattet war die letzte der sechs Klassen. Es handelt sich dabei um eine Laptopklasse. Jeder Schüler hat einen eigenen Laptop als ständiges Arbeitsmittel zur Verfügung. Die Schüler verwenden die Laptops bei Bedarf, müssen sie jedoch nicht aus einem Schrank holen, sondern führen sie selbst mit sich, nehmen sie mit nach Hause und erledigen damit Hausaufgaben. Ebenso wie die Computerklassenzimmer ist im Raum der Laptopklasse jeder Arbeitsplatz vernetzt und über eine (dieselbe) DSL-Leitung ans Internet angeschlossen. Die Laptopklasse benutzte die Geräte seit acht Monaten.

Abb. 5/Abb. 6: Laptopklasse.

3. Verlauf des Projektes

Trotz der unterschiedlichen technischen Voraussetzungen in den Klassen waren die zeitlichen Rahmenbedingungen in allen Klassen gleich: Drei Schulstunden waren für die Recherche von Quellen zu Goyas Lebensgeschichte vorgesehen. Die Recherche wurde von den Schülern in Einzelarbeit bzw. situativen Kleingruppen erledigt. Besonderes Augenmerk sollte auf die Sicherung des Gefundenen gelegt werden. Alle Informationen, die den Schülern relevant erschienen, sammelten sie in einem Dossier. Teilweise speicherten die Klassen ihre Quellen auf dem Schulserver bzw. den Laptops. Alles Wesentliche sollte von den Schülern aber als Ausdrucke bzw. Fotokopien in einer Mappe gesammelt werden.
Da die Aufgabe nicht als Wettbewerb gedacht war, sondern gemeinsam nach Ursachen für Goyas Veränderung gesucht wurde, tauschten die Schüler zu Beginn der zweiten Recherchestunde die bisher gefundenen Informationen aus. Dazu trugen wir die Ergebnisse der Schüler zusammen und notierten sie an der Tafel in einem Zeitstrahl. So gewannen die Schüler einen Überblick über das bisher Gefundene, erkannten noch bestehende Lücken und konnten ihre Suche gezielt fortsetzen.
Das Recherche-Projekt sollte mit einer Anwendung des Gefundenen abgeschlossen werden. Dabei ist sowohl ein Test zu den Stationen von Goyas Schaffen als auch ein gemeinsam erstellter Zeitstrahl oder eine digitale Präsentation von Goyas Leben und vieles mehr denkbar. (Zur ausführlichen Erörterung von Internetrecherche im Kunstunterricht vgl. Dobmeier 2001.)

4. Erfahrungen

4.1 Positive pädagogische Effekte einer Internetrecherche

Jede Internetrecherche ist in hohem Maß handlungsorientiert und kann die Selbsttätigkeit der Schüler stärken. Selbst erarbeitetes und dann an die Mitschüler weitergegebenes Wissen wird nachhaltiger aufgenommen. Dabei tauschen die Schüler untereinander nicht nur recherchiertes Fakten-Wissen, sondern sie geben auch ihr Wissen über die Bedienung des Rechners, des Browsers und der Suchmaschinen weiter. Im Umgang mit dem Rechner ist es durchaus denkbar, dass der Lehrer weniger beschlagen ist als so mancher seiner Schüler. Seine Rolle wandelt sich. Er wird, u. U. auch durch die Rechercheergebnisse, mit neuen Kenntnissen konfrontiert. So ist er eher Moderator, Anstifter zu kritischem Nachfragen als „Hüter der Wahrheit". Die Schüler lernen, mit den gefundenen Quellen umzugehen. Mit Sicherheit werden Schüler Informationen finden, die sich widersprechen. Sie sind dadurch animiert, Quellen nach ihrem Wahrheitsgehalt zu taxieren und sich zu den Autoren einer Quelle Gedanken zu machen. Als wesentlich für den Erfolg einer Recherche, noch deutlich vor der geschickten Handhabung der Suchmaschinen, hat sich eine gewissenhafte Auswertung des Gefundenen erwiesen. Schüler, die ihre gesicherten Unterlagen sorgfältig auf enthaltene Informationen hin geprüft haben, konnten deutlich mehr zur Erhellung Goyas Lebens beitragen als die „Jäger und Sammler", die aus wesentlich mehr Ausgangsmaterial weniger destillieren konnten. Den Schülern wird bei einer Rechercheübung also auch Arbeitsdisziplin und Gründlichkeit abverlangt.

4.2 Ausstattungsbedingte Differenzen

- Motivation

Die genannten positiven Aspekte der Internetrecherche konnten bei jeder der sechs Klassen beobachtet werden. Für die herkömmlichen Klassen lässt sich außerdem noch eine **deutlich höhere Motivation** anführen. Sie arbeiten nur selten im Unterricht mit dem Internet. Die hohe Motivation rührt vom Reiz des Neuen her. Beide Klassen in den Computerklassenzimmern hatten diese Räume erst zwei Wochen vor den Rechercheprojekten bezogen. Auch bei ihnen ließ sich, wohl aus dem gleichen Grunde, eine **sehr gute Motivation** feststellen. **Dagegen fiel die Laptopklasse zurück**. Hier waren die Schüler eher des Einsatzes der Rechner im Unterricht überdrüssig, was sich u. a. in der Frage: „Malen wir jetzt nie mehr was?" manifestierte.

- Bedienkompetenz

Aufgrund des häufigen Einsatzes der Rechner in mehreren Fächern waren die Schüler der **Laptopklasse** im Umgang mit Computer, Browser, Internet und Suchmaschinen **versierter**. Das zeigte sich aber eher an der Geschwindigkeit, mit der die Recherche ausgeführt wurde, als an den Ergebnissen. Für die Geschwindigkeit ist die wesentlich bessere Netzanbindung mit erheblich kürzeren Ladezeiten mitverantwortlich. Dennoch beeindruckt die Sicherheit, mit der die Laptopklasse ihre Rechner bedient. Sie ist innerhalb der Klasse trotzdem inhomogen. Die Gespräche über Tipps und Tricks, die Zusammenarbeit, finden also weiterhin statt.
Von der schnellen Internetverbindung via DSL profitierten auch die Schüler in den Computerklassenzimmern. Sie zeigten ebenfalls eine verbesserte Kompetenz im Umgang mit dem Computer. Besonders die persönliche Zuordnung eines bestimmten Rechners zu einem Schüler, der den Rechner als einziger benutzt, scheint den Dialog Mensch-Maschine positiv zu beeinflussen.

- Rechercheerfolg

Die Kombination aus guten technischen Kenntnissen, guter Ausstattung (schnelle Verbindung und ausreichende Rechnerzahl) und sehr guter Motivation dürfte dazu geführt haben, dass beide Klassen aus den Computerklassenzimmern mit Abstand die größte Anzahl an Quellen gefunden haben. Sie werteten diese ähnlich sorgfältig aus wie die herkömmlichen Klassen und hatten deswegen die besten Rechercheergebnisse. Das mag u. a. damit zu erklären sein, dass die normalen Klassen und die Klassen in den Computerklassenzimmern die Anweisung, alles Relevante auszudrucken und in einer Mappe analog zu sammeln, befolgten, während die Schüler der Laptopklasse sich überwiegend auf die Sicherung in den Laptops verließen. Der Zugriff auf Quellen und die kritische Würdigung ihres Inhalts ist leichter, wenn man diese ausgedruckt, schwarz auf weiß, vor Augen hat.
Die Laptopschüler sicherten recherchierte Daten lieber nur im Rechner. Sie wählten dabei durchaus wesentliche Partien aus, kopierten diese dann in neue, zusammenfassende Dokumente, übersahen aber Teile, verloren eher den Überblick und hatten vor allem die ausgewählten Daten nicht im Kopf. Dadurch ist bei einem Austausch der gefundenen Informationen innerhalb der Klasse, wie er bei den Zwischenbesprechungen stattfinden soll, die Zugriffszeit auf einzelne Daten deutlich länger als bei Schülern, die die wichtigen Punkte exzerpiert haben. Das Lernziel „Quellenbewusstsein" wird behindert, wenn Schüler nicht merken, dass sie etwas recherchiert haben, das von anderen Schülern Gefundenem widerspricht. Beim Weitergeben der gesicherten Quellen, z. B. für die Erstellung der Abschlusspräsentation, ist das digitale Sichern und die Vernetzung der Rechner dagegen ein großer Vorteil.
Insgesamt ist festzustellen, dass Schüler einer Laptopklasse eine Aufgabe, die mit Hilfe des Computers erledigt werden kann, ausschließlich mit diesem bearbeiten. Sie wechseln ihr Medium ungern. In der Laptopklasse wurde ein geringerer Rechercheerfolg als in den Computerklassen erzielt. Die sehr gute technische Ausstattung und die daraus resultierende schnelle Suche wurde auf Grund schlechterer Auswertung und schlechter strukturierter Sicherung nicht in ein sehr gutes Ergebnis umgesetzt. Die Schwächen in der Verarbeitung der Quellen mag von der durch die Laptops provozierten Umstellung der Arbeitsmethodik herrühren. Es ist erforderlich, mit den **Schülern einer Laptopklasse Methoden zu erarbeiten**, die es ihnen ermöglichen, Daten strukturiert abzuspeichern und entsprechend besser überblicken zu können.
Die herkömmlichen Klassen werteten die Quellen sorgfältig aus. Bei der Zwischenbesprechung zu Beginn der zweiten Stunde fand ein reger und sehr ergiebiger Austausch von Informationen statt. Die besten Ergebnisse trugen dazu Schüler bei, die zu Hause weitergesucht hatten. Als limitierender Faktor wirkte sich dementsprechend die niedrige Internet-Verbindungsgeschwindigkeit im Computerraum aus.

5. Das Projekt „Notebook-Klassen – Lernen für die Zukunft" der Bertelsmann-Stiftung im Licht eigener Erfahrungen

Die Studie „Notebook-Klassen – Lernen für die Zukunft" der Bertelsmann-Stiftung lief über drei Schuljahre mit über 300 Schülern am Evangelisch Stiftischen Gymnasium in Gütersloh. Die Ergebnisse (Bertelsmann-Stiftung 2003) sind aus diesem Grund repräsentativer als die Beobachtungen, die in einer Laptopklasse, die erst im Schuljahr der Projektdurchführung mit der Laptoparbeit begonnen hat, gemacht werden können.
Laut Studie beurteilen die Schüler die Arbeit am Computer überwiegend positiv. Obwohl dadurch das schulische Lernen schwieriger wurde, weil „neben fachlichen Kompetenzen auch Computerkompetenzen erworben werden müssen" (ebd., S. 16). Der Unterricht hat aus Sicht der Lehrer wie der Schüler der Studie durch die Laptops gewonnen. Er sei anschaulicher, es werde wesentlich häufiger Gruppenarbeit durchgeführt und zudem gäbe es signifikant höhere Anteile an Einzelarbeit, wodurch eine Individualisierung des Unterrichts erreicht werde.
Außerdem erhielten die Schüler häufig komplexere Aufgabenstellungen, die sie selbst gesteuert und eigenverantwortlich lösten.
Die Qualität des Unterrichts wurde nach Ansicht der Verfasser der Studie durch den Einsatz der Laptops verbessert. Die besonders hervorgehobenen Punkte, der Art der Aufgabenstellung und der veränderten Sozialformen, sind aber meinen Erfahrungen zufolge auch bei einem Rechercheprojekt in einer herkömmlichen Klasse als pädagogischer Mehrwert zu beobachten.
Grund für die neue Unterrichtsqualität sind vielmehr die verbesserten inhaltlichen und organisatorischen Rahmenbedingungen von Laptop-Klassen. Schon bei der Planung für die Einführung einer Laptopklasse treffen sich Eltern und Lehrer und entwickeln ein finanzierbares Konzept. Die Eltern haben vielfach Gelegenheit, ihre Erwartungen und Wünsche zu äußern. Es findet ein enger Dialog statt. Die Schüler werden immer wieder zu ihren Eindrücken befragt und haben mannigfaltige Gelegenheit, Feedback zu geben. Die unterrichtenden Lehrer sind handverlesen und werden nur auf eigenen Wunsch in der Laptopklasse eingesetzt. Das Lehrerteam trifft sich in regelmäßigen Abständen, um seine Eindrücke auszutauschen und das pädagogische Vorgehen abzustimmen. Die Schaffung einer Laptopklasse ist – da zumeist pädagogische Vorlagen fehlen – eine Pioniertat, die Schüler, Eltern und Lehrer herausfordert. Die Rahmenbedingungen sind geändert und das pädagogische Tun muss aus diesem Grund gemeinsam neu überdacht werden. Durch den entstehenden Dialog, durch dieses gemeinsame Überlegen, verbessert sich der Unterricht.
So sind die Laptops, die mit enormem finanziellen Aufwand angeschafft werden müssen, nur ein Katalysator für pädagogische Verbesserungen. Die Weiterentwicklung von Unterricht wird von den erneuerten Rahmenbedingungen herausgefordert. Lehren und Lernen wird nicht durch die Verwendung von Geräten verbessert, sondern durch die **Modernisierung der schulischen Strukturen.**
So überrascht es nicht, dass „das Ansteigen der Computerkompetenz als augenfälligstes Ergebnis der Teilnahme am Laptop-Projekt" (ebd., S. 17) gesehen wurde. Allerdings sind die katalytisch hervorgerufenen Unterrichtsverbesserungen eben doch Verbesserungen. Sie könnten auch auf anderen Wegen erreicht werden. Wichtig ist, dass sie erreicht werden. Das Beispiel Laptop demonstriert den Vorteil des Einsatzes neuer Medien. Sie können katalytisch für Schulinnovation wirken. Mit bedeutend geringerem Finanzbedarf und – wie die Rechercheprojekte gezeigt haben – auch im herkömmlichen Klassenrahmen.

Abb. 7: Laptopklasse.

Literatur

Bertelsmann-Stiftung: Studie „Verbesserte Lernqualität in Laptopklassen", Executive Summary. Gütersloh 2003. http://www.bertelsmann-stiftung.de/documents/ACFHYv0vb.pdf. Datum des Zugriffs: 22. 06. 03
Dobmeier, Christian: Fischen im Netz, 2001. http://www.kunstunterricht.de/material/dobmeier/fischen. Datum des Zugriffs: 22. 6. 2003
Kirschenmann, Johannes: Das Internet im Kunstunterricht. In: Peez, Georg/Kirschenmann, Johannes (Hg.): Chancen und Grenzen der Neuen Medien im Kunstunterricht. Hannover 1998

Bildbesprechung im Unterricht mit „Adobe Photoshop" – ein Crashkurs

Markus Jaursch

Das Programm „Adobe Photoshop" als Präsentationsmedium im Kunstunterricht zu verwenden, erscheint auf den ersten Blick nicht unbedingt sinnvoll, da dieses Programm in der Regel in seiner Komplexität selbst für professionelle Gestalter immer wieder neue unbekannte Bereiche bietet, die umfangreiche Menü- und Palettenoberfläche eher verwirrend als klärend erscheint und unter dem Aspekt einer methodischen Klarheit damit für Präsentationen ungeeignet ist. So weit – so gut.
Digitale Präsentationen sind methodische „Krücken" im didaktischen Prozess: Auch dafür vorgesehene Programme wie „Powerpoint" können oft nur wenig von der Atmosphäre eines künstlerischen Originals erfahrbar machen. Sie sind eben nur Drittmittel, die kunstdidaktische Inhalte und Ziele innerhalb und um ein Werk herum klären helfen sollen, das ein Schüler in der Regel nie zu Gesicht bekommt. Jedem Benutzer muss klar sein, dass eine Präsentation in einer kunsttheoretischen Stunde nicht ein physisch anwesendes Werk behandelt, sondern nur anhand einer digitalen Reproduktion werk- und kunsttheoretische Probleme reflektiert. Freude an Kunst und Gestaltung verbunden mit dem Anreiz, sich im Museum mit dem Original zu beschäftigen, sollte ein wichtiges Ziel jeder Werkanalyse mit Hilfe des Computers sein.
Dieser Aspekt der Medienaufklärung ist auch durchaus erweiterbar: Die Beobachtung der Funktionalität durch den Schüler während der Präsentation vermittelt ganz nebenbei auch Aspekte der Bildmanipulation, die bei nahezu jedem digitalen Produkt gang und gäbe ist, das die Öffentlichkeit erreicht. Gerade Jugendliche, die in den Produkten der Werbe-, Film- und Fernsehindustrie ihre Rollenvorbilder suchen, bedürfen hier nach wie vor der Aufklärung. Denn die Geschichte der Medienaufklärung hat durchaus schon historische Wurzeln: Bildmanipulationen und Retuschen gibt es seit Beginn der Fotografie. So ist ein Zitat von Walter Benjamin auch in diesem Kontext noch immer gültig: „So wie Proust seine Lebensgeschichte mit dem Erwachen beginnt, so muss jede geschichtliche Arbeit mit dem Erwachen beginnen" (Anm. 1).

Chip Lord, Awakening from the Twentieth Century, #2, 1994/95, Central Market, Los Angeles, December 2006/Sony Electronics, 3300 Zanker Road, San Jose, California, August 1994 (Diptychon).

Detail, siehe oben rechts

Sinn und Verwirrung hat dazu schon vor zwanzig Jahren der Film „Blade Runner" gestiftet. Er ist Vorlage für ein ambivalentes, digitales „Utopia", das heute in weiten Strecken die Mediendiskussion prägt: Ein virtueller Cyberspace als unbegrenzter Lernort oder eine Falle, die zwangsläufig Entpersönlichung generiert? Der amerikanische Videokünstler Chip Lord montiert Bilder aus

„Blade Runner“ mit Aufnahmen der Gegenwart zusammen und schafft so eine beklemmende Reflexion des digitalen Raumes (siehe begleitende Abbildungen).

Dies als Anregung, auch das Medium selbst – theoretisch wie praktisch – als Unterrichtsthema zu behandeln. Doch diese Zukunftsvisionen sind nicht gegenwärtig: Die technoide Oberfläche von „Photoshop“ zeigt als eigenständiges „Bild“ – im Gegensatz zum „digitalen Utopia“ – ehrlich die Grenzen der Verbindung von Ästhetik und Funktionalität auf: „Form follows function“.

Jenseits – oder besser „diesseits“ – solcher Reflexionen, hat „Photoshop“ zusätzlich noch ganz banale Qualitäten – im Sinne eines offenen, lebendigen und im besten Falle interaktiven Unterrichts: Von vornherein festgelegte Präsentationen sind starr. Ein Lehrer plant Lernziele und deren optische Darstellung, kann diese jedoch auch bei großer Erfahrung im Anforderungsniveau verfehlen und hat dann während der Stunde relativ wenig Möglichkeiten, dies zu korrigieren. Darüber hinaus besteht die Gefahr, dass perfekte Präsentationen vom Schüler wie eine Fernsehsendung passiv wahrgenommen werden: Scheinbar ist alles klar, doch am Ende ist eventuell nichts wirklich verstanden …

„Photoshop“ bietet – bei einer grundsätzlich vorbereiteten Struktur und Lernzielplanung – wesentlich mehr Raum und die Möglichkeit, spontan und flexibel auf Schülerbedürfnisse zu reagieren. Unter Umständen kann das eigentliche Ziel der Stunde auch einmal gänzlich zugunsten aktueller Fragen einer Klasse verlassen werden – dies bleibt den Zielen des einzelnen Lehrers überlassen und wäre ein weiterer Schritt in Richtung einer sinnvollen Integration der Neuen Medien in den Kunstunterricht.

Last but not least gibt es – gerade für Lehrer – auch den Begriff *Arbeitsökonomie*: Wer „Photoshop“ bereits bei der Vorbereitung zu anderen Präsentationen oder Gestaltungsmöglichkeiten bei Web oder DTP genutzt hat, besitzt mit diesem Programm auch ein vielfältiges Medium zur direkten Anwendung im Unterricht, sodass zum einen die vielen Arbeitschritte der Weiterverarbeitung erspart bleiben und zum anderen – bei entsprechender Erfahrung – komplexe Zusammenhänge spontan und flexibel für Schüler geklärt werden können. Zusätzlich ist der „RGB-Arbeitsfarbraum“ von „Adobe“ in Umfang und Farbtiefe wesentlich breiter als in den üblichen Präsentations-Programmen, die mit zusätzlichen Komprimierungen in der Darstellung arbeiten.

Die folgenden praktischen Anwendungsmöglichkeiten beziehen sich auf die Version 6.0 unter Macintosh und sind für den in „Photoshop“ geübten Anfänger gedacht. So verweisen bei der ersten Erwähnung im Text die Angaben zur Verwendung der Befehle auf die Menüleiste, die mit der PC-Version nahezu identisch ist. Auch zum besseren Verständnis der Programmarchitektur werden weitaus direktere Kurzbefehle (in der Regel) nicht angegeben. Diese sind bei Macintosh in vielen Fällen durch das gleichzeitige Drücken der Befehlstaste (= „Apfel“ bzw. „Propeller“) und der jeweiligen Zusatztaste zu erreichen. Beim PC entspricht dies dem gleichzeitigen Drücken der Steuerungstaste und der jeweiligen Zusatztaste. Viele Unterfunktionen können direkt über die rechte Maustaste ausgewählt werden. Bei Mac ist diese die ctrl-Taste in Verbindung mit Mausklick.

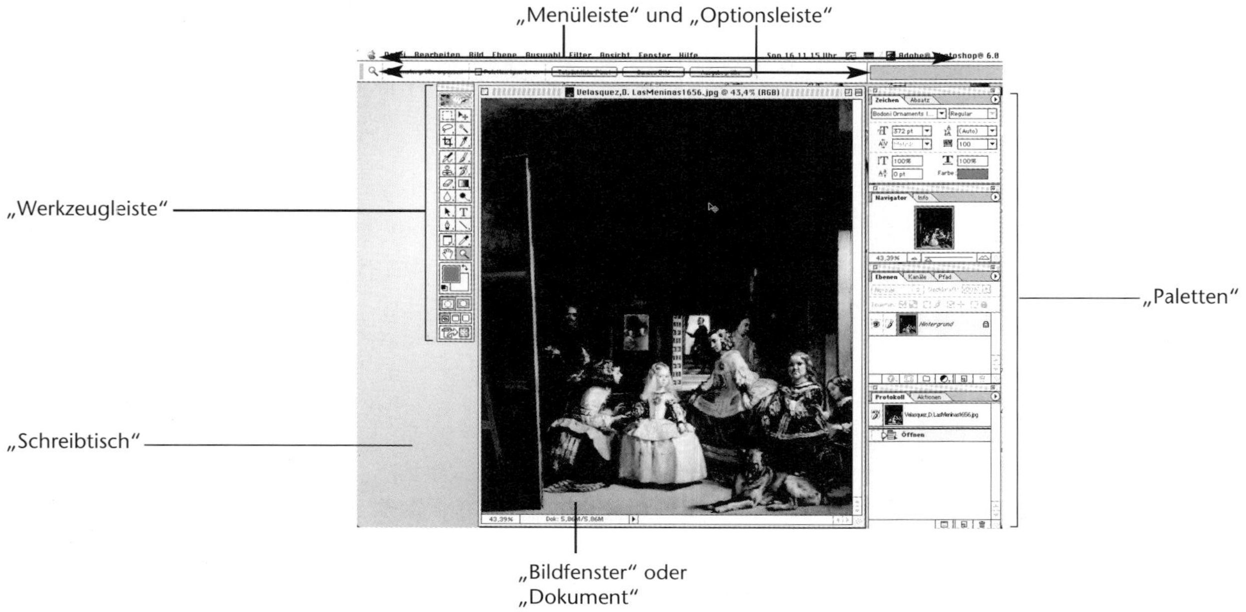

1. Menüleiste und Optionsleiste

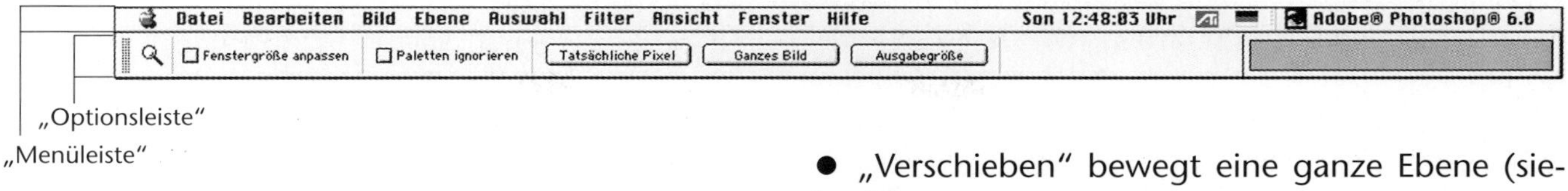

Die Menüleiste verwaltet die Programmarchitektur. Sie enthält von links nach rechts die Arbeitsbereiche „Datei" (verwaltet Funktionen, die das ganze Dokument betreffen), „Bearbeiten" (enthält Grundfunktionen, die das gesamte Dokument und alle Unterbereiche einschließen), „Bild" (Funktionen innerhalb des Dokuments), „Ebene" (Funktionen zu den Ebenen des Dokuments), „Auswahl" (Funktionen zur Bearbeitung einer Auswahl), „Filter" (Stilisierungen der Bildoberfläche), „Ansicht", „Fenster" (beide Arbeitsbereiche enthalten u. a. Ansichtsmodi, Ein- und Ausschalten von Werkzeugen und Paletten) und „Hilfe" (braucht man hin und wieder und ist für den Laien nicht immer hilfreich). Über die Pfeile rechts innerhalb der Arbeitsbereiche erreicht man weitere Unterfunktionen. Kleiner Tipp: Verharrt man mit der Maus auf einem Funktionsfeld ca. drei Sekunden, erscheint ein Feld mit einer kurzen Erklärung.
Die Optionsleiste liegt direkt unter der Menüleiste und enthält weitere Verwendungsmöglichkeiten zu den Werkzeugen (siehe 2.). Beim Anklicken des jeweiligen Werkzeuges erscheinen in der „Optionsleiste" zusätzliche Unteroptionen, die nur hier angewählt werden können (z. B. Pinselgrößen und -arten).

2. Werkzeugleiste

Diese taucht als vertikale Arbeitsleiste in der Regel links vom Dokument auf. Mit einem kleinen Rechtspfeil in der rechten unteren Ecke des Werkzeugfeldes lassen sich zusätzliche Variationen des jeweiligen Werkzeuges auswählen.

Nützliche Werkzeuge:

- „Auswahl", „Schlinge" und „Zauberstab" markieren Objekte innerhalb einer Ebene zur Weiterbearbeitung und enthalten verborgen mehrere Werkzeugfelder: „Auswahl" markiert durch „Aufziehen" mit der Maus eine geometrische Fläche, mit der „Schlinge" kann man mit der Maus einen gewünschten Bereich – ähnlich einem Stift – umfahren, der „Zauberstab" wählt durch Klick auf eine Stelle diesen Farbbereich im Bild aus (siehe auch 7./8.).
- „Verschieben" bewegt eine ganze Ebene (siehe 8.).
- „Freistellen" schneidet über das gesamte Dokument den nicht als Feld aufgezogenen Bereich ab (siehe 8.).
- „Airbrush" und „Pinsel" sind Malwerkzeuge mit der jeweiligen Vordergrundfarbe (siehe auch 8./9.).
- „Text" fügt ein Textfeld mit der jeweiligen Vordergrundfarbe in einer neuen Ebene ein (siehe auch 11.).
- „Form" und „Linie" erstellen diverse Formen und Linien auf einer Ebene. Enthält verborgen mehrere Werkzeugfelder (siehe 8.).
- „Stempel" retuschiert und überdeckt Flächen mit vorher ausgewählten Teilen des Bildes (siehe 9.).
- „Pipette" wählt Farben aus der Bildfläche als Vordergrundfarbe aus (siehe auch 8./9.).
- „Anmerkungen" fügt einen Notizzettel ein (siehe auch 11.).
- „Navigation" bewegt den Ausschnitt innerhalb der Bildfläche (siehe auch 5.).
- „Lupe" verkleinert/vergrößert (siehe auch 5.).

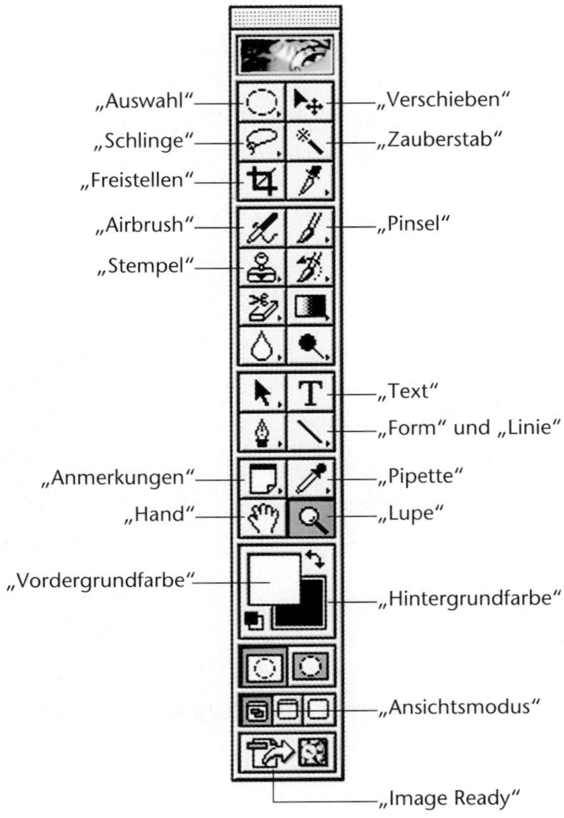

- „Vordergrund/Hintergrundfarbe" sind Farbwähler für Objekte. Die Vordergrundfarbe wird u. a. bei Malwerkzeugen verwendet, die Hintergrundfarbe füllt leere, nicht transparente Bereiche, z. B. bei der Hintergrundebene (siehe auch 8./9.).
- „Ansichtsmodus" schaltet Paletten ein oder aus und überblendet den Schreibtisch im Hintergrund.

3. Die „Paletten"

Diese können über Fenster zu- und abgeschaltet werden und verbergen wichtige Unterfunktionen. Sie sind teils als „Reiter" hintereinander geschaltet, können aber auch getrennt dargestellt werden.

Wichtige Paletten:

- „Ebenen" bearbeitet übereinander gelegte Objekte und ist z. B. nützlich zum Ein- und Ausschalten von Objekten (genauer siehe 8.).

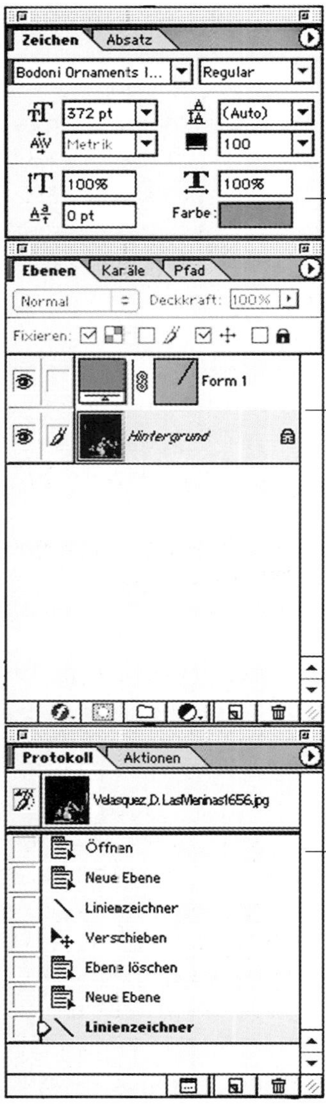

„Zeichen"

„Ebenen"

„Protokoll"

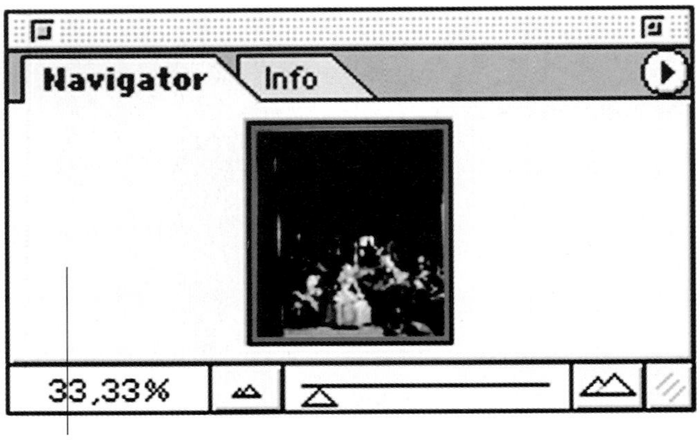

„Navigator"

- „Protokoll" dient zum Löschen von Arbeitsschritten (genauer siehe 6.).
- „Zeichen" formatiert Texte (siehe auch 11.).
- „Navigator" markiert und bewegt Vergrößerungen innerhalb des gesamten Dokuments und ist nützlich zur gleichzeitigen Darstellung der Gesamtansicht bei stark vergrößerten Ausschnitten (siehe auch 5.).

4. Vorbereitung: Richtig scannen und entrastern

Qualitatives Bildmaterial ist Grundlage für jede Darstellung und Analyse. Deshalb Bilder mindestens auf 300 dpi einscannen. Die meisten Scanner bieten auch schon eine automatische Entrasterung an. Bei kleinen Bildvorlagen bleibt jedoch auch hier das Druckraster in der Regel bestehen und stört gerade bei starken Bildvergrößerungen. Zum Entrastern unter „Filter > Vergröberung > Kacheln" einen Faktor zwischen 1 und 4 einstellen (es entsteht ein digitales „Treppenbild") und dies mit dem „Gaußschen Weichzeichner" wieder leicht (Faktor 0,5 bis 2.0) „bluren" („Filter > Weichzeichnen > Gauß'scher Weichzeichner"). Unter Umständen zum Schluss mit „Unscharf maskieren" („Filter > Scharfzeichnen > Unscharf maskieren") nachbearbeiten. Die Abgrenzung zwischen hellen und dunklen Stellen kann damit dynamisch bearbeitet werden (siehe Bildbeispiel). Bilder aus dem Web enthalten oft störende JPEG-Rasterlinien. Diese sind zum größten Teil im „Blau-Kanal" enthalten. Mit der Palette „Kanäle" von „RGB" auf „Blau" umschalten und diesen Kanal mit dem „Gauß'schen Weichzeichner" behandeln. Das gesamte Bild bleibt durch die anderen Kanäle scharf, die störenden Raster sind dennoch weitgehend verschwunden.
Jedoch beinhaltet jede Nachbearbeitung grundsätzlich auch einen gewissen Verlust der Originalinformation und verschiedenster Details. Dies ist

Ein Beispiel für den „Gauß'schen Weichzeichner“ und den Filter „Unscharf Maskieren“. Innerhalb der Auswahl ist der bearbeitete Bereich, der kein Druckraster mehr enthält.

im Hinblick auf die Endabsicht zu beachten, denn es zwingt unter Umständen zu Kompromissen beim Entrastern.

5. Navigation und Zoomen

Unter dem Werkzeug „Lupe“ kann mit Hilfe der „Optionsleiste > Ganzes Bild“ ein Dokument Bildschirm füllend präsentiert werden. Ein gleichzeitig zugeschalteter „Navigator“ ermöglicht mit dem darin enthaltenen Verschiebebalken schnell und unkompliziert ein Verkleinern und Vergrößern des Bildes. Durch „Ziehen“ kann der „Navigator“ so vergrößert werden, dass eine Gesamtansicht des Bildes zusätzlich eingeblendet ist. Der Bildausschnitt bleibt als Rahmen im Navigator enthalten und kann über diesen innerhalb des gesamten Dokuments bewegt werden (entspricht dem Werkzeug Hand, falls der Navigator aus Platzgründen ausgeschaltet ist). Außerhalb der Rahmen-

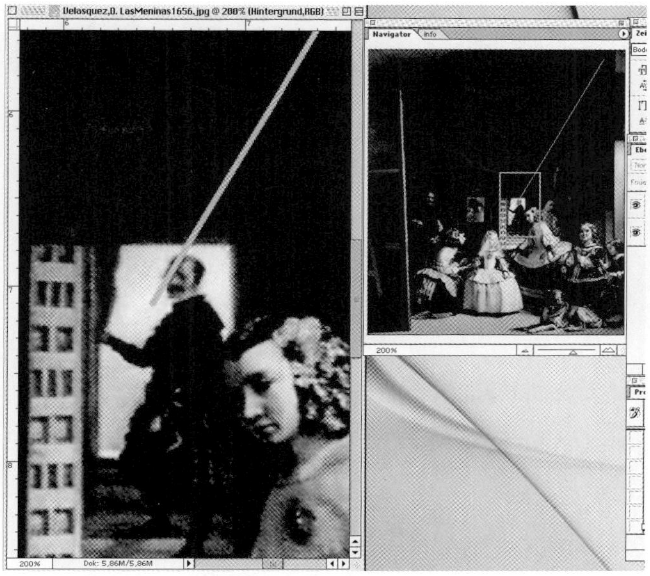

Ein Beispiel für die Kombination von „Navigator“ und „Bildausschnitt“ durch „Zoomen“ im Dokument: Das Feld in der Mitte markiert den aktuellen Bildausschnitt. Der Blick auf die Gesamtkomposition bleibt immer erhalten.

fläche wird im Navigator die Hand zum „Zeigefinger“. Mit Klick auf eine Bildstelle wandert der Bildausschnitt im Dokumentfenster zentriert an diese Stelle.

Mit der „Lupe“ wird bei Mausklick das Dokument in Prozentschritten vergrößert. Verkleinert werden kann mit gedrückter Alt-Taste (oder auch Wahl-Taste genannt). Wird mit gedrückter Maustaste bei vorher gewählter Lupe ein Feld aufgezogen, erscheint dieser Ausschnitt im Dokumentrahmen. „Befehlstaste“ und gleichzeitig + oder – vergrößert bzw. verkleinert die Dokumentansicht auch bei Bearbeitung unter anderen Werkzeugfunktionen. Dieser Befehl ist sehr nützlich, denn bei komplexeren Bearbeitungsfunktionen kann es durchaus notwendig werden, die Bildgröße zwischenzeitlich zu verändern.

Natürlich kann der Bildausschnitt auch ganz normal mit den Scrollbalken bewegt werden.

6. Befehle rückgängig: Das „Protokoll“

Die Palette „Protokoll“ sichert – je nach Voreinstellung – ca. zwanzig am Dokument vorgenommene Veränderungen. Passieren bei der Präsentation Fehler oder werden mit den Schülern Dinge erarbeitet, die nicht bestehen bleiben sollen, können durch Klicken auf jeden beliebigen Zwischenschritt alle *danach* durchgeführten Arbeitsschritte rückgängig gemacht werden. Verschiedene Stadien einer Bildveränderung, z. B. bei Farbvariationen oder Kompositionsveränderung, können so direkt durch einen Klick wieder aufge-

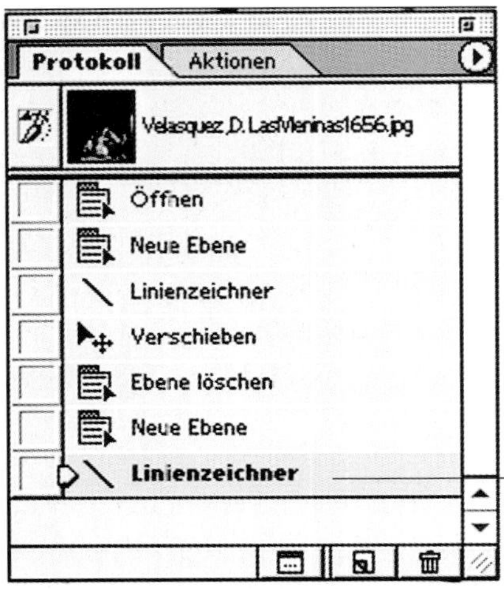

Das Protokoll mit dem letzten Arbeitsschritt unten in der Palette.

rufen und den Schülern zur Diskussion gestellt werden. Frühere Vorgänge erscheinen oben in der Protokollliste, spätere unten.
Der Kurzbefehl „Befehlstaste + Z“ macht den jeweils letzten Schritt rückgängig. Viele Funktionen bieten in der Optionsleiste auch ein „Häkchen“ für „Befehl bestätigen“ und ein Kreuz für „Befehl abbrechen“.

7. Farbveränderungen

Zur Erklärung des Stimmungsgehaltes eines Bildes kann es vorteilhaft sein, das gesamte Bild oder einzelne Teile farbig zu variieren. Für Farbveränderungen am gesamten Bild bietet „Photoshop“ unter „Menü > Bild > Einstellungen > Variationen“ ein zusätzliches Fenster an, das sofort mehrere Veränderungen des ursprünglichen Bildes in „Farbton“, „Helligkeit“ und „Kontrast“ zeigt. Für rasche, extreme Farbveränderungen bietet sich unter „Menü > Bild > Einstellungen“ (Kurzbefehl: Befehlstaste + U) auch die Einstellung „Farbton/Sättigung“ an. In den Schiebereglern kann zusätzlich noch die Helligkeit verändert werden. Bei abstrakten, rein von der Farbwirkung lebenden Bildern kann der Zusammenhang von Farbe und Bedeutung den Schülern einfach und klar nahe gebracht werden.
Einzelne Bildteile müssen vorher ausgewählt werden. Am besten mit dem Werkzeug „Schlinge“ die betreffende Form umfahren. In der Menüleiste ist unter „Auswahl“ die Option „Weiche Auswahl“ enthalten. Darin 3 bis 5 Pixel einstellen – zu den übrigen Bildteilen wird so ein weicher Übergang moduliert.

8. Arbeit mit verschiedenen Ebenen

„Photoshop“ erstellt bis zu 99 Ebenen, in denen Bildobjekte von deckend bis transparent übereinander gelegt werden können. Die unterste, am meisten verdeckte Ebene befindet sich *unten* in der Ebenenpalette.
Eine neue zusätzliche Ebene wird erstellt durch „Menüleiste > Ebene > Neu > Ebene“. In der Palette „Ebenen“ befindet sich auch ein Regler, der die Deckkraft der Ebene, d. h. die Durchsichtigkeit zu den darunter liegenden Bildteilen auf anderen Ebenen variabel einstellt. Ein Klick auf das Symbol „Auge“ schaltet die Ebene ein und aus. Das Symbol „Kette“ verbindet Ebenen. Klick auf das Häkchen am Symbol „Schloss“ fixiert Ebenenobjekte im aktuellen Bearbeitungszustand an der entsprechenden Position. Durch Klick auf den Ebenennamen wird die Ebene aufgerufen und kann bearbeitet werden. Bei aktiviertem Werkzeug „Verschieben“ kann in der Optionsleiste der Befehl „Ebene automatisch wählen“ angesteuert werden und damit können Ebenen auch direkt durch die Maus im Dokument angewählt werden.

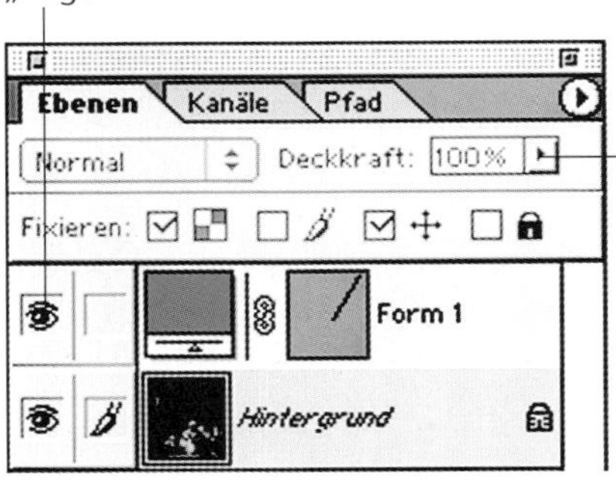

Eine „Linie“ auf einer neuen Ebene oberhalb des als „Hintergrundebene“ geöffneten Bildes. Überdeckende Ebenen liegen in dieser Palette oben. Aktiviert ist in diesem Fall die „Hintergrundebene“. Um die „Linie“ zu bearbeiten oder zu bewegen, muss mit der Maus die obere Ebene durch „Klick“ aktiviert werden. Unten die Anwendung im Bild.

Durch Ziehen bei gedrückter Maustaste können Ebenen in der Reihenfolge nach oben und unten (d. h. die obere Ebene verdeckt die untere) verschoben werden. Mit „Klick + ctrl-Taste" in die Ebene kann diese auch unter „Ebeneneigenschaften" umbenannt werden. Darin sind noch einige zusätzliche Funktionen verborgen, die ansonsten in der „Menüleiste > Ebene" enthalten sind.
Die Arbeit mit verschiedenen Ebenen bietet eine Vielzahl von didaktischen und methodischen Funktionen. Dazu einige Beispiele:
Auf verschiedenen Ebenen können Kompositionslinien und -formen erstellt werden. Diese werden dann nach Bedarf verschoben, ein- und ausgeschaltet oder halb transparent belassen. Linien eignen sich zur Darstellung von Kompositionsachsen oder Fluchtlinien, Formen zur Hervorhebung von ikonographisch wichtigen Bildelementen.

Beim Bildbeispiel oben wurden zuerst die Gesichter mit einer Kreisform ausgewählt. Anschließend wurde eine „Neue Ebene" erstellt. Nach „Auswahl umkehren" wurde der Rest des Bildes mit 20 % Weiß gefüllt. Zur Verdeutlichung wurde zuletzt die Kontur der Kreise noch mit Weiß gefüllt.
Unten nochmals ein Beispiel mit Bildausschnitt und Vollansicht im „Navigator". Hervorgehoben sind alle Figuren, die den Betrachter direkt anblicken.

Dazu anfangs eine neue Ebene erstellen. Werkzeug „Linie" bzw. „Form" wählen. In der Optionsleiste „Linienstärke" und „Farbe" einstellen, ansonsten wird die Farbe automatisch nach der Vordergrundfarbe gewählt. Deren Einstellungen können auch durch Doppelklick auf das dazugehörige Werkzeugfeld aufgerufen werden (gleiches gilt für die Hintergrundfarbe). Danach Linien oder Form ziehen. Mit gedrückter „Shift-Taste" (Umschalt-Taste zum Erstellen von Großbuchstaben) wird eine Linie horizontal, vertikal oder im 45°-Winkel dargestellt, eine Elipse wird beim ersten Mal zum Kreis, ein Rechteck zum Quadrat. Die Optionsleiste bietet dazu auch als Vorwahl Einstellungsmöglichkeiten wie „Feste Breite" und „Feste Größe". Unter „Menü > Bearbeiten > Kontur füllen" bietet sich die Möglichkeit an, für die Auswahl einen Bildrahmen zu erstellen. Dieser kann zur Hervorhebung wichtiger Bildelemente oder Details dienen. Verändert werden können alle diese Elemente durch „Menü > Bearbeiten > Transformieren > ...". Umschalten auf das Werkzeug „Verschieben" verändert die Position im Bild. Unter „Menü > Auswahl > Auswahl umkehren" kann der *außerhalb* der Auswahlfläche liegende Bildbereich z. B. halbtransparent gefüllt werden. Mit gedrückter „Shift-Taste" kann vorher eine weitere Form dazu gewählt werden bzw. kann die Form ergänzt werden („Alt-Taste" subtrahiert Flächen). Damit können z. B. mehrere Bildelemente farbig bestehen bleiben, während der Rest des Bildes gedeckt zurücktritt (siehe Bildbeispiel).
Für eine *einzelne* Stelle im Bild lässt sich dieser Effekt mit dem Werkzeug „Freistellen" auch einfacher erzielen: Werkzeug anwählen und ein Feld über den Bereich, der sichtbar bleiben soll, aufziehen. Der Rest wird halbtransparent abgedeckt. Die eventuell störende Mittelmarkierung nach außen ziehen. Klick auf „X" in der Optionsleiste oder der Wechsel auf ein anderes Werkzeug macht den Vorgang rückgängig.
Auch die Pinsel- und Sprühwerkzeuge bieten die Möglichkeit, Markierungen direkt ins Bild zu setzen: Werkzeug „Pinsel" oder besser „Airbrush" (zeichnet weicher ...) wählen, in der Optionsleiste „Farbe", „Größe" und „Druckstärke" wählen und direkt mit der Maus zeichnen. Auch hier begradigt die gedrückte Shift-Taste die Linie. Achtung: Es entsteht beim Zeichnen mit der Maus – zur Belustigung der Schüler – meist eine krakelige Linie. Kleine Skizzen lassen sich mit etwas Übung jedoch auf diese Weise gut erstellen.

Wem dies alles – gerade am Anfang – zu kompliziert ist, kann mit der aus den Linealen (einblenden unter „Menü > Ansicht > Lineale Einblenden/Ausblenden“) horizontale und vertikale Hilfslinien herausziehen, die sich über das gesamte Bildformat erstrecken. Diese kann man mit der Maus auch wieder in die Leiste zurücklegen und damit löschen.

9. Ausschneiden und Einfügen von Bildern und Bildteilen

Um bedeutsame Zusammenhänge zwischen Figuren, Bildteilen oder Ähnlichem zu demonstrieren,

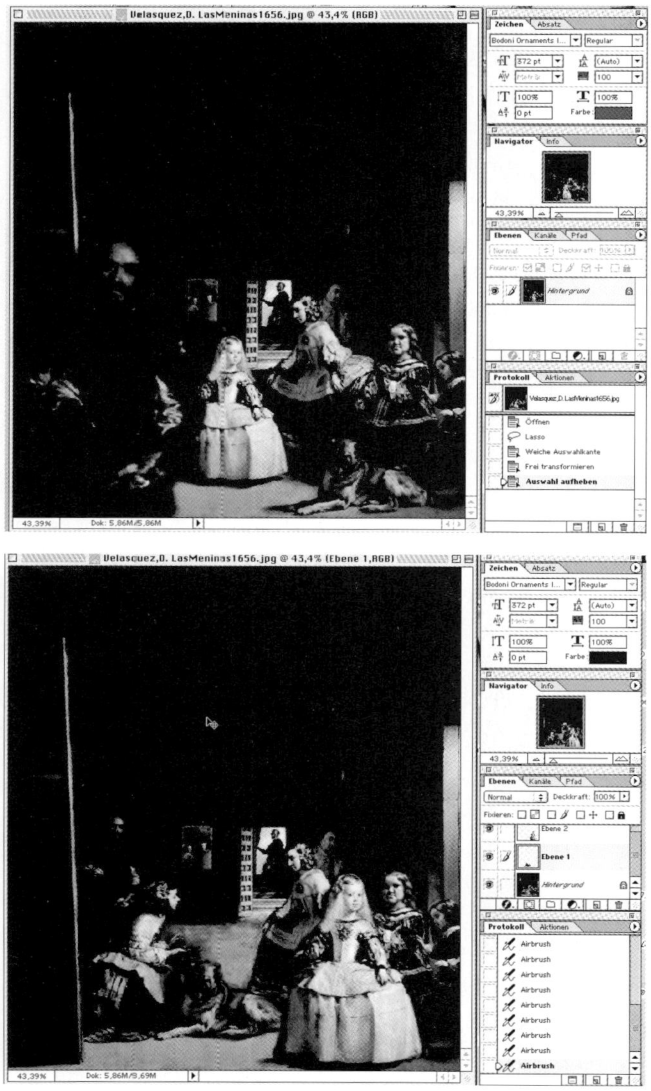

Zwei Beispiele einer Bildmanipulation zur Darstellung der „allégorie réelle“ in den „Las Meninas“. Die Bezüge der Personen untereinander und ihre Wertigkeiten können so hinterfragt werden.
Die Bildveränderung oben (Velasquez rückt nach links unten in den Vordergrund) ist in vier Schritten auch während des Unterrichts machbar. Zuerst mit „Schlinge“ und „Weicher Auswahl“ kopieren und auf neuer Ebene einfügen, dann „Transformieren“ und die Position verändern.
Die Bildveränderung unten ist durch die zusätzlichen Stempelretuschen aufwendiger und benötigt etwas mehr Zeit.

ist es oft hilfreich, diese innerhalb einer Bildkomposition zu verschieben oder zu vergrößern (siehe Bildbeispiel).
Dazu die betreffende Figur mit „Schlinge“ und „Weicher Auswahl“ möglichst exakt ausschneiden. Mit „Befehl + C“ (= „Menü > Bearbeiten > Kopieren“) und „Befehl + V“ (= „Menü > Bearbeiten > Einfügen“) wird das Objekt auf eine neue Ebene eingefügt. Diese Ebene kann nun beliebig verschoben, transformiert oder farblich verändert werden. Die ursprüngliche Figur auf der darunter liegenden Ebene mit dem Werkzeug „Stempel“ retuschieren. Der Befehl „Alt“ + Mausklick wählt die einzufügende Stelle aus. Wenn es während der Stunde schnell gehen soll: Mit der „Pipette“ eine neutrale, passende Farbe mit Klick aus dem Bild wählen und anschließend mit einem Pinselwerkzeug die untere Figur abdecken. Über das Protokoll kann der ursprüngliche Zustand leicht wiederhergestellt werden.
Komplexe Bildveränderungen sollten man eventuell zu Hause vorbereiten. So können Reflexionsprozesse im Unterricht schnell und direkt gesteuert werden – aber unter Umständen mindert dies für Schüler den Prozess des Mitdenkens und Mitarbeitens!

10. Einfügen von Vergleichsbildern, Bildvariationen oder Ansichten von mehreren Seiten

Für Bildvergleiche, Ergänzungen durch Skizzen und Studien etc. ist der einfachste Weg in der Vorbereitung dieses Bild als eine neue Datei zu öffnen und auf dem Schreibtisch neben das Vergleichsbild zu legen. Dies kann aber auch innerhalb der selben Datei geschehen: Zuerst unter „Menü > Bearbeiten > Arbeitsfläche“ die Dokumentgröße an gewünschter Position auf eine entsprechende Größe erweitern. Dabei die Voreinstellung der Hintergrundfarbe beachten! Dann das hinzuzufügende Bild durch „Ziehen“ in die Datei einfügen und positionieren. Auf diese Weise können auch mehrere Bilder auf verschiedenen Ebenen übereinander gelegt werden und mit dem Werkzeug „Auge“ zu- oder weggeschaltet werden. Sehr günstig ist dies bei Plastiken, von denen mehrere Ansichten existieren. Mit einem Export zu „Image-Ready“ über einen Button in der Werkzeugleiste können davon GIF-Animationen erstellt werden.

11. Texte

Das Werkzeug „Text“ bietet die Möglichkeit, während einer Bildbesprechung oder eines Ar-

beitsauftrags gefundene Begriffe auf einer eigenen Ebene zu sichern. Diese können für eine Lernzielkontrolle ebenfalls zu- und weggeschaltet werden. Dazu Werkzeug „Text" anklicken, ein Feld in der gewünschten Größe mit der Maus aufziehen und den Text schreiben. Die Palette „Zeichen" verbirgt Optionen zum Layout, genauso wie die Optionsleiste. Wichtig ist wieder im Vorfeld eine geeignete Vordergrundfarbe zu wählen, denn diese wird automatisch als Textfarbe zugeordnet. „Ziehen" über den Text oder „Befehl + A" (= „Menü > Bearbeiten > Auswählen") markiert auch nachträglich den Text oder die Textstelle für eine spätere Bearbeitung.
Ein einfacherer Weg bei werkanalytischen Bildbesprechungen Begriffe zu sichern, ist das Werkzeug „Notizzettel" (siehe Bildbeispiel).

Der „Notizzettel" als zusätzliches Arbeitsmittel.

Damit können Kommentare an entsprechenden Bildpositionen eingefügt werden und per Doppelklick ein- und ausgeschaltet werden. Das dabei verbleibende Rechteck ist für Schüler und Lehrer ein ganz sinnvoller Fingerzeig auf zusätzliche Informationen. Wen es stört: Das Icon auf die Arbeitsfläche außerhalb des Bildes ziehen. Weitere Einstellungen zum „Notizzettel" sind in der Optionsleiste zu finden.
„Photoshop" bietet in der Regel mehrere unterschiedliche Wege zum selben Ergebnis an, sodass sämtliche hier vorgestellte Befehlsketten natürlich kombiniert, erweitert oder mit zusätzlichen Funktionen ergänzt werden können. Fast alle der hier beschriebenen Verwendungsmöglichkeiten sind – mit etwas Übung – ohne viel „Heimarbeit" direkt während des laufenden Unterrichts einsetzbar.
Weitere didaktische und methodische Mittel sind mit Sicherheit zu finden, da hier nur ein Bruchteil der Funktionen beschrieben werden konnte. Natürlich sollen sie auch Hilfe für den direkten, gestalterischen Umgang mit digitalen Bildern sein. Darüber hinaus sei für den lustvoll Suchenden auf diverse Handbücher im Fachhandel verwiesen, die wesentlich umfangreicher weitere Funktionen beschreiben.

Zitate und Bildquellen

Anm. 1:
Rückübersetzt aus: Buck-Morss, Susann in der Einführung zu The Dialectic of Seeing: Walter Benjamin and the Arcades Project, Cambridge 1989; aus: Chip Lord, Awakening from the Twentieth Century, Photography after Photograph: Memory and Representation in the Digital Age: v. Amelunxen, Hubertus/Iglhaut, Stefan/Rötzer, Florian (Hg.): OPA Amsterdam B. V. und Siemens Kulturprogramm, München, 1996, S. 222

Bild Chip Lord

Chip Lord, Awakening from the Twentieth Century, #2, 1994/95, Central Market, Los Angeles, December 2006 / Sony Electronics, 3300 Zanker Road, San Jose, California, August 1994 und iris print from digital file / type C print from color negative 35,7 × 115 cm; aus: Photography after Photograph: Memory and Representation in the Digital Age: v. Amelunxen, Hubertus/Iglhaut, Stefan/Rötzer, Florian (Hg.): OPA Amsterdam B. V. und Siemens Kulturprogramm, München 1996, S. 222 f.

Sonstige Bilder

Screenshots Mac OS 9, Adobe Photoshop 6.0 für Mac unter Verwendung von Diego Velasquez: *Las Meninas* (Die Ehrenfräulein), 1656; Öl auf Leinwand, 318 × 276 cm; Madrid, Museo del Prado; Aus: Malerei der Welt, Köln (Benedikt Taschen Verlag) 1999, S. 272

II. Medium

Logische Schönheit

Norbert Bolz

I. Die Blasphemie des Schönen

Patricia Arquette, der Audi TT oder der Millennium Dome in London: wie schön (Abb. 1 und 2)! Es gibt Objekte, die eine Bewunderung erregen, die nahe an Götzendienst grenzt. **Das Schöne** verführt; so lehrt es schon die biblische Geschichte vom goldenen Kalb, und der Puritanismus hat daraus die radikale asketische Konsequenz gezogen. Für den Gläubigen liegt der Keim der Blasphemie schon in der „unbefangenen Hingabe an die eigentlichen Formungswerte der Kunst" (Anm. 1) – was luziferisch verführt, ist die

Abb. 1: Es gibt Objekte, die eine Bewunderung erregen, die nahe an Götzendienst grenzt – Audi TT.

Abb. 2: Entauratisierte Kunst ist Design – Millennium Dome, London, 1999 im Bau.

Selbstbezüglichkeit des Formenspiels. Oder anders formuliert: In jedem Kritiker der autonomen Kunst steckt ein Theologe, der den Schönheitsdienst als Götzendienst entlarven möchte.
Der Blasphemie des Schönen kann man darin die Hässlichkeit des Wahren entgegenstellen. Sokrates ist hässlich, spricht aber die Wahrheit; seither pflegt die Aufklärung eine Rhetorik des antirhetorischen Affekts. Von Kant bis Habermas beweist sich Wahrheit durch schlechten Stil.
Und wie Sokrates ist auch Paulus schwächlich, hässlich und rhetorisch scheinbar ungelenk. Nietzsche sagte von ihm zurecht: „Alles Wohlgeratene, Stolze, Übermütige, die Schönheit vor allem tut ihm in Ohren und Augen weh" (Der Antichrist § 51). Und so ist der von Paulus geformte Christus, das Wort vom Kreuz, hässlich. Gott erwählt die Unedlen, die in den Augen der Welt Nichtigen. Schon bei Jesaja (53,2) heißt es vom Gottesknecht: „Er hatte keine schöne und edle Gestalt, / so dass wir ihn anschauen mochten. / Er sah nicht so aus, / dass wir Gefallen fanden an ihm."
Wenn es so etwas wie christliche Kunst gäbe, hätte sie nur ein Thema: die Hässlichkeit des gekreuzigten Christus. Stattdessen gibt es aber eine Kunstgeschichte des Kreuzes als Triumphzeichen und kaiserliches Symbol seit Konstantin. Der leidende und also hässliche Christus wird zunehmend verdrängt (Anm. 2; Abb. 3).
Dass die Blasphemie des Schönen wieder ernst genommen wurde, war dann im Reformationszeitalter eine Startbedingung für autonome Kunst. Die Reformation leugnete nämlich die Heilsrelevanz der guten Werke – die sind dann in den Bereich der Kunst emigriert und wurden schöne Werke. Schöne Kunst konnte sich nun im freien Formenspiel stabile Eigenwerte erarbeiten – bis zur Zäsur der emphatischen Moderne. Nun rückt der Reflexionswert der klassischen Kunst ins Zentrum der ästhetischen Aufmerksamkeit: das Hässliche. Formelhaft gesagt: Die Moderne reflektiert sich in einer Ästhetik des Hässlichen. Deshalb ist das Schönheitsideal aus der Kunst in die Mode- und

Abb. 3: Der leidende und also hässliche Christus wird zunehmend verdrängt – Matthias Grünewald (um 1470/80–1528) Kreuzigung Christi, 195,5 × 152,5 cm, Staatliche Kunsthalle Karlsruhe.

Model-Szene emigriert. Das utopisch Schöne ist seither Sache der Kulturindustrie. Und so verdanken wir den hier einschlägigsten Begriff auch einer Trendforscherin, nämlich Suzi Chauvel – sie spricht sehr prägnant von „Beautopia". Für die moderne Kunst scheint das Schöne tatsächlich ein Unwort geworden zu sein. Man zögert ja nicht, hübsche Mädchen oder elegantes Design schön zu nennen – aber moderne Kunstwerke?
Ich erinnere an diese Zusammenhänge nicht in geistesgeschichtlicher Absicht, sondern deshalb, weil Roger Fry dieses theologische Motiv biologisch tiefer gelegt hat – und mich damit zu meinem eigentlichen Thema führt: „Biologically speaking, art is a blasphemy. We were given our eyes to see things, not to look at them." Dieser scharfe Gegensatz zwischen Sehen und Anschauen, also etwa wenn man schönen Frauen nachschaut, unterscheidet Kunst von Nicht-Kunst. Kunst nimmt man nicht einfach wahr, sondern rezipiert sie in geführter Wahrnehmung. Das wird durch das Rahmungsprinzip verdeutlicht. Was im Rahmen ist, muss ein Bild sein; wenn sich ein Vorhang hebt, gibt es Theater; und der Buchdeckel macht klar, dass die Geschichte zu Ende ist. Die Formen der Kunst führen die Wahrnehmung dann auch innerhalb des Rahmens und schließen naives Sehen und Hören aus.
Vielleicht kann man das bisher Gesagte so zusammenfassen: Die Verführungskraft des Schönen wird in der Kunst zum Strukturmerkmal formalisiert. Kunst ist ein Beobachten, das versucht, „zum Beobachten zu verführen" (Anm. 3) – also nicht einfach zu sehen, sondern anzuschauen.

II. Der moderne Rejektionswert der Kunst

Die Geschichte des Schönen ist die Geschichte des Scheiterns seiner Definition. Für John Dewey ist es der am wenigsten analytische Begriff überhaupt. Man könnte allenfalls sagen: Schönheit ist das an einer Sache, was einem den Blick auf ihre Fehler verstellt. Oder könnte man doch noch mehr sagen? Wohl nur dann, wenn man Schönheit als Begriff zweiter Ordnung einführt, d. h. sie durch die Unmöglichkeit einer Definition selbst definiert. In diesem Sinn definiert Jean Paul Schönheit als „Zirkel der Fantasie" (Anm. 4) – analog zum logischen Zirkel.
Doch wie auch immer: Es scheint zur Selbstverständlichkeit geworden zu sein, dass wir uns von der Selbstverständlichkeit des Schönen unendlich weit entfernt haben. Man kann es offenbar nur noch wie das verlorene Paradies beschreiben – als von nun an für immer unbetretbaren Bezirk. Max Bense hat dafür ein überraschendes Resümee gefunden: „Der Begriff ‚Schönheit' verliert an Substanz, aber gewinnt an Funktion" (Anm. 5).
Man kann diesen Satz nicht nur so verstehen, wie er von Bense wohl gemeint war, nämlich als Hinweis auf die Umstellung von ontologischer auf semantische Ästhetik, sondern auch funktionalistisch. Darin kommt man zur Frage nach dem **Gegenbegriff von „schön"**. Im traditionellen binären Code wäre es **„hässlich"**, historisch betrachtet wäre es „nicht-mehr-schön" (so bekanntlich die Forschungsgruppe Poetik und Hermeneutik), systematisch vielleicht „angewandte Kunst". Kurzum: Auch wenn der Schönheitsbegriff ähnlich wie andere Perfektionsformeln, etwa „Gesundheit" oder „Gerechtigkeit", analytisch unbrauchbar ist, kann dennoch die Unterscheidung schön/hässlich brauchbar sein.
So plausibel diese Position ist, so sehr widerspricht sie doch dem Selbstverständnis der modernen Kunst. Modern ist die moderne Kunst nämlich gerade im Maße ihrer Rejektion dieser Unterscheidung schön/hässlich. Tertium datur. Wenn das Schöne das Hässliche ausschließt, dann ist Schön-

heit für die moderne Kunst kein brauchbarer Maßstab mehr. Wenn das Schöne aber auch hässlich sein kann, dann ist Schönheit einfach nur ein irreleitender Begriff. Es muss etwas ästhetisch Drittes geben, was es dem Künstler erlaubt, die binäre Codierung von Kunst durch die Werte schön und hässlich zurückzuweisen. Das Dritte zeigt sich im Einbrechen des Hässlichen ins Schöne und im Ausbrechen des Hässlichen aus dem Schönen. Die Schönheit des Hässlichen – das ist moderne Kunst, you name it. Das Hässliche des Schönen – das ist die Kulturindustrie, z. B. Barbie.

Vom Sermo humilis, also der christlichen Rechtfertigung des Hässlichen, war bereits die Rede. Man kann sie als eine Vorform des Erhabenen interpretieren, das als Gegenwert des Schönen dann immer mächtiger geworden ist. Genau hier, nämlich als Revision dieses Prozesses, müsste heute eine Rettung des Schönen einsetzen. Die philosophische Verklärung des Erhabenen – von Kant bis Lyotard – war geeignet, jene ganz simple Erfahrung mundtot zu machen, von der unsere Überlegungen ihren Ausgang genommen haben: Wie schön! In der Moderne ist das Schöne durch das Erhabene terrorisiert worden. Dabei richtete sich der Kampf des Erhabenen gegen eine historisch höchst bestimmte Form des Schönen. Die Ästhetik des Erhabenen ist die Flucht der Kunst vor dem Technikschönen, vor allem eine Reaktionsbildung gegen das technische Bild (Anm. 6).

Im 20. Jahrhundert verzichtete moderne Kunst dann vollends auf Schönheit – zugunsten der Provokation. Sie hatte das Erbe des Erhabenen angetreten. Doch wenn es heute immer schwieriger wird, mit Provokationen überhaupt noch zu provozieren, hat vielleicht die Unauffälligkeit des Schönen wieder eine Chance. Das setzt natürlich ein Interesse an Problemlösungen voraus – also auch ein gewisses handwerkliches Können. Das würde sich in einem wachsenden Interesse an Formfragen niederschlagen. Das Schöne überzeugt nämlich immer nur als Form. Mit Künstlersubjekt, Performance und Botschaft hat das nichts zu tun. Und die Form überzeugt als Lösung eines Problems, das wir noch gar nicht kennen.

III. Die Wahrnehmung zweiter Ordnung

Was unterscheidet klassische von moderner Ästhetik? Eine Antwort haben wir, mit Max Bense, schon gegeben: Modern wird Schönheit nicht mehr ontisch, sondern semantisch bestimmt: Es geht nun um Zeichen, nicht um Gegenstände! Von hier ist es dann nicht mehr weit bis zur Konzeptkunst. Seither muss man denken, um zu sehen. Ich kenne für diesen faszinierenden Sachverhalt, dass nämlich Texte über Kunst unsere ästhetischen Ansprüche besser befriedigen können als ihr Gegenstand selbst, keinen treffenderen Begriff als den von Wilhelm Worringer (Anm. 7): *Denksinnlichkeit*.

Hier liegt nun eine ganz einfache platonische Lesart der „logischen Schönheit" nahe, nämlich die Schönheit des Denkens, zu der Kunst allenfalls hinführen kann. Dewey hat Platons Position unübertrefflich prägnant formuliert: „the object of art is to educate us away from art" (Anm. 8). Die ästhetische Erziehung befreit uns demnach von der Kunst. Ich möchte genau den entgegengesetzten Weg einschlagen, also nicht hin zum Denken der Ideen, sondern zur Wahrnehmung des Unwahrscheinlichen.

Die platonische Emanzipation von der Kunst ist Ausdruck der Selbstüberschätzung des Denkens, von der sich die Philosophie noch immer nicht befreit hat. Wir brauchen eine bescheidenere Fassung des Problems. Logische Schönheit könnte auch besagen: Befreiung der ästhetischen Werke von allen magischen Rudimenten, also die Emanzipation der Kunst von ihrer Aura. Das war bekanntlich das Thema Walter Benjamins. Aber auch sein Lösungsvorschlag, nämlich „Politisierung der Kunst", ist längst durchgespielt und überzeugt nicht mehr. Der Nadir der Profanation ist heute erreicht, und man kann nüchtern sagen: Entauratisierte Kunst ist Design.

Wenn man die Dinge aus dieser Perspektive betrachtet, gibt es keine Probleme mit dem Schönen mehr. Designwissenschaft ersetzt die Ästhetik und definiert das Schöne als „gute Form". Doch wohl gemerkt: Damit ist das Problem des Schönen nicht gelöst, sondern erfolgreich verdeckt. Wir können also fragen: Was unterscheidet das Formenspiel der Kunst von der „guten Form" des Designs? Mit Clive Bell könnte man die gute Form des Designs, die im Kontext des Gebrauchs aufgeht, von der „significant form" (Anm. 9) der Kunst unterscheiden. Gute Form vernichtet Information; signifikante Form verstrickt in eine Kombinatorik – von Formen und in einem Rahmen. Prinzipieller formuliert: Design ist immer Design-im-Kontext; Kunst ist immer Kunst-im-Rahmen. Und das bedeutet wiederum: Design *kann nicht* von der Welt des Gebrauchs abstrahiert werden. Kunst *muss* von der Welt des Gebrauchs abstrahiert werden. Die gute Form geht in der alltäglichen Wahrnehmung auf (to see things); die sig-

nifikante Form provoziert eine Wahrnehmung zweiter Ordnung (to look at them).
Wir sagten gerade: Kunst muss von der Welt des Gebrauchs abstrahiert werden. Man kann diese These kulturanthropologisch tieferlegen und sagen: Die logische Schönheit entsteht aus Angst vor dem Absolutismus der Wirklichkeit. Eine der schlüssigsten Antworten auf die Frage nach dem Ursprung der Kunst wäre demnach die Antwort auf die Frage: Wie hält man sich ästhetisch die Welt vom Leib? Und hier gibt es offenbar sogar zwei überzeugende Antworten: Durch Abstraktion (von der Empirie) oder durch Variation (der Form). Und es war wiederum Worringer, der das erstmals auf eine prägnante Formel brachte: Das Kunstwerk entstehe durch „Naturausschaltung" (Anm. 10).
Der Abstraktionsakt am Ursprung der Kunst, der uns vom Schrecken des Realen erlöst, löst uns ab von dem, was es zu sehen gibt. Deshalb heißt es bei Worringer: „Auf die Vorstellung kommt es an, nicht auf die Wahrnehmung" (Anm. 11). Stellen wir nun diesem Satz einen Satz von Max Bense entgegen, nämlich: „Es gibt keine Vorstellung vom Schönen, es gibt nur seine Herstellung und seine Wahrnehmung" (Anm. 12).
Antithetischer, so scheint es, können Thesen nicht zueinander stehen. Doch das ist nur auf den ersten Blick so. Denn Worringer bezieht sich auf die Natur. Wenn man das im Auge behält, kann man beide Thesen sehr gut ineinander schachteln, nämlich so:

1. Kunst muss aus der Natur herausabstrahieren, um „ein Ganzes für die Vorstellung" zu bekommen. Es kommt nur auf die Vorstellung (des Ganzen), nicht auf die Wahrnehmung (der Natur) an.
2. Das Schöne ist unwahrscheinlich und deshalb unvorstellbar – nur wahrnehmbar. (Wer sich darunter, nämlich unter dieser abstrakten Formel, nichts vorstellen kann, denke nur an schöne Frauen; die kann man sich nämlich nicht vorstellen – deshalb muss man sich immer wieder nach ihnen umdrehen.) (Anm. 13)

Wir suchen das Schöne also im Bereich einer Wahrnehmung zweiter Ordnung. Das ist ganz leicht zu verstehen, wenn man unser Thema aus kommunikationstheoretischer Perspektive angeht. Dann kann man nämlich von dem schlichten Sachverhalt ausgehen, dass man Kommunikation nicht wahrnehmen kann – und dass Kunst genau diese Unfähigkeit kompensiert. Mit anderen Worten: Kunst überbrückt die Differenz von Wahrnehmung und Kommunikation. Oder mit wiederum anderen Worten: Kunst macht Inkommunikables kommunizierbar – nämlich Wahrnehmungen" (Anm. 14), die sie ästhetisch zweckentfremdet. Deshalb ist der spezifische Kommunikationsbeitrag von Kunst nicht in ein anderes Medium übersetzbar. Geboten wird die Inszenierung von Wahrnehmbarem (Anm. 15).
Genau wie die Sprache koppelt ein Kunstwerk Bewusstsein und Kommunikation – aber eben unter Umgehung von Sprache. Diese Koppelung ist lockerer als die sprachliche. Man könnte also sagen: Kunst ist der Sprache funktional äquivalent, aber ihre Kommunikation hat mehr Bewegungsfreiheit. Es kann einen Kommunikationstheoretiker deshalb nicht überraschen, dass Kunst immer wieder als Schauplatz der Beschwörung einer besseren, schöneren Gesellschaft inszeniert wird – „schöne Geselligkeit", wie Novalis gesagt hätte. Denn da die kunstspezifische Kommunikation über Wahrnehmung läuft, entsteht mit jedem Kunstwerk eine „unnegierbare Sozialität" (Anm. 16). Auch das ist logisch schön an der Kunst – ihre Begründungsunbedürftigkeit.
Mit anderen Worten: Kunstwerke werden über kunstmäßiges Beobachten hinaus nicht weiter getestet. Damit aber ist Kunst das einzige System in der modernen Gesellschaft, das durch Beobachtung nicht gestört, sondern gesteigert wird. Der Künstler erfindet Formen und verführt den Beobachter dazu, sie als Kommunikation zu verfolgen. Das spezifisch kunstmäßige Beobachten, das sich so herausbildet, besteht nun darin, die künstlerischen Formen mit „Zwei-Seiten-Blick" zu sehen (Anm. 17). Auch hier geht es natürlich nicht ohne blinden Fleck. Aber wie man schon an den Werken von Escher oder Edgar Allan Poes *Purloined Letter* gut sehen kann (sehen kann!), lässt Kunst den blinden Fleck des Beobachtens zirkulieren.

IV. Die Schönheit des Schwierigen

„Die Welt ist schön" – das kann modern nicht sein. Denn modern ist das Entlarven, die Zerstörung der Vorurteile, die Gewissheit, dass alles anders ist als es scheint – also eine Art kritisches Grundbewusstsein. Eine Grundbedingung ästhetischer Moderne besteht deshalb im – seinerseits dann wieder genießbaren – Reiz des Schwierigen, der die Belohnung für eine asketische Fundamentalkritik des Genießens zu sein scheint. Um es mit den präzisen Worten Hans Blumenbergs zu sagen: „Wir genießen es schließlich, nicht zu genießen: die Ungenießbarkeit der Welt" (Anm. 18).

Die Moderne hat begriffen: Nur wenn Kunst auf primäre Genussqualitäten verzichtet („interesseloses Wohlgefallen"), kann sie ihre innere Notwendigkeit testen. Moderne Kunst kann man nicht genießen, denn Genuss präsupponiert Vertrautheit. Stattdessen geht es um Schönheit als domestizierte Überraschung. Das ist eine eminent kognitive Leistung. Sie schließt aus, dass Kunst „im Dienst von xy" stehen könnte. Moderne Kunst hat keine Aufgabe – sie experimentiert mit Intelligenz.

Und damit sind wir wieder bei unserem eigentlichen Thema: logische Schönheit. Wenn Gregory Bateson Ästhetik als die Lehre von den Mustern, die verbinden, definiert, dann haben wir es mit einem autologischen Konzept zu tun, d. h. es gilt gerade auch für Schönheit. Um zu sagen, was das Wort „schön" bedeutet, muss man zeigen, wie es auf andere Worte bezogen wird (verbindendes Muster). Auf die Frage nach der Schönheit sollte man also nicht antworten: Frag mich was Leichteres, sondern: Frag mich was Schwierigeres! Das Schwierige und das Unvorhersehbare sind der Schauplatz der modernen Kunst. Deshalb kann man von ihr lernen, wie man in einer hochkomplexen, netzwerkartig organisierten Welt noch Kontrolle ausüben kann. Schön ist die Lösung eines komplexen Problems. Mit anderen Worten: „Control" im kybernetischen Sinn hat mehr mit Schönheit als mit Macht zu tun.

V. The world is not enough

Moderne Kunst macht das Leben offenbar nicht leichter, sondern schwerer. Warum lässt man sich dann auf sie ein? Gibt es konitive „incentives" für die Anstrengung der Wahrnehmung zweiter Ordnung? Kann man etwas über unsere Welt lernen, wenn man Kunstwerke beobachtet? Ein Philosoph müsste antworten: An Kunstwerken kann man wahrnehmen, wie Ordnung aus Kontingenz entsteht. Nicht alles geht, aber anderes geht – und es kann gut gehen, indem man es anders macht. Mit anderen Worten: Die Ordnung des Kunstwerks zeigt, dass man sich auf das Risiko anderer Möglichkeiten einlassen kann.

Das Kunstwerk ist zwar kontingent, erscheint aber notwendig. Das hat schon Novalis unüberbietbar prägnant formuliert: Es führt die Notwendigkeit mit sich, da zu sein! Das Kunstwerk erscheint „als nicht ergänzungsfähig" (Anm. 19). Der Herrscher, der bemerkte, dass Mozart in „Cosi fan tutte" sehr viele Noten geschrieben hat, musste sich sagen lassen: Keine Note zu viel oder zu wenig. So, wie gesagt, erscheint es; doch ist natürlich klar, dass „Cosi fan tutte" auch mit jeder anderen Note hätte beginnen können. Aber eben nur beginnen. Denn der ästhetische Prozess besteht genau darin, dass sich das Kunstwerk „gegen die eigene Kontingenz durchsetz[t]" (Anm. 20). D. h. es setzt sich gegen die anderen Möglichkeiten durch, die es selbst erzeugt hat.

Meine Überlegungen enden deshalb mit einer frühromantischen Formel, nämlich der von Friedrich Schlegel: „objektive Willkür". Am Anfang steht der absolute Dezisionismus des überhaupt Anfangens. Doch diese „Willkür" muss paradoxerweise objektiv werden können. Kunst heißt, dass die Beliebigkeit des Anfangs sich aufhebt und sich selbst notwendig macht: „Selbstkonditionierung von Willkür" hat Niklas Luhmann (Anm. 21) das genannt. Kunst konfrontiert uns also mit der Paradoxie der Notwendigkeit der Kontingenz, und diese Paradoxie wird entfaltet, indem das Kunstwerk die Kontingenz selbst kontingent setzt. Genau das hat Schlegel mit objektiver Willkür gemeint.

Schönheit ist „manifestierte Kontingenz", die durch „innere Notwendigkeit" überzeugt (Anm. 22). Dazu muss Kunst ein Werk aus der Empirie abstrahieren, selbst erfundene Formen variieren und den Beobachter zum Formenspiel verführen. Immer dann, wenn dies gelingt, lenkt die Kunst unsere Aufmerksamkeit von den Ablenkungen des Alltags ab. Sie bricht die „Normalverweisungen" und zeigt, dass die Welt nicht notwendig so ist, wie sie ist. Schönheit ist dann der Name für den Eindruck: das Kunstwerk ist notwendig, nicht die Welt! Die Welt ist nicht genug.

Anmerkungen

1 M. Weber, Wirtschaft und Gesellschaft, 5. rev. Aufl., Tübingen 1972, S. 367
2 Vgl. N. Bolz, „Leiderfahrung als Wahrheitsbedingung", in W. Oelmüller (Hg.), Leiden/Paderborn 1984, ders., Eine kurze Geschichte des Scheins, 3. Aufl., München 1999, S. 17 ff.
3 N. Luhmann, Beobachtungen der Moderne, Opladen 1992, S. 121
4 Jean Paul, Vorschule der Ästhetik, 2. Aufl., München 1974, S. 43
5 M. Bense, Aesthetica, Baden-Baden 1982, S. 260
6 Vgl. dazu Bolz, „Das große stille Bild im Medienverbund", in: Das große stille Bild, hg. v. N. Bolz und U. Rüffer, München 1996
7 W. Worringer, Künstlerische Zeitfragen, München 1921, S. 28
8 J. Dewey, Art as Experience, New York 1958, S. 291
9 C. Bell, Art, London 1914, S. 8
10 W. Worringer, Abstraktion und Einfühlung, München 1976, S. 19
11 A. a. O., S. 77
12 M. Bense, Aesthetica, S. 26
13 W. Worringer, Abstraktion und Einfühlung, S. 19
14 N. Luhmann, Die Kunst der Gesellschaft, Frankfurt/Main 1995, S. 227
15 A. a. O., S. 83
16 A. a. O., S. 36

17 N. Luhmann, „Gibt es ein ‚System' der Intelligenz?", in: Martin Meyer (Hg.), Intellektuellendämmerung?, München 1992, S. 70
18 H. Blumenberg, Die Verführbarkeit des Philosophen, Frankfurt/Main 2000, S. 39
19 N. Luhmann, Die Kunst der Gesellschaft, S. 241
20 A. a. O., S. 315
21 N. Luhmann, Die Gesellschaft der Gesellschaft, Frankfurt/Main 1998, S. 354
22 N. Luhmann, Soziologische Aufklärung, Bd. III, Opladen 1982, S. 250

Mit freundlicher Genehmigung des Verlages und des Autors entnommen aus dem Buch: Bohunovsky-Bärnthaler, Irmgard (Hg.): Was aber ist das Schöne? Vortragsreihe der Galerie Carinthia im Stift Ossiach vom 17. bis 19. August 2000. Klagenfurt (Ritter Verlag) 2001

Über das digitale Bild und seine typische Präsentationsform – das Monitorbild

Karin Guminski

Computerbilder haben inzwischen eine mehr als 50-jährige Geschichte. Anfangs waren es hauptsächlich Wissenschaftler, vereinzelt auch Künstler, die diese Bilder generierten. Heute gibt es einen ausgeprägten Sektor von Bildern mit künstlerischer Orientierung, die von künstlerisch Ambitionierten oder von Künstlern geschaffen werden. Die digitale Bildgestaltung am Computer ist unmittelbar (zwingend) an die Existenz und Funktionsfähigkeit eines Monitors gebunden. Die Versorgung mit Energie, ist also Voraussetzung für die gestalterische Arbeit am Rechner.
Durch diese Tatsache erübrigt sich für den Gestaltenden die Frage nach dem Bildträger – Papier, Leinwand, Holz etc. – so wie wir es vom gestalterischen Arbeiten mit traditionellen Bildmitteln gewohnt sind. Dies mag zunächst als Einschränkung erscheinen.

Welche Merkmale kennzeichnen ein Computerbild?

Digitale Bilder sind in ihrem Wesen stets immateriell, geruchsfrei, haben kein Gewicht und sind haptisch nicht wahrnehmbar. Sie lassen sich lediglich betrachten. Erst durch das Ausdrucken eines Bildes wird das Bild materiell.
Computerbilder lassen sich, bezogen auf ihr Herstellungsverfahren, in zwei Gruppen unterteilen: in die Gruppe der 2-D-Computerbilder und die der 3-D-Computerbilder. Beide Bildarten haben – von der Erstellungsmethode abgesehen – Gemeinsamkeiten, die sie von traditionellen Bildtechniken unterscheiden. Thomas Lehnerer spricht in seinem Buch „Zur Methode der Kunst" bezogen auf das digitale Bild über „… gewisse Eigenwilligkeiten, die im Bild sichtbar zum Tragen kommen können" (Lehnerer 1994, S. 105). Und Alfred Nemeczek stellt fest: „Computer-generierte Bilder sehen einfach anders aus als gezeichnete oder gepinselte …" (Nemeczek 1990, S. 21).
Worin bestehen also diese Gemeinsamkeiten von Computerbildern, die sie von materiellen Bildern unterscheiden? Da gibt es formale Gemeinsamkeiten und inhaltliche Gemeinsamkeiten. Mit letzteren ist z. B. die Darstellung virtueller Dinge gemeint. Auf die inhaltlichen Aspekte werde ich in diesem Aufsatz nicht näher eingehen, sie sollten aber nicht unerwähnt bleiben.

Reduzierbarkeit auf Pixel (Abb.1)

Die Reduzierbarkeit digitaler Bilder auf einzelne Pixel ist eines der zu nennenden formalen Merkmale. Das digitale Bild setzt sich aus einzelnen Bildpunkten, den Pixels, zusammen. Jedem Pixel wird eine bestimmte Farbinformation und gegebenenfalls ein Transparenzgrad zugeordnet. Die Position der Pixel auf der Bildfläche lässt sich mit X- und Y-Werten bestimmen. Digitale Bilder eröffnen eine neue Bilddimensionen. Die bereits durch

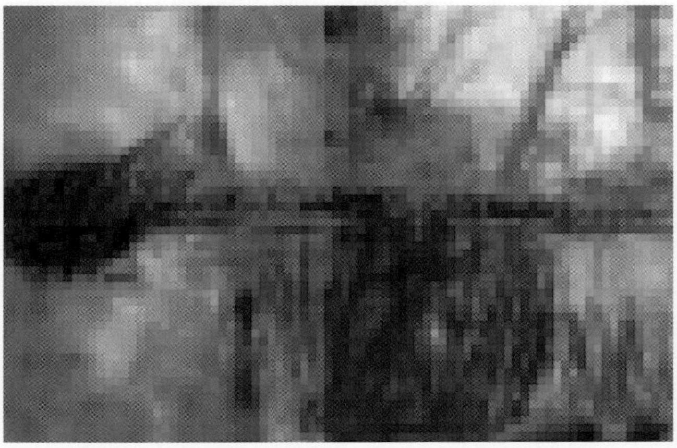

Abb. 1: Studentinnenarbeit von Jenny Forster (Kunstpädagogik, LMU München) 2003. Software: „Photoshop".

den Impressionismus eingeleiteten formalen Auflösungen der Bildfläche erreichen in den Computerbildern ihren vorläufigen Höhepunkt.
Henning Freiberg bezeichnet dieses Phänomen, in dem Zeitschriftenartikel „Das Bild aus dem Computer" als den neuen Formalismus als „mosaikhafte, pointillistische Mikrostruktur des digitalen Bildrasters (wird bei Vergrößerung oder geringer Auflösung relevant)" (Freiberg 1987, S. 15). Als Vorentwicklung hierzu kann man, wie dies Hajo Drott tut, die Bildzerlegungstendenz des Buchdrucks mit dem Zerlegen von Bildern in Strich und Punktelemente und später die Fotografie sehen, die die körnige Anordnung der für die Bildentstehung notwendigen Silberhalogeniepartikel praktizierte.
Dieses wohl offenkundigste Charakteristikum digitaler Bilder kann beim Betrachten der Bilder unbemerkt bleiben. Bei hoher Bild- und Bildschirmauflösung verschwindet dieses charakteristische Merkmal scheinbar, die Pixel sind nicht als einzelne Bildpunkte wahrnehmbar. Die Rasterstruktur ist dann feinteiliger, aber noch immer stilbildend (vgl. Stoppa-Sehlbach 1988, S. 11). Bei der Vergrößerung von Bildausschnitten bzw. vom gesamten Bild wird es jedoch ab einer bestimmten Vergrößerungsstufe auf jeden Fall sichtbar.
Dieses Merkmal digitaler Bilder kann ganz bewusst als gestalterisches Mittel oder besser als Effekt eingesetzt werden. Es entsteht dann eine Art digitales Mosaik: ein Mosaik, das regelmäßig ist und aus Quadraten besteht.
In den Computerbildern der Anfangsjahre findet man den Effekt des Aufgepixeltseins häufig. Bei ihnen ergab sich „aufgrund ihrer typisch geometrisierten Erscheinungsweise" (Stoppa-Sehlbach 1988, S. 11) eine eigene ästhetische Qualität. Der Grund dafür waren die damals noch sehr begrenzten technischen Möglichkeiten (niedrige Bildauflösung, geringe Speicherkapazitäten, geringe Auflösung beim Ausdrucken).
Ganz bewusst setzt Heidi Specker diese Möglichkeit ein, um ihren digitalen Fotografien ein verfremdetes Aussehen zu verleihen. Heidi Specker lässt ihre Fotografien vom Computer in Pixel umrechnen, ihre Bilder vergrößern und über einen Tintenstrahldrucker ausdrucken, sodass die Oberflächenstruktur noch malerisch erscheint (vgl. Götz 2002, S. 46).

Umwandelbarkeit und Wiederherstellbarkeit (Abb. 2, Abb. 3, Abb. 4)

Ein weiteres, für den Gestalter relevantes Merkmal dieser Bildgattung ist die Umwandelbarkeit und

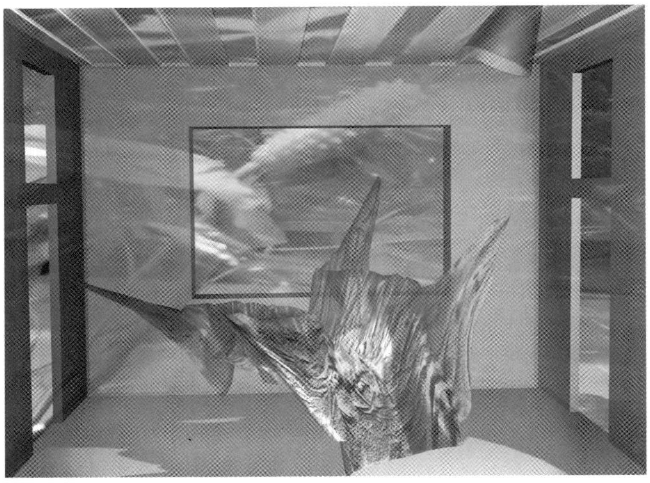

Abb. 2: Karin Guminski 2003. Software 3ds max.

Abb. 3: Karin Guminski 2003. Software 3ds max.

Abb. 4: Karin Guminski 2003. Software 3ds max.

Wiederherstellbarkeit. Henning Freiberg nennt dieses Phänomen der Wiederholbarkeit den „iterativen Charakter" (Freiberg 1987, S. 16) von Computerbildern, der sich nicht nur auf Oberflächenstrukturen, sondern allgemein auf alle gestalterischen Komponenten bezieht. Freiberg definiert den iterativen Charakter folgendermaßen: „Alles ist wiederholbar. Die Bildzustände können jederzeit abgespeichert, wiederholt und prinzipiell

unbegrenzt verarbeitet werden, ohne Angst vor der Zerstörung des Materials" (Freiberg ebd.). Ein wichtiger Punkt in Richtung gestalterisch-experimenteller Freiheit. Auch Ulla Haskamp sieht diesen Vorteil des digitalen Gestaltens, sie schreibt: „Die Manipulation der Bilddaten erfolgt ohne Spuren im Material des Bildes" (Haskamp 1994, S. 22). Eine neue Freiheit im Gestaltungsprozess, die nur die digitale Bildgestaltung ermöglicht.
„Diese Veränderungsmöglichkeit bezieht sich, im Unterschied zu einem traditionellen Werk, auch auf den Rezipienten. Auch ein abgespeichertes Bild bleibt im Wesentlichen unabgeschlossen, ist jederzeit veränderbar" (Drott 1997, S. 319).
Bei der Bildpräsentation in Form eines Monitorbildes ist die Form des interaktiven Betrachtens ein interessanter Aspekt, bei welcher der Betrachter aktiv am Gestaltungsprozess teilnehmen kann.
Im Fall des 3-D-Computerbildes kann diese Möglichkeit von besonderem Reiz sein. Oftmals berechnet der Gestalter der Bilddatei eine bestimmte perspektivische Ansicht seiner virtuellen Szene in endgültiger Bildauflösung und druckt diese gegebenenfalls auch aus. Der Datenbestand der 3-D-Szene besteht aber – anders als dies beim 2-D-Bild der Fall ist – nicht nur aus der einen gerenderten (endgültig berechneten) Bildansicht (Bitmap), sondern aus einer dreidimensionalen Bildszene, einer Art virtuellem Bühnenbild. Daher bietet sich eine interaktive Bildbetrachtung am Bildschirm an. Der Betrachter könnte sich mittels Eingabegeräten wie Maus oder Stift frei im virtuellen Raum bewegen, diesen erfahren, was sonst nur dem Bildgestalter vorbehalten bleibt, und nach eigener Wahl Bildperspektiven berechnen lassen. Er könnte das interaktive Kunstwerk selbst mitbestimmen. Wandern in virtuellen Bildwelten müsste man diesen Vorgang dann nennen. Bei dieser Betrachtungsweise kann auch der Betrachter Anteil an der faszinierenden Erfahrung haben, sich im virtuellen Raum zu bewegen.

Abb. 5: Studentinnenarbeit von Nicole Heckel (Kunstpädagogik, LMU München) 2002; Software: „Photoshop", Basismaterial: Foto.

Abb. 6: Studentinnenarbeit von Nicole Heckel (Kunstpädagogik, LMU München) 2002; Software: „Photoshop".

Abb. 7: Studentinnenarbeit von Nicole Heckel (Kunstpädagogik, LMU München) 2002; Software: „Photoshop".

Seriencharakter (Abb. 5, Abb. 6, Abb. 7)

Ein Resultat der Umwandelbarkeit und Wiederherstellbarkeit digitaler Bilder ist ihr Seriencharakter. Ebenso wie das Serienbild in der Fotografie von Bedeutung ist, trifft dies auch für das digitale Bild zu. Ein digitales Bild kann in verschiedenen Bildstadien existieren. Es kann zu jeder Zeit und in jedem Stadium während der Erstellung, jeweils unter einem neuen Bildnamen gesichert werden. Und es ist typisch für das computergenerierte Bild, dass es in unterschiedlichen Bildstadien existiert, da Computergestalter schon fast selbstverständlich von dieser vorteilhaften und befreienden Möglichkeit Gebrauch machen. Die Angst, etwas kaputt machen zu können, wird durch häufiges Speichern genommen.
Die festgehaltenen Bildstadien können die Bildentwicklung linear wiedergeben oder aber eine Serie von Bildmodifikationen zeigen. Eine Serie kann auch bewusst nicht-linear wiedergegeben werden.

Auch das gemalte Bild befindet sich stets in einem bestimmten Bildstadium, auf frühere Versionen des Bildes kann jedoch nicht zurückgegriffen werden.

Temporärer Charakter

Digitale Bilder haben temporären Charakter. Das digitale Bild ist – jedenfalls solange es nicht ausgedruckt wurde – nur zeitweise visuell wahrnehmbar, nämlich nur dann, wenn der Monitor eingeschaltet ist, der Rechner mit Strom versorgt wird und die Bilddatei geöffnet ist. Nur dann trifft die Bezeichnung „Monitorbilder" zu. Sonst ruht es – für uns nicht visuell wahrnehmbar – codiert in Binärsprache auf einem Speichermedium. Jürgen Claus spricht von „Zeit-Bildern". „Sie werden für eine vorbestimmte oder frei wählbare Zeit zu Bildern, ansonsten sind sie in einem unsichtbaren Code gespeichert" (Claus 1988, S. 80). Das Computerbild ist temporär sichtbar und diese Tatsache unterscheidet es grundsätzlich von einem Bild im klassischen Sinn, das stets erkennbar ist.

Bildformat

Digitale Bilder haben kein klar definiertes Bildformat. Während beim traditionellen Arbeiten die Bildgröße durch die Wahl des Bildträgers (Papier, Leinwand etc.) festgelegt wird, lässt sich das Computerbild beliebig und zu jeder Zeit in der Größe verändern. Zum Tragen kommen die Größenveränderungen u. a. beim Ausdrucken des Bildes. So kann sich der gesamte Bildeindruck ändern – Farbveränderungen sind in dem Fall noch nicht berücksichtigt. Unabhängig vom Ausdrucken lässt sich das digitale Bild – und in dem Punkt unterscheidet es sich vom fotografischen Negativ – auch während des Erstellungsprozesses zu jeder Zeit beliebig und flexibel in der Größe verändern, proportional ebenso wie nicht proportional-verzerrend. Während Formatverzerrungen beim Foto in der Dunkelkammer ein technisch aufwendiger Vorgang sind, lässt sich das Computerbild ohne großen Aufwand im Format ändern. Dieser Vorgang kann beliebig oft wiederholt und rückgängig gemacht werden. Die Bildveränderungen können spielerisch ausprobiert werden.

Leuchtkraft der Bildschirmfarben

Ein weiteres Spezifikum von Computerbildern ist ihre „besondere Farbigkeit. … Malen mit elektronischem Licht" (Freiberg 1987, S. 15). Die Leuchtkraft der Bildschirmfarben kann im Druck nicht wiedergegeben werden. Selbst Sonderfarben, wie sie im Offsetdruck verwendet werden, wirken eher plakativ und strahlen bei weitem nicht so intensiv wie Bildschirmfarben. Feinste Strukturen sind am Bildschirm in ihrer Reliefhaftigkeit zu erkennen. Ohne die Leuchtkraft des Monitors verlieren sie an Räumlichkeit. Trotz dieser Erkenntnisse werden stille Computerbilder nicht allzu oft am Bildschirm präsentiert. Verglichen mit dem Dia oder dem Leuchtkastenbild, erscheinen die Monitorfarben intensiver und leuchtender, begleitet von dem Effekt der räumlichkeitserzeugenden Vielschichtigkeit.

Abb. 8: Karin Guminski 2002; Software 3ds max.

Plane Oberfläche

Das Computerbild ist stets plan. Dieses Charakteristikum stellt einen markanten Unterschied zum konventionellen Bild auf einem, allen Bildteilen gemeinsamen, materiellen Bildträger, z. B. die Leinwand, dar. Das materielle Bild lebt von Unebenheiten. Der Bildträger ist durch das Volumen des verwendeten Materials und möglicherweise aufgrund seiner eigenen Beschaffenheit nie absolut plan. Auch die aufgetragenen Farben haben Plastizität. Und das Foto hat eine plane Oberfläche. Im Unterschied zum Computerbild werden beim Foto keine materiellen Bildträger, wie Leinwand z. B., simuliert, die dann letztlich im Widerspruch zur glatten Oberfläche des Bildes stehen (Abb. 8).

Regelmäßigkeit (Abb. 9, Abb. 10)

Computerbildern ist eine Regelmäßigkeit zu eigen. Daraus resultiert eines ihrer stilistischen Merkmale. „Beim künstlerischen Gebrauch ergibt

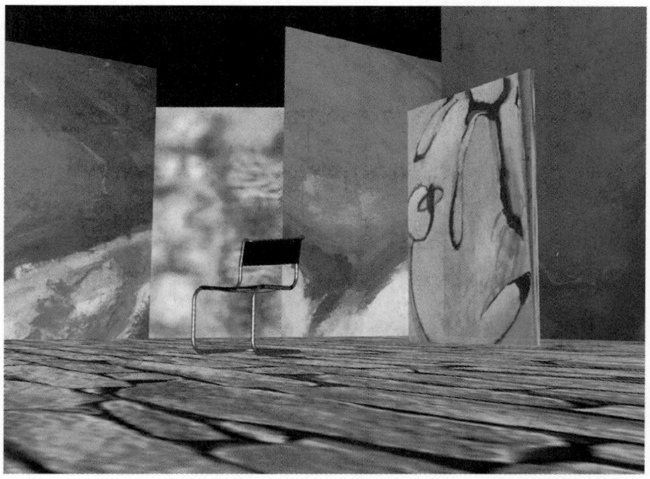

Abb. 9: Studentinnenarbeit von Evelyn Ludena de Greif (Kunstpädagogik, LMU München) 2002; Software 3ds max/„Photoshop".

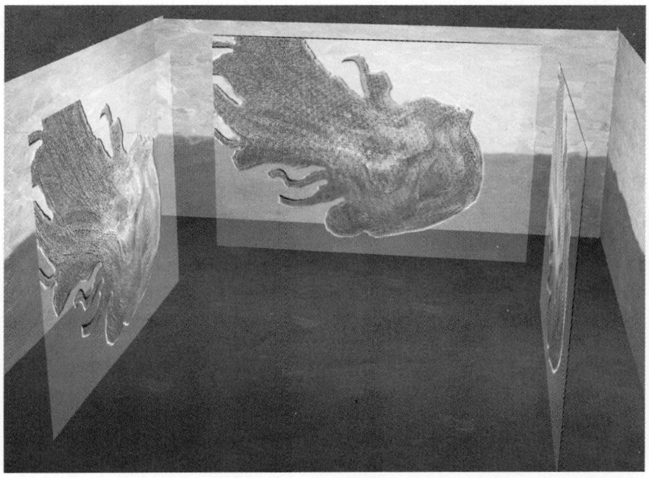

Abb. 10: Studentinnenarbeit von Evelyn Ludena de Greif (Kunstpädagogik, LMU München) 2002; Software 3ds max/„Photoshop".

sich ein kurios anmutendes Problem: Alles das, was hier auf dem Bildschirm erscheint, ist von idealer Sauberkeit und Makellosigkeit, wie es in Wirklichkeit kaum möglich ist" (Franke 1986). Natürliche Störfaktoren wie z. B. Verschmutzungen auf dem Bildträger und Unregelmäßigkeiten im Papier fehlen den digitalen Bildern. Fred Schierenbeck vergleicht die manuelle Anfertigung von Bildern mit der apparativen und begründet damit das Zustandekommen dieses Unterschiedes: „Wenn ich mit traditionellen Mitteln male, dann erfolgt über eine Setzung, zum Beispiel dem Zeichnen einer Linie, der schrittweise, sich jedoch zunehmend überlagernde Aufbau einer bildnerischen Struktur. Im ‚bildfindenden Dialog' (vgl. Schierenbeck 1998, S. 43) ergeben sich ‚Brüche', ‚Verwerfungen' und ‚Störungen'. Auf der Erscheinungsebene bleiben Spuren derartiger Umorganisationen gleichzeitig sichtbar. Gerade durch sie erhält die bildnerische Struktur der traditionellen Malerei eine humane Dimension. Derartige Tiefe wird bei digitalen Bildern schon deshalb nicht erreicht, weil jede Korrektur, jede Umorganisation, jeder Zweifel – jeder Dialog mit dem Bild also – im Endprodukt nicht mehr nachvollziehbar ist: Bei dem digitalen Bild handelt es sich immer um ein ‚perfektes', gleichwohl jedoch auch ‚geschichtsloses' Gebilde. Diese ‚Glätte' stellt, wenn man so will, eine neue Qualität dar" (Schierenbeck ebd.).

Handschriftliches Moment

„Das klassische Kunstwerk lässt den Werkvorgang, die Handschrift des Künstlers, fassbar nachvollziehen" (Wyss 1997, S. 60). Auch beim Computerbild gibt es handschriftliche Momente. Diese sind jedoch nicht so deutlich erkennbar und weniger dominant als beim materiellen Bild.

Das handschriftliche Moment entsteht durch mehrere Faktoren. Dazu zählen u. a. eine für eine Person charakteristische Werkzeugführung, ein typisches zeichnerisches und malerisches Verhalten und eine für die Person charakteristische Farbwahl. Die digitalen Werkzeuge lassen, die Werkzeugführung betreffend, wenig Spielraum zu. Anders ist es mit dem typisch Zeichnerischen und Malerischen und der Farbauswahl. Hier gibt es sehr wohl personenabhängige Unterschiede.

Erwin Steller vergleicht die Pop-Art mit der computergenerierten Kunst und sieht gewisse Parallelen: „Auch sie wollte die ‚Handschrift' des Künstlers eliminieren, aber auf völlig andere Weise" (Steller 1992, S. 216). Was bei Werken der Pop-Art, in denen ein Gebrauchsgegenstand in einem künstlerischen Kontext abgebildet wird, zusätzlich noch wegfallen kann, ist das handschriftliche Verhalten in puncto Zeichnen, Malen und Farbe. Insofern enthalten computererzeugte Bilder noch mehr an Handschriftlichem als viele Arbeiten der Pop-Art.

Computerspezifische Gestaltungselemente
(Abb. 11, Abb. 12)

Das Computerbild kann gestalterische Elemente beinhalten, die mit keinem anderen Medium erzeugt werden können. Um Beispiele zu nennen: Mit dem Computer lassen sich spezifische Oberflächen gestalten, künstlich erfundene Strukturen mit natürlicher Lichtsimulation versehen, Transparenzen, Transformationen von Objekten, Zufälligkeiten und vieles mehr erzeugen, die überhaupt erst durch den Dialog mit dem Rechner vorstellbar sind und ohne ihn nicht realisiert werden könnten.

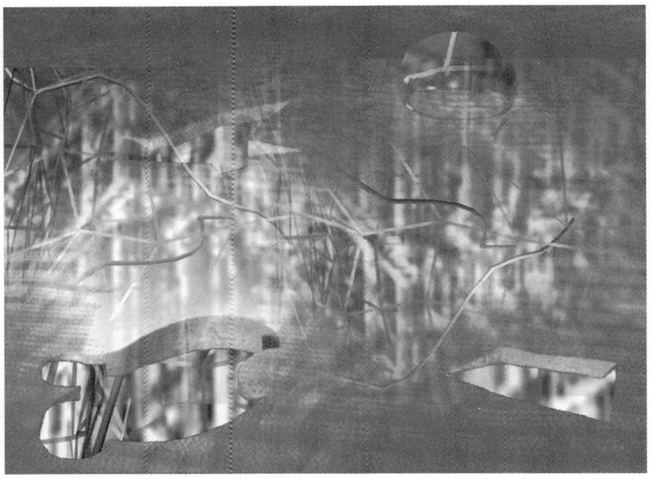

Abb. 11: Karin Guminski 1990; Software ArtCom.

Abb. 12: Studentinnenarbeit von Franziska Wolff (Kunstpädagogik, LMU München) 2002; Software 3ds max/„Photoshop".

Integrale Methode (Abb. 13, Abb. 14)

Digitale Bilder haben immer eine geschlossene Bildstruktur. Während beim Malen auf der Leinwand über das Bild verteilt völlig verschiedene Strukturen und Reliefererscheinungen möglich sind, die als Insellösungen gesehen werden können, besteht das digitale Bild immer aus einer Gesamtheit. Aus einem Datensatz, der einen bestimmten Dateinamen hat und der, ohne Spuren im Material zu hinterlassen, in seiner Gesamtheit modifiziert werden kann. Herbert W. Franke beschreibt diesen Vorgang: „Während man beim üblichen Malen und Zeichnen nur punktuell in das Bild eingreift, also stets nur eine Stelle verändert, die der Pinsel oder der Stift berührt, steht in der mathematischen Methode ein Instrument zur Verfügung, das den ‚integralen' Eingriff ermöglicht. Ein einfaches Beispiel ist etwa der Wechsel der Farbe über das ganze Bild hinweg, der dem Computergrafiker zur Verfügung steht" (Franke 1984). So kann beispielsweise ein Bild im Kontrast geändert oder mit einer einheitlichen Struktur unterlegt werden.

Die Ganzheitlichkeit trifft auch auf digitale Bilder zu, die eine Kombination aus Bildteilen mehrerer gescannter oder digitalisierter Medien beinhalten. Diese werden durch das Digitalisieren und anschließende Zusammenführen in einer Bilddatei wieder in einem Datensatz festgehalten. Anders ist dies bei Mischformen aus digitalen Bildern mit Elementen anderer Techniken, die außerhalb des Rechners aufeinander treffen.

Abb. 13: Studentinnenarbeit von Nina Holm (Kunstpädagogik, LMU München) 2002; Software: „Photoshop".

Abb. 14: Studentinnenarbeit von Nina Holm (Kunstpädagogik, LMU München) 2002; Software: „Photoshop".

Original oder Reproduktion?

Das materielle Bild steht für sich allein und ist tatsächlich ein Unikat. Beim digitalen Bild ist dies nicht ganz so eindeutig. Kohle/Kwastek nennen als eine Besonderheit des digitalen Bildes, „..., dass es eben keine Nachbildung von etwas bereits Existierendem sein muss – auch wenn es sich meist in der einen oder anderen Form auf die Realität bezieht" (Kohle/Kwastek 2003, S. 91). In diesem Sinne versteht sich das Computerbild keinesfalls als Reproduktion. Beim digitalen Bild ist der Unterschied zwischen Original und Reproduktion aufgehoben (vgl. Haskamp 1994, S. 22). Jeder Datensatz lässt sich beliebig oft ausdrucken, ohne dabei Unterschiede in der Bildqualität zu zeigen. Die Frage nach dem digitalen Original (ob Datenbestand oder Bildschirmbild) ist ein schwieriges Thema, das in diesem Beitrag nicht weiter diskutiert werden soll.

Aus praktischer Sicht der Künstlerin bzw. des Künstlers erscheint mir folgende Definition am sinnvollsten: Eine Abweichung findet dann nicht statt, wenn die Daten am selben Rechner und am selben Monitor gezeigt werden, an dem sie auch erstellt wurden und dies bei unveränderten Monitoreinstellungen. Man kann also soweit gehen und sagen, dass bei unveränderten Anzeige- und Monitoreinstellungen das Original eines Computerbildes das Monitorbild ist. Es entspricht exakt dem Bild, das der Künstler bei der Erschaffung auf dem Bildschirm gesehen hat. Das Monitorbild bleibt bei erneutem Öffnen der Datei zu einem anderen Zeitpunkt auch dann das Originalbild, wenn die gleichen Voraussetzungen seitens des Rechners und des Monitors vorliegen.

Computerbilder – liegen sie als Ausdruck vor – sind immer verfremdet. „Das Computerbild existiert stets doppelt, innen (im Speicher) und außen (auf Papier)" (Nake 1989, S. 90). Zwischen beiden Versionen ein und desselben Bildes gibt es Unterschiede. Ein Teil des Computerspezifischen bleibt beim Drucken auf der Strecke. Wenn man so will, liefert ein Bilddatensatz, wenn er ausgedruckt wird, somit zwangsläufig ein zweites Bildergebnis, das in der Phase des Druckens nochmals zusätzlich unter gestalterischen Gesichtspunkten, z. B. durch die Wahl des Papiers, beeinflusst werden kann.

Monitorbild

Das digitale Bild ist nicht zwangsläufig ein Monitorbild. Es wird erst dann dazu, wenn seine Daten visualisiert werden. Das Monitorbild versteckt sich hinter einem Dateinamen, der für den Bildurheber mehr oder weniger aussagekräftig sein kann. Das Monitorbild kann nur in seiner Originalbildgröße angezeigt werden, wenn das tatsächliche Bildformat nicht das Bildschirmformat überschreitet. Der Betrachter oder Erzeuger des Bildes entscheidet, in welcher Skalierung und ob es ganz oder nur ausschnittsweise auf dem Bildschirm erscheint. Das Bildschirmbild kann mit der virtuellen Lupe mikroskopisch vergrößert angezeigt werden.

Welche Art von Bildträger ist der Monitor?

Unter einem Bildträger versteht man den Teil eines Bildes, auf den die Farbe aufgetragen wird. Die darauf applizierten bildnerischen Elemente sind visuell wahrnehmbar. Ohne die Definition, dass die Bildelemente auf einem Bildträger mit den Augen erkennbar sein müssen, wären Überlegungen, ob nicht etwa das Speichermedium, auf dem sich die jeweilige Bilddatei befindet, auch als Bildträger zu verstehen sei, berechtigt.

„Bilder und die Schrift hatten immer einen Untergrund, einen Träger. Aus welchem Material dieser auch war, er hatte eine gewisse Beständigkeit, er war Teil der Materialität des jeweiligen Lebenszusammenhangs. Zumeist war der Bildträger mit dem materialen Grundstoff der Zeit identisch: Stein, Holz, Lehm, Metall und Knochen, Stoffe, Pergament usw." (Lischka 1990, S. 1). So nutzte man im Fall der Höhlenmalerei beispielsweise Stein als Trägermaterial für Zeichnungen, zu einer Zeit, in der es Papier noch lange nicht gab.

Der Zeitbezug ist beim immateriellen Bildgrund Monitor ebenfalls wie bei anderen klassischen Bildträgern klar gegeben. Das Datensichtgerät ist, wie es Stein oder Holz in früheren Jahren waren, ein fester Bestandteil in vielen heutigen Lebensbereichen.

Stofflichkeit (Abb. 15, Abb. 16, Abb. 17)

Alle hier genannten klassischen Bildträgermaterialien besitzen eine spezifische Stofflichkeit. Damit verbunden zeigen alle darauf entstandenen Arbeiten, materialabhängig, eine bestimmte Charakteristik.

Das Computerbild hingegen kann verschiedene Charakteristika traditioneller Bildträger annehmen, es kann aber auch rein computerspezifische Eigenheiten zeigen, die mit keiner anderen Technik erzeugt werden könnten. Das digitale Bild ist

Abb. 15: Karin Guminski 2002; Software 3ds max.

Abb. 16: Studentinnenenarbeit von Franziska Wolff (Kunstpädagogik, LMU München) 2002; Software 3ds max/„Photoshop".

Abb. 17: Studentinnenenarbeit von Franziska Wolff (Kunstpädagogik, LMU München) 2002; Software 3ds max/„Photoshop".

nicht auf ein bestimmtes computerspezifisches Aussehen beschränkt, stattdessen kann es unterschiedliche Bildträger simulieren und neue schaffen. Die Software „Painter" (von „Corel") z. B., ein Malprogramm, das speziell für künstlerische Anwendungen entwickelt wurde, hat ein derartiges Auswahlmenü zu bieten. Hier gibt es eine ganze Palette an Papieren, wie z. B. Aquarellpapier, die sich sogar individuell in Bezug auf Skalierung der Struktur, Papierfarbe etc. variieren lassen.

Immaterialität

Entgegen allem Traditionellen ist der Bildträger beim Computerbild gewissermaßen immateriell. Gewissermaßen deshalb, weil es einen Widerspruch zwischen dem tatsächlich materiell existierenden Bildschirm und dem darauf – haptisch nicht erfahrbaren – visuell aber erkennbaren Bild gibt. Die Oberfläche des Bildträgers gibt in dem Fall nur noch vor, eine zu sein. Denn auf den materiell vorhandenen Monitor wird nicht direkt gemalt.

Betrachtet man die Flüssigglaskristalle des Monitors als den sinnlich-materiellen Bildträger des Computerbildes, so kann man den Gedanken von Thomas Lehnerer (vgl. Lehnerer 1994, S. 16) nachvollziehen, dass das Computerbild zwar nicht materiell, aber zumindest sinnlich-materiell ist. „Seine un-sinnliche Version liegt im Speicher" (Nake 1989, S. 90), schreibt Frieder Nake in seinem Artikel „Das ewig erneuerte Original". Der gespeicherte Datensatz ist absolut immateriell, er ist mit keinem unserer Sinne wahrnehmbar.

Das sinnlich-materielle/immaterielle Computerbild unterscheidet sich grundsätzlich von anderen materiellen Bildern.

Energie

Gerhard J. Lischka (Lischka 1990, S. 19) ordnet den Bildschirm der Kategorie „energetisch geladener Trägersysteme" zu. Der eingeschaltete Monitor leuchtet, er beleuchtet sein Umfeld, z. B. einen dunklen Raum. Er gibt Strahlung ab. Er ist, initiiert durch die Stromzufuhr, stets aufgeladen. Diese Kraft spürt man, wenn man auf die Taste zum Entmagnetisieren drückt. Dies allein grenzt den Bildgrund Monitor deutlich von allen anderen Bildträgern ab.

Bildschirm ist nicht gleich Bildschirm

Hier gibt es nennenswerte Unterschiede. Man denke nur an Flachbildschirme im Vergleich zu ihren platzeinnehmenden Vorgängermodellen. Monitore unterscheiden sich in puncto Größe, Design, Bildwiederholfrequenz, Bildschirmauflösung und weiteren technischen Merkmalen. Insbesondere die Bildschirmgröße kann Einfluss auf das gestalterische Arbeiten haben. Das Gros der Monitore ist dafür gedacht, dass man etwas auf ihnen betrachtet. Seit einiger Zeit gibt es Flachbildschirme, die gleichzeitig die Funktion eines Grafiktabletts erfüllen („Cintiq" von WACOM z. B.).

Wechselnde Bilder/Bildgründe

(Abb. 18, Abb. 19)

Charakteristisch für den Monitor ist (und hierdurch unterscheidet er sich auch ganz wesentlich von anderen Bildgründen), dass er wechselnde Bilder – gegebenenfalls gewünscht auf wechselnden virtuellen Bildgründen – darstellen kann und dies ohne Beschränkung auf eine bestimmte Anzahl und ohne Qualitätsverlust des Bildträgermaterials, abgesehen vom altersmäßigen Verschleiß der Geräte. Daher kann man den Monitor als temporären Bildträger bezeichnen.

Abb. 18: Karin Guminski 2002; Software 3ds max/„Photoshop".

Abb. 19: Karin Guminski 2002; Software 3ds max/„Photoshop".

Der Bildträger Monitor bestimmt das Bildformat, auf dem gearbeitet wird, was bekanntlich mit der Ausgabegröße des Bildes nichts zu tun hat. Anders als beim Arbeiten auf einem materiellen Bildträger (mit festem Format) kann das Bild während dem Gestaltungsprozess in unterschiedlicher Größe angezeigt werden, es kann sogar punktuell (vergleichbar mit einer Lupe) vergrößert angezeigt werden.
Bei der Wahl eines Bildträgers im konventionellen Sinne, wie z. B. Holz oder Leinwand, besteht der Einfluss des Materials auf den Prozess des künstlerischen Arbeitens. Unterschiede im Material sind während des Gestaltens zu spüren. Der Farbauftrag auf Holz ist anders als auf Leinwand. Monitore verhalten sich im Gegensatz dazu immer gleich. Materialeigenschaften sind beim Farbauftrag nicht zu spüren.

Sichtscheibe trennt Gestalter vom Bild

Zwischen dem Gestalter und seinem Werk befindet sich – vergleichbar mit einem Filter – eine Scheibe, die je nach Qualität des Bildschirms mehr oder weniger auffällig ist. Bei einfacheren Monitoren sind die Scheiben meist gekrümmt und nicht vollkommen entspiegelt. Dadurch erhält die Sichtscheibe zusätzlich noch ein Eigenleben. Das gestaltete Bild wird immer in Verbindung mit den positiven oder negativen Begleiterscheinungen der Monitorscheibe wahrgenommen. Der z. T. daraus resultierende diaphane Effekt ist eine Wirkung, die eine neue Bilddimension – eine Art Schichtwirkung – mit sich bringt, die positiv zu werten ist. Es entsteht der Eindruck, als würden sich mehrere transparente Bildschichten, die jeweils eine Art Eigenlicht besitzen, minimal verschoben überlagern. Dadurch wird die räumliche Wirkung der Bilder verstärkt.
In Zukunft ist denkbar, dass plane, große Projektionswände mit einer hohen Auflösung, die es ermöglichen, nah an sie heranzutreten und trotzdem das Bild noch deutlich erkennen lassen, eine neue Form des Monitors für gestalterische Zwecke sein werden. Zudem wäre es sinnvoll, wenn diese großen Projektionswände mit einem in den Monitor integrierten Grafiktablett ausgestattet wären. Das Arbeiten an diesen neuen Geräten könnte dann dem vertrauten gestalterischen Tun auf einem klassischen Bildträger, zumindest in Bezug auf das Originalformat, ähnlicher werden.
Aus dem Versuch, Beschaffenheit und Eigenheiten des digitalen Bildes und seines typischen Bildträgers Monitor aufzuzeigen und in Relation zu

setzen, kann man schlussfolgern, dass der Monitor ein sinnlich-materiell wahrnehmbarer Bildträger ist, der dem Computerbild gerecht wird.

Das digitale, temporäre Bild existiert losgelöst von einem festen Bildträger. Diese Tatsache ist eine der Voraussetzungen für die zu jeder Zeit mögliche Wandel- und Veränderbarkeit des Computerbildes. Der Monitor, ein Medium, das in der Lage ist wechselnd temporäre Bilder zu zeigen, vermag als einziger die starke Leuchtkraft der Farben und die Räumlichkeit erzeugende Vielschichtigkeit, die beim Gestalten des Bildes zu sehen sind, darzustellen. Die zwischen Gestalter und Bild sich befindende Sichtscheibe entspricht in ihrer Distanziertheit dem nahezu makellosen, von Regelmäßigkeit dominierten Bild. Durch die Möglichkeit, Trägermaterialien unterschiedlichster Art simulieren zu können, stellt die Tatsache, dass die Bildgestaltung am Bildträger Monitor zu erfolgen hat, keine Einschränkung, sondern im Gegenteil eine Bereicherung dar.

Literatur

Claus, Jürgen: Medien – Parks – Labors. In: Bechtloff, Dieter (Hg.): Kunstforum International. Die aktuelle Zeitschrift für alle Bereiche der Bildenden Kunst. Bd. 97. Köln 1988, S. 75–85

Drott, Hajo: Computerbild. Wirklichkeit und Fiktion (zugl. Diss., München, Univ. 1995). Frankfurt a. Main 1997

Franke: Digitale Kunst: Franke: Bildende Kunst aus dem Computer. In: www.aec.at/de/archiv_files/19841/1984_134.html, 8. 4. 2003

Franke: Kunst vom Bildschirm. In: www.aec.at/de/archiv_files/19862/1986b_011.html, 8. 4. 2003

Freiberg, Henning: Das Bild aus dem Computer. Zur Didaktik eines neuen Bildmediums. In: Kunst + Unterricht 116/1987, S. 15–25

Götz, Adriani (Hg.): In Szene gesetzt. Architektur in der Fotografie der Gegenwart. Karlsruhe 2002

Haskamp, Ulla: Typographie – Computereinsatz im Unterricht. In: Landesinstitut für Schule und Weiterbildung (Hg.): Digitale Bilder im Kunstunterricht. Didaktisch-methodische Aspekte und Möglichkeiten. Soest 1994 (= Werkstattbericht 10)

Kohle, Hubertus/Kwastek, Katja (Hg.): Computer, Kunst und Kunstgeschichte. Köln 2003

Lehnerer, Thomas: Zur Methode der Kunst. Würzburg 1994

Lischka, Gerhard J.: Das Monitorstadium. In: BILDO-Akademie (Hg.): Bildmaschinen und Erfahrung (Vortragstexte der Veranstaltung ‚Bildmaschinen u. Erfahrung', einem Symposium zur Kunst, Wissenschaft und Technik, Sept. 1989, Berlin). Berlin 1990, S. 19–27 (= Edition Hentrich)

Nake, Frieder: Künstliche Kunst. In: Kunstforum, Band 98, 1989, S. 90

Nemeczek, Alfred: Das Fruchtbare Missverständnis. In: Leopoldseder, Hannes (Hg.): Prix Ars Electronica '90. Internationales Kompendium der Computerkünste. Linz 1990

Schierenbeck, Fred: Zwischen Wasser und Feuer – Computer im Kunstunterricht. In: Kirschenmann, Johannes/Peez, Georg (Hg.): Chancen und Grenzen der Neuen Medien im Kunstunterricht. Hannover 1998

Steller, Erwin: Computer und Kunst. Programmierte Gestaltung: Wurzeln und Tendenzen neuer Ästhetiken. Mannheim u. a. O., 1992

Stoppa-Sehlbach, Ingrid: Computer in ästhetischen Prozessen. Die Veränderung ästhetischer Interaktion durch Computer und ihre Konsequenzen für ästhetische Erfahrung (zugl. Diss., Essen, Univ. 1988). Frankfurt a. Main, u. a. O. 1988 (= Europäische Hochschulschriften, Reihe 28 Kunstgeschichte, Bd. 88)

Wyss, Beat: Die Welt als T-Shirt. Zur Ästhetik und Geschichte der Medien. Köln 1997

Website zu diesem Text mit allen farbigen Abbildungen: http://www.lrz-muenchen.de/~digitalbild

Didaktische Aufmerksamkeit für Medialität. Porträt und Bildmedien im Unterricht

Anne Hoormann

Seit einigen Jahren hat sich die Kunstpädagogik gegenüber den Neuen Medien zu öffnen begonnen. Dabei werden zwar auch Phänomene der Populärkultur einbezogen, aber das Verhältnis der Neuen Medien zu älteren Bildmedien (Anm. 1) wird selten reflektiert. Die Übersetzungsleistungen Neuer Medien wie des Computers sowie der digitalen Fotografie oder des digitalen Videos haben Formen und Strukturen verwischt, die schon in den alten Medien und Künsten vorhanden sind. Wie der Medientheoretiker Marshall McLuhan bereits in den Sechzigerjahren des 20. Jahrhunderts festgestellt hat, sind Effekte und Formen, die von den jeweils technisch innovativsten Medien erzeugt werden, teilweise auch in den vorausgegangenen Medien nachzuweisen (Anm. 2). Das trifft auch auf traditionelle Kunstformen zu. So können bestimmte Aspekte in dem einen wie in dem anderen Medium ausgedrückt werden. Dabei lässt jedes Medium Aussagen über das in ihm Dargestellte zu, es hat Einfluss auf dessen Interpretation. Doch erst in Bezug auf die alten Bildmedien oder Kunstformen lassen sich die Möglichkeiten Neuer Medien besser erkennen. Ein Kunstunterricht, der alte und neue Darstellungsformen ineinander spiegelt, kann kreative und kognitive Lernprozesse auslösen. Im Folgenden soll an einer historisch überlebten Gattung, am Porträt, gezeigt werden, wie Medialität im Kunstunterricht reflektiert werden kann (Anm. 3).

Mediale und „aisthetische" Erfahrung

Medialität ist ein Begriff, der in den Medientheorien wie in den Kunstwissenschaften an Relevanz gewonnen hat und dessen Stellenwert für die Kunstpädagogik hier dargelegt werden soll. Der Begriff betont das Medium selbst, seine Materialität und seine Ausdrucksformen, gegenüber den dargestellten Inhalten. Obwohl ein Medium für die Aussage etwa eines Bildes entscheidend ist, stellt es sich in unserer Wahrnehmung meistens als eher zweitrangig dar. Wie die Philosophin Sibylle Krämer festgestellt hat, nehmen wir im alltäglichen Gebrauch das Medium selbst oft nicht wahr (Krämer 2000, S. 74). So spielt bei der Betrachtung eines Bildes nicht unbedingt sein Medium die zentrale Rolle, sondern dasjenige, was darauf dargestellt ist. Medien wirken meist unterhalb der Wahrnehmungsschwelle. Sie existieren daher durch eine Art „aisthetischer" Neutralität (zum Begriff der *Aisthesis* vgl. Seel 1996, S. 36). Oft wird ein Medium erst durch einen Defekt oder durch seine Transformation in ein anderes Medium ins Bewusstsein gebracht.

Trotzdem verliert das Medium vor allem in künstlerischen Prozessen nicht an Relevanz (Anm. 4). Es gibt keine Darstellung ohne die Vermittlung durch ein Medium. In welchem Medium ein Bild gemacht wurde und aus welchem Material es besteht, bestimmt die Form seiner Sichtbarkeit, d. h. wie sich das Bild zeigt. In der aktuellen, auch populären Bildkultur lässt sich eine Tendenz feststellen, dass das Medium zum Thema gemacht wird. Ein jedes Bild ist in erster Linie eine Darstellung der Sichtbarkeit. Wenn es richtig ist, dass das Kunstwerk seinen „Inhalt" durch seine „Form" gewinnt, wie Niklas Luhmann schreibt, dann wird dadurch auch das Medium thematisiert (Luhmann 1999, S. 165–214). Jede Form ist im Rahmen ihres Mediums nur eine unter anderen Möglichkeiten. Das Medium enthält daher ein wesentliches Unterscheidungspotenzial, besonders wenn derselbe Inhalt in unterschiedlichen Medien erscheint.

Umso mehr ist es Aufgabe der Kunstpädagogik, auf die spezifische Medialität und Materialität visueller Produkte, auch die der Populärkultur, aufmerksam zu machen. Das trifft sich mit den heutigen Forschungen der Kunstwissenschaft, welche die spezifische Medialität an traditionellen Bildwerken untersucht (Schade 1999). Die Frage nach der Medialität stellt sich nicht nur im Anwenderbereich als Reflexion des Mediums, mit und in dem gearbeitet wird, sondern auch hinsichtlich der Rezeption.

Aus der „Visuellen Kommunikation" der Siebzigerjahre des 20. Jahrhunderts, deren medienkritische Ansätze ein Jahrzehnt später durch den erfahrungsorientierten Ansatz des „Lernens mit allen Sinnen" weitgehend in Vergessenheit geraten sind, lassen sich manche Lehren ziehen. Im Anschluss an Begriffe wie *Kultur- und Bewusstseinsindustrie* (Horkheimer/Adorno) wurde damals ein Konzept eines emanzipatorischen Mediengebrauchs vorgelegt. Das bezog sich vor allem auf Werbung, Comic und Fernsehen (Ehmer u. a.).

Den Schülerinnen und Schülern sollte durch Aneignung und Handhabung technischer Medien ein Einblick in die Strukturen und Formen massenmedialer Produkte vermittelt werden. Doch geht es heute nicht mehr nur um ideologie- und medienkritische Positionen (Peez 2002, S. 78–82), sondern auch um ästhetische Erfahrung mit den Produkten der Medienwelt von Heranwachsenden. Es geht um die Ergründung von Wahrnehmungsformen und Sinnbildungsebenen, welche die Populärkultur sowie die Gegenwartskunst bereitstellen und welche in experimentellen Prozessen erkundet werden können.

Das Porträt als alte Gattung im Licht Neuer Medien

Die Werkanalyse ist immer noch ein zentrales Element eines jeden kunstpädagogischen Curriculums. Fachdidaktisch hat sich nach der Dominanz der formalästhetischen Strukturanalysen im Kunstunterricht und den durch gattungs- und motivgeschichtliche, semiotische und ikonographische Untersuchungen geprägten Ansätzen ein werkimmanenter Zugriff etabliert, der Methoden der Kunstgeschichte mit kunstpädagogischen Entwürfen zusammenführt (Anm. 5). Diese Ansätze müssen um die Frage des Mediums selbst, seiner Medialität und Materialität erweitert werden. Das Porträt, das in seiner Geschichte nahezu alle Medien und Kunstformen durchlaufen hat, bietet sich für eine solche Analyse geradezu an. Als eine klassische Gattung der Malerei wurde es immer wieder neu erfunden und gilt derzeit in der kunstgeschichtlichen Diskussion als „ikonische Beschwörung für das heute wiederholt totgesagte Individuum im Zeitalter der Massengesellschaft und Globalisierung" (Beyer 2002, S. 9).
Im Unterricht stellt das Porträt einen Bezugspunkt zum Erfahrungshintergrund von Schülerinnen und Schülern dar. Die Auseinandersetzung mit dem Porträt eines anderen oder einem Selbstporträt beschreibt wichtige Stufen in der Sozialisation von Heranwachsenden. Das Zeichnen des eigenen Porträts erfolgt bereits im Alter von etwa vier Jahren. Nach Doris Schuhmacher-Chilla stellt dies eine Möglichkeit dar, im Prozess des Zeichnens sich selbst „ästhetisch" zu erfahren (Schuhmacher-Chilla 1995, S. 46). Spätestens während der Pubertät wird diese Darstellungsform ein Problem, da sich Schülerinnen und Schüler in der Zeichnung nicht richtig repräsentiert finden. In anderer Weise gilt dies auch für die Fotografie, die als nicht treffend abgetan wird (Anm. 6).

Die Verfremdung des Selbst im Bild ist eine Erfahrung, die in Bezug auf die digitalen Medien von besonderem Interesse ist. Schülerinnen und Schüler im Alter von 14 bis 16 Jahren, die am Computer ihr fotografiertes Porträt bearbeiteten, wurden vor die Aufgabe gestellt, das abgebildete Selbst im Fremdbild zu hinterfragen. Veränderungen an der eigenen Fotografie ließen sich mit Hilfe des Programms „Photoshop" oder mit digitalen Malprogrammen vornehmen, wodurch das abgelichtete Ich verfremdet werden konnte.
Solche technischen Eingriffe ins Selbstbild sind jedoch nicht gemeint, sondern die im Bildmedium realisierten Sinnbildungsebenen von Identität, die an eine digitale Manipulation, das *Morphing*, gekoppelt sind. Es geht um die Konstruktion des Wandelbaren von Identität, die sich durch den Übergang der einen in eine andere Person ergibt. Denn die Frage nach der Ähnlichkeit und Identität scheint im virtuellen Raum Neuer Medien neue Bedeutung gewonnen zu haben. Der Vergleich zu den frühen niederländischen Selbstporträts lässt Phänomene der Neuen Medien deutlich werden. Auf ihnen ist der Protagonist so dargestellt, als ob er in einen Spiegel schaut (Belting 2001, S. 128). Bis ins 19. Jahrhundert hatte in der europäischen Malerei das Porträt Spiegelfunktion und erhielt damit auch identifikatorische Funktion. Die Ähnlichkeit sollte bewahrt bleiben, galt doch das Porträt über alle Veränderungen hinweg als Abbild individueller Unverwechselbarkeit.

Abb. 1: Jan van Eyck: Der Mann mit dem Turban (1433), Öl auf Leinwand, 33 × 26 cm, National Gallery London.

In einer Übung wurde Schülerinnen und Schülern die Aufgabe gestellt, Konzepte zu entwickeln, wie das Selbstbildnis von Jan van Eyck *Der Mann mit dem Turban* (1433) (Abb. 1) in heutigen Medien aussehen könnte (Anm. 7). Bekannt war, dass der Computer Möglichkeiten bereitstellt, das Porträt zu verändern, ihm ein neues Aussehen zu verleihen. Angeregt durch van Eycks Porträt kam die Vorstellung zustande, dass man sich durch Veränderung des Gesichtes selbst in einen anderen verwandeln könne. Dies ist nur durch eine grundlegende Veränderung des Mediums möglich, wie Martin Seel zeigt: „Während ein traditionelles Bild unverrückbar an dem Bild-Objekt haftet, an dem es sichtbar ist, bleibt das digitale Bild unabhängig von einem bestimmten Bildschirm, auf dem es erscheint" (Seel 1996, S. 107; Anm. 8).
Vorbild für die Idee des wandelbaren Porträts waren weniger Beispiele aus der Kunst als vielmehr solche aus der Gesichtschirurgie oder der Kriminologie, v. a. aber aus den Massenmedien. Genannt wurde das aus Video-Clips bekannte Morphing, das als digitale Manipulation das scheinbar nahtlose Ineinanderübergehen von einer Gestalt in eine andere beschreibt. Bekannt geworden ist das digitale Verfahren aus Filmen wie James Camerons *Terminator II* (1990) und den Video-Clips vor allem von Michael Jackson. In dem Video *Black or White* (1991) etwa geht der Star aus einem Panther hervor; auch in *Thriller* (1986), *Scream* (1995) oder *Ghost* (1996) finden sich solche Verwandlungsszenen. Das Morphing realisiert Michael Jackson durch digitale Techniken, die eine Parallele bilden zu den chirurgischen Eingriffen in seinen Körper. Jackson erfindet sich selbst als eine geschlechtslos erscheinende, jugendliche Kunstfigur, in die er sich durch etliche operative Eingriffe verwandelt hat. Sowohl die digitalen als auch die realen Transformationen zeugen von der Konstruktion und Brüchigkeit der verschiedenen Selbstdarstellungen heutiger Musik-Stars (Anm. 9).

Identitätskonstruktionen durch Neue Medien

Seitdem die Fotografie das gemalte Porträt weitgehend abgelöst hat, weil sie angeblich ein noch naturgetreueres Abbild reproduzierte, hat die Gattung des Porträts in der Kunst an Wirkkraft eingebüßt. Heute ist die Porträtfotografie selbst zum digital lesbaren Passbild heruntergekommen und dient vor allem der Erkennung. Dennoch haben Künstler das Porträt immer wieder neu befragt. Andy Warhol etwa hat in seinen Siebdrucken

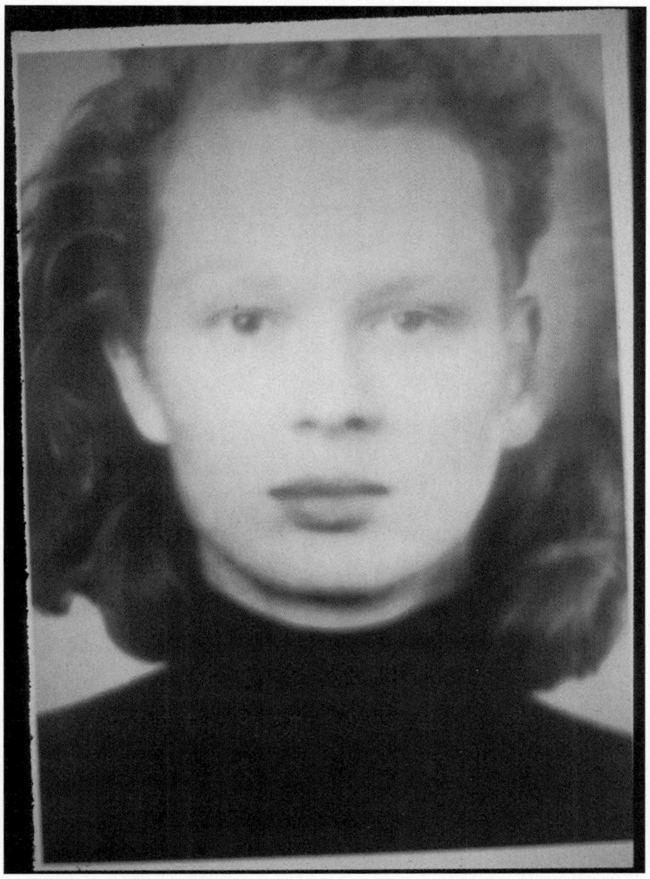

Abb. 2: Thomas Ruff: Nr. 71/65 aus der Serie Das andere Porträt (1994/95), Siebdruck.

Fotografie und Tafelmalerei zusammengeführt und in seinen Prominentenporträts das Verhältnis von massenmedialer Ikone und Individualität dargelegt. Solche künstlerischen Deutungen von Populärkultur und deren Transformationen in ein künstlerisches Konzept können Vorbilder für eine ästhetische Praxis in der Schule sein. Dabei geht es nicht nur um Interpretationen massenmedialer Phänomene, sondern auch um Übersetzungen in ein anderes Medium.
Zwei Beispiele der Gegenwartskunst sollen zeigen, wie das Morph-Prinzip von Künstlern aufgegriffen wurde. Dass Morphing auch in anderen Techniken ausgedrückt werden kann, zeigt etwa der Foto-Künstler Thomas Ruff (Abb. 2). Er hat in seiner Serie *Das andere Porträt* (1994/95) dieses Verfahren auf den Siebdruck übertragen und zwei digital bearbeitete Fotoporträts übereinander gedruckt. In diesem Vexierbild von Mann und Frau lässt sich die Geschlechtsidentität nicht genau feststellen. Durch die Transformation in ein anderes Medium wird das Prinzip des Morphing deutlich. Auf eine zweidimensionale Fläche projiziert, erzielt es andere Wirkungen als im bewegten Medium Video. Solche Möglichkeiten lassen sich durch den Gebrauch von Scannern, Overheadprojektoren oder Kopierern erproben.

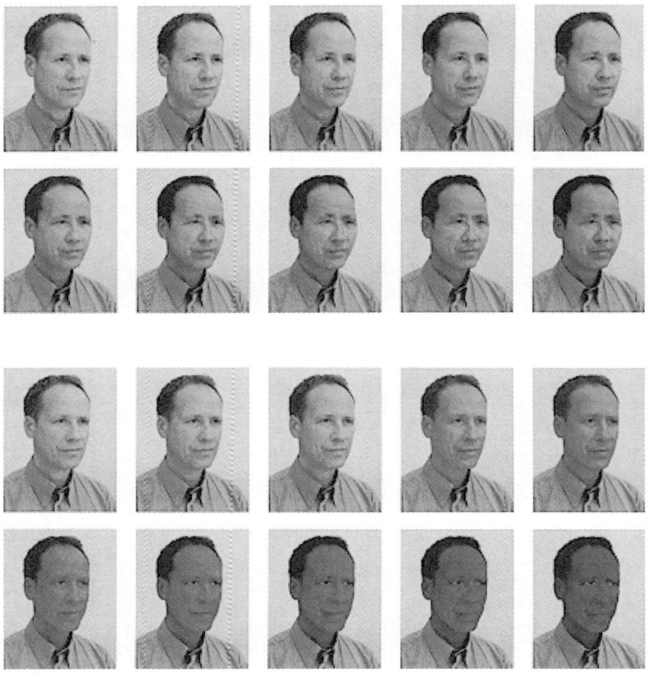

Abb. 3: Herbert Wentscher: Colour Management (2001), Video Loop.

Herbert Wentschers Video *Colour Management* aus dem Jahr 2001 (Abb. 3) zeigt dagegen die Interpretation einer Sequenz aus Michael Jacksons *Black or White*. Diese wird wegen ihrer Anspielung auf die Werbeästhetik einer Bekleidungsfirma auch „Bennetton-Sequenz" genannt (Wenzel 1999, S. 61; Anm. 10). Nicht der Star verwandelt sich dort durch Morphing, sondern singende und lachende Köpfe afroamerikanischer, europäischer oder lateinamerikanischer Männer und Frauen, die durch ihre Hautfarbe als Repräsentanten ethnisch unterschiedlicher Kulturen ausgewiesen sind. „Come together" – um den Slogan einer anderen Werbekampagne zu benutzen – ist die Botschaft des Werbezitats, das die realen Differenzen zwischen den verschiedenen Ethnien harmonisiert

Abb. 4: Olivero Toscani: Blonder Engel und schwarzer Teufel, Plakat für Bennetton (1991).

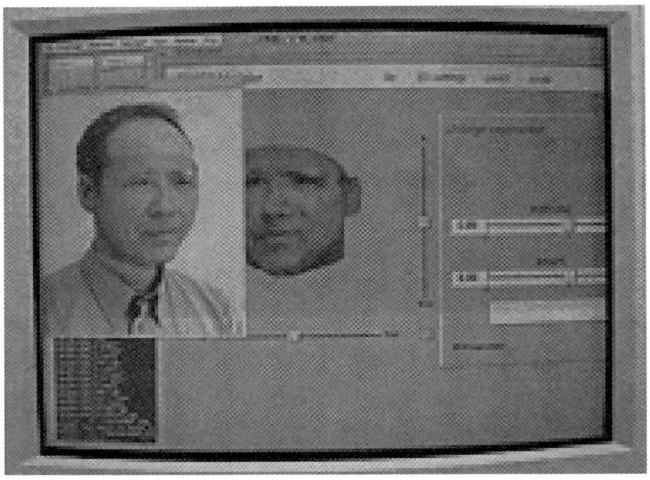

Abb. 5: Computer Aided Face Engineering für Colour Management, Thomas Vetter und Volker Blanz, Informatik der Universität Freiburg.

und einebnet. Dass solchen Darstellungen ein affektgeladenes Bildgedächtnis zugrunde liegt, hat Michael Diers gezeigt (Diers 1994, S. 195–200). Doch ist genau zu untersuchen, wie Hautfarbe eingesetzt wird. In der Bennetton-Werbung *Blonder Engel und schwarzer Teufel* (1991) von Olivero Toscanini wird mit in die Körper eingeschriebenen Klischees gespielt. Hautfarbe gilt als Stigma, das hier durch die liebevolle Umarmung der beiden Kinder ironisch gebrochen wird (Abb. 4).

Die Morph-Szene aus *Black or White* nimmt Wentscher auf und projiziert sie auf das eigene Gesicht. Dabei verwandelt das individuelle Gesicht sich über zwei Referenzköpfe: in einen Asiaten und zurück, dann in einen Schwarzen und zurück (Anm. 11). Die Referenzköpfe sind mathematische Konstrukte, sie basieren auf einem Rechenexempel (Anm. 12). Durch Mittlung von jeweils 200 weiblichen und männlichen Porträts wurden fiktive Prototypen erzeugt, die sich der Künstler sozusagen übergestülpt hat (Abb. 5).

Ein morphbares Gesicht setzt geometrisch konstruierbare Typen voraus, wie sie schon in der Proportionslehre Dürers ihre Vorläufer haben (Wolf 2000, S. 84; Abb. 6).

Um beispielsweise den Übergang von einem in ein anderes Gesicht festzulegen, sind bestimmte Punkte wie Augenabstand, Nasenflügel oder Mund-Nase-Abstand zu bestimmen und identisch zu machen. Ist die Aufrasterung eines Porträts einmal vollzogen, lässt sich mit Hilfe des digitalen Verfahrens der Wechsel durchführen (Anm. 13).

Wentscher, der im Museum sein Video in der Gestalt eines traditionellen Tafelbildes ausstellt – die Beamerprojektion wird um 90° gedreht und als Längsformat projiziert –, zitiert damit eine für das Porträt typische Bildform. Trotz avancierter Technik

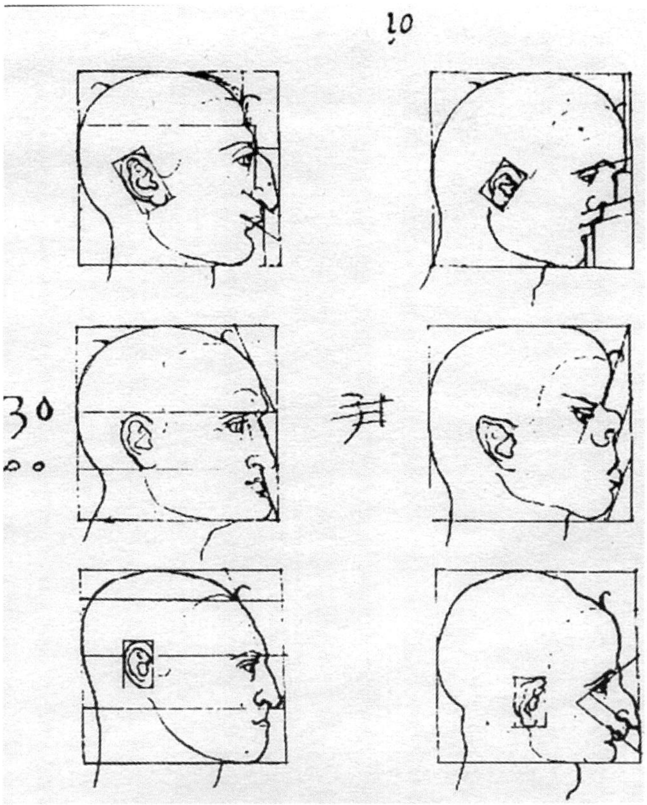

Abb. 6: Darstellung aus dem Skizzenbuch von Albrecht Dürer in der Königlich Öffentlichen Bibliothek zu Dresden, Vier Bücher der menschlichen Proportion, um 1500.

sind traditionelle Bildformen nicht verschwunden, sondern sie werden in andere Medien übertragen. Für die Rezeption seiner Arbeit nutzt der Künstler die Kommunikationsstruktur des Internets (Anm. 14). Netzkunst hat andere Paradigmen und erzeugt andere Wirkungen als museale Kunst. Sie führt zu einer Entdifferenzierung von Kunst und alltäglichen Praxisformen. Sich über die Veränderung von Wahrnehmungs- und Rezeptionsweisen durch das Internet bewusst zu werden, sollte ein Ziel des heutigen Kunstunterrichts sein. Netzkunst erschließt sich eher über einen spielerisch-interaktiven Zugang und eignet sich besonders für kommunikative Handlungen, indem der Benutzer in das Bild oder in den Text eingreift.

Die Frage nach der transethnischen und -sexuellen Identität, wie sie in den Arbeiten von Ruff und Wentscher angesprochen wird, ist auch für Schülerinnen und Schüler aktuell. Solche Erfahrungen gehen über die bloße Identifikation mit den Medienstars wie Michael Jackson weit hinaus. Es geht dabei um die Frage nach Identität und Selbst in einer globalisierten Gesellschaft, in der unterschiedliche Kulturen aufeinander stoßen. Vor diesem Hintergrund lässt sich Morphing als mediale Metapher verstehen. Die stufenlose Wandelbarkeit verweist auf ein Subjekt- und Identitätsmodell, das nicht mehr von imaginierten Entitäten wie Ich, Geschlecht oder Rasse ausgeht und die Differenzerfahrung als Abgrenzung nach außen kehrt, sondern diese „als Inkongruenz des Eigenen nach innen verlagert" (Schmidt-Linsenhoff 2002, S. 8). Transkulturalität oder -sexualität lassen sich nicht mehr mit einem Subjekt vereinbaren, das mit sich und durch alle Wandlungen hindurch identisch ist. An die Stelle dessen ist die Vorstellung eines multiplen Ichs getreten (Keupp 1999). Durch das Morph-Verfahren wird der Wechsel von Identitäten als fließende Selbstauflösung und Neu-Konstitution des Ichs inszeniert. Der übergangslose Identitätswechsel erzeugt jedoch schnell die Illusion, dass das fließende Aufheben von Verschiedenheit sich ohne Anstrengung, Konflikte und Krisen vollzieht. Er widerspricht den realen Erfahrungen von Diskriminierungen rassistischer oder auch sexueller Art (Anm. 15).

Morphing als bildgebende Gestaltung setzt die Möglichkeit voraus, dass innerhalb eines Subjekts verschiedene Identitäten organisiert sind. Es verweist darauf, dass der hergebrachte euro-amerikanische Lebensstil auch in heutigen westlichen Gesellschaften nicht mehr unbedingt festen Normen entspricht, sondern wechseln kann, und es ist Ausdruck einer Lebenswelt, in der sich die Erfahrungsmöglichkeiten zunehmend ausdifferenzieren. Das gilt auch für Prozesse der Sozialisation von Heranwachsenden durch die Neuen Medien überhaupt. Pierangelo Maset spricht daher von einer „Asymmetrie" lebensweltlicher Erfahrungen, die durch die virtuellen Realitäten Neuer Medien noch gesteigert wird (Maset 2000, S. 91; Anm. 16). Das hat Konsequenzen für die ästhetische und kulturelle Bildung, die sich mit solchen Entwürfen eines pluralisierten Ichs auseinander zu setzen hat, will sie an die medial geprägte Erfahrungswelt von heutigen Heranwachsenden anknüpfen.

Anmerkungen

1 Der Begriff „Bildmedien" bezieht hier auch die traditionellen Künste wie die Malerei mit ein und nicht nur die technischen Medien wie Fotografie, Film, Video etc. Meine Ausführungen basieren damit auf einer Definition der Bildwissenschaft, wie sie etwa bei Belting (2001) vorliegt.

2 McLuhan spricht davon, dass der „Inhalt jedes Mediums immer ein anderes Medium ist", also beispielsweise der „Inhalt" des Films die Fotografie sei und diese im Film aufgehe (McLuhan [1964] 1992, S. 14).

3 Die folgenden Reflexionen über didaktische Aufmerksamkeit für Medialität resultieren aus meinem Seminar „Mediale Transformationen als didaktisches Prinzip. Neue Medien in der Schule" (Sommersemester 2002) an der Fakultät Gestaltung der Bauhaus-Universität Weimar.

4 Mit der Digitalisierung ist die Frage nach der Medialität wichtiger geworden. Wie Pias schreibt, gibt es das digitale Bild im Grunde

nicht, vielmehr ist das Digitale selbst ein Medium. Es existieren aber Bilder, die digitale Daten darstellen können. Für deren Visualisierung können die unterschiedlichsten Materialien und Medien eingesetzt werden: Papier, Monitor, Leinwand, Displays usw. Pias 2002, S. 47.

5 Verwiesen sei auf die Ansätze von Axel von Criegern oder Gunter Otto. Letzterer hat eine Didaktik entworfen, die auf ästhetischen Erfahrungen am Bild selbst aufbaut. Otto benutzte die auch in der Kunstgeschichte übliche Diaprojektion (Dilly 1975) mit dem Unterschied, dass es nicht mehr um den systematischen Vergleich von Kunstwerken geht, sondern um Bildserien, an welche die Lernenden assoziativ Erfahrungen aus ihrer Lebenswelt knüpfen können. Die mediale Vermittlung von Kunst bestimmt auch deren Rezeption. So macht es einen Unterschied, ob es sich dabei um Malerei, Fotografie etc. handelt. Lichtbildprojektionen ebnen die spezifische Medialität eines Bildes ein. Damit soll nicht gesagt werden, dass auf Lichtbilder im Unterricht verzichtet werden kann oder soll, genauso wie es sinnvoll ist, Monitor oder Beamer einzusetzen. Doch wird mit diesen Lichtprojektionen ein anderes Wahrnehmen initiiert, je nachdem, ob man Einzelprojektion für einen erfahrungsorientierten Unterricht oder Doppelprojektion zum vergleichenden Sehen einsetzt. Die Frage des Mediums selbst, seiner Materialität, die Art und Weise, wie etwas sichtbar gemacht werden kann, sollte im Unterricht reflektiert werden.

6 „Die Betrachtung des eigenen Porträts im Foto verlangt permanent nach Bewertungen, die auch den weiteren Blick lenken. In ihnen wird die Beziehung zu sich selbst reflektiert – auch da, wo affektive Bekundungen der Akzeptanz oder Verleugnung bestehen, dass man z. B. so in der Wirklichkeit nicht aussähe, oder jenes: ‚Das bin ich nicht'" (Schuhmacher-Chilla 1995, S. 41).

7 *Der Mann mit dem Turban* ist eines der ersten gemalten Selbstporträts der frühen Neuzeit. Die ausladende Kopfbedeckung, Caperon oder auch Sendelbinde genannt, gehörte zur damaligen höfischen Mode. Dadurch wies sich der Künstler als Angehöriger einer bestimmten Gesellschaftsschicht aus.

8 Auch im Film verbleibt das Bild technisch noch an seinem Ort, obwohl der Film als bewegtes Medium einen Veränderungsprozess darstellen kann. Verwiesen sei auf den Film *The Picture of Dorian Gray* (1945) von Albert Lewin. In der Schlussszene verwandelt sich das Bildnis in einer Art Vorform des Morphing.

9 Ein weiteres bekanntes Beispiel ist Madonnas Video *Frozen* (1998). Neuerdings wird das Morphing einer Person um eine weitere digitale Manipulation ergänzt: um die Vervielfältigung oder das Klonen des Stars. Der Star wird zwei-, drei-, vielfach gezeigt. Vgl. Ulrike Bergermann: „AS. Der reproduzierte Star im Videoclip". In: www.theatlit.dsn.de/lab/serialitaet/teil/bergermann/bergermann.html (Datum des Zugriffs: 3. 12. 2002).

10 Michael Jacksons Bennetton-Sequenz wird als Werbezitat ausgewiesen: Das Video stellt in diesen Passagen die fiktiven Aufnahmen zu einem Fernsehfilm oder einem Werbe-Clip dar. Unzweifelhaft wird der Betrachter in die Position eines kompetenten Rezipienten gesetzt, der um die Entstehung solcher Medienbilder weiß. Morphing wird hier medienreflexiv eingesetzt.

11 Allgemein zu Morphing und rassistischen beziehungsweise geschlechtlichen Differenzen vgl. Bruce/Young 1998, S. 111–118.

12 Das Werk macht künstlerischen Gebrauch von informationstechnologischen Innovationen, der Computer Aided Face Engineering (computergestützte Gesichtstechnik), die in der Informatik der Universität Freiburg von Thomas Vetter und Volker Blanz entwickelt wurde. Während die beiden Informatiker von einem dreidimensionalen Kopf ausgehen, projiziert Wentscher diesen auf eine Fläche. Vgl. Ammann 2001, S. 25.

13 Vgl. Programme wie Morpher (http://www.asahi-net.or.jp/~FX6M-FJMY/) (Datum des Zugriffs: 4. 12. 2002).

14 http://graphics.informatic.uni-freiburg.de/forWentscher (Datum des Zugriffs: 29. 3. 2003).

15 Auf diese Problematik hat die Medienwissenschaftlerin Sobchack zu Recht hingewiesen. Sie beschreibt im Anschluss an Freud das Morph-Phänomen mit dem Begriff des *Unheimlichen*, das bestimmte psychische Konstitutionen verursacht. Vivian Sobchack: „Meta-Morphing. Überlegungen zu einem alltäglichen und zugleich unheimlichen Phänomen digitaler Bilder". In: http://www.heise.de/tp/film/6122/1.html (Datum des Zugriffs: 5. 1. 2003).

16 Pierangelo Maset geht davon aus, dass diese Asymmetrie von Erfahrungen im Zeitalter der Neuen Medien nicht etwa kompensiert wird, sondern sich vielmehr stärker ausprägt, da der virtuelle Raum Neuer Medien ungeahnte Möglichkeiten der Subjektbildung und der Kommunikation zulässt.

Literatur

Ammann, Ludwig: „Herbert Wentschers Lichtspiele". In: Herbert Wentscher. Ausstellungskatalog, Kunsthalle Erfurt. Erfurt 2001, S. 7–36

Belting, Hans: Bild-Anthropologie. Entwürfe für eine Bildwissenschaft. München 2001

Beyer, Andreas: Das Porträt in der Malerei. München 2002

Bruce, Vicki/Young, Andy (Hg.): In the Eye of the Beholder. The Science of Face Perception. Oxford/New York/Tokyo 1998

Diers, Michael: „Schwarz, Weiß, Rot und Gelb. Aus der politischen Farbenlehre der Werbung." In: Im Blickfeld. Jahrbuch der Hamburger Kunsthalle, Bd. 1 (Konstruktionen der Moderne), 1994, S. 187–204

Dilly, Heinrich: „Lichtbildprojektion – Prothese der Kunstbetrachtung". In: Below, Irene (Hg.): Kunstwissenschaft und Kunstvermittlung. Gießen 1975, S. 153–187

Keupp, Heiner u. a: Identitätskonstruktionen. Das Patchwork der Identitäten in der Spätmoderne. Reinbek b. Hamburg 1999

Krämer, Sybille: „Das Medium als Spur und als Apparat". In: Dies. (Hg.): Medien. Computer. Realität. Wirklichkeitsvorstellungen und Neue Medien, 2. Aufl. Frankfurt a. M. 2000, S. 73–94

Luhmann, Niklas: Die Kunst der Gesellschaft, 3. Aufl. Frankfurt a. M. 1999

Maset, Pierangelo: „Virtuelle Lebenswelt? Zur Veränderung der symbolischen Ordnung durch künstliche Realitäten." In: Thiedeke, Udo (Hg.): Bildung im Cyberspace. Vom Grafik-Design zum künstlerischen Arbeiten in Netzen. Entwicklung und Erprobung eines Weiterbildungskonzeptes, Projektband 1. Wiesbaden 2000, S. 89–100

McLuhan, Herbert Marshall: Die magischen Kanäle. Understanding Media [engl. 1964]. Düsseldorf u. a. 1992

Peez, Georg: Einführung in die Kunstpädagogik. Stuttgart 2002

Pias, Claus: „Bilder der Steuerung". In: Huber, Hans Dieter/Lockemann, Bettina/Scheibel, Michael (Hg.): Bild, Medien, Wissen. Visuelle Kompetenz im Medienzeitalter. München 2002, S. 47–67

Schade, Sigrid: „Zur verdrängten Medialität der modernen und zeitgenössischen Kunst". In: Schade, Sigrid/Tholen, Georg Christoph (Hg.): Konfigurationen. Zwischen Kunst und Medien. München 1999, S. 269–291

Schmidt-Linsenhoff, Viktoria: „Kunst und kulturelle Differenz oder: Warum hat die kritische Kunstgeschichte in Deutschland den postcolonial turn ausgelassen?". In: Kunst und Politik. Jahrbuch der Guernica-Gesellschaft, Bd. 4. Osnabrück 2002, S. 7–16

Schuhmacher-Chilla, Doris: Ästhetische Sozialisation und Erziehung. Zur Kritik von der Reduktion der Sinnlichkeit. Berlin 1995

Seel, Martin: Ethisch-ästhetische Studien. Frankfurt a. M. 1996

Wenzel, Ulrich: „Pawlows Panther. Musikvideos zwischen bedingtem Reflex und zeichentheoretischer Reflexion". In: Neumann-Braun, Klaus (Hg.): Viva MTV! Popmusik im Fernsehen. Frankfurt a. M. 1999, S. 45–72

Wolf, J. P. Mark: „A Brief History of Morphing". In: Sobchack, Vivian (Hg.): Meta-morphing. Visual Transformation and the Culture of Quickchange. Minneapolis/London 2000, S. 83–101

Computerspiele als Chance der Interaktion

Johannes Kirschenmann

Im Februar tobte im Saal eines Gasthauses im Allgäu eine große Party, eine Local Area Network-, kurz eine LAN-Party. Das war gewiss keine Sensation, eher die betriebsame Atmosphäre eines lärmenden Wettbewerbs. Gut hundert Computer waren über wirre Kabelstränge verbunden, um Teams und Einzelspieler als Einzelkämpfer miteinander in die digitale Gefechtsstellung zu bringen. Das Gefecht als Spiel galt für ein ganzes Wochenende „Counterstrike", einem so erfolgreichen wie inkriminierten PC-Spiel. Kern der Kritik ist der Ego-Shooter im zeitgemäßen Räuber- und Gendarmspiel. Aus dem Blickwinkel des Spielers werden die Gegner mit konventionellen Waffen niedergestreckt – Blut strömt kräftig und die Bildschirmszenerien, mit Kampfgeräuschen unterlegt, bestätigen schnell schon gefasste Wertungen beim außenstehenden Betrachter.

Abb. 1

Nicht erst der Erfurter Amokläufer, er war ein intensiver Counterstrike-Spieler, hat die Frage nach der Gewaltbereitschaft und anderen psychischen Folgen des Computerspiels vor allem bei Jugendlichen aufgeworfen.

Die jüngeren Studien aus der qualitativen Sozialforschung, die nach den Motiven und dem erlebten Nutzen beim Computerspiel forschten, geben differente Hinweise und Antworten. Deutlich wird im Vergleich der Studien, dass die unterschiedlichen Sinnzusammenhänge zwischen der digital stilisierten und trotz aller Animationen unzulänglich adaptierten Realwelt einerseits und der erlebbaren Welt jenseits der Bilder zu weit auseinander klaffen, um unkontrollierte Transfers erwarten zu lassen (Ladas 2002; Schlütz 2002; Walter 2002; Gieselmann 2002). Zur widersprüchlich diskutierten Frage möglicher Transfers werden von der Katharisthese bis zur Adaption an die Handlungsmuster konträre Einschätzungen vorgetragen (vgl. Esser/Witting 1997).

Die Simulation vermittelt nicht zwischen innerer und äußerer Realität des Spielers, aber nur mit der Simulation gelangt der Spieler in sonst nicht erreichbare Erlebenskontexte – diese Emotionen und Empathien bleiben gleichwohl separiert. Und so nimmt gerade diese Ausgrenzung von der psychischen Wirklichkeit den Objekten der Spielewelt ihre magische Kraft: „Der Spieler verliert seine omnipotente Kontrolle über die virtuelle Welt" (Gieselmann 2002, S. 14). Diskursiv kann sich der Kunstunterricht hier der Aufgabe annehmen, punktuell zwischen den ästhetischen Simulationen und der äußeren Realität zu vermitteln.

Die ikonische Differenz der Bildschirmwelt lässt dem Computerspiel eine besondere Funktion zukommen: „Im Computerspiel geht es weniger um Bedeutungen als vielmehr um Wirkzusammenhänge" (Ladas 2003, S. 28). Und damit kristallisiert sich die wesentliche Motivation der jugendlichen Spieler heraus. Gesucht in den Spielen wird die fordernde Interaktivität, das Beherrschen von

Abb. 2

Reiz-Reaktions-Folgen, der Erfolg im Wettbewerb (gegenüber der Maschinerie wie dem Spielgegner, der seine Maschine zu steuern und beherrschen versucht). Im Gegensatz zum passiven Rezipieren des Filmes fordert das Computerspiel das Handeln; aus Zuschauern werden beim Computerspiel Teilnehmer. Das Computerspiel ist ein Terrain, auf dem ein Stück die Wünsche der Jugendlichen nach Experiment und forschendem Entdecken realisiert werden können.

Daniela Schlütz bilanziert nach ihrer Studie in Würdigung eines komplexes Begründungsgeflechtes für die hohe Motivation zu den zeitaufwendigen Spielen: „Die besondere Faszination von Bildschirmspielen liegt in ihrer Fähigkeit, selbstbestimmt und ohne größeren Aufwand ein unterhaltsames und spannendes Erlebnis zu generieren, das als Refugium dienen kann und die Möglichkeit der Selbstverwirklichung birgt“ (Schlütz 2002, S. 195). Solch eine Sicht fokussiert die pädagogisch unproblematische Seite des Computerspiels, sie umgeht die psychisch hoch besetzten Felder der Faszination der Zerstörung, der Gewalt bis hin zum Tod. Eine kunstpädagogische Reflexion, gemeinsam mit Schülerinnen und Schülern, des Computerspiels wird mit hoher Sensibilität diese mit Omnipotenzfantasien verbundenen Spielebenefits aufgreifen – auch als ökonomische Vermarktungsbegründung.

Wird aus den Befunden der Studien noch der explizit hervorgehobene Mehrwert sozialer Kommunikation zwischen den Agierenden bei vielen Computerspielen hinzuaddiert, bleibt in der pädagogischen Bilanz unter den Aktiva zuerst die geförderte Interaktivität, dann ein kognitives Erleben bis hin zu „Flow“-Erlebnissen. Vor allem lässt das Computerspielen die „spielerische Aneignung und Bewältigung der ‚real world'“ zu (Schindler 2001, S. 39), auch wenn diese optimistische Simulationsleistung von der Forschung nicht uneingeschränkt geteilt wird. Hinter dem ästhetischen Gewand der Szenarien liegen Skripte, die jenseits von Omnipotenzen Sinnerfahrung, Sinnkonstruktion und -verarbeitung (z. B. „Die Sims“) zulassen. Dazu stützt eine Vielzahl sozial positiv indizierter Spiele (z. B. „Sim City 4“) solch eine Attribuierung des Computerspiels. Wenn die Kritik andererseits Formen des Eskapismus bei Spielern sieht, muss auch nach dem affektiven Widerstand gegen diese Spielewelt bei den Protektionspädagogen gefragt werden.

Abb. 3

Was bleibt für eine kunstpädagogische Reaktion, jenseits von bewahrpädagogischem Kulturpessimismus? Mit den traditionellen ästhetischen Handlungsformen gilt es, die Gratifikationen im emotionalen und kognitiven Erleben sowie in den kommunikativen Mustern zu fördern, die das Computerspiel seinerseits spendet. Und dies mit allen gezogenen Registern zugunsten eines authentischen Erlebens im künstlerisch-ästhetischen Tun diesseits des Screens. Ohne eine kompensatorische Funktion zu verabsolutieren, offerieren neben den tradierten Fachmethoden die Vorschläge der Reformpädagogik und der jüngeren Erlebnispädagogik dazu ein beachtliches Methodenrepertoire, das in toto darauf zielt, die leibsinnlichen Erfahrungen jenseits der schulischen Kognitionspfade zu stärken (z. B. Plöhn 2001; Molan-Grinner 2002). Die mit dem Computerspiel verbundene Faszination und der aus der Schule allzu oft ausgegrenzte Hedonismus, die die Begeisterung am Spiel ausmachen, können in anderen medialen Handlungsformen, z. B. dem Verkleiden, der Performance (vgl. Kunst + Unterricht Themenheft „Performance“ 273/2003), dem Ausleben von Inszenierungen das Computerspiel jenseits digitaler Welten weiterführen, z. B. über fachmethodische Varianten der „Fantasiereisen“ o. Ä. In Anlehnung an das Modell des Unterrichts im Beitrag von Susanne Habermann gehen Fantasiereise und Rollenspiel über die eher theoretisierende Aufklärung hinaus.

Abb. 4

Eine analytisch-reflexive Annäherung wird nicht mit elementaren informationstechnischen Programmierübungen das Computerspiel final bei den Jugendlichen diskreditieren, weil die schulischen Voraussetzungen nicht annähernd die ästhetischen Standards erreichen können und solch simple Basisübungen an der Lebenswirklichkeit der Adressaten gekonnt vorbeigehen würden. Die Erkundung der Produktionsbedingungen von Computerspielen und dabei die Recherche von den Erzählstrukturen bis hin zu einem eigenständig aus der Lerngruppe heraus verfassten Spiele-Skript lassen die ästhetischen Konstruktionen des Artifiziellen genauso deutlich werden, wie die vielschichtigen Zuarbeiten von der Konzeptentwicklung eines Spieles bis zu seinem werbewirksamen Verkauf (Bates 2002). Literatur und Material finden sich unter dem Schlagwort Game-Design oder im „Game Developers Magazine", www.gd-mag.com. Im Handbuch „1000 Game heroes" (Choquet 2002) liegt zu allen wesentlichen Spielen breites Bildmaterial vor, die Legenden führen hinreichend in die Spieldramaturgie ein. Die Internetseiten www.gamasutra.com und www.gamedev.net bieten Material zum Spieldesign, ebenso die diversen Zeitschriften zum Genre, denen meist noch CD-ROM beiliegen. Auch aus dem Ausbildungsprogramm der Games Academy in Berlin (www.games-academy.de) lassen sich in der Recherche Hinweise zum komplexen Design von Computerspielen finden, aber auch zur marktwirtschaftlichen Seite. So kann Kunstunterricht zur Chance werden, aus der Distanz gegenüber dem Spiel(en) im jugendkulturellen Milieu die ästhetische Formatierung bis hin zu ihrer Bildpragmatik zu deuten.

Literatur

Bates, Bob: Game-Design. Konzepte, Kreation, Vermarktung. Düsseldorf 2002

Plöhn, Inken: Zur erziehungswissenschaftlichen Relevanz des „Flow"-Begriffes (Diss.). Hamburg 2001

Choquet, David: 1000 Game heroes. Köln 2002

Esser, Heike/Witting, Tanja: Transferprozesse beim Computerspiel. In: Fritz/Fehr 1997, S. 247–261

Fritz, Jürgen/Wolfgang Fehr (Hg.): Computerspiele. Theorie, Forschung, Praxis. Bonn 1997

Gieselmann, Hartmut: Der virtuelle Krieg. Hannover 2002

Ladas, Manuel: Brutale Spiele[r]?. Frankfurt/M. 2002

Ladas, Manuel: Brutale Spiele[r]? In: Rötzer, Florian (Hg.): Virtuelle Welten – reale Gewalt. Hannover 2003, S. 26–35

Molan-Grinner, Siegfried: Bewegung, Abenteuer, Natur, Sprache. Augsburg 2002

Schindler, Wolfgang: Doomes Zeug? Fragwürdige Video- und Computerspiele, In: Fromme, Johannes/Meder, Norbert (Hg.): Bildung und Computerspiele. Zum kreativen Umgang mit elektronischen Bildschirmspielen. Opladen 2001

Schlütz, Daniela: Bildschirmspiele und ihre Faszination. München 2002

Walter, Klaus: Grenzen spielerischen Erzählens. Spiel- und Erzählstrukturen in grafischen adventure games. Siegen 2002

Weiterführende Literatur

Aufenanger, Stefan: Computer- und Videospiele – in die Schule! In: Computer + Unterricht (1999), 36, S. 6–10

Computerspiele – nur zum Spaß? Skiz Pilotprojekts. In: Log in 20 (2000), S. 55–58

Förster, Klaus-Jürgen/Hennecke, Martin: Computerspiele – Pflichtfach für die Lehrerausbildung? In: Computer + Unterricht (1999), 36, S. 62–64

Fritz, Jürgen/Fehr, Wolfgang: Identität durch Spiel. Computerspiele als Lernanreize für die Persönlichkeit. In: Medien praktisch, 23 (1999), 4, S. 30–32

Gieselmann, Hartmut: Der virtuelle Krieg. Zwischen Wirklichkeit und Wirklichkeit. Hannover 2002

Kirschenmann, Johannes: Medienbildung in der Kunstpädagogik. Zu einer Didaktik der Komplementarität und Revalidierung. Weimar 2003, S. 95 ff.

Kunst + Unterricht: „Multimediale Präsentationen", Heft 257/2001

Lischka, Konrad: Spieler zu Prozessoren. In: Kunstforum international. Bd. 165/2003, S. 155–166

Koch, Lennart: Zur Narrativik in Computerspielen. Der Einfluss des Mediums auf die ästhetische Wahrnehmung. In: Deutschunterricht 2/1999, S. 109–118

Richard, Birgit: Indifferenz, Interaktion und Immersion. In: Kirschenmann, Johannes/Peez, Georg (Hg.): Chancen und Grenzen der Neuen Medien im Kunstunterricht. Hannover 1998, S. 32–35

Ströter-Bender, Jutta: „Meidet den roten Flammenwerfer". Zur ästhetischen Wirkung von Computer- und Videospielen auf Kinder und Jugendliche. In: Kunst + Unterricht 201/1996, S. 10–11

Ströter-Bender, Jutta: „Im Mutterleib des Bösen". Zur ästhetischen Sozialisation von Kindern und Jugendlichen durch Video- und Computerspiele. In: Richter, Heidi/Sievert-Staudte, Adelheid (Hg.):

Eine Tulpe ist eine Tulpe ist eine Tulpe. Frauen, Kunst und Neue Medien. Königstein 1998
Friedrich Jahresheft „Spielzeit – Spielräume in der Schulwirklichkeit“, 1995
Schindler, Friedemann: Computerspiele im Netz. In: Kind, Jugend, Gesellschaft, 1/1999, S. 12–16
Theunert, Helga/Demmler, Kathrin/Kirchhoff, Andreas: Vom Ego-Shooter zum Amokläufer? Fragen an PC- und Netzspieler. In: Medien + Erziehung, 3/2002, S. 138–142

Links

Rezension wichtiger Veröffentlichungen der 1990erjahre zum Thema „Computerspiel“:
http://www.medienpaedagogik-online.de
Ein Interview mit Claus Pias als Kenner der Geschichte und Genres der Computerspiele:
http://www.dichtung-digital.de/2002/01/30-Pias/index1.htm

„Im Bilde sein“ – Der Beitrag des Kunstunterrichts zum computergestützten Wissensmanagement

Überlegungen zu einer Neubestimmung des Fachs im Hinblick auf die „Neuen Medien“ nach dem Hype

Ernst Wagner

Wissensdesign

Der Einsatz der „Neuen Medien“ im Fach Kunst wird heute kaum noch in Frage gestellt. Sogar der hier lange Zeit eher zurückhaltend operierende „Bund Deutscher Kunsterzieher“ hat bei seiner Hauptversammlung 2001 in Bremen ein Medienpositionspapier verabschiedet, das seinen Ausgang bei den Chancen und nicht bei den Gefahren des Computers für Schüler, Lehrer, das Fach und die Schule nimmt (Anm. 1). Auch wie der Computer und die Netze im kreativen, gestalterischen Bereich des Fachs einzusetzen seien, scheint weitgehend geklärt – es gibt ausreichend Literatur, im Großen und Ganzen mit nur geringen Abweichungen in Bezug auf die inhaltlichen Positionen und es gibt eine immer breiter werdende Praxis an den Schulen und Hochschulen. Deshalb soll hier eine andere, eine neue Frage gestellt werden: Wie kann der Beitrag der neuen Technologien – und speziell der Beitrag des Fachs Kunst – zum kognitiven Lernen (in allen Schulfächern) bestimmt werden?
Damit verbindet sich die Frage nach der Orientierung des Fachs. Nach Musischer Bildung, Visueller Kommunikation und Ästhetischer Erziehung hat sich die Kunstpädagogik in den letzten Jahren auf eine diffuse, in der Nähe zur Gegenwartskunst angesiedelte, irritationsästhetische Position eingependelt. Dort geht es gleichzeitig interessant und gemütlich zu. Im Widerspruch zu diesem Ansatz wird hier ein Weg vorgeschlagen, der zwar im Moment recht anspruchsvoll scheint, der aber auf wichtige Traditionen unseres Fachs zurückgreift: auf den alten Zeichen- und Werkunterricht ebenso wie auf die erweiterte Bild- (anstelle der engeren Kunst-) Orientierung seit den 1970er-Jahren. Ein Ansatz, der die so genannten „Angewandten Künste“ (Design, Architektur, Gebrauchsgrafik) stärker in den Blick nimmt und sich auch außerhalb der Grenzen des Fachs einmischt.

Ausgangslage – Ein weit verbreitetes, aber zu naives Verständnis sowie die daraus resultierende Sackgasse

Erst unlängst erfolgte die Ankündigung einer deutschen Kunsthochschule, alle studentischen Konzepte für das Schulpraktikum ins Netz zu stellen und so interessierten Lehrern zugänglich zu machen. Diese Idee – das muss man ihr zugestehen – atmet den Charme der Netzpioniere aus den frühen 1990er-Jahren; Jahre, die geprägt waren von Utopien aufgeladenen Euphorien und Cyborg-Visionen, bevor sie in die New Economy mündeten und dort eher kläglich endeten: Wissen würde allen zugänglich, auf diese Weise demokratisiert, die ganze Welt eine einzige, vernetzte, friedliche „learning community“. Endlich erfüllten sich die Versprechungen der Aufklärung!

Auch wenn man sich nur schwer die Lehrer vorstellen kann, die das innovative Potenzial der Website nutzen, so ist das Grundanliegen trotz aller Einwände verständlich und durchaus richtig. Traditionelle Formen der Redaktion (und damit der Qualitätskontrolle) böten hier sicher eine erste Möglichkeit, das Problem zu lösen: Es werden nur sehr wenige, dafür besonders gute Konzepte kommentiert veröffentlicht. Selbst www.hausar beiten.de bietet mittlerweile Bewertungen und „Amazon" liefert Rezensionssammlungen zu den Büchern. Eine zweite Option böte die Überprüfung, inwieweit Konzepte des rechner- bzw. netzgestützten Wissensmanagements, die aus großen Firmen bekannt sind, transferierbar wären. Eine dritte wäre das Aufgreifen der Diskussion um die „Bildwelten des Wissens", die im Moment in einer immerhin zentralen Bezugswissenschaft unseres Fachs geführt wird, der Kunstgeschichte. Die Frage lautete dann: Wie lässt sich Wissen in einer Schule so sichtbar machen, damit Schüler (wie Lehrer) es effektiv nutzen können, d. h. letztlich besser lernen?

Einig sind sich viele, dass die „Macht der Bilder als Instrumente der Visualisierung und Kommunikation" (Anm. 2) zu nutzen seien, da diese die Kraft besäßen, „die Schwelle der bewussten Wahrnehmung zu unterschreiten und alle logischen Konstruktionen zu überbieten" (Anm. 3). Kognitive Erkenntnis, die wichtigste Basis schulischen Wissens, trägt – zumindest in der Altersstufe unserer Schüler – als Zeichen von Erkanntem schon immer die Zeichenhaftigkeit in sich. Da Erkenntnis rein, ohne sinnliche Wahrnehmung nicht denkbar ist, ist sie auch immer an Bilder gebunden, darauf hat erst unlängst Martin Kemp in einem beeindruckenden Reigen von Beiträgen zur Zeitschrift „Science" hingewiesen (Anm. 4). Um so einleuchtender erscheint es, dass auch die Geschichte der Verbreitung von Wissen immer mit einer Geschichte der Verbildlichung von Wissen eng verknüpft war und ist. Comenius ist ein frühes, prominentes Beispiel. Heutige Positionen, einen Pictoral Turn behauptend, gehen von einem Paradigmenwechsel vom „Wort zum Bild" aus und räumen dem bildlichen Erkennen eine immer höhere Stellung ein.

Kurz vor dem Pictorial Turn ist an unseren Schulen jedoch – Ironie des Schicksals – eine Kultur sorgfältiger Heftführung verloren gegangen. Heute erleben wir mit den innovativen Formen des Lehrens und Lernens eine Renaissance von Visualisierungsstrategien: Die Tafel kehrt als „Flipchart" in die Lehrerzimmer wieder ein, Lehrer zeichnen

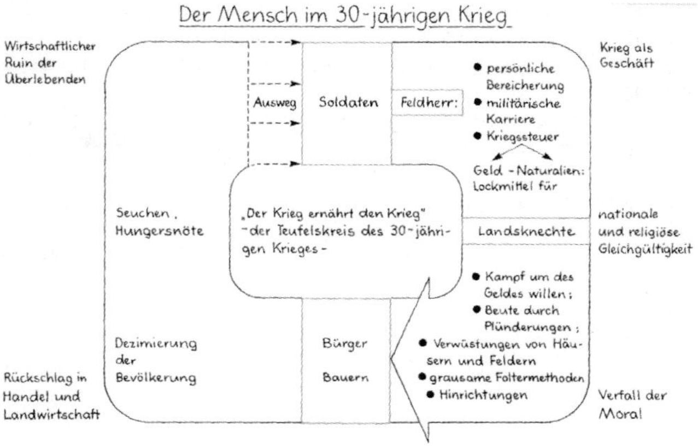

Abb. 1: Die alte Kultur des Tafelbildes … (Kohler, Schuster, wie Anm. 5).

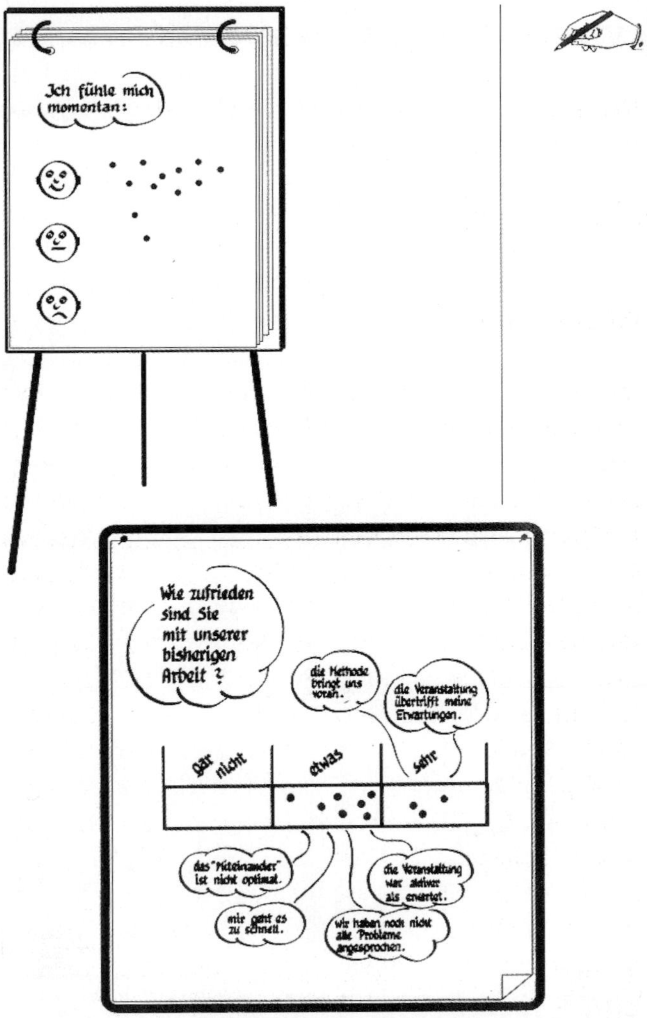

Abb. 2: … und die moderne Kultur der Flipcharts (Seifert, 1998, S. 135).

Diagramme und arbeiten mit Metaplan und Moderationstechniken, sie entwickeln am Computer eigene Arbeitsblätter und farbige Overheadfolien. Und ältere Kollegen haben noch im Seminar gelernt, wie eine Tafelanschrift gezielt und ansprechend zu gestalten ist.

Demnach muss eine altbackene **Tafelanschrift** (Abb. 1)
- durch Freude an Tafelbildern und sorgfältiger Heftführung,
- sowie durch Darstellen von Ähnlichkeiten und Einzigartigem über typische (auf einen Blick erkennbare) Symbole,
- und durch Verwendung verschiedener Schrifttypen und Farben (Hervorhebungen)

zu einem visuellen Erfassen von Zusammenhängen führen. Die schrittweise Entstehung eines Tafelbildes zeigt sowohl Einzelschritte als auch die Gesamtstruktur. Die ständige Verbindung von Wort und Bild, von Schreiben und Zeichnen steigert die Aufmerksamkeit (Anm. 5).

Interessant der Vergleich zu den Anforderungen an die „moderne" **Präsentation** (Abb. 2). Diese muss
- die Aufmerksamkeit der Empfänger konzentrieren,
- die Betrachter einbeziehen,
- den Redeaufwand verkürzen,
- dem Publikum Orientierungshilfen geben,
- Informationen leicht(er) erfassbar machen,
- Wesentliches verdeutlichen,
- Gesagtes erweitern und ergänzen,
- das Behalten fördern,
- zu kritischen Stellungnahmen ermuntern (Anm. 6).

Auch wenn grundlegende Fragen (Anm. 7) weiter offen bleiben müssen, kann doch eindeutig diagnostiziert werden, dass unser Bildungssystem den reflektierten, sinnvollen Einsatz des Lernens mit Bildern und durch Bilder – trotz aller Traditionen und aller Innovationen – vernachlässigt. Für den Umgang mit Texten wird in der Schule fast alles unternommen, der Umgang mit Abbildern und Visualisierungen kommt dagegen – im Vergleich zu seiner faktischen Bedeutung – viel zu kurz. Arbeiten (und damit lebenslanges Lernen) ist heute jedoch eng an den Umgang mit Tabellen, Charts, Diagrammen, Abbildungen usw. gekoppelt. Produzieren und Interpretieren dieser Darstellungsformen gehören zu den zentralen Kulturtechniken. Dabei geht es einerseits immer darum, Personen beizubringen, mit diesen Bildern effektiv umzugehen. Andererseits müssen diese aber auch hergestellt, gestaltet werden. Dies ist die Perspektive des „didaktischen Designs".

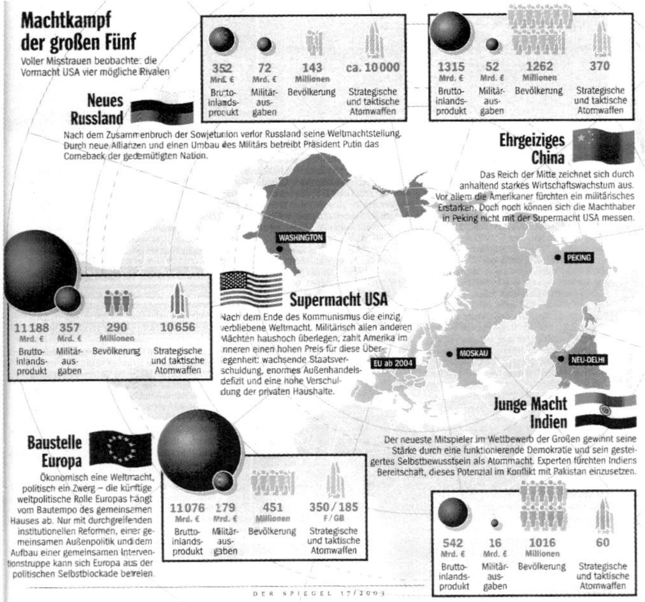

Abb. 3: Der Spiegel im Focus-Gewand: Nr. 17, 2003, S. 21.

Schöne neue Bilderwelt

1992 erschien erstmals die Zeitschrift „Focus", in einem Verlag, der von einem promovierten Kunsthistoriker geleitet wurde und der sich nach eigenen Aussagen schon früh um die Frage der Visualisierung komplexer Themen Gedanken machte. Und in der Tat trat „Focus" mit einer neuen, innovativen Ästhetik auf, mit einem Schwerpunkt auf farbigen Infografiken, einer spezifischen Mischung aus Textelementen, Symbolen, Statistiken und Bildern (Abb. 3). Mit der Kombination von Bild und Schrift tritt sie das Erbe der Aufteilung von Imago und Subscriptio an, die schon im Barock belehrend wirkte. Erst unlängst wies Nicola Hille auf eine wichtige Zwischenstation in den 1920er-Jahren von dort zur „Focus-Ikonologie" hin: die Entwicklung einer fortschrittlichen Bildsprache unter Neurath und Arntz in Wien. An diesem österreichischen Beispiel kann man die Kombination von formaler Reduktion, erziehungsutopischer Orientierung und moderner Reproduktionstechnik studieren, wie sie etwa auch die Macher des ersten DTV-Atlas zur Geschichte Anfang der 1960er-Jahre oder Otl Aicher bei der Entwicklung der Piktogramme zu den Olympischen Spielen 1972 in München beeinflusste (Abb. 4).

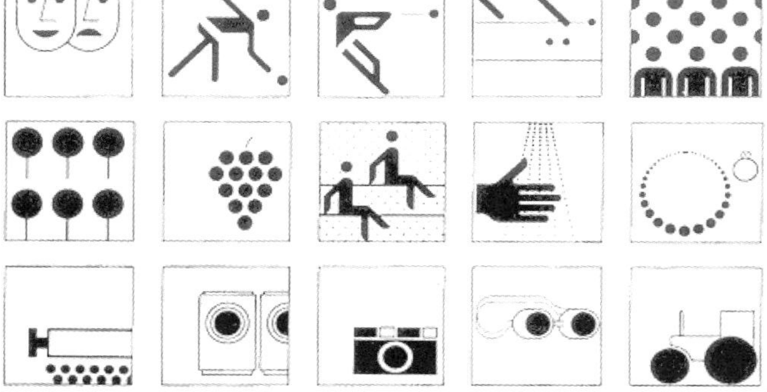

Abb. 4: Ikonogramme sind die Vorläufer der „Focus-Ikonologie" (Bredekamp 2003, S. 93).

Dass diese Macht der Bilder nicht nur aufklärerischen Impulsen folgen muss, sondern auch für ideologische, manipulative Propaganda eingesetzt werden kann, ist offensichtlich. Martin Warnke hat dies an den Grafiken zum Kriegsverlauf im Zweiten Weltkrieg, die über Frankreich als Flugblätter abgeworfen wurden, eindringlich aufgezeigt. Doch dazu unten mehr.

Ziel all dieser, auch der manipulativen Ansätze ist es, eine über das reine Abbild hinausgehende, optisch begründete Evidenz zu erzeugen, die das Verstehen erleichtert und das Lernen verbessert. Dabei ist diese optische Evidenz an bestimmte Kriterien gebunden: Sie muss hinreichend deutlich, nachvollziehbar glaubhaft, einleuchtend, direkt verständlich, abkürzend und unmittelbar zu erfassen sein, die Dinge auf einen Punkt bringen. Und sie muss meist fraglos funktionieren, zumindest im „Moment der kognitiven Wirksamkeit" (Anm. 12).

Wissen gestalten – Ansatz 1: Visualisierung eines Sachverhalts

Im schulischen Kontext ergeben sich aus den Vorüberlegungen verschiedene Konsequenzen: Um die visuelle Organisation und die Auswahl der Bilder, z. B. in einem Physikbuch, kritisieren zu können, müssen die Schüler die Ausgangsfrage bzw. Problemstellung des Stoffs zumindest in den Grundstrukturen begriffen haben. Nur so können sie beurteilen, inwieweit die Visualisierung durch Grafiken und Layout als bildliche Gestaltung der Lösung adäquat ist. Der Vergleich mit anderen Lehrbüchern weitet den Blick, gibt Maßstäbe, erleichtert Auseinandersetzung und Urteil und zeigt das Spektrum der Möglichkeiten sowie die Notwendigkeit der gezielten Auswahl aus dem Repertoire. Am intensivsten ist der Lernprozess jedoch sicher, wenn sinnvolle Visualisierungen nicht nur ausgewählt, sondern selbst erarbeitet werden: Bilder, die die Botschaft adäquat transportieren und die die Vermittlung (verstanden als Kommunikationsvorgang) optimieren. Wenn die Schüler es geschafft haben, einen komplexen Inhalt grafisch aufzubereiten, sind viele Erfolg verheißende Faktoren für einen intensiven Lernprozess zusammengekommen. In dem in den Abb. 5 bis 8 aufgeführten Beispiel aus der Physik, 9. Klasse Gymnasium, Thema Energie, wird aus der Kritik an der unanschaulichen Darstellung im Schulbuch eine grafische Gestaltung gesucht, die den genannten Kriterien gehorcht. Dazu machen die Schüler Vorschläge, am sinnvollsten zuerst als Handskizzen. Die Umsetzung am Rechner auf der Basis von Scribbles zwingt sie zur gedanklichen und formalen Präzisierung. In der Diskussion werden die Lösungen optimiert. Haben die Schüler es geschafft, zu einer

Abb. 5 bis 8: *Der Weg vom Schulbuch zur eigenen Visualisierung.*

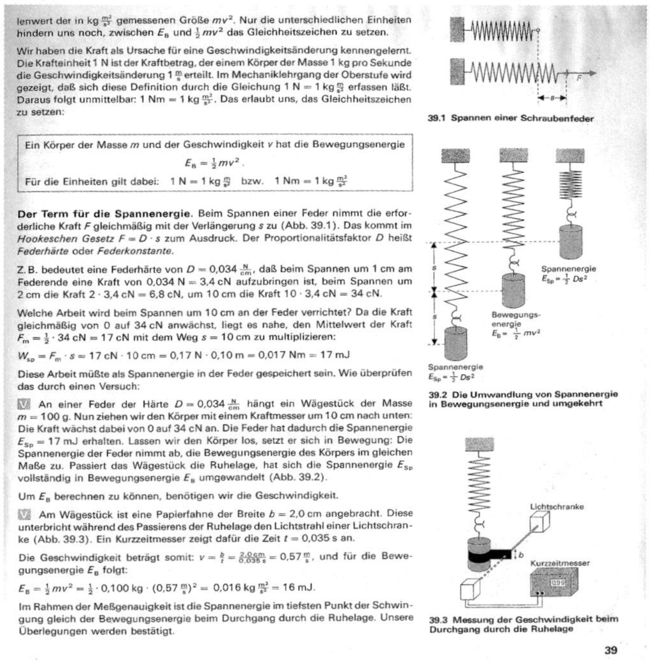

lenwert der in kg $\frac{m^2}{s^2}$ gemessenen Größe mv^2. Nur die unterschiedlichen Einheiten hindern uns noch, zwischen E_B und $\frac{1}{2}mv^2$ das Gleichheitszeichen zu setzen.

Wir haben die Kraft als Ursache für eine Geschwindigkeitsänderung kennengelernt. Die Krafteinheit 1 N ist der Kraftbetrag, der einem Körper der Masse 1 kg pro Sekunde die Geschwindigkeitsänderung 1 $\frac{m}{s}$ erteilt. Im Mechaniklehrgang der Oberstufe wird gezeigt, daß sich diese Definition durch die Gleichung 1 N = 1 kg $\frac{m}{s^2}$ erfassen läßt. Daraus folgt unmittelbar: 1 Nm = 1 kg $\frac{m^2}{s^2}$. Das erlaubt uns, das Gleichheitszeichen zu setzen:

Ein Körper der Masse m und der Geschwindigkeit v hat die Bewegungsenergie

$$E_B = \frac{1}{2}mv^2 .$$

Für die Einheiten gilt dabei: 1 N = 1 kg $\frac{m}{s^2}$ bzw. 1 Nm = 1 kg $\frac{m^2}{s^2}$

Der Term für die Spannenergie. Beim Spannen einer Feder nimmt die erforderliche Kraft F gleichmäßig mit der Verlängerung s zu (Abb. 39.1). Das kommt im *Hookeschen Gesetz* $F = D \cdot s$ zum Ausdruck. Der Proportionalitätsfaktor D heißt *Federhärte* oder *Federkonstante*.

Z. B. bedeutet eine Federhärte von $D = 0{,}034\,\frac{N}{cm}$, daß beim Spannen um 1 cm am Federende eine Kraft von 0,034 N = 3,4 cN aufzubringen ist, beim Spannen um 2 cm die Kraft 2 · 3,4 cN = 6,8 cN, um 10 cm die Kraft 10 · 3,4 cN = 34 cN.

Welche Arbeit wird beim Spannen um 10 cm an der Feder verrichtet? Da die Kraft gleichmäßig von 0 auf 34 cN anwächst, liegt es nahe, den Mittelwert der Kraft $F_m = \frac{1}{2} \cdot 34$ cN = 17 cN mit dem Weg s = 10 cm zu multiplizieren:

$W_{sp} = F_m \cdot s$ = 17 cN · 10 cm = 0,17 N · 0,10 m = 0,017 Nm = 17 mJ

Diese Arbeit müßte als Spannenergie in der Feder gespeichert sein. Wie überprüfen das durch einen Versuch:

V An einer Feder der Härte $D = 0{,}034\,\frac{N}{cm}$ hängt ein Wägestück der Masse m = 100 g. Nun ziehen wir den Körper mit einem Kraftmesser um 10 cm nach unten: Die Kraft wächst dabei von 0 auf 34 cN an. Die Feder hat dadurch die Spannenergie E_{Sp} = 17 mJ erhalten. Lassen wir den Körper los, setzt er sich in Bewegung: Die Spannenergie der Feder nimmt ab, die Bewegungsenergie des Körpers im gleichen Maße zu. Passiert das Wägestück die Ruhelage, hat sich die Spannenergie E_{Sp} vollständig in Bewegungsenergie E_B umgewandelt (Abb. 39.2).

Um E_B berechnen zu können, benötigen wir die Geschwindigkeit.

V Am Wägestück ist eine Papierfahne der Breite b = 2,0 cm angebracht. Diese unterbricht während des Passierens der Ruhelage den Lichtstrahl einer Lichtschranke (Abb. 39.3). Ein Kurzzeitmesser zeigt dafür die Zeit t = 0,035 s an.

Die Geschwindigkeit beträgt somit: $v = \frac{b}{t} = \frac{2{,}0\,cm}{0{,}035\,s} = 0{,}57\,\frac{m}{s}$, und für die Bewegungsenergie E_B folgt:

$E_B = \frac{1}{2}mv^2 = \frac{1}{2} \cdot 0{,}100\,kg \cdot (0{,}57\,\frac{m}{s})^2 = 0{,}016\,kg\,\frac{m^2}{s^2} = 16\,mJ.$

Im Rahmen der Meßgenauigkeit ist die Spannenergie im tiefsten Punkt der Schwingung gleich der Bewegungsenergie beim Durchgang durch die Ruhelage. Unsere Überlegungen werden bestätigt.

Abb. 5: Physikbuch 9. Klasse (Feuerlein, Näpfel, Schäflein, Physik 2, München 1996[2] S. 38 f.).

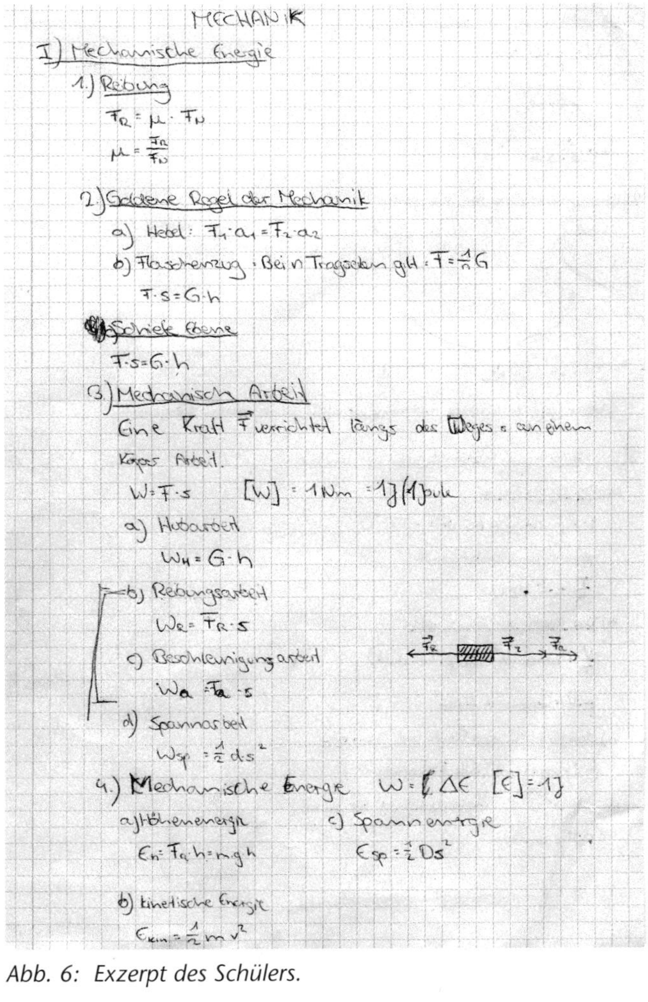

Abb. 6: Exzerpt des Schülers.

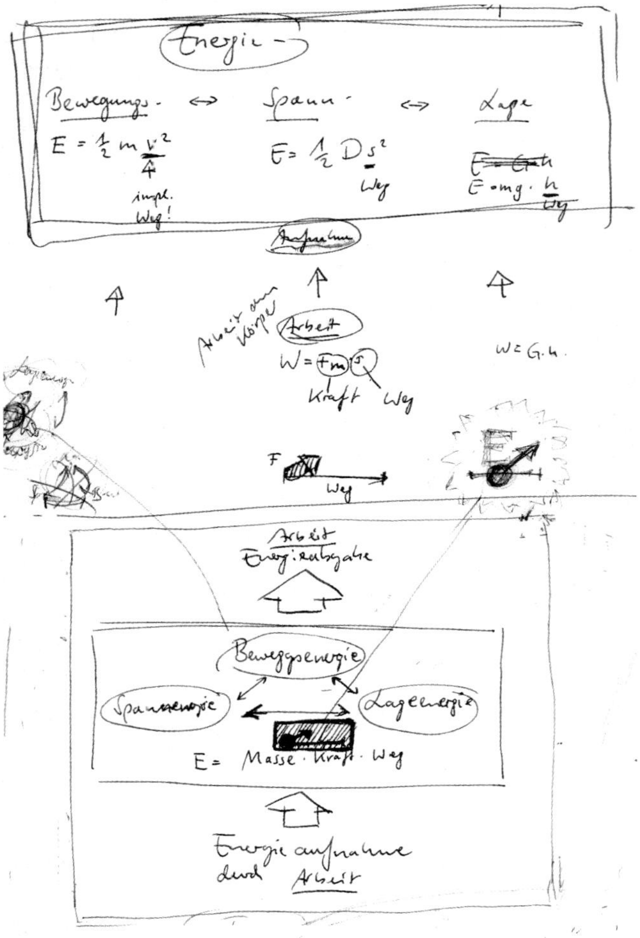

Abb. 7: Exzerpt des Lehrers.

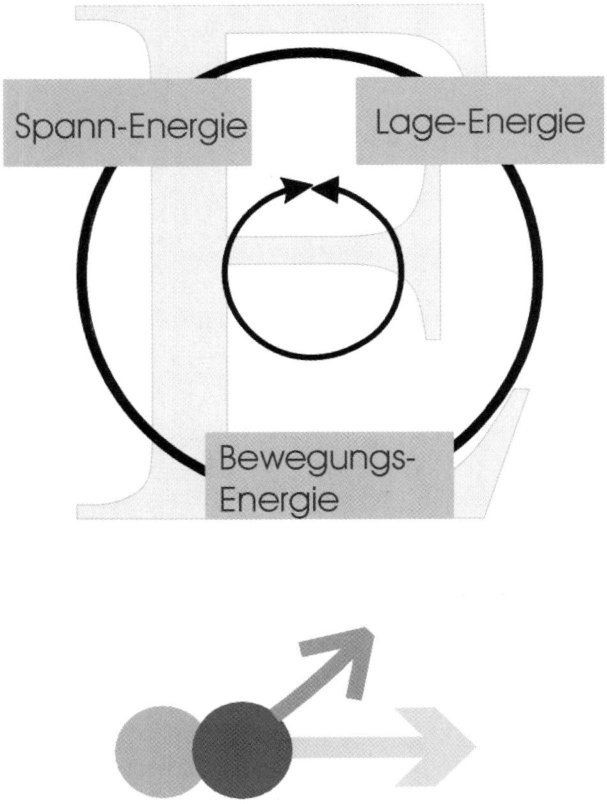

E = Masse x Bescheunigung x Weg

Abb. 8 a: Computergestützte grafische Zusammenfassung: Der Buchstabe E als Zeichen für Energie ist allgemein verständlich. Der Kreis zeigt die prinzipielle Überführbarkeit einer Energieform in eine andere; die Grafik darunter zeigt das Grundmodell: eine Masse (blauer Punkt), die durch eine Beschleunigung (roter [aktive Farbe] Pfeil) über einen Weg (grauer Pfeil in Leserichtung) verändert wird.

adäquaten Formulierung zu kommen, haben sie sich in eigener kreativer Gestaltung ein Grundmodell der physikalischen Zusammenhänge selbst erarbeitet und damit zugleich und ganz nebenbei eine Ahnung vom „visual thinking“ als lingua franca der modernen Naturwissenschaften bekommen.

Form und Gestaltung sind dabei konstitutiv für die Erkenntnis, sie modellieren und steuern. Aufgabe des Kunstunterrichts ist es, gemeinsam mit den Fachkollegen genauestens auf diese Gestaltungsaspekte zu achten. Bestehende Formen sind historisch zu dekodieren und aus deren Kritik heraus neue zu finden.

Die besondere Rolle der spezifisch bildlichen Qualität der Visualisierung kann gar nicht hoch genug eingeschätzt werden und muss in der kommenden fachdidaktischen Diskussion noch präzisiert werden. Letztlich geht es dabei um die anspruchsvolle Klärung des Verhältnisses von Bildlichkeit und Kognition – nicht nur in naturwissenschaftlichen Fächern. Abel bezeichnet dies nicht umsonst als Desiderat der Forschung (Anm. 13): Während einige Autoren die „Weiter- und Zuendeführung“ des Gedachten, d. h. der sprachlich formulierten Stoffe, im bildlichen Medium fordern, um eine Doppelung, die Wiederholung der gleichen Aussage im anderen Medium zu vermeiden, fordert Abel das aktive Zur-Darstellung-Bringen, ein ursprüngliches Ins-Bild-Setzen des kognitiven Gegenstands. „Von besonderem Interesse ist dasjenige Bildwissen, das sich einer Artikulation in Sprache auf eigentümliche Weise entzieht, kognitiv aber überaus relevant ist. In solchen Fällen sieht man, hinreichende Einübung vorausgesetzt, direkt, was das Bildzeichen bedeutet, ohne dies sagen zu können. Der nicht-sprachliche Charakter der Form des Wissens, das in der Bildhaftigkeit inkorporiert ist, droht auf der Strecke zu bleiben, wenn man Bilder analog zu sprachlichen Aussagen konzipiert“ (Anm. 14). Die Diskussion kann hier nur angerissen werden. Es muss im Moment genügen, in der Modellbildung, in der Modellierung von Wissen und Erkenntnis die verbindende Analogie zu sehen, das unser Anliegen und unsere Vorgehensweise rechtfertigt.

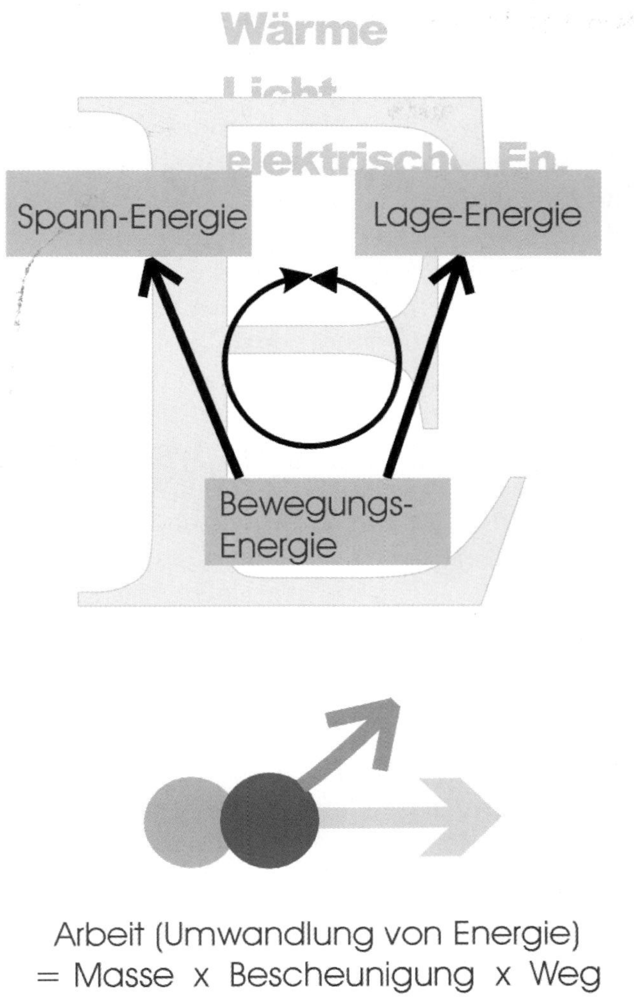

Abb. 8 b: Die neue Zusammenfassung zeigt die verbesserte Form nach der Kritik durch den Physikkollegen: „Begriffliche Probleme werden u. a. gefördert, weil der Kreis eine Geschlossenheit suggeriert, die allgemein nicht zutrifft. Meine Empfehlung wäre eine offene grafische Lösung, die Erweiterungen ermöglicht. Kreise sind also ausgeschlossen. Die Öffnungen betreffen vor allem die (spätere) Aufnahme anderer Energieformen. Reibung als ‚Ausbruch‘ aus dem Kreis und Arbeit als ‚Einbruch‘ in den Kreis. Eine ‚gute‘ Darstellung muss auch ‚Vorläufigkeit‘ (übrigens immer in der Physik und vermutlich nicht nur da) zeigen. Die große Gefahr (Manipulation) entsteht durch zu glatte Bilder wie das hier.“

Wissen gestalten – Ansatz 2: Visualisierung des Kontexts

In den oben genannten Beispielen ging es um die Visualisierung eines Stoffgebiets. Betrachtet man dieses jedoch weniger als abgegrenztes Gebiet, sondern als Wissensknoten – in der unterschiedlichen Bezeichnung kommen verschiedene Zugänge zum Thema zum Vorschein – rückt die Beziehung der Binnenstruktur zu ihrer kognitiven Umgebung ins Blickfeld. Kontextualisierung ist ein wichtiger Bestandteil, um Wissen einordnen zu können. Bei einer „klasseninternen Evaluation“ am Münchner Michaeli-Gymnasium im Jahr 2002, bei der die Schüler ihr Feedback zur Unterrichtsqualität abgaben, wurde an erster (!) Stelle „eine Gliederung des Stundenablaufs am Beginn der Stunde“ als Desiderat eingefordert (Anm. 15). Die Schüler, aus der Biologiestunde kommend, in der sie gerade die Beinformen von drei verschiedenen Heuschreckenarten auswendig gelernt haben, auf dem Weg zur Lateinstunde, in der das Reduplikationsperfekt der i-Konjugation eingetrichtert werden muss, lost in mental space (Anm. 16). Ganz offensichtlich verstehen die Schüler nicht, worum es in den jeweiligen Stunden „eigentlich“ geht oder wie die einzelnen Elemente des Unterrichtsstoffes untereinander zusammenhängen und auf welche Fragestellungen sie antworten. Auf der anderen Seite beklagen Lehrer häufig, dass der Stoff des einen Fachs bereits in der nächsten Stunde im anderen Fach nicht mehr verfügbar sei.

Bei der Designstudie für das Interface eines datenbankgestützten Intranets wurde eine mögliche Veranschaulichung der verschiedenen Bezüge des Themas „Energie“ aus dem Physikunterricht (Fach und Klassenstufe sind links benannt) versucht

Abb. 9/10: *Im Intranet wird der Kontext der Grafik deutlich.*

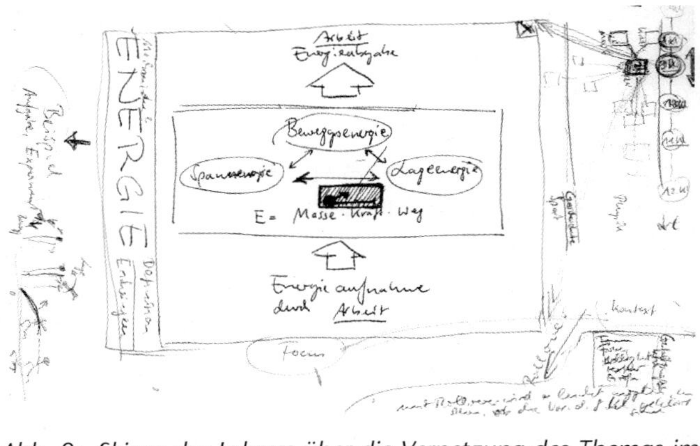

Abb. 9: Skizze des Lehrers über die Vernetzung des Themas im Intranet.

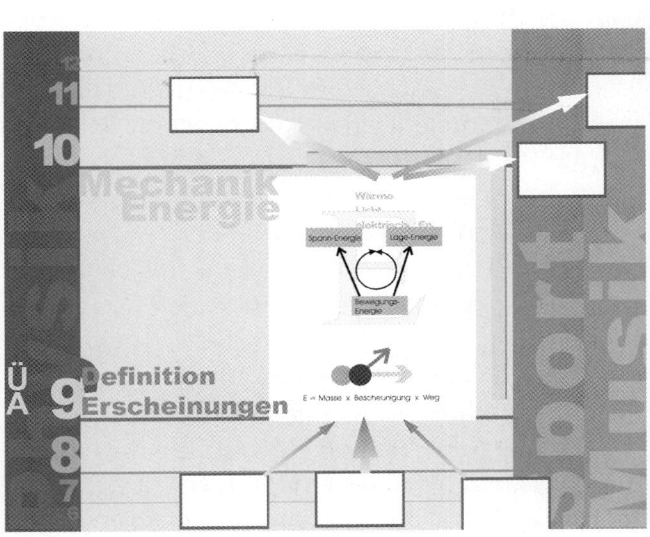

Abb. 10: Designstudie für das Interface des Intranets.

(Anm. 17). Die fachlichen Bezüge sind hier rein fiktiv. Dennoch zeigt das Beispiel gut das Prinzip. Im Mittelpunkt des zentralen Arbeitsbereichs steht auf einem „Deckblatt“ die grafische Visualisierung des Themas. Die Anzahl der Seiten „dahinter“ (in diesem Fall zwei) zeigt, wie viel Material zur Vertiefung noch vorliegt. Die „Kapitelüberschriften“ Mechanik-Energie – beide Begriffe sind interaktive Links – sollen den fachinternen Kontext (behandelt wird ein Unterthema im Bereich Mechanik) verdeutlichen, während die Begriffe „Definition“ und „Erscheinungen“ zu lexikalischen Zusammenfassungen führen. „Übungen“ und „Aufgaben“ leiten zu entsprechenden Tutorials. Die Pfeile von früheren oder zu späteren Klassenstufen zeigen die Verknüpfungen des Themas innerhalb des Fachs, wobei ein dicker Pfeil bedeutet: „basiert auf dem in der Klasse x Gelernten“ bzw.: „bildet die Basis für den Stoff in Klasse y“. Dünne Pfeile bedeuten: „war schon einmal in Klasse x thematisiert“ bzw.: „kommt in Klasse y wieder vor“. In gleicher Weise findet die Verknüpfung zu anderen Fächern statt: Was bedeutet „Arbeit“, „Leistung“, „Energie“ in anderen Fächern (hier Sport und Musik, oder auch Deutsch, Biologie, Sozialkunde)? Oder: In welchem historischen Kontext wurde das Konzept entwickelt (Link zu Geschichte)?

Wichtig bei solchen Systemen ist die dynamische Erzeugung der Bildschirmausgabe: Jeder angeklickte Link verändert das gesamte Interface. Wird z. B. der Link zur 10. Klasse Sport aktiviert, „wandert“ in Form einer Animation der Begriff mit seiner Leitfarbe an den linken Rand, während sich die Klassenstufe um einen Wert weiterschiebt. Im Zentrum erscheint das neue Thema, eingebettet in dem sich nun neu definierenden Kontext: innerhalb des jetzt aktuellen Fachs (darunter, darüber) sowie im Verhältnis zu anderen Fächern (rechter Rand).

Der Vorteil solcher grafischer Schnittstellen von Datenbanken ist es, dass zwei Perspektiven gleichzeitig als Angebote präsent sind: sowohl die Fokussierung auf ein Thema, bei dem der Schüler in die Tiefe gehen kann, als auch die Erschließung des Kontexts. Ohne das Interface verlassen zu müssen, kann der Nutzer sowohl Überblick und Einordnung wie die unmittelbare Bearbeitung des Themas erreichen. Das Konzept ‚Fokus plus Kontext‘ integriert zwei Sichtweisen. „Das Interface zeigt viel Information über einen eng definierten Bereich (Fokus), der seinerseits wieder mit Überblicksstrukturen verbunden ist, deren Daten mit der momentan fokussierten Information im inhaltlichen Zusammenhang stehen (Kontext)“ (Anm. 18).

Formbeispiel 1: Wissenslandschaften

Datenbankinhalte sind – im Hinblick auf den Kontextaspekt und von den jeweiligen Einstiegspunkten aus – letztlich als „kognitive Karten“ abbildbar. Die Gestaltung solcher Wissenslandschaften sowie deren kartografische Erschließung durch Schüler ist eine wichtige Aufgabe des Kunstunterrichts. Das kann spielerisch sein, wenn z. B. die Kinder beim Schulwechsel nach der Grundschule das immer herumgeisternde Thema „Schatzinsel“ umdeuten und daraus eine aufregende Reise durch die Kontinente und Welten der neuen Fächer gestalten. Das kann in der Sekundarstufe II auch ganz anders geschehen, wenn etwa die Schüler das Interfacedesign eines Wissensknotens entwickeln. „Eine kognitive Karte soll dazu beitragen, strukturelles Wissen zu explizieren. Sie verknüpft bisher unverbundene Wissenskonzepte miteinander und setzt sie mit vorhandenem Wissen in Verbindung. … Ein solches Vorgehen bringt nicht selten Fehler und Wissenslücken ans Licht und macht das Instrument deshalb auch für Zielsetzungen des Wissensmanagements interessant“ (Anm. 19). Schüler ab der 6. Klasse sind durchaus fähig, wenigstens für einzelne Themen der Lehrpläne entsprechende Interfaces und den dazugehörigen Content inklusive Navigationsstruktur selbst zu entwickeln – es kann natürlich nicht deren Aufgabe sein, wie Schulbuchverlage oder Lernsoftwarefirmen distribuierbare Lösungen zu finden. Haben sie jedoch an einzelnen Beispielen eigenständig gestalterisch anspruchsvolle und überzeugende Lösungen gefunden, dann haben sie sich exemplarisch fundamentale Qualifikationen im Umgang mit dem eigenen Wissen erarbeitet, Orientierungswissen gewonnen.

Das Fach Kunst muss in solchen – notgedrungen fächerübergreifenden – Vorhaben seine spezifischen Kompetenzen einbringen, zumal gerade das Gestalten am Computer dieses Vorhaben komplizierter macht. In der Wahrnehmung vieler Kollegen und Schüler sieht nahezu jedes beliebige Clipart aus Softwarebibliotheken, jeder wilde Farbverlauf und jede zappelnde Animation zuerst einmal toll aus und alle zusammen noch toller. Und Free- oder Shareware-Grafikprogramme bieten einfachste Tools, über all diese auch zu verfügen (Anm. 20).

Formbeispiel 2: Wissensräume

Aufgabe des Fachs Kunst sollte es sein, das Konzept jedes expliziten Visualisierungsprojekts kritisch zu begleiten. Das beginnt bei der Auswahl

Abb. 11 bis 14: *Mindmaps verdeutlichen Zusammenhänge, wie sie heute bereits zwei- oder dreidimensional in Internetsuchmaschinen aufgezeigt werden können.*

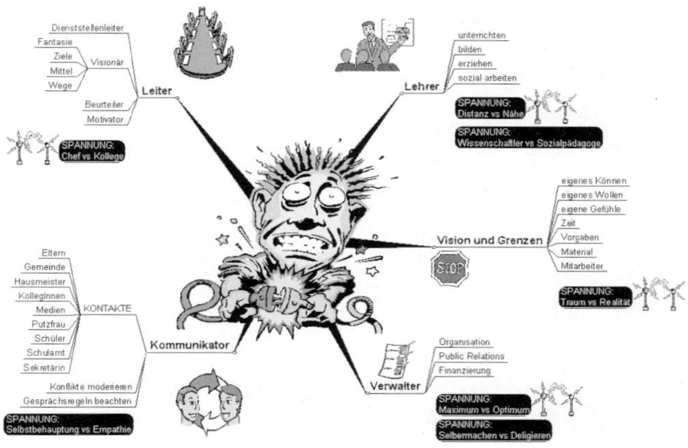

Abb. 11: Das Urbild; Visualisierung durch Mindmaps, Beispiel der Softwarefirma MindJet (www.mindjet.de).

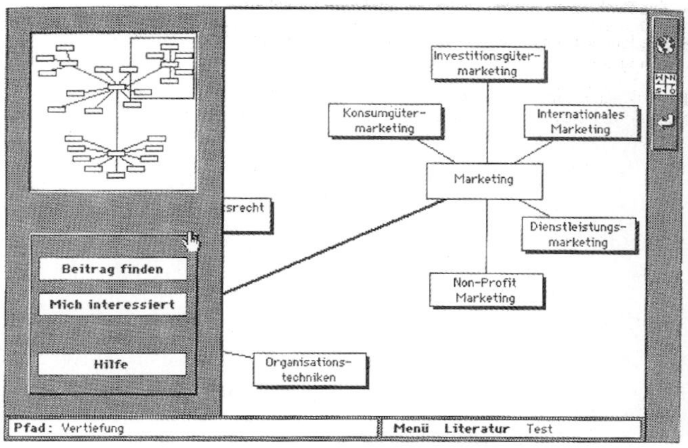

Bild 18: Screen Shot eines grafischen Browser des Hypermedia-Systems HERMES über Betriebswirtschaft.
Kommentar: Der Browser visualisiert links oben die Struktur des Lehrstoffes, aus der eine umrahmte Substruktur herausgezoomt ist. Durch Mausklick kann ein Einstiegspunkt gewählt werden.

Abb. 12: Grafische Browser, Ballstaedt, S. 134.

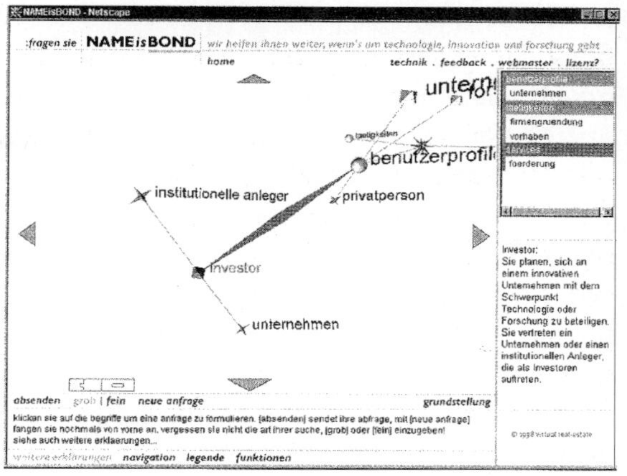

Abb. 45
Ein dreidimensionales Interface gibt dem Benutzer die Möglichkeit, seine Suchanfrage zu spezifizieren und die Recherche damit effektiver zu machen.

Abb. 13: 3-D-Interface für Suchabfragen, Mahr, S. 354.

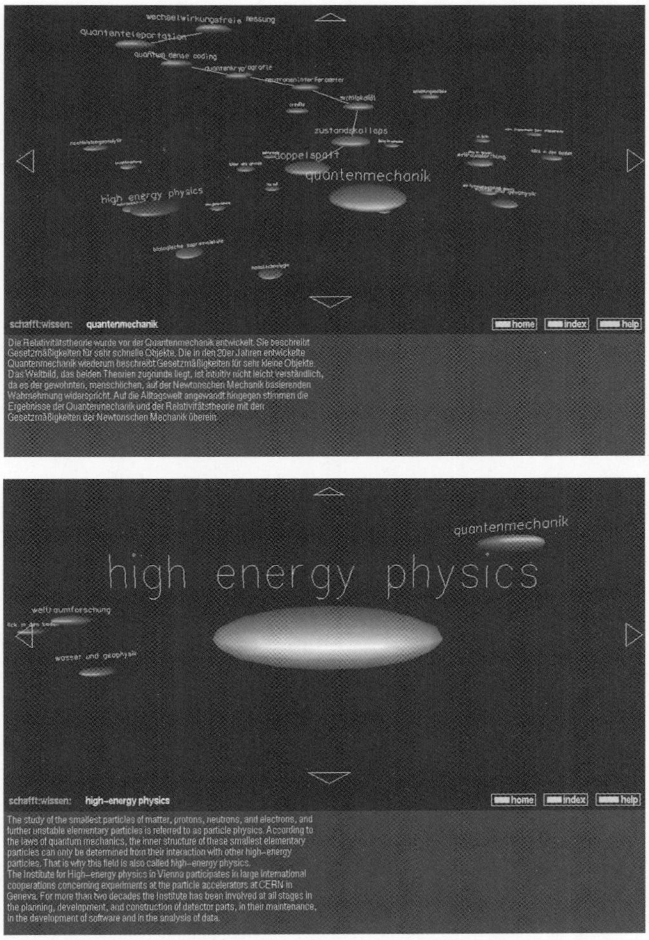

Abb. 14: schafft:wissen; Dokumentation der Österreichischen Akademie der Wissenschaften 1997 (Virtual Real Estate).

bestehender Bilder und Illustrationen, beinhaltet die Entwicklung eigener Grafiken, Filme oder Animationen, umfasst aber vor allem das Design der Schnittstellen und der Navigation. Das bezeichnet bei Computerinterfaces ein äußerst anspruchsvolles Unternehmen: Wie sind die Einzelseiten (= Informationseinheiten) miteinander verknüpft? Wie ist die Gesamtstruktur? Welche Medien werden für welchen Inhalt eingesetzt? Wie erfolgt der Zugriff auf die Informationen durch den Nutzer? Ist das Programm intuitiv bedienbar und stellt es gleichzeitig die Inhalte sinnvoll dar? Werden Metaphern für die Navigation statt einfacher linearer Abfolgen und Hierarchiebäume gewählt und wenn ja, welche? Welches Nutzerkonzept steht hinter dem Navigationsdesign?
Attraktiv, elegant und unmittelbar einleuchtend sind sicher 3-D-Interfaces, bei denen die Wissensknoten wie deren Binnengliederung in einem dreidimensionalen virtuellen Raum verteilt sind und deren Räume interaktiv zu erforschen sind. Vor allem die Gestaltung der dynamischen Übergänge von einem Bereich in den nächsten ermöglicht dem Designer das Entwerfen sinnlich attraktiver Formen: vom Einzoomen oder Hineingleiten zu überraschenden Popups. Auf diese Weise bekommt der Nutzer den Eindruck einer zusammenhängenden (!) Struktur, die sich durch

den Wechsel des Standorts lediglich immer wieder neu arrangiert. Und es gelingt vielleicht eine neue, affektive Bindung an das Lernen, weil dieses an faszinierende sinnliche Erlebnisse gekoppelt ist. Einer Schülergeneration, die mit 3-D-Computerspielen aufgewachsen ist, dürfte eine Navigation in solchen 3-D-Räumen keine Probleme bereiten. Trotzdem haben sich solche Interfaces im Bereich der Wissensvermittlung bislang kaum durchgesetzt. Das liegt sicher an dem hohen und teuren Programmieraufwand, den immer noch nicht gesicherten Standards, sowie der geforderten Rechnerleistung beim User. Hier wäre eine Kooperation der Landesbildungsinstitute gefordert, in Zusammenarbeit mit Verlagen und Softwareentwicklern entsprechende Schritte zu unternehmen.

Ein Beispiel für eine sehr ambitionierte Metaphernbildung finden wir bei „Lemo“, der Netzpräsentation „Lebendiges Museum Online“ des Deutschen Historischen Museums. In diesem Internetauftritt (Abb. 15 bis 20) wird Deutsche Geschichte von 1900–2000 aufbereitet. Mit der Umsetzung des Interfaces in 3 D verbindet sich ein expliziter Vermittlungsanspruch: „Metaphern als 3-D-Welten abzubilden und darüber hinaus den Zugang zur Geschichte zu ermöglichen, stellt einen neuen Ansatz der Informationsvermittlung im Internet dar. Der Darstellung des Ersten Weltkriegs liegt z. B. ein Zitat von E. M. Remarque zugrunde: „Die Front ist ein Käfig.“ Dementsprechend erscheint der Ausstellungsbereich als dreidimensionaler Gitterkäfig, der die auswegslose Situation eindrucksvoll widerspiegelt. Die entsprechenden Nischen dienen als Rahmen für Fotografien aus dem Weltkrieg, als Einbettung für Schlagworte und als Eintritt in weitere 3-D-Welten, in denen Themen wie Kunst, Alltag und Kriegspropaganda vertieft werden (Anm. 21). Die Gestaltung ist zwar attraktiv, legt aber durch den inhaltlichen Filter (Gitterkäfig) den Nutzer zu sehr auf eine bestimmte Perspektive fest. Für einen Überblick, der dem Nutzer eine souveräne Navigation ermöglichen würde, ist das 3-D-Interface zu verwirrend. Das 2-D-Interface (Abb. 20) verzichtet auf den inhaltlichen Filter und nutzt eine konsequente Leitfarbentechnik für die Menüführung. Es erscheint jedoch als zu neutral und abstrakt – es werden keine Zusammenhänge mehr erzeugt, die Gliederung erfolgt ausschließlich nach Zeitabschnitten, denen Epochenbegriffe zugeordnet werden, und die sich hierarchisch in Unterkapitel ausdifferenzieren (Anm. 22).

Abb. 15 bis 20: Lebendiges Museum Online (Abb. 15 bis 19: 3-D-Interface).

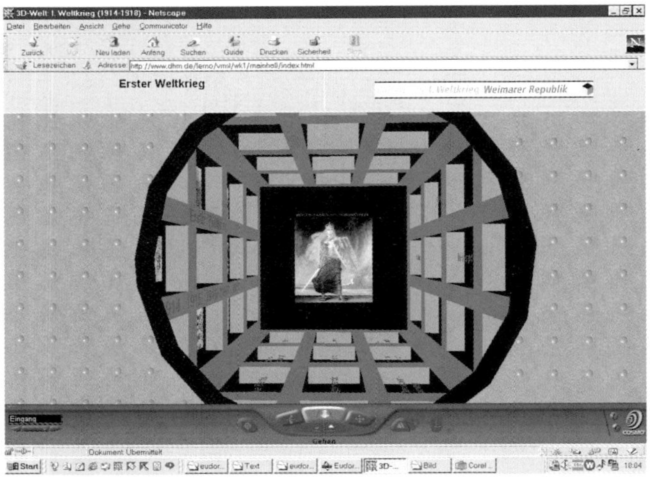

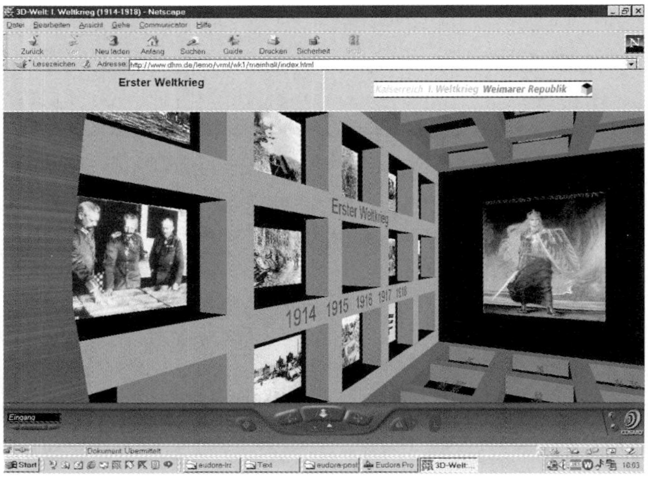

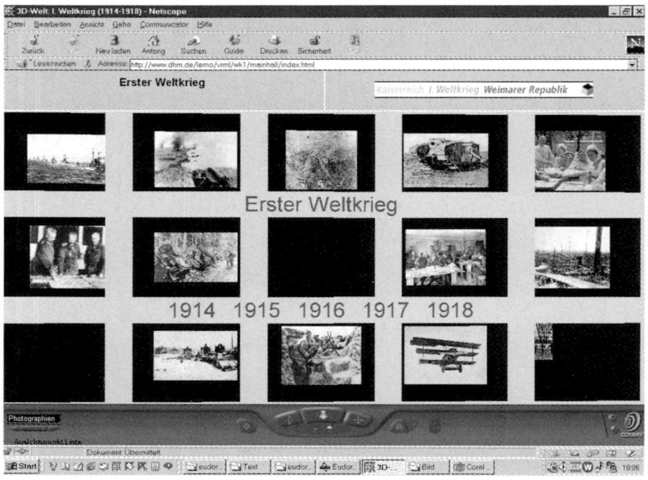

Wissen gestalten – Ansatz 3: Visualisierung von Argumentationsflüssen

„Denkprozesse und -strukturen werden in einem ‚Chart‘ visuell veräußerlicht und geordnet. Mit Hilfe von Charts werden Vorträge oder Artikel geplant. In Workshops verwendet man Charts als Arbeitstechnik, um Einfälle zu sortieren. Als Managementwerkzeuge dienen verschiedene Formen

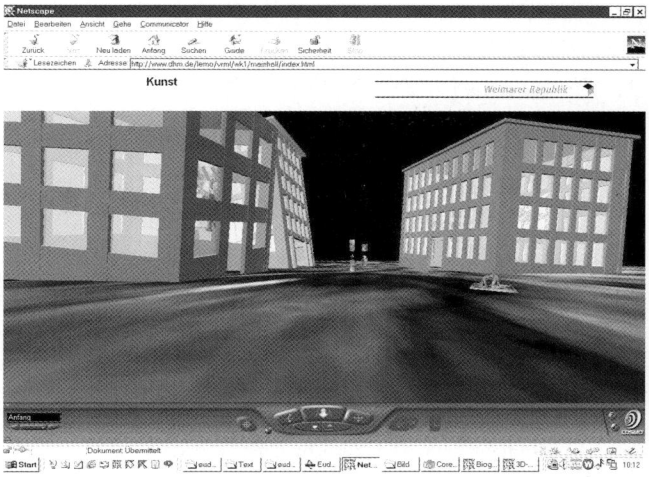

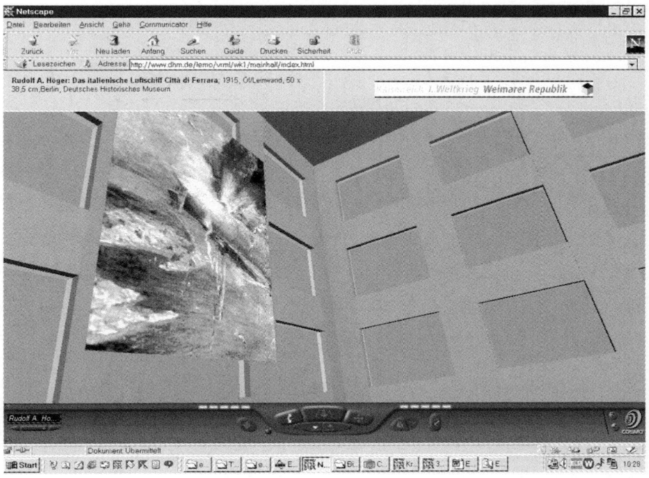

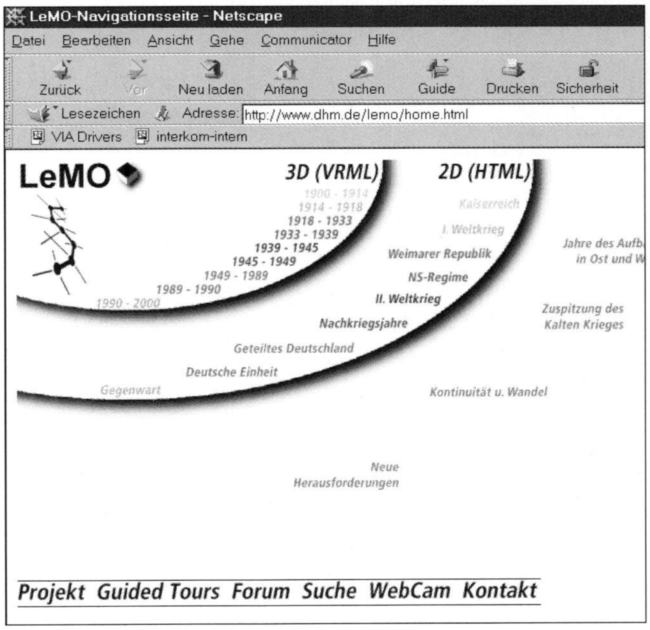

Abb. 20: Lebendiges Museum Online: 2D-Interface

von Charts, um verbale Daten aus Diskussionen oder Umfragen aufzubereiten und zu strukturieren" (Anm. 23). Charts sind demnach bildliche Organisationen bei der Generierung, Entfaltung oder Darstellung von Wissen.

Z. B. bei Bildanalysen im Kunstunterricht tendieren Schüler oft dazu, zufällig gefundene, einzelne Beobachtungen additiv nacheinander, ohne sinnvolle Gliederung und ohne inneren Zusammenhang aufzuzählen. Diese Erfahrung hat mich veranlasst, die grafische Darstellung von Argumentationsketten bzw. die Visualisierung von Denkbewegungen im Unterricht zum Thema zu machen. Die Schüler sollten das dabei Gelernte sowohl bei Prüfungsaufgaben (begleitende Skizze zum Fließtext oder den gesamten Text grafisch organisieren) wie bei Referaten (in einer digitalen Präsentation) anwenden. Besonderes Augenmerk legten wir dabei auch auf die Gestaltung der Verknüpfungen zwischen den einzelnen Beobachtungen und Argumenten.

Diese folgen letztlich den Strukturen sprachlicher Grammatik oder logischer Operatoren in Programmiersprachen: wenn – dann; daraus folgt; weil; und; etc. (Diese Analogie würde eine gute Basis für ein verlockendes fächerübergreifendes Projekt zwischen Kunst-, Philosophie-, Informatik- und Grammatikunterricht bilden!)

Vorbildlich (wenn auch ohne die Darstellung von Operatoren) wurde dieser Ansatz in dem Buch „Information und Lernen mit Multimedia" (Anm. 24) gelöst. Jedem der 26 Beiträge ist eine Seite vorangestellt (Abb. 21), die in einer Grafik den Zusammenhang der wichtigsten Argumente im jeweiligen Artikel illustriert. Vergleicht man (Anm. 25) die beiden hier abgebildeten Seiten, wird deutlich, wie sehr sich die streng symmetrisch aufgebaute Argumentation Weidenmanns (Abb. 22) von dem Beitrag Glowellas/Häfeles (Abb. 23) unterscheidet, dessen Grafik eher auf die Entfaltung einer These im Gedankenfluss hinweist. Gut kann man sich die unterschiedlichen Entstehungsgeschichten, aber auch die andersartigen Denkstile, die sich in den beiden Texten manifestieren, vorstellen. Vermutlich waren visuelle Präferenzen schon bei der Entstehung der Texte von Beginn an

Abb. 21 bis 23: Grafische Darstellung von Argumentationen.

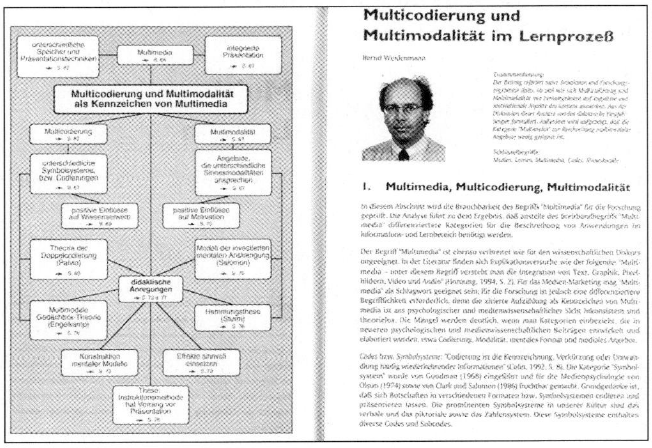

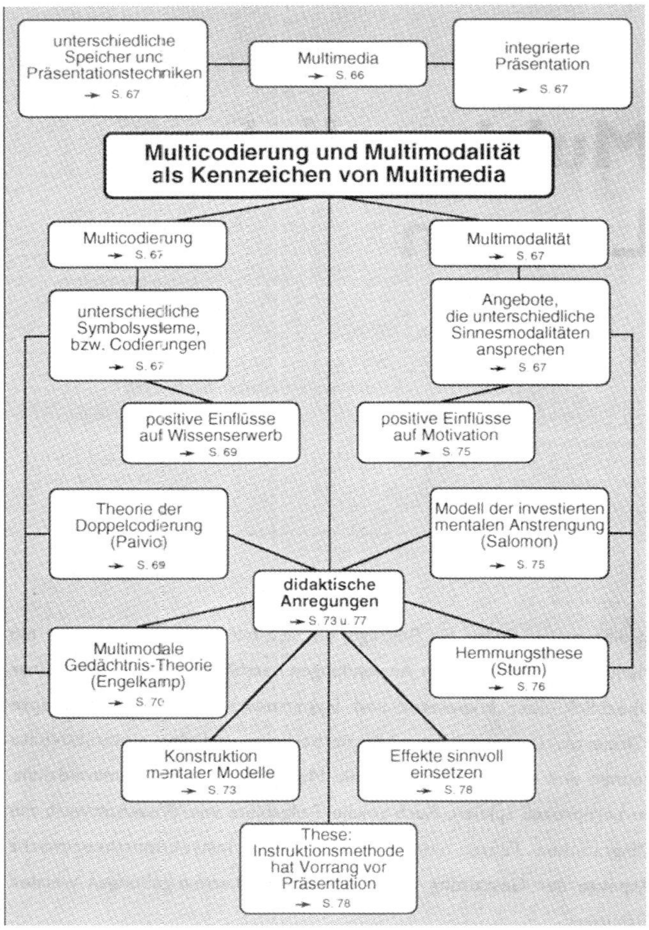

Abb. 22 (oben), Abb. 23 (unten)

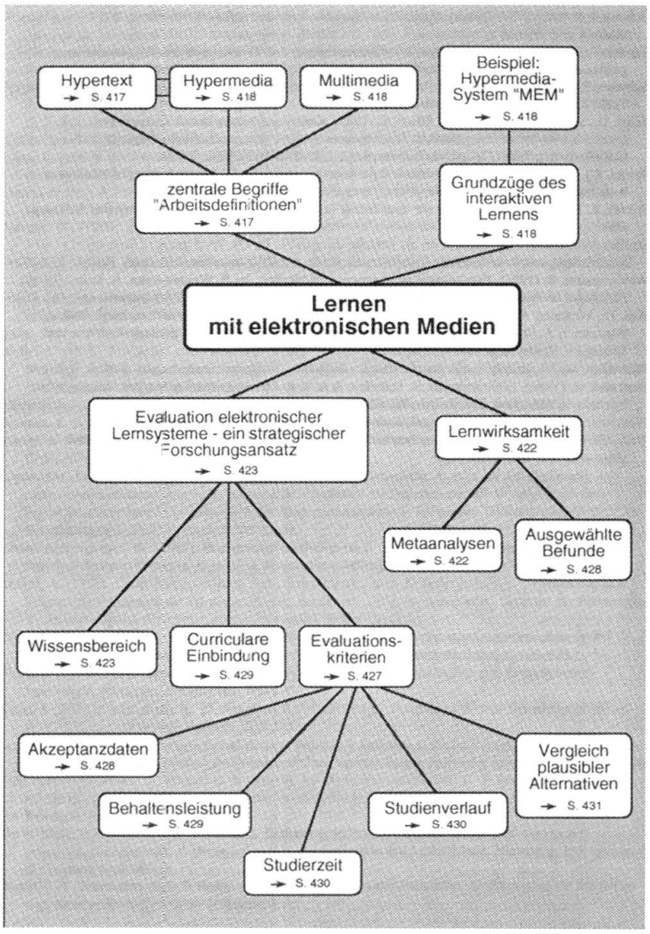

prägend. Es wäre für die Lehreraus- und -fortbildung von größtem Interesse, einmal eine Mustersammlung solcher Argumentationsfiguren zu haben. Würde doch an einer solchen Mustersammlung deutlich, wie stark der Prozess der Modellierung von Wissen als gestalterischer, plastischer Vorgang begriffen werden kann und muss.

Ähnlich wie diese optischen Argumentationsfiguren funktionieren so genannte „Flowcharts" für die Darstellung von Programmabläufen in der Informatik (eine Darstellungsform wurde sogar nach DIN 66001 standardisiert) oder die Visualisierungen zur Planung von Arbeitsprozessen (Abb. 24; Anm. 26). Eine systematische Einübung darin, Gedanken über die bildhafte Organisation zu strukturieren, würde viel zur Verbesserung schulischer Leistungen – in allen Fächern – beitragen.

Wenn auf diese Weise ebenso Curricula beschrieben würden, wäre ein weiterer Schritt vollzogen. Das Landesinstitut für Schule in Soest hat in Kooperation mit der Bertelsmann Stiftung mit dem Portfolio Medienkompetenz einen ersten vielversprechenden Versuch unternommen, auch wenn der innere Zusammenhang der einzelnen Module dort noch zu wenig zum Tragen kommt (Anm. 27). Diskussionen zur Reform der Lehrerausbildung lassen einen Transfer dieses Ansatzes sogar auf ganze Bildungsgänge sinnvoll erscheinen.

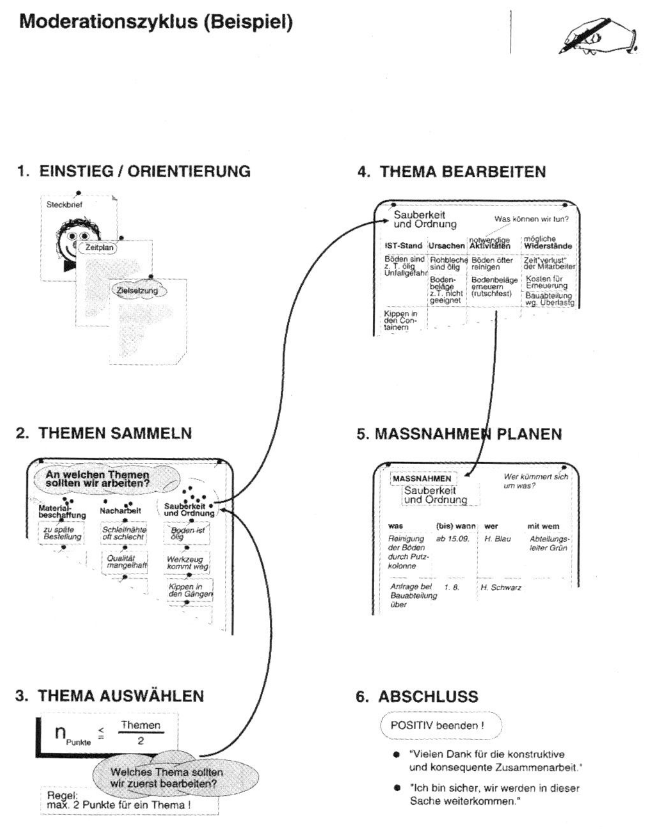

Abb. 24: Visualisierung von Arbeitsplanungen.

Zur Kritik der Bilder

Kunstunterricht beschränkt sich jedoch nicht auf die Produktion von Bildern, sondern analysiert, reflektiert und kritisiert diese auch. Für unser Fach wie für die Schule an sich müssen jetzt zunehmend auch die Bilder, die Wissen darstellen, in unseren Blick rücken. Gerade die naturwissenschaftlichen Fächer in der Schule vergessen zu oft, dass sie nicht von der Natur handeln, sondern von dem, was Menschen über Natur aussagen können (Niels Bohr). Deshalb wird dort die historische Abhängigkeit der erkenntnisleitenden Metaphern, der Bildkonstrukte und der Modellbildungen kaum reflektiert und schon gar nicht vermittelt. Die Kunstpädagogik ist hier in besonderem Maße gefordert.

Die Metaphern in der Wissenschaft sind nicht nur konstitutiv für neues Wissen, sie signalisieren auch den jeweiligen „historischen Index des Wissens" (Anm. 28). Weigel führt in ihrem Aufsatz „Das Leben ist unberechenbar" die historische Ableitung der wichtigsten erkenntnisleitenden Metaphern der Biologie seit Paracelsus vor. Kemp erweitert die Fragestellung in einem für den Kunstunterricht sehr interessanten Sinn, wenn er den Einfluss zeitgenössischer Ästhetik in Architektur und Design z. B. auf die Formulierung der Molekülmodelle nachweist (Anm. 29). Damit sind erste Schritte zu einer wirklichen Bildkritik vollzogen, die die jeweilige Leistung der Visualisierung präzise beschreibt: als ideologische Lenkung oder als produktive Kraft bei der Generierung von Erkenntnis, als Begrenzung oder als Steuerung von Wissen.

Ich möchte am Beispiel historischer Visualisierungen zur Evolution auf die Möglichkeit eines kritischen Zugangs zu naturwissenschaftlichen Bildern nochmals ausführlicher eingehen. Martin Kemp thematisiert die Abhängigkeit der Stammbaummetapher bei Ernst Haeckel von dessen philosophischen Voraussetzungen her und leitet diese aus dem Monismus ab (Anm. 30). Interessant sein Vergleich mit dem Evolutionsschema nach Agassiz von 1833 (Abb. 25), dessen bewusste Vermeidung der Vereinigung von mehreren Ästen zu einzelnen Stämmen – er entwickelt dafür eigens Spindeldiagramme – auf einer anderen geistigen Basis beruht.

Horst Bredekamp (Anm. 31) wiederum zeigt am Beispiel des Haeckel'schen „Stammbaums des Menschen" (Abb. 26) auf, wie bereits Haeckel selbst Zweifel an der Baummetapher hegte. Schließlich wirkte sich das im Bild des Baums implizite Aufstreben der Äste bald fatal aus: Statt der ursprünglichen Intention, ausschließlich die Transformation der Arten in horizontal geschichtete Zeitspannen zu übertragen, kam eine sozialdarwi-

Abb. 25/26: *Zwei Modelle der Evolution*

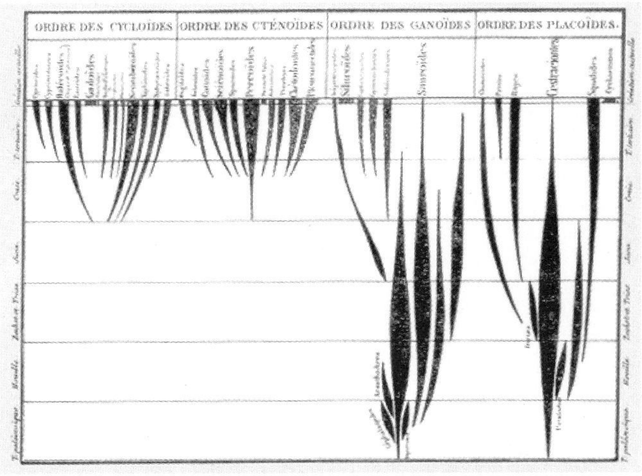

Abb. 25: Louis Agassiz, Evolutionsschema der Fische, 1833, Kemp, S. 139.

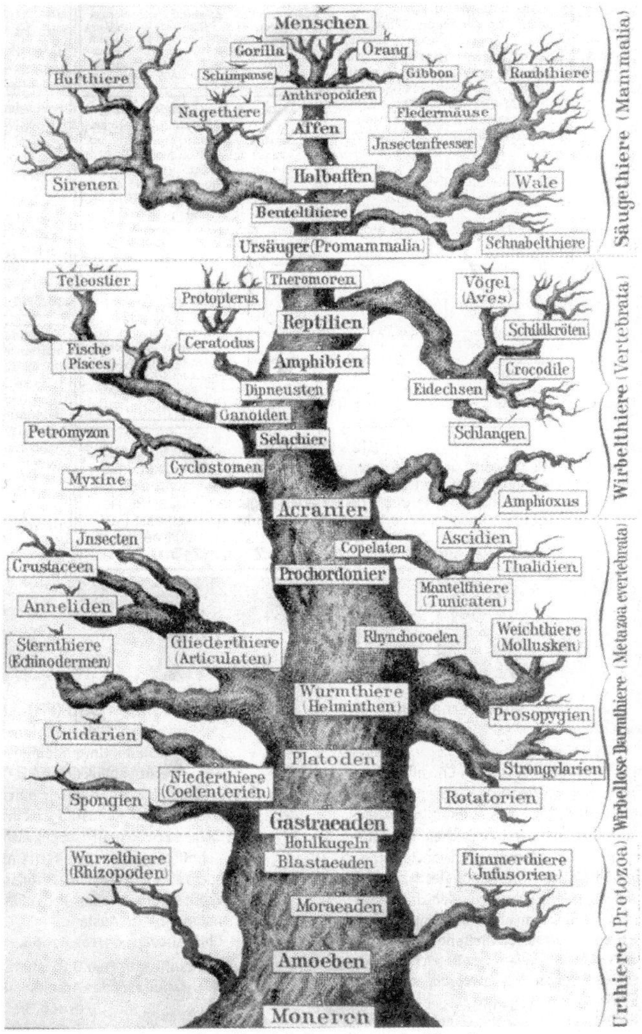

Adelsbrief der Evolution: Ernst Haeckels Stammbaum des Menschen Foto Interfoto

Abb. 26: Ernst Haeckel, Stammbaum des Menschen, Bredekamp, Baum und Überbaum, in: FAZ, 2. 7. 2003, S. N3.

nistische Komponente ins Spiel. Das Oben und Unten des Sinnbilds transportierte eine Hierarchie der Arten, die schließlich in die Rassenideologie des Nationalsozialismus mündete. Alternativen wie „wildes Buschwerk", „die nach allen Seiten wachsende Koralle", „Tang" oder „Pilzfelder", die bereits Haeckel selbst in Betracht gezogen hatte, aber offensichtlich (aus äußerlichen Gründen) wieder verwarf, hätten eine solche Rezeption wohl verhindert.

Darwin hatte bereits keinen Zweifel daran gelassen, dass die Theorie der Evolution angesichts der unendlich variablen Natur auf Modellbilder angewiesen ist und dass die Komplexität natürlicher Prozesse das menschliche Analysepotenzial überschreitet. Deshalb sind Bilder vonnöten, durch die allgemeine Aussagen überhaupt erst gewonnen werden können. Die Bilder bezeugen nicht nur die repräsentierte Realität, sie bestimmen sie auch mit. Kein Bild erschöpft sich im Begriff der Illustration. In diesem Sinne hat das Baummotiv Stärken und Schwächen: Sein Vorteil liegt in der Verbindung der Zeitdimension mit der Metamorphose der Arten in einem flachen Koordinatensystem, seine Problematik liegt in eben dieser Eindeutigkeit und seiner verführerischen Prägnanz. Deshalb mutet uns heute Agassiz´ Lösung moderner an.

Für den Kunstunterricht bietet sich an, die historische und bildanthropologische Frage nach den Gründen für den Erfolg des Baumes zu verfolgen. „Offenbar nur, wenn ein Sachverhalt in einfacher Weise zum Ausdruck gebracht wird, kann dieser im Vorstellungswissen des Betrachters nachhaltig verankert werden. Hier verbirgt sich ein fundamentales Prinzip unseres Wahrnehmens und Erkennens, nämlich nur dann etwas als richtig oder wahr begreifen zu können, wenn es in einfacher Form, sei es in einem einfachen Bild oder in einer einfachen Formel, dargestellt werden kann. Die Schönheit einer Lösung gilt in den Naturwissenschaften geradezu als ein Kriterium für die Richtigkeit. [...] Stimmigkeit und Klarheit, die Kriterien, nach denen eine Klassifikation als gelungen oder nicht gelungen betrachtet wird, sind ästhetischer Natur" (Anm. 32).

Ein aktuelles Beispiel für eine mächtige Metapher ist das Netz. Bilder wie „Netzwerke" oder „Vernetzung" dienen nicht nur populären Beschreibungssystemen und nicht nur in der Informatik, den Sozial- und Kulturwissenschaften. Die Komplexität und strukturelle Offenheit des Netz-Bildes antwortet offensichtlich adäquat auf heutige Bedürfnisse.

Wolfgang Frühwald, bis 1997 Präsident der deutschen Forschungsgesellschaft, hat unlängst in einem Artikel in der FAZ vom 18. 5. 2003 (S. 61) auf die Interdependenz von Kunst und Wissenschaft hingewiesen. Auch Enzensberger findet in „Poesie der Wissenschaft" gemeinsame Ahnen für die beiden Kulturen der Natur- und Geisteswissenschaften. Er führt eine lange Litanei metaphorischer Begriffe in den Naturwissenschaften auf, vom schwarzen Loch bis zur Tunnelzahl, von Wurzeln bis zu Superstrings. „Wenn in der Physik der Gebrauch von Bildern wie Welle und Teilchen üblich ist, so wird dies zumeist als umgangssprachliche Nachlässigkeit gedeutet. [...] Kann es aber sein, dass metaphorische Bilder eine konstitutive Rolle für den Erkenntnisprozess spielen? [...] Vielleicht ist die Metapher das letzte Bindeglied zwischen den zwei, drei oder unendlich vielen Wissenschaftskulturen? Dann aber wäre sie deren Lingua franca" (Anm. 33).

Resümee – Das Schulfach Kunst, ein zentrales und grundlegendes Methodenfach

Hier konnten nur erste Hinweise auf den möglichen Umgang mit naturwissenschaftlichen Bildern, Visualisierungen, Illustrationen und Metaphern im Kunstunterricht gegeben werden. Wichtig erscheint mir jedoch, dass in Zukunft diese Bildwelten eine ähnliche Rolle in unserem Fach spielen wie die Bildwelten der Kunst, der Jugendästhetik, der Medien und des Design. Dabei ist klar, dass dies nicht innerhalb der Fachgrenzen geschehen kann, sondern ausschließlich in fächerübergreifenden Zusammenhängen. Sollte es gelingen, bei der Produktion wie bei der Rezeption den Anschluss an die Bildwelten des Wissens zu finden, täte es der Kunstpädagogik wie der Schule gut.

Anmerkungen

1 Veröffentlicht in den BDK-Mitteilungen 3/2001.
2 Kemp 2003, S. 10
3 Bredekamp 2003, S. 7
4 Kemp 2003; Pöppel verweist auf Ludwig Wittgenstein: „Wir machen uns Bilder der Tatsachen ... Das Bild ist ein Modell der Wirklichkeit" (Ernst Pöppel, Drei Welten des Wissens, in: Maar 2000, S. 26).
5 Kohler, Schuster, Tafelbilder für den Geschichtsunterricht. Donauwörth 1984, S. III f.
6 Josef W. Seifert, Visualisieren Präsentieren Moderieren. Offenbach 1998[12]
7 Ist der Mensch ein Bildwesen? Inwiefern und inwieweit sind wir mental bildlich organisiert? Gibt es einen natürlichen Hang oder einen Drang zum Bild? Sind die Bilder in Geschichte und Gegenwart Ausdruck eines Bildbedürfnisses des Menschen? Welche Rolle spielen die Bilder im menschlichen Erkenntnis- und Erfahrungshaushalt? Was macht Bilder sprechend? Wie verhält sich

das Bild zur alles dominierenden Sprache? Darf man – und in welchem Sinne? – von einem ‚iconic turn' sprechen? stehen als Fragen zu Beginn eines Tagungsberichts zum 60. Geburtstag Gottfried Boehms.

8 Ballstaedt 1997, S. 11 f.

9 Felix Burda, Info-Grafik – Wie die Focus-Ikonologie entstand. In: Maar 2000, S. 202

10 Nicola Hille, Worte trennen – Bilder verbinden. In: Kunsthistorische Arbeitsblätter 6/2003, S.49 ff.

11 Martin Warnke, Raumgreifende Grafik. In: Bredekamp 2003, S. 79 ff.

12 Bredekamp 2003, S. 91

13 Abel in Bredekamp 2003, S. 89 ff.

14 Bredekamp 2003, S. 97

15 Bayerisches Staatsministerium für Unterricht und Kultus, Lehrerinfo 6/02, S. 4, s. a. www.mgm.musin.de (Projekte)

16 Auf die Erfahrung des „Lost in Hyperspace" haben die Softwareentwickler längst reagiert, indem sie z. B. Sitemaps, intelligente Navigationsstrukturen oder zumindest ein „Sie befinden sich hier ..." integriert haben. Wann schließt Schule hier endlich auf?

17 Ich beziehe mich hier auf die Erfahrungen, die am Gymnasium Ottobrunn im Rahmen des von der Bertelsmann-Stiftung durchgeführten Modellversuchs „Medienschulen" gemacht wurden. Wichtige Ergebnisse sind im Themenheft Mediencurriculum von Computer und Unterricht 48 (2002) veröffentlicht. Der Leitgedanke ist dabei, dass sich im Intranet die Schule selbst abbildet, ein Bild von sich entwirft. Dieses folgt einer Bildlogik, die wir auch immanent (als Bild) kritisieren können und müssen.

18 Ramana Rao, Der Hyperbolic Tree und seine Verwandten. In: Maar 2000, S. 255

19 Reinmann-Rothmeier, Mandl, Wissensmanagement im Unternehmen. In: Maar 2000, S. 279

20 Hier können der letztliche Einfluss und die Herausforderung von Multimedia für den vorgeschlagenen Ansatz nicht diskutiert werden. Es sei nur darauf hingewiesen, dass sich mit Multimedia natürlich neue Möglichkeiten erschließen, „Wissen multimodal, d. h. diskursiv und bildlich in komplementärer Weise darzustellen. Hierdurch wird erreicht, strukturelles Wissen über Sachverhalte bildlich und deshalb mit größerer Ich-Nähe beim Rezipienten zu verankern, was eine größere Nachhaltigkeit bewirkt." (Pöppel in Maar 2000, S. 39)

21 DFN-Mitteilungen 53 – 6/2000, S. 5

22 Ansätze für 3-D-Entwicklungen durch Schüler finden Sie in meinem Beitrag „Projektarbeit Kunstgeschichte – Kontextualisierung und 3-D-Visualisierungen" in diesem Buch.

23 Ballstaedt 1997, S. 107. Ballstaedt bietet zu den weiter unten thematisierten Verknüpfungen auf S. 129 nützliches Material und zur Visualisierung von Texten auf S. 130 f. eine gute Übung.

24 Issing 1997

25 Issing 1997, S. 64 und S. 414

26 Einen ersten guten Überblick bietet die Einführung von Seifert 1998, dem auch die Abbildung entnommen ist.

27 Landesinstitut für Schule NRW, Bertelsmann-Stiftung, Log: Buch, Portfolio: Medienkompetenz, Soest 2002

28 Sigrid Weigel, Das Leben ist unberechenbar. In: Die Zeit, 29/2002

29 Kemp 2003, S. 183 ff., s. a. Bredekamp 2003, S. 18

30 Kemp 2003, S. 139

31 Bredekamp, Baum und Überbaum. In: FAZ, 2. 7. 2003, S. N3

32 Pöppel, Drei Welten des Wissens. In: Maar 2000, S. 29. S. a. die Hinweise von Kemp auf die ästhetische Faszination von Modellen: Kemp 2003, S. 60, 132

33 Gerald Hubmann, Von der Notwendigkeit der Metapher; zitiert in Hans Magnus Enzensberger, Die Elixiere der Wissenschaft. Frankfurt 2002, S. 275 f.

Literatur

Ballstaedt, Steffen-Peter: Wissensvermittlung – Die Gestaltung von Lernmaterial. Weinheim 1997

Bredekamp, Horst/Werner, Gabriele (Hrsg.): Bildwelten des Wissens, Kunsthistorisches Jahrbuch für Bildkritik, Bd. 1. Berlin 2003

Computer und Unterricht 48 (2002), Themenheft Mediencurriculum

Issing, Ludwig J./Klimsa, Paul: Information und Lernen mit Multimedia. Weinheim 1997

Kemp, Martin: Bilderwissen, Die Anschaulichkeit naturwissenschaftlicher Phänomene. Köln 2003

Maar, Christa/Obrist, Hans Ulrich/Pöppel, Ernst (Hrsg.): Weltwissen Wissenswelt. Köln 2000

Seifert, Josef W.: Visualisieren, Präsentieren, Moderieren. Offenbach 1998

Weidenmann, Bernd: Wissenserwerb mit Bildern. Bern 1994

Videoclip im Musikfernsehen. Vermittlung von Körperkonstruktionen und Aufhebung des Raum-Zeit-Kontinuums

Johannes Kirschenmann

Videoclips präsentieren ein Musikstück aus allen Facetten der Rock- und Popmusik in ganz differenten visuellen Erscheinungsbildern, vom bloßen Abfilmen der Gruppe oder des Solisten bis hin zu völlig eigenständigen abstrakten oder erzählenden visuellen Inszenierungen. „In den avanciertesten Produkten der Musikvideos treffen synthetischer Ton und synthetisches Bild zusammen." (Neumann-Braun/Schmidt 1999, S. 11)
Die in den medialen Monokulturen des Musikfernsehens präsentierten Videoclips haben im Medienkonsum der Jugendlichen als sekundärem Medium einen breiten Raum eingenommen; sekundär verweist auf die Hintergrundfunktion: Die Videoclips werden selten primär rezipiert, sondern ihre Musik wird nebenbei im Hintergrund gehört, die Bilder eher en passant aufgenommen. Die „United Colors of MTV" gehören zur umfassenden und doch beiläufig rezipierten Medienökologie von Jugendlichen. Wenn die Kunstwissenschaft den „iconic turn" diskutiert und sich pluralen Bildsorten zuwendet, ist es für die Kunstpädagogik ob der Bildgenerierung im Clip das „Morphing" oder „Fading" (Abb. 1) usw., das einen kunstpädagogischen „magic turn" aufruft, mit dem in der Kunstpädagogik gemeinsam mit den jugendlichen Rezipienten der Sog der Bilder untersucht und deren digital erzeugter Suggestion nachgespürt wird. Viele Videoclips des Musikfernsehens tragen – bei weit reichenden Kriterien – zu Recht das Attribut „Gesamtkunstwerk", denn in ihnen addiert sich eine Hybridkultur, die gleichwohl nicht in einem zusammengefügten, tendenziell synästhetischen Ensemble gipfelt, sondern deren Elemente ihre Form von Überblendung zu Überblendung als Montage noch erkennen lassen. Gerade in dieser nachvollziehbaren und doch immer wieder offenen, überraschenden Struktur liegt ihr imaginatives Potenzial: Vom Bekannten in Morphing und Überblendung zum Unbekannten, zur neuen, oft surrealistischen Figur.

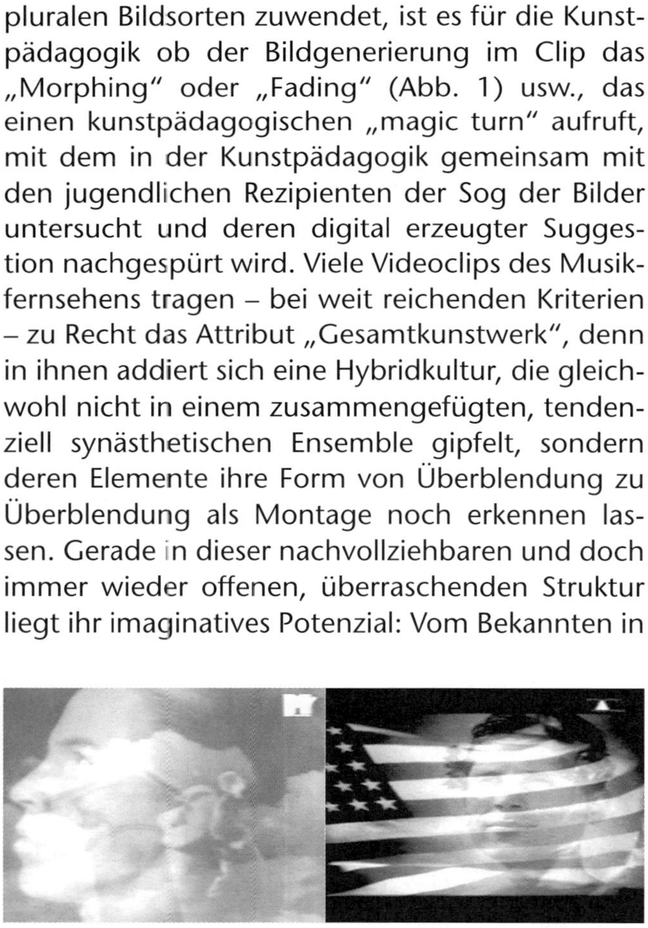

Abb. 1: „Fading" und „Morphing".

Wer sich auf die Musikvideos konzentriert, erlebt einen permanenten Konkurrenzkampf der Wahrnehmungskanäle, die starke Divergenz behindert die kognitive Verarbeitung und provoziert bei den Rezipienten Verwirrung über den Gehalt des Musikvideos – was dadurch gefördert wird, dass Clips ohnehin eher auf emotionaler als auf kognitiver Basis verarbeitet werden (Schmidbauer/Löhr 1999, S. 333 f.). Dies eröffnet ein breites kunstpädagogisches Analysefeld.
Die Clips des Musikfernsehens mit ihren Bildwelten gehören zur Medienrezeption der Jugendlichen, und in diesen Clips werden die Virtualisierungstechniken auf höchstem technischem Niveau erprobt und weiterentwickelt, um zusammen mit den aufwendigen Inszenierungsstrategien die Musik auf dem kommerziellen Tonträger warenästhetisch zu begleiten. Die Videoclips werden in ihrer ästhetischen Struktur zum Movens eines neuen Bildverständnisses, das metaphorisch und im technischen Verfahren als *Morphing* benannt werden kann. Beides, die mediale Bildkonstruktion und die durch diese Bildkonstruktion und Bildmontage formierte Wahrnehmung, sind notwendiger Gegenstand einer kunstpädagogischen Analyse. Der visuell-erzählende Teil der Clips wird in der kunstpädagogischen Untersuchung im Vordergrund stehen, der Bezug zur Musik kann in der fächerverbindenden Kooperation hergestellt werden. Diese Analyse geht auch auf die ästhetischen Szenarien der Musiksender, die Leitbildfunktion der Moderatoren, der dort präsentierten Stars und des gesamten Angebotes an Lebensstilen ein – nicht verengt kulturpessimistisch mahnend, sondern in reflexiver Verortung.
Dabei können aus der Diskussion zur Funktion des Musikfernsehens einige Thesen die pädagogische Erörterung anstiften: Die Videoclips und ihre dominanten Medien, die transnationalen Musiksender wie MTV suspendieren die historisch gewachsenen und kulturell tradierten Grenzen, regionale oder nationale Besonderheiten werden homogenisiert. Die Aufhebung dieser Koordinaten geht einher mit der Kondensation von Geschichte, und sei es die Geschichte des Pop, in knappe, vom Rezipienten überschaubare Zeiträume. Gerade die

identifizierbaren Zitate aus der Bild- und Musikgeschichte gehen dabei ahistorisch in einem montierten Gegenwartsbild auf.
Die Literatur zum Genre ist noch nicht breit aufgefächert. Deshalb geht die folgende Betrachtung primär von der inhaltsanalytischen Auswertung der Fernsehreihe „Fantastic Voyages" aus, sowie von der Auslegung paraphrasierter Charakteristiken der Musikvideos, die 15-/16-jährige Schülerinnen und Schüler eines mittelstädtischen Gymnasiums in ihrer Freizeit rezipierten und so als ihre Medienrezeption in die Betrachtung einbrachten. Dies hat sich als methodisches Herantreten zum Genre in verschiedenen Jahrgangsstufen bewährt. Denn dies garantiert die Aufnahme aktuellen Materials in die je aktuellen Analysen, die mit Blick auf vorliegende Entwicklungslinien (oder historisches Material) es zulassen, mit den Schülerinnen und Schülern (oder Studierenden) Veränderungen in den Stilistiken und Tendenzen in der Dramaturgie aufzuspüren.
Die historische Entwicklung des Videoclips bleibt genauso ausgeblendet wie die gesamte Facettierung des pluralen Genres Musikfernsehen. Zur jüngeren Geschichte der Clips liegen Studien von Veruschka Bódy und Peter Weibel (1987), Klaus Neumann-Braun (1999), Thorsten Quandt (1997), Andrea Lutz (1999), Josef Kloppenburg (2000) oder Matthias Kurp u. a. (2002) vor.

Die Bilder der Clips

Hier dominiert die Frage nach der medialen Konstruktion der Bilder im Clip und deren Wahrnehmung. Voraus geht die These, die aus dem proklamierten Titel des ersten ausgestrahlten Musikvideos resultiert: „Video Killed the Radio Star" von den Buggles (Regie: Russell Mulcahy) – mit diesem apodiktischen Konzept als Fazit und Prognose ging 1981 MTV in den USA auf Sendung. (Zur Analyse vgl. auch: http://www2.hu-berlin.de/fpm/texte/wicke3.htm.) Weniger prosaisch verweist eine Studie von Thorsten Quandt auf die genauere Betrachtung der Rezeptionsmodi von Jugendlichen, wenn er seine qualitative Analyse bilanziert: „Von den Befragten wird fast durchweg angegeben, dass ihre Vorstellungen und Fantasien, die sie sich bezüglich der Musik machen, auch von Clips beeinflusst werden. Teilweise geben die Befragten an, eigene Fantasien mit den Bildern aus dem Musikvideo zu verbinden, andere äußern sich dahingehend, dass beim Hören eines Liedes das dazugehörige Musikvideo im Kopf ablaufe." (Quandt 1997, S. 207) Die Cliprezipienten haben nach Quandt Memorierungsleistungen entwickelt, als deren Resultat mit Priorität computergenerierte Videos, und diesen nachfolgend Performance-Clips und narrative Clips als bloße Abbildung der Interpreten genannt werden (ebenda S. 219).
Der Medientheoretiker Peter Weibel sieht im Videoclip einen „visuellen Logos", der als Simulationsmodell von Musik und Bildern nur den Anschein von Musik und Bild evoziere (Weibel 1987, S. 274). Kulturkritisch sieht Weibel den Logos als Komposit von Musik und Bild durch die Bewusstseinsindustrie in eine Hyperrealität entrückt (ebenda). Der Videoclip des Musikfernsehens ist ein herausragender Protagonist auf der Bühne collagierender und zitierender Aneignungsstrategien, die die Bilder der Geschichte in schnellen Schnitten und ahistorischen Pirouetten zugunsten von Imaginationen utopischer Bilder kompilieren. Die schnellen Schnitte reihen assoziative Bilder aneinander, die ihr Repertoire aus den Alltagsmotiven wie der Kunstgeschichte umfassend schöpfen. Mehr noch als die Kunstgeschichte wird aus der Filmgeschichte selbstreferenziell zitiert. Hier kann nach einer formalanalytischen Untersuchung mit den Kriterien der Filmanalyse (Kameraeinstellungen, Perspektiven, Schnitte …) der bildhistorische Fundus zum Vergleich angelegt werden. Das Zitat ist als visuelles Muster zu entdecken oder auch durch einen recherchierenden Vergleich mit den Filmen der Clipregisseure, die ihre bevorzugten Dramaturgien und Einstellungen auf die Musikvideos adaptieren (Abb. 2). Das Bildgedächtnis der Jugendlichen sollte dabei als Fundus nicht unterschätzt werden.
Für den Videoclip ist das Fragment das Resultat der assoziativen Montagen, die in schneller Abfolge der oft surrealen Bildwelten Aufmerksamkeit beim Rezipienten hervorrufen. Weibel konstatierte

Abb. 2: Wechselseitige Adaptionen zwischen Clip und Film.

für die damals noch junge Geschichte des Musikvideos eine bemerkenswerte Syntheseleistung, die virtuos Gattungen und Medien der Künste zusammenführe: „In die Geschichte der Musikvideos inkorporiert ist die Geschichte des synästhetischen Traumes mit seinen Farb- und Lichtorgeln, mit seinen Instrumenten, Gemälden, Musikstudien, die Geschichte des Avantgardefilms, des Tanzfilms, des Musicals, des Cartoons, des Zeichentrickfilms, der Comics, der Spezialeffekte, der Light Show, des Werbefilms, der Choreographie, der Mode, des Bühnenbilds, des Rockfilms, des Stylings, der digitalen Kunst, des Make-up, des Sex, des Musikfilms, der elektronischen Geräte, der visuellen Musik, des Rockkonzerts, der Zauberei, der Show, des Varieté, der Kunstbewegungen Futurismus, Dadaismus, Surrealismus, Bauhaus, abstrakten Expressionismus, Pop-Art, Fluxus, Happening, Performance, der Modefotografie, des Balletts." (Weibel 1987, S. 275)

Diese Synthese als Modulierungspotenz erfährt mit der Digitalisierung durch den Computer nochmals eine quantitative wie qualitative Optimierung. Doch Digitalisierung indiziert als Konstruktion Virtueller Realität den Verlust der materiellen Referenz. Im Medium Computer kann das Auditive (die Musik) zum Visuellen (dem Bild) moduliert werden und das Visuelle zum Auditiven. Und diese Digitalisierung als ein Medium des künstlerisch Möglichen korreliert mit dem avanciertesten Einsatz der klassischen Mittel der Filmmontage. Diese Montage gleicht in ihrem Resultat einem hypermodalen Netz, das die (aus dem tradierten Film) gewohnten linearen Erzählungen verabschiedet. An die Stelle der linearen Erzählung tritt die Rekontextualisierung der aus ihren gewohnten Zusammenhängen herausgelösten Objekte, neue Relationen zwischen den Objekten werden in der Montage aufgebaut. An die Stelle der Erzählung ist das Bild getreten; Verschiebungen in der Signifikanz bis hin zu einer Entleerung der Signifikate umschreiben den Videoclip des Musikfernsehens im semiotischen Feld. Dieter Baacke bemerkte dazu, der Videoclip enthalte zwar noch Deutungsofferten, „aber diese sind nicht mehr ‚hinter' dem Gezeigten zu suchen, im historischen Wissen verankert, in der Überlieferung von Traditionen festgefügt. Signale vermengen sich in Bricolagen. (...) Während Deutung auch immer einen reflektierenden Rückbezug auf mich enthält, begnügen sich Signale damit, erkannt und entschlüsselt zu werden, und zwar für den jeweiligen Augenblick." (Baacke 1999, S. 108 f.) Nicht überall sind die Analysen auf so sicherem Grund; Klaus Neumann-Braun und Axel Schmidt stellen zu Recht in der Einleitung ihrer Anthologie zum Musikclip fest: „Wir wissen derzeit noch zu wenig über die Art und Weise, wie Jugendliche Musikvideos aufnehmen und verstehen. Dieses Manko ist u. a. auch darauf zurückzuführen, dass es derzeit an einer ausgearbeiteten kognitionspsychologischen Theorie mangelt, die der Informationskomplexität von Clips gerecht werden könnte." (Neumann-Braun/ Schmidt 1999, S. 24)

Der rasche Blick

Die Inhaltsanalyse von zwanzig Videoclips aus verschiedenen Themengenres der Dokumentation „Fantastic Voyages" sowie der Auswahl durch die Schülerinnen und Schüler lässt an das vielfach vorgetragene Beschleunigungs-Argument der Medientheorie erinnern: Im Durchschnitt dauert ein Clip etwa 200 Sekunden, gut drei Minuten. Bei narrativen Clips ist die Kameraperspektive zuweilen statisch, in anderen Clipgenres sind rasch wechselnde Perspektiven oft an die Schnittfolgen gekoppelt. Trotz der Berücksichtigung narrativer Clips, d. h. in der Regel mit gedehnten Sequenzen, resultiert aus der Analyse der zwanzig Clips durch die Schüler eine Schnittsequenz von durchschnittlich etwa zwei Sekunden; einzelne Werte lagen bei schwer messbaren Halbsekundenwerten, andere gingen bis zu zehn Sekunden. Für den Durchschnittsclip ergeben sich aus solch einer Rechnung zwischen 80 und 125 Einstellungen – und diese in meist inkonstanten Kameraperspektiven.

Dies ist Resultat des Sichtbaren. Doch hinter der Pupille müssen andere Quantitäten durch Datenreduktion und Diskriminierung verarbeitet werden. Denn der Videoclip trifft über das Medium Fernsehen auf die Retina. Und die traditionelle Fernsehnorm der PAL-Technik, die kein hochauflösendes TV-Bild ermöglicht, diese – freilich gängige – Fernsehnorm sendet in einer Sekunde pro Videobild, das mit mindestens 25 Bildern/ Sekunde zum Film gerät, 50 Halbbilder aus. Die Multiplikation indiziert für den durchschnittlichen 200-Sekundenclip etwa 10 000 Halbbilder – Blitze für die Apperzeption, höchste Herausforderung für die Wahrnehmung, die nur durch Ausblendung Reizüberflutung vermeiden kann. Diese Perzeption wird gestützt oder konterkariert durch die Übereinstimmung oder den Kontrast von Musik und Bild. Es bleibt die prägende, leitende Wirkung der Musik für die Bildpragmatik im Clip.

Die Rezeption von Videoclips ist an die filmkonditionierte Wahrnehmung gebunden, da biografisch zuerst die Kodierungen der Filme (des Fernsehens) gelernt wurden. Diese Kodierungsmuster der Filmrezeption stützen die Cliprezeption – oder beides konfligiert gewaltig miteinander, da die Schnittsequenzen und Bildtypologien zwischen beiden Genres differieren.

Die kunstpädagogische Clipanalyse kann besonders im Vergleichen zwischen Film und Clip die spezifischen Konstruktionen des Musikclips herausarbeiten. Dabei lohnt ein intensiveres Betrachten der filmischen Kodierung von Raum und Zeit in beiden Genres. Im Film wird Raum primär über akustische Verweise hergestellt. Aus Nachhalleffekten bei Dialogen oder den Handlungsgeräuschen kann die Raumbeschaffenheit geradezu „blind" nachempfunden werden. Und diese akustische Raumdimensionierung ergänzt in der sinnlichen Wahrnehmung die visuelle, die den Raum selten in einer (langweilenden) Totale wie eine Theaterbühne zeigt, sondern in Teilstücken, die nur mit der Akustik zusammen auf das Ganze schließen lassen. Wenn Ton und Bild beim Film meist korrespondieren, nutzt der Musikclip das Auseinanderfallen, um in der Diffusion akustische Raumimaginationen zu schaffen.

So wie das Akustische einen Raumeindruck hervorbringt (oder irritiert), so formt der musikalische Ton die Zeitwahrnehmung im Film. Die Filmmusik muss dort ein Kontinuum schaffen, wo der Film die Realzeit dehnt oder – in den meisten Fällen – strafft. Ob Zeitstillstand, Beschleunigung oder Dehnung, ob Raumbildung oder Löschung: Die Wahrnehmungssozialisation durch den Film im Fernsehen und Kino prägt Muster aus, die als Rezeptionsschablonen über die Dramaturgie der Videoclips gelegt werden. Gleichwohl werden die Kodierungsmuster der (eingeübten) Filmrezeption durch die meist nur beiläufige, d. h. fragmentarische Cliprezeption unterlaufen. Und der zeitgenössische Spielfilm wiederum adaptiert die Muster der Clips, z. B. in Actionfilmen, in den Blockbustern von „Herr der Ringe" bis „Shrek" (Abb. 2).

Diese Zitate, Adaptionen, die Unterschiede, die Brüche und Irritationen sind ergiebige Hilfen einer vergleichenden kunstpädagogischen Betrachtung von Film und Musikclip.

Die pluralen Genres im Musikfernsehen lassen auf der schmalen Basis von zwanzig ausgewerteten Videoclips und den Protokollen der Schülerinnen und Schüler nur Beobachtungen zu.

War der Videoclip lange das Promotionsmedium der Musik, bei der das Bild den Ton zu stützen hatte, ist für die jüngeren Clips der letzten Jahre die gegenläufige Tendenz zu beobachten. Die Musik wird in den Avantgardeclips nicht selten mit autonomen Bildern zum Background degradiert, es sind Bilder, die keine Kohärenzerfahrung mit der Musik mehr ermöglichen. Musik wird als abstrakte Idee in Bilderwelten überführt. Das Gehörte wird in den avancierten Clips bilderlos, die für Orientierung und Identität essenzielle Synthese der Sinnenerfahrung wird verweigert. Noch bis zu Beginn der 1990er-Jahre dominierte eine angestrebte Einheit zwischen Musik und Bild als wechselseitiger Konstruktion von Bild und Ton die Clips, um die Rezeption zu unterstützen.

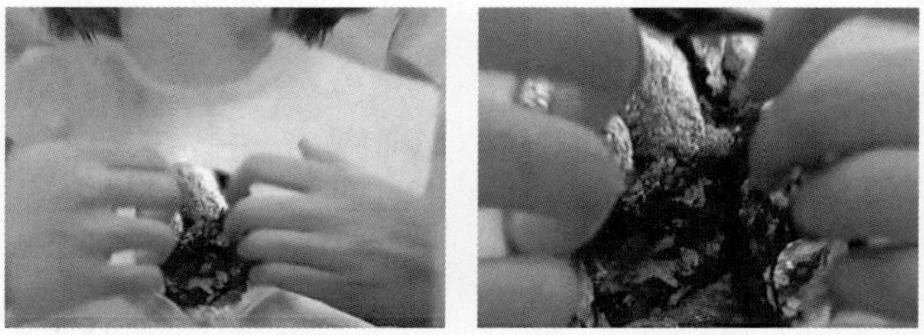

Abb. 3: Eindringen in das Innere, um neue Raumwelten aufzustoßen.

Raum wird in den Clips des Musikfernsehens überwiegend fragmentiert, ohne Kontinuum dargestellt. Schnelle Schnitte wechseln die Raumkonfigurationen rasch aus, durchbrechen Oberflächen, um in das Innere zu dringen, dort neue Raumwelten aufzustoßen. Im Clip „Jóga", 1997, von Björk in der Regie von Michel Gondry (Abb. 3), wechselt die Kamerafahrt von virtuellen Landschaftsszenerien zu suggerierten Makrotopografien aus diesen Oberflächen, um dann in den Körper der thronenden Kunstfigur einzudringen. Sofort öffnen sich neue, virtuelle Bildwelten, die fern von anthropomorpher Wirklichkeit durch den Körper führen und ihn, einer durchschlagenden Kugel ähnlich, wieder verlassen. Dies korrespondiert mit der medizinischen Körperexploration, wenn endoskopisch die Körperhülle durchdrungen wird, um zur Diagnose in das Körperinnere zu dringen. Musik wird im Körperinneren erfahren, sie begleitet die Fahrt durch den Körper.

Den Clip des Musikfernsehens bestimmen zunehmend künstliche Geschlechterwesen, die nicht androgyn, eher asexuell den biologischen Körper negieren und die Protagonisten der Musik substituieren. Der Körper gerät so zur Chiffre einer Zivilisationskritik, in deren apokalyptischer Vision der eigene Körper ein fremder ist. Dabei besteht die Sozialisationsleistung von Medienrezeption fort: „Wie in allen kulturellen Prozessen wird auch im alltäglichen Akt des Musikfernsehens Geschlecht

Abb. 4: Körper- und Identitätsdiskurse.

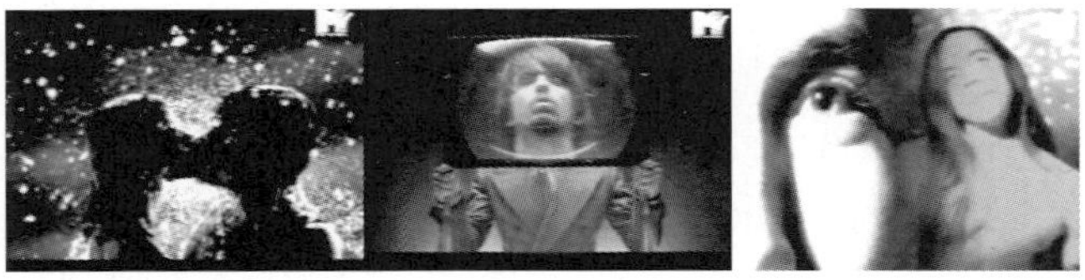

Abb. 5: Körper- und Identitätsdiskurse.

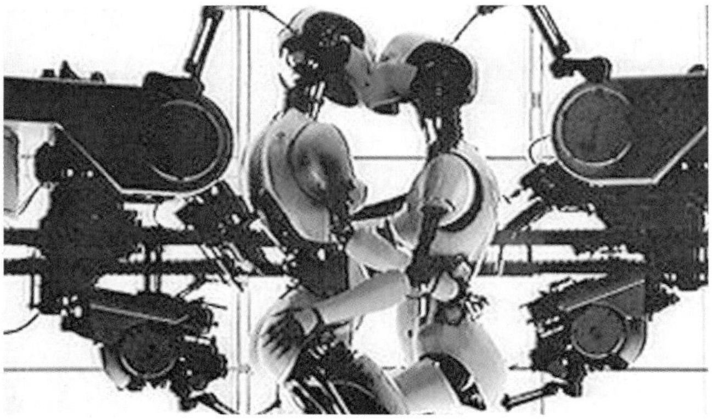

Abb. 6: Negation des biologischen Körpers: „All Is Full Of Love", 1999, von Björk.

Abb. 7: Dreidimensional erscheinende und animierte Wörter im Clip.

fortwährend re- und dekonstruiert (Abb. 4, 5 und 6). Differenz und Hierarchie entstehen somit als eine Art „Sinn-Bastelei" in einem wechselseitigen Prozess von medialer Repräsentation und Selbstrepräsentation." (Bechdolf 1998, S. 131) Ute Bechdolf sieht damit im Musikfernsehen auch widerständige Muster, die Varianten der sexuellen Selbstbestimmung und Alternativen der gesellschaftlichen Geschlechterdefinition proklamieren. Für eine kunstpädagogische Clipanalyse sind dies zumindest Thesen, die am Material geprüft, bestätigt oder widerlegt werden können oder zu modifizierten Thesen führen.

Die Transformation des Geschlechtes ist begleitet von kulturellen Globalisierungstendenzen, die zum einen eng an Softwareprogramme gebunden sind und zum anderen durch die Videoclips des Musikfernsehens zur Egalisierung der ethnokulturellen Differenzen beitragen.

Die nächste Abstraktionsstufe der Clips nach der Präsentation des künstlichen Körpers ist durch die Preisgabe des Ikonischen geprägt. In „The Child", 1999, von Alex Gopher in der Regie von Antoine Bardou Jacquet (Abb. 7), stehen dreidimensional erscheinende und animierte Wörter symbolisch für Figuren und Objekte. Die Symbolebene Text wird indexalisch durch synchrone Geräusche gestützt. Diese diskursiven Symbole (Wörter, Sentenzen) sind in ihrer Bedeutung im Gegensatz zu den präsentativen Symbolen (aus Bildern) ungebundener, frei definierbar. Nur wer die gesellschaftlich-kulturelle Kodierung beherrscht, wer sie „lesen" kann (d. h. in der Musikszene zu Hause ist), kann den Wirklichkeitsbezug herstellen.

Besondere Orientierungsleistungen der Rezipienten sind gefordert, wenn aus fragmentierter Räumlichkeit und gedehnter Zeit oder sich endlos wiederholenden Figuren ein Raumkontinuum suggeriert wird. In „Freak on a Leash" 1999, von Korn unter der Regie von Jonathan Dayton (Abb. 8) u. a., rahmt ein Comic die Handlung. Hat

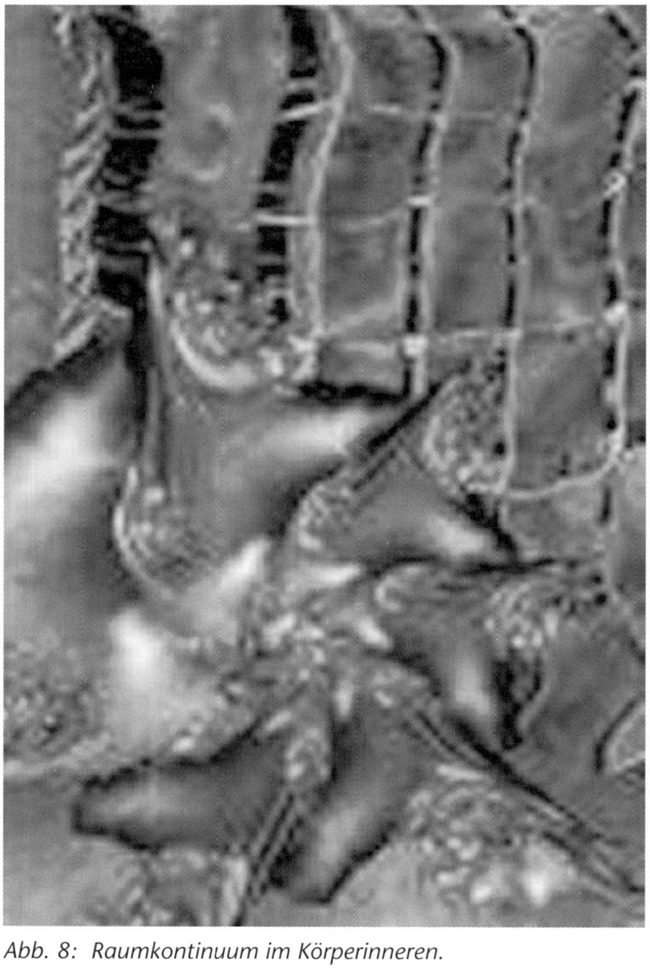

Abb. 8: Raumkontinuum im Körperinneren.

sich erst ein Pistolenschuss gelöst, so dringt die Kugel durch Objekte und Räume, um letztlich an ihren Ausgangsort zurückzukehren.

Das Raumkontinuum, im Avantgardeclip eine Ausnahme, resultiert aus permanenten Übergängen („Fading"), die meist ohne deutliche Schnitte in virtuelle Räume leiten. Eine Variante des Kontinuums gelingt dem digitalen Morphing mit der suggerierten Evolution in Bildmetaphern, die aus verschiedenen Bildbewegungen resultiert (vgl.: „Right Here, Right Now", 1999, von Fatboy Slim in der Regie von Hammer & Tongs). Dort gibt es keinen Anfang, kein Ende. Wo gedehnte Räume und aufgehobene Zeit die Orientierungskoordinaten außer Kraft setzen, wird Geschichte gelöscht und zeitdimensionale Orientierung erschwert. Werden auch menschliche Figuren unter die Herrschaft des Kontinuums gestellt, ist bruchlose Mutation im Morphing von Gesichtern festzustellen. Erst dieses computerbasierte Morphing ließ im Videoclip mit Beginn der 1980er-Jahre an die Stelle der musikalischen Protagonisten deren digitale Kunstfiguren treten. Das Morphing ermöglichte es dem schon abklingenden, postmodernen Identitätsdiskurs der Philosophie die visuellen Exempel zu geben (Lutz 1999). Körper oder Geschlechtskonstruktionen wurden variabel, revidierbar. Dieses Multioptionspotenzial zugunsten einer fiktiven Person korrespondiert mit den Persönlichkeitsoptionen in den diskursiven Symbolsystemen der Chaträume, in denen Jugendliche mit wechselnden Pseudonymen ihr Selbst erproben. Und das Morphing definiert im Zeichen der digitalen Indifferenz von wahr oder falsch das postmoderne Diktum „anything goes" neu: „Das *anything goes* (der Postmoderne) scheint Raum und Zeit historischer Faktizität zu verlassen und sich im virtuellen zum imperativen *anything may go* zu transformieren." (Groll 1998, S. 104) Darin liegt mit neuen Werkzeugen die Chance zu einem tradierten kunstpädagogischen Auftrag: In der Veränderung, mit der Metamorphose Neues zu gestalten, neue Figuren in imaginierten Räumen zu platzieren. So leistet die Konstruktion die analytische Dekonstruktion.

Nicht Raumkontinuum, sondern Räumlichkeit geht aus den abstrakten Bildwelten der minimalistischen Clips hervor, die bevorzugt elektronische Musik visualisieren und dazu signifikante Anleihen beim Experimentalfilm der 1920er-Jahre nehmen. (Zum Verhältnis des Experimentalfilmes zum Videoclip unter besonderer Berücksichtigung der Pioniere Oskar Fischinger (Abb. 9), Ludwig Hirschfeld-Mack und Laszlo Moholoy-Nagy, vgl.

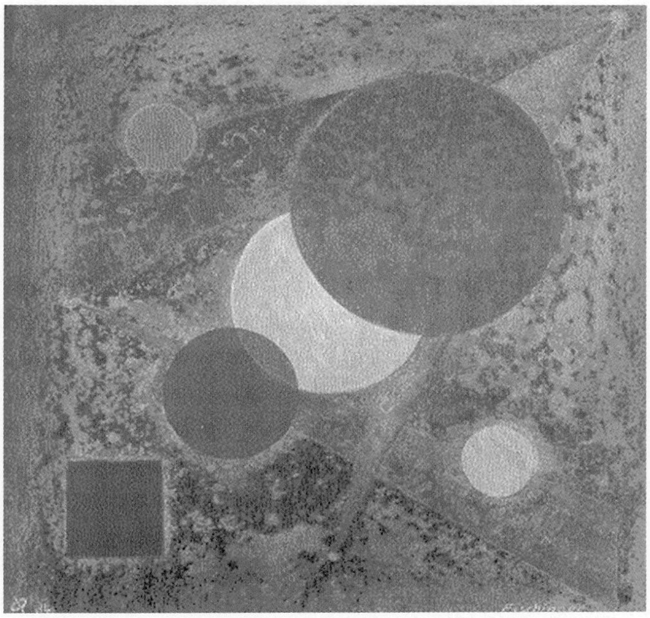

Abb. 9: Anlehnung an den historischen Experimentalfilm: Oskar Fischinger, „Sphären", 1941.

Moritz 1993, S. 132 ff.) In „Little Black Rocks In The Sun", 1998 von Add N to (X) in der Regie von Trash 2000, suggerieren animierte, gemalte Bilder Bezüge zur Op-Art. Parallele Farblinien leiten dabei das Auge korrespondierend mit dem elektronischen Klang in eine imaginäre Bildtiefe und lassen – ein Stück im Gegensatz zur Fragmentierungsthese – von einer synästhetischen Wahrnehmung sprechen.

Der zeitgenössische Experimentalclip, der unabhängiger vom kommerziellen Zwang und der werbewirksamen Promotion der Musik auftritt, treibt das Experiment bis an die Schwelle des medientheoretisch umschriebenen Rauschens. Rauschen ist nicht vordergründig auf den Ton bezogen, sondern auch auf Bilder. Experimentiert wird mit der vorhandenen Technologie, mit der das Bild oder das Signal von Bild und Ton aufgelöst werden. Ein Stück romantische Verfremdung wird in den Dramaturgien der intendierten Anästhetisierung sichtbar, wenn z. B. alte Familienfilme in verblassten Farben und laienhafter Kameraführung noch gezielt zerkratzt werden. Diese Strategie der Authentisierung hat ihr Vorbild u. a. in Andy Warhols Undergroundfilmen. Die instrumentalisierten alten Super-8-Filme stiften gegenüber den digitalen Bildern eine höhere Authentizität, das Zerkratzte zertifiziert den historischen Beleg.

Beschleunigung, gebunden an Geschwindigkeit, dramaturgisch konterkariert durch Verlangsamung, ist ein wiederkehrendes Muster der Clips. Im ausschließlich digital hergestellten Clip „The Box", 1996, von Orbital in der Regie von Jes Ber-

Abb. 10: Morphing zum Arcimboldo-Bild in „Sledgehammer".

stock wird die Tradition der Großstadterfahrung im Experimentalfilm mit der aktuellen Urbanitätserfahrung der Zielgruppe von Clips mit intensiver Geschwindigkeit, Ortswechseln, Auf- und Abtauchen in der urbanen Infrastruktur oder klaustrophobisch-ängstigenden, engen Hochhausschluchten verknüpft. So ist die Zeit- und Raumerfahrung mit formalen Mitteln aufgelöst.
Nicht wenige Regisseure bedienen sich der Technik der Spiegelung: Das Videobild wird zerteilt, in den beiden vertikalen Sichthälften laufen die Geschehnisse z. B. mit diametralen Zeitrichtungen oder zumindest versetzt, verweisen auf differente Handlungsorte. Eine mögliche, nicht notwendige Übereinstimmung der Bildhälften markiert dann den dramaturgischen Höhepunkt zu einem kompletten Ganzbild. Diese Beispiele für Fragment und Synthese bestimmen die aktuellen Avantgardeclips im Musikfernsehen. Quellen beider Modi sind Computerprogramme, die auf den auditiven Impuls hin Bilder aus einem eingespeisten Fundus sampeln. Diese Entkontextualisierung der Bilder ist ohne jeden Bedeutungsgehalt und folgt einzig den Routinen der Software. Dazu kommt aus dem Digitalfundus jenseits abstrakter Bildwelten das Zitat aus der Kunstgeschichte, die Paraphrase des Films oder der selbstreferenzielle Rekurs auf die Clipästhetik. Selten sind die Anleihen so evident wie bei der historischen Clipikone „Sledgehammer" (Abb. 10), 1986 von Peter Gabriel in der Regie von Stephen Johnson, wo der Sänger zu einem Arcimboldo-Bild mutiert et vice versa. Diese Inszenierungsstrategie des Zitats und des Morphings des Zitates ist seit 20 Jahren immer wieder erfolgreich angewendet worden. Der Fundus zum kunstpädagogischen Bildvergleich ist gut gefüllt. (Zur Recherche bietet das Portal http://www.popzoot.tv/cliparchiv/ eine gute Datenbank.)

„American Life" – Nichts ist, wie es scheint

Morphing, Fading, der Wechsel der Erzählebenen, ein changierendes Klangbild, die Kunst als vollendete Künstlichkeit der mehrfach tauschbaren Identitäten: So präsentierte sich Madonna mit ihrem Videoclip „American Life" (Regie: Jonas Åkerlund) im Frühjahr 2003, kurz vor dem Irak-Krieg. Wie in einem Resümee von 20 Jahren Videoclipgeschichte zwischen Narration und digitaler Fiktion schließt der Clip „American Life" alle Inszenierungsmodi zusammen.
Doch eine erste Fassung mit martialischem Kriegsgerät und drastischen Opferbildern hat die geschickt lavierende Sängerin zugunsten einer entschärften Fassung rasch zurückgezogen. Und diese zweite Fassung zeigt dann auch das Thema hinter dem Military-Look deutlicher: Es geht um den ewigen Kampf im Showbusiness, um das Streben nach Ruhm und Ehre. Dort fallen Glamour, Rollenklischees und digitale Bildkonstruktionen unfreiwillig in der Schlusssentenz des Clips zusammen: „I'm just living out the American dream/And I just realized that nothing is what it seems." Madonna erkennt in ihrem gleichnamigen Album, dass auf der Bühne wie in der aktuellen Politik „zu viele Fragen und keine Lösungen" sind. Das Morphing assistiert zusammen mit harten Schnitten bestens im Visualisieren solcher Botschaften des Uneindeutigen:
Madonna führt im Military-Look eine Schar von Models an, die gegen den Mode-Kult anstamp-

Abb. 12: Madonna im Che Guevara-Look in „American Life".

Abb. 11: Madonna und ihre Girlie-Truppe in „American Life".

fen, ihr Publikum muss mit einem Wasserwerfer auf Distanz gehalten werden, denn selbst als Aufrührerin (Abb. 11) gegen die Poprituale ihres eigenen Erfolges genießt sie die Adoration. Nun wirft sie eine Handgranate, doch diese wird vom Präsidenten George W. Bush (digital ins Bild gerückt wie einst Forrest Gump gleich drei animierten Präsidenten begegnen durfte) aufgefangen und mutiert in seinen Händen zum Feuerzeug: Nichts ist, wie es scheint. Diese Balance des Uneindeutigen muss sie durchhalten, denn ihr Publikum ist in der Frage des Krieges gegen den Irak und seine bildmächtige Visualisierung durch den Atlantik gespalten. Damit entleeren sich auch die verwendeten Zeichen; für was der Che Guevara-Look und die militante Girlie-Truppe (Abb. 12) stehen, bleibt offen.

Offen bleibt auch die Bedeutung von Madonnas Bekenntnis zum Stupiden und den falschen Träumen, der Eindeutigkeit früherer Positionen folgen Fragen, keine Lösungen. Das Morphing der Form mündet in einen Loop – und diese Schleife endloser Neubestimmungen lässt keinen Halt für Eindeutigkeiten zu.

Literatur

Baacke, Dieter: Jugend und Jugendkulturen, Darstellung und Deutung, 3. Auflage. Weinheim und München 1999

Bechdolf, Ute: Männlich versus weiblich? De- und Rekonstruktionen der Geschlechterdifferenz in Musikvideos. In: Beinzger, Dagmar u. a. (Hrsg.): Im „Wyberspace" – Mädchen und Frauen in der Medienlandschaft. Dokumentation, Wissenschaft, Essay, Praxismodelle. Bielefeld 1998, S. 124–136

Bódy, Veruschka/Weibel, Peter (Hrsg.): Clip, Klapp, Bum. Von der visuellen Musik zum Musikvideo. Köln 1987

Groll, Matthias: Das Digital. Strategien der Neuen Medien. München 1998

Kloppenburg, Josef: Musik multimedial. Filmmusik, Videoclip, Fernsehen. Laaber 2000

Kupr, Mattias u. a.: Musikfernsehen in Deutschland. Politische, soziologische und medienökonomische Aspekte. Opladen 2002

Lutz, Andrea: Digitale Bilder und ästhetische Bildung, Analyse (Diss.). Lüneburg 1999

Moritz, William: Visuelle Musik. Höhlenmalerei für MTV? In: Sound & Vision. Musikvideo und Filmkunst, AK. Frankfurt/Main 1993

Neumann-Braun, Klaus (Hrsg.): Viva MTV! Popmusik im Fernsehen. Frankfurt/Main 1999

Neumann-Braun Klaus/Schmidt, Axel: McMusik. Einführung. In: Klaus Neumann-Braun (Hrsg.) a. a. O., S. 7–42

Quandt, Thorsten: Musikvideos im Alltag Jugendlicher. Umfeldanalyse und qualitative Rezeptionsstudie. Wiesbaden 1997

Schmidbauer, Michael/Löhr, Paul (1999): See me, feel me, touch me! Das Publikum von MTV Europe und VIVA. In: Neumann-Braun 1999, S. 325–349

Weibel, Peter: Von der visuellen Musik zum Musikvideo. In: Bódy, Veruschka/Weibel, Peter (Hrsg.): a. a. O., S. 53–163

III. Gegenwartskunst

Signaturen der Verknüpfung – Kunst und Medien im 20. Jahrhundert

Tanja Wetzel

Max Ernst, den Luis Aragon 1930 als den eigentlichen Erfinder der Collage bezeichnete (Wescher 1997, S. 192), unterzog bis Anfang der 1930er-Jahre seine Kompositionen mit implantierten Bildfragmenten einer anschließenden, sehr aufwendigen Überarbeitung. Ziel war es, die Schnittstellen des verklebten Bildmaterials unkenntlich zu machen, um – im Sinne des überkommenen Diktums geschlossener, ausgewogener Malerei – ein neues Bildkontinuum entstehen zu lassen. Später gab er diese Technik der „Verschleierung" auf und machte „die Prozedur der Collage" (Spies 1998, S. 18) als eine Verklebung von Fragmenten sichtbar. Die Collage sollte für mehr stehen, als nur für eine neue Technik der Produktion eindrucksvoll skurriler Bilder. Sie lieferte das adäquate Verfahren einer künstlerischen Auseinandersetzung mit den neuen technischen Medien der Bildreproduktion, das diese auf ihre kulturellen Codes hin befragt. Das Zusammenschneiden reproduzierter Bildfragmente unterminiert nämlich die klassische Behauptung einer immanenten Identität des Bildgegenstands im Sinne von Wahrhaftigkeit: Die Collage macht offen ersichtlich, dass unsere Wirklichkeitsvorstellung nur eine Konstruktion ist. Rund ein halbes Jahrhundert später, auf der Basis eines neuen technischen Status quo der Bilderzeugung und der mit ihr verbundenen kulturellen Repräsentanzen, sollte jedoch diese offen gelegte Konstruktion wieder in der molekularen Auflösung materieller Bildeinheiten verschwinden und zwar als imaginierte Einheit virtueller, simulierter Realität.

An den drei Medien Fotografie, Film und Computer; den drei Weisen der Bilderzeugung Reproduktion, Montage und Simulation und den jeweiligen Verfahrensweisen der Verknüpfung Collage, Montage und Morphing, sollen im Folgenden schnappschussartig die unterschiedlichen Verbindungen von Kunst und Medien im 20. Jahrhundert aufgezeigt werden. Der Begriff der *Hybridisierung*, der ursprünglich aus der Biologie stammt und die Vermischung und Verknüpfung disparaten (genetischen) Materials bezeichnet, begleitet diese Reflexion gewissermaßen als eine Leitkategorie. Es geht nämlich immer wieder um die Frage, auf welche Weise die einzelnen Medien die von Kant erkenntnistheoretisch behauptete Konstruktion von Wirklichkeitsvorstellungen *als* Konstruierte sichtbar machen.

Fotografie

Die Fotografie unterscheidet sich vom dem, was man traditionell (bis ins 19. Jahrhundert) unter Malerei verstand, in vielfacher Hinsicht. So ist der künstlerische Prozess der Malerei traditionell durch Handarbeit gekennzeichnet, die sukzessive Striche, Tupfen, Formen aneinander fügt. Im Gegensatz zu diesem räumlich-zeitlichen Nebeneinander und Nacheinander bringt der technische Prozess der Fotografie „auf dem Bildträger (Platte, Film, Papier) alle Bildteile simultan (...) hervor" (Stelzer 1978, S. 10) – und das mit der Option einer (hypothetisch) unendlichen Reproduzierbarkeit der Abzüge.

Die Bildwelt fotografischer Reproduktionen stiftete dann vor 70 Jahren den primären Fundus für die aufkommende Collagetechnik. In den neuen Printmedien und auf Postkarten fanden sich Fotos massenhaft abgebildet, sie waren billig zu erwerben und besetzten immer mehr die „erreichbare Realität". Vor allem die im 19. Jahrhundert aufkommende illustrierte Zeitung lieferte Vorlagen für den Zusammenschnitt disparater Bildelemente, denn hier fanden sich die Impressionen aus allen Orten und Lagen der Welt direkt nebeneinander in einer burlesken Zusammenschau. Die Abbildungen in den Zeitschriften wurden unter Aufdeckung ihres eigenen, substanziellen Ausgeschnittenseins weiterverarbeitet, denn auch sie waren ja bereits durch das Verfahren eines fotografischen Schnappschusses aus der Wirklichkeit „isoliert" worden.

Die Fotografie ermöglichte die Collage, insofern sie die normale fotografische Präzision, die aristotelische Einheit von Raum und Zeit, zugunsten einer anderen Sicht von Wirklichkeit zerstörte. Analog zum geteilten Prozess der fotografischen Bilderstellung – Aufnahme und anschließende Entwicklung – unterteilt ebenfalls auch die Einheit dieses künstlerischen Prozesses in das Moment der Aufnahme (von Fundstücken) und die Generierung von Kunstwerken im Atelier. Beide Entwicklungsschritte fanden ebenso wie in der Fotografie zeitlich und räumlich unabhängig voneinander statt. Die Assemblagen und Bildcollagen legten Zeugnis ab für diese künstlerischen Prozesse der Mischung, Verkettung und Verknüpfung vorgefundener, heterogener Elemente bzw. Fundstücke, ganz im Sinne hybrider Verschnitte. Der Künstler repräsentierte wie der Fotograf nicht mehr die Vorstellung eines authentischen Künstler-Genies, sondern er teilte seine Autorität auf nach den Prinzipien von Öffnung und Verstreuung. Zufall und Intuition wurden zu mit-entscheidenden Instanzen im künstlerischen Prozess. Sie haben essenziellen wie kalkulierten Anteil an der Originalität der entstandenen Ergebnisse. Überhaupt wird die Aufmerksamkeit vom „Schöpfer" auf den kreativen Akt (vgl. Duchamp 1984) des Rezipienten verlegt, dessen Blick von den Schnittstellen irritiert bzw. regelrecht „ins Stolpern" gebracht wird. Der Blick wird zerstreut, weg von der Ganzheit der Gestalt, hin zum Detail, das für gewöhnlich als trivial oder sogar „niedrig" erachtet wurde. In der Collage sollte also „entziffert" werden, was sich der Kontrolle bzw. dem Bewusstsein entzog (vgl. zum Leitbegriff *Spurensicherung*: Ginzburg 1983, 68 f., zum „Neuen Sehen": Wick 1991).

Film

Der Film ist ebenfalls Ausdruck einer sich verändernden Wahrnehmung von Realität (vgl. Wetzel 1999), indem er die gewohnten Verhältnisse des Nebeneinander im Raum und des Nacheinander der Zeit, d. h. eine kausale Verknüpfung durch ungewohnte Zeit-Raum-Montagen überspringen kann. Der synthetische Aspekt des Films, das Gesehene nicht nur in Einzelaufnahmen zu zerstückeln, sondern vor allem in der Darstellung wieder zusammenzufügen und dabei die Schnitte zum stilbildenden Mittel des Erzählens zu erheben, eröffnet neue Zugänge zur Konstruktion von Wirklichkeitsvorstellungen. Der Film demonstriert eine nie gesehene Wirklichkeit, eine, die sich dem Blick entzieht, und die erst als künstliche, künstlerische Bildmontage konfiguriert in Erscheinung tritt.

Die Montage ist eines der wichtigsten filmischen Erzählmittel und wird vor allem als Verfahrensweise für einen künstlerisch-experimentell motivierten Zugriff bedeutend. Das, was die Montage von Filmsequenzen beim Rezipienten erzeugen soll, steht einer kontemplativen Haltung (wie sie vor Gemälden eingeübt wurde) entgegen. Die Montage ist vielmehr, so Eisenstein, „ein Gedanke, der im Zusammenprall zweier voneinander unabhängiger Stücke ENTSTEHT" (Eisenstein 1999, S. 283). Es ist die „Chokwirkung" (Benjamin 1963, S. 44) des Films, die den Betrachtenden mit dem abrupten Szenenwechsel aus seinen Assoziationen reißt und die Intensität der Wahrnehmung bündelt (ebd.). Die Intervention der Kunst in den Film, im Sinne eines „das Darstellen mit zur Darstellung bringen", kann die Widerständigkeit des Bildes gegen ein „zeit- und distanzloses Eindringen in die Fremde und Ferne" (Wetzel 1997, S. 265) retten, das beständig darauf aus ist, die Faszination und voyeuristische Erwartung zu wecken.

Aber anders als bei der Collage, die die Möglichkeiten von Sinnerzeugung im freien Gleiten zwischen den einzelnen Bild- und Bedeutungselementen in der Schwebe hält und dem immanenten Spiel der freien Kombination überantwortet, werden die Entscheidungen des Filmschnitts, d. h. wird die serielle Anordnung der Bildsequenzen vorher entschieden. Die dekonstruktive Auflösung der syntaktischen Verkettungen zugunsten eines freien Verweisungsspiels kann im Film nur über die Semantik geleistet werden, d. h. über Zeichen im Sinne aufgeladener Objekte. Zitate und Verweise zwischen den verschiedenen Ebenen von Medialität können zur Methode und zum Operationsort künstlerischer Intervention werden – gegenüber den, vor allem vom Hollywoodfilm immer wieder erzeugten, Phantasmagorien von Einheit, Kontinuität und Identität (Paech 1988, S. 129 f.).

Dazu zwei Beispiele: Der Film „Un chien andalou", 1928 von Luis Buñuel in Zusammenarbeit mit Salvador Dalí gedreht, gilt als ein besonders eindrückliches Beispiel für das Zusammenwirken von Kunst und Film (Abb. 1 und 2). Ausgehend von der „Begegnung zweier Träume" (Buñuel 1985, S. 93) entwickeln die beiden Künstler ein Drehbuch in Form einer assoziativen Folge von Eindrücken, deren oberstes Gebot es war, dass alle visuellen Manifestationen eine nachträgliche (vor allem moralische) Zensur unterlaufen mussten. Die technischen Mittel des Films, Montage und Überblendung, setzen die Mechanismen der

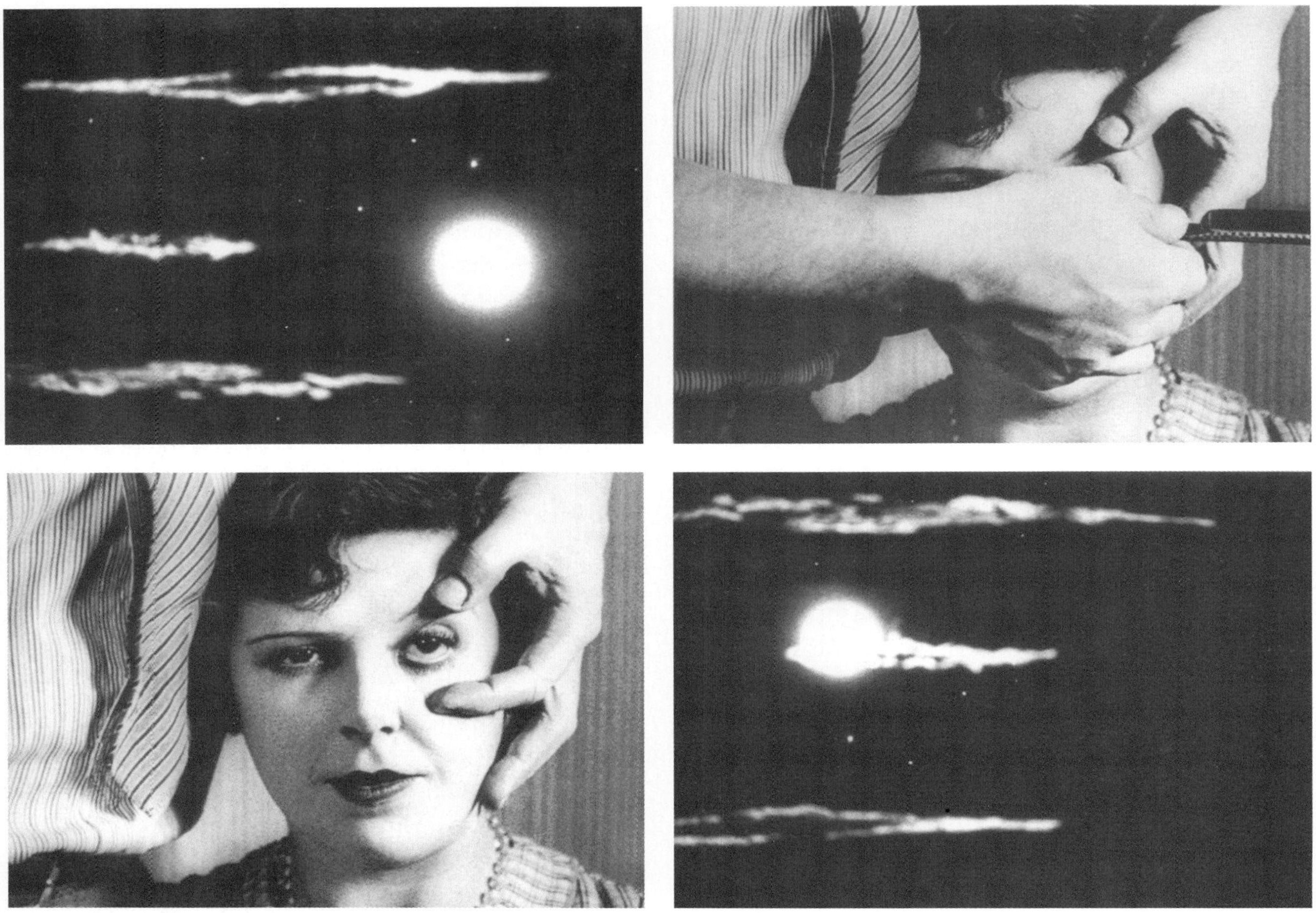

Abb. 1 und 2: Szenen aus „Der andalusische Hund" von Buñuel.

Traumproduktion (Verschiebung und Verdichtung, Rücksicht auf Darstellbarkeit) fort und befreien an ihren Schnitten die vom Rezipienten verdrängte Angst-Lust. Die berühmte Sequenz des durchschnittenen Auges wurde zur Chiffre für die „Chokwirkung", die aus dem filmischen Aufeinanderprall heterogener Elemente folgt – bis in die einzelnen von uns wahrgenommenen Bilder hinein: Man sieht den Mond, an dem dünne Wolken in der gleichen Richtung vorbeiziehen, dann in

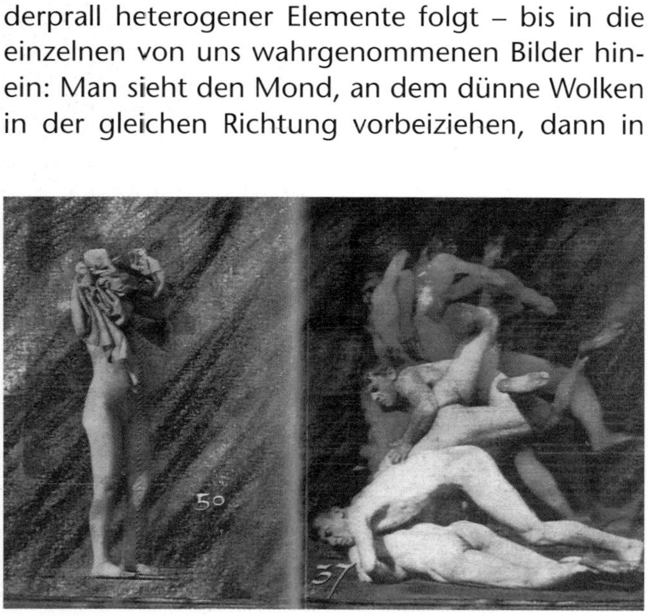

Abb. 3: Peter Greenaway: Das Paintbox-Bild von „The Autobiography of Pasiphae and Seminaris" (Ausschnitt).

einer dazwischen geschnittenen Großaufnahme das Rasiermesser an einem weit geöffneten Auge. Wie in der Collage werden Einzelteile aus dem Kontext isoliert und neu zusammengefügt, ohne jedoch in einer homogenisierenden Bildeinheit der Erzählung miteinander verbunden zu werden. Das zweite Beispiel bezieht sich auf Greenaways Film „Prosperos books" (1991), eine Verfilmung von Shakespeares Sturm. Hier werden demonstrativ analoge Schnitttechniken erweitert mit den Möglichkeiten digitaler Bildbearbeitung. Greenaway gestaltet einige Sequenzen mit der elektronischen „Graphic Paintbox", eine (Hybrid)-Technik, die Grafik und Malerei in sich aufgenommen hat (Abb. 3).

Damit werden Veränderungen nicht mehr nur auf der Bildoberfläche vorgenommen, sondern auf der Ebene der Bildgenese (Greenaway 1991a, S. 235). Greenaway verdichtet damit unterschiedliche Bildeinheiten und zwar über Operationen des Ausschneidens, Umgestaltens und Übereinanderlagerns, was selbst an einzelnen Filmbildern nachweisbar wird, die zu höchst komplexen, grafisch-malerischen „Meister"-Werken geworden sind (vgl. Geenaway 1991b, S. 22 ff.).

Computer

Der Computer kann Text- und Bildelemente unterschiedlicher Herkunft gleichsam schnittlos integrieren. Einzige Voraussetzung ist die Digitalisierbarkeit des Materials, d. h. die Möglichkeit, dieses in berechenbare Einheiten zu zerlegen. Es kommt daher nicht mehr darauf an, was einmal vor der Kameralinse gestanden haben mag, sondern was in dieser selber geschieht. Eine Referenz „außerhalb" ist obsolet geworden, hier verweisen Bilder nur noch auf Bilder, die sie selber sind.

Der qualitative Sprung „Neuer Medien" liegt jedoch nicht im Abschied vom Analogen, sondern in seiner Unterwanderung. Die Funktion der digitalen Übertragung besteht quasi in der nicht mehr wahrnehmbaren Aufrasterung aller Wahrnehmungsebenen über die Wahrnehmungsschwelle hinaus: Wird die Auflösungsfähigkeit des Augensinns überschritten, so wird das Bild als Kontinuum wahrgenommen. Darin unterscheidet sich diese Methode aber noch wenig von herkömmlichen Verfahren, die auch an der Wahrnehmungsfähigkeit des Menschen ausgerichtet sind. Nicht die Darstellung einer Energiemenge in kleinen Einheiten selber, sondern die Zähl- und Adressierbarkeit markieren den grundlegenden Unterschied. Erst dadurch ist ein programmgesteuerter Zugriff auf jeden einzelnen Punkt des Rasters möglich, der die kleinsten Informationsvorgänge verändern, d. h. neuen Rechenvorgängen unterwerfen kann. Erst an dieser Stelle wird das Paradigma der reinen Übertragung analoger Medien zugunsten eines Eingriffs in die Datenstruktur überschritten (vgl. Kittler 1986; Großmann 1994).

Die genuine Computerkunst bewegt sich auf der Ebene des Programms (z. B. die mit dem Computer errechneten Op-Art-Werke; vgl. Völz 1988; Steller 1992). Im hier diskutierten Kontext interessiert vor allem das computergestützte Verarbeiten analogen Materials, das Erzeugen von „Hypercollagen", echten Hybridwesen, für die Medienprodukte aller Art kombiniert und prozessual verarbeitet werden. Für solche programmgesteuerten Eingriffe in den Code, der nicht automatisch, sondern unter direkter menschlicher Kontrolle und angesichts der Gestaltqualität des Materials erfolgt, ist eine Schnittstelle, ein so genanntes „Interface" zwischen Mensch und Computer notwendig, um die Datenwelt überhaupt erst der Gestaltwahrnehmung zu erschließen. An dieser Stelle geht es um die Möglichkeiten kreativer Interventionen, die von der digitalen Retusche, über das Morphing bis hin zur interaktiven Installation reichen.

Das *Morphing* ist vor allem in der Werbung und im Videoclip ein beliebtes Verfahren, durch das sich Menschen, Tiere oder Objekte stufenlos in eine andere Erscheinungsform verwandeln lassen. Spektakuläres Beispiel im Hollywoodfilm war dafür der Terminator II, 1990. Hier konnte der Roboter Terminator T-100 seine physische Erscheinung jederzeit ändern (z. B. plötzlich in einer Stahlpfütze „zusammenschmelzen"). (Abb. 4 und Abb. 5) Michael Jackson lieferte analog in seinem

Abb. 4: Dennis Muren/Mark A. Z. Dippé/Steve Williams: Terminator II, Computer Graphics Effects, 3 min.

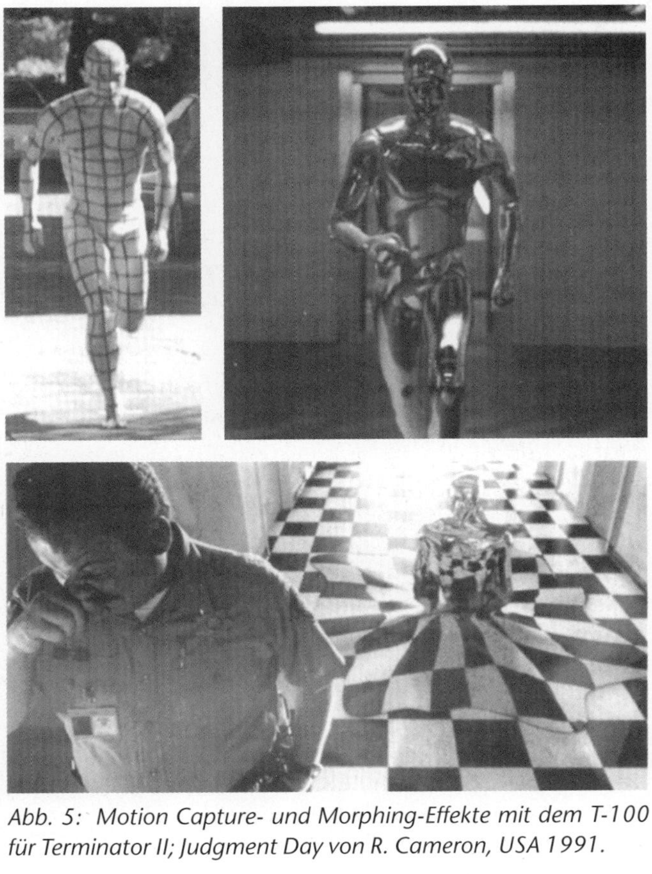

Abb. 5: Motion Capture- und Morphing-Effekte mit dem T-100 für Terminator II; Judgment Day von R. Cameron, USA 1991.

Clip zu „Black and White" die stufenlose Metamorphose zwischen einer schwarz- und einer weißhäutigen Person, wobei er selbst als Prototyp solch eines Kreuzungsvorgangs der intermediären Art steht, hat er doch durch zahlreiche Operationen versucht, seine phänotypische Erscheinung zu verwandeln (vgl. auch Appelt 1998; Allgemeines zur visuellen Simulation: Cadoz 1998).
Als Beispiele einer künstlerischen Intervention auf der Ebene digitaler Bildbearbeitung werden neben Inez van Lamsweerdes hybriden Verschnitten von Mann-Frau-Kinder-Puppen-Physiognomien und den digitalen Retuschen von Körperöffnungen durch das Künstlerduo Aziz/Cucher (Abb. 6) auch die Chimären Nancy Bursons diskutiert

Abb. 6: Anthony Aziz/Sammy Cucher: The Dystopia Series, 1994, Digitale C-Prints, Courtesy of the artists and Espace D'Art Yvonamor Palix, Paris.

Abb. 7: Nancy Burson: Warhead I (Reagan 55 %, Breschnew 45 %, Thatcher weniger als 1 %, Mitterand weniger als 1 %, Deng weniger als 1 %), 1982, Silbergelantine-Print, 27,9 × 35,6 cm.

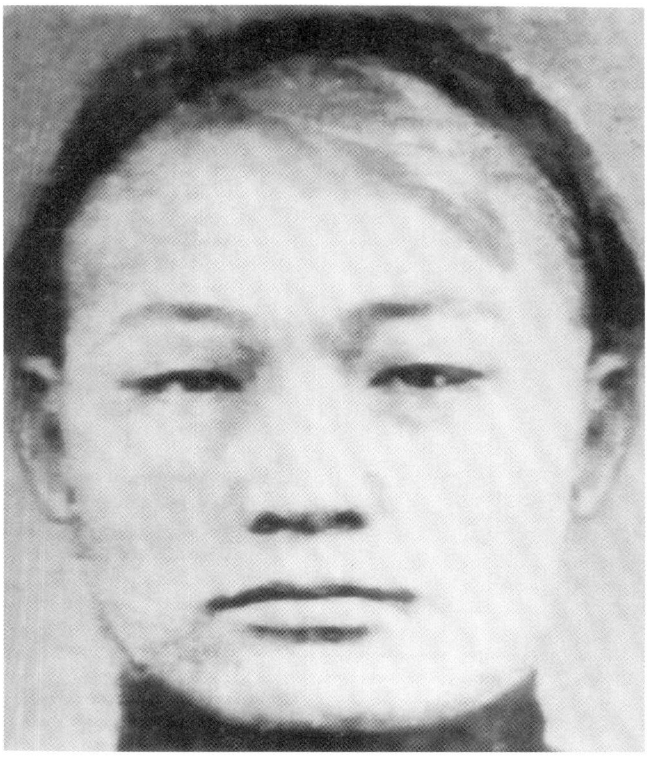

Abb. 8: Nancy Burson: Mankind (ein Orientale, ein Kaukasier und ein Schwarzer, gemittelt aus aktuellen Bevölkerungsstatistiken), 1983–84, Silbergelantine-Print, 27,9 × 35,6 cm, Courtesy of the artist.

(Abb. 7 und Abb. 8). Diese zeigt Visionen einer Welt, in der alle Wünsche wahr, d. h. kalkulierbar werden können. Der Computer wird hier zum Instrument, mit dem Eingriffe in die Bildgenese, d. h. auf der „genotypischen" Ebene, gelingen, zu dem die analogen Medien bislang nur auf der „phänotypischen" imstande waren. Hier werden Hybridwesen wie Frankenstein nicht mehr aus disparaten Einzelteilen vernäht, sondern über die Bestimmung der genetischen Formel als identische Lebewesen (in Reality z. B. das Schaf Dolly) geklont.
Bursons Porträtreihe zeigt wortwörtliche Visualisierungen von Programmen, die unter Stichworten laufen wie: „Großer Bruder", „Menschheit" oder „Schönheitskomposition". Die Durchschnittsphysionomie der „Menschheit" ist hybridisiert aus einem Orientalen, einem Kaukasier und einem Schwarzen; für Warhead I (1982) komponierte Nancy Burson 52 % Reagan und 48 % Gorbatschow. Anders als die Chimäre, das zusammengesetzte, geflickte Fabeltier, dessen Referenzen zuschreibbar sind, sind diese „echten" Chimären nicht mehr auseinander zu bringen. Es sind in sich geschlossene eigene Phänomene, von denen eine imaginäre Kraft ausgeht, die unkalkulierbar (weil kaum zensierbar) und unheimlich ist (weil hier geheime Wünsche ihr Wiedergänger-

tum finden). Die freie Komponierbarkeit von Informationsteilchen, seien es Bits oder Gene, sei es im Labor oder am Schreibtisch, kennt keine moralischen und ethischen Prämissen. Dies muss nicht nur als problematisch erachtet werden. Es ist auch eine Chance, ein Ort der Intervention (z. B. von Seiten der Kunst), weil hier im spielerischen De- und Recodieren die Konstruiertheit von Wirklichkeit nachvollzogen werden kann, um sie zur Folie für (kritische) Analysen werden zu lassen.

Literatur

von Amelunxen, Hubertus et al: Fotografie nach der Fotografie. München 1996

Appelt, Christian: Alchemie und Simulation. Computer und Film. In: Film & Computer, digital media visions. Schriftenreihe des Deutschen Filmmuseums. Frankfurt a. M. 1998

Benjamin, Walter: Das Kunstwerk im Zeitalter seiner technischen Reproduzierbarkeit. Frankfurt a. M. 1963

Buñuel, Luis: Mein letzter Seufzer. Frankfurt a. M./Berlin/Wien 1985

Cadoz, Claude: Die virtuelle Realität. Bergisch Gladbach 1998

Duchamp, Marcel: Le pro-cessus creativ. In: Duchamp du signe. Paris 1994

Eisenstein, Sergej M.: Dramaturgie der Film-Form. In: Texte zur Theorie des Films. Stuttgart 1998, S. 278–307

Ginzburg, Carlo: Spurensicherungen. Über verborgene Geschichte, Kunst und soziales Gedächtnis. Berlin 1983

Großmann, Rolf: Zur Hybris von Mensch und Maschine in den Neuen Medien. In: Thomsen, Chr. W. (Hg.): Hybrid-Kultur. Siegen 1994, S. 87–97

Greenaway, Peter: Prosperos Bücher. Zürich 1991 a

Greenaway, Peter: Prospero's Books. London 1991 b

Kunst + Unterricht: Themenheft „Neue Medien – Computer im Kunstunterricht", 230/231, 1999

Paech, Joachim: Literatur und Film. Stuttgart 1988

Spies, Werner: Max Ernst – Loplop. Die Selbstdarstellung des Künstlers. Köln 1998

Steller, Erwin: Computer und Kunst. Programmierte Gestaltung: Wurzeln und Tendenzen neuer Ästhetiken. Mannheim/Leipzig/Wien/Zürich 1992

Stelzer: Photographie und Kunst. München 1978

Völz, Horst: Computer und Kunst. Leipzig 1988

Wescher, Herta: Die Geschichte der Collage. Vom Kubismus zur Gegenwart. Köln 1987

Wetzel, Michael: Die Wahrheit nach der Malerei. München 1997

Wetzel, Tanja: Von der Reproduktion der Bilder zur Simulation. In: Kunst + Unterricht 230/231 1999.

Wick, Rainer K. (Hg.): Das neue Sehen. Von der Fotografie am Bauhaus zur Subjektiven Fotografie. München 1991

Relationale Kunst und neue Medien

Jürgen Stiller

„Bis zur Unendlichkeit – und noch viel weiter!"
(Buzz Lightning in: Toy Story I)

Begriff

Es war der französische Kunstkritiker und heutige Co-Direktor des Pariser Museums für zeitgenössische Kunst im Palais de Tokyo, Nicolas Bourriaud, der zu Anfang der 1990er-Jahre in der von ihm gegründeten Zeitschrift „Documents" das Konzept *relationaler Ästhetik* in den kunsttheoretischen Diskurs einführte. Damit schlug er zugleich ein neues epistemologisches Verfahren für ein breites Spektrum solcher zeitgenössischer Kunstwerke vor, die ein wichtiges Merkmal teilen: Sie transferieren scheinbar Alltägliches oder interaktive Installationen in den so genannten „white cube", manifestieren und realisieren sich dort aber erst im Prozess der durch künstlerische Handlung initiierten vielfältigen Beziehungsbildungen. „The artist produces connections with the world broadcast through works of social gesture, sign and form" (Streckfus 2002). Insofern wandte Bourriaud das für die Struktur von Websites charakteristische Hypertext-Prinzip eines kontingenten Systems nichtlinearer Verknüpfungen (Hyperlinks) und Verweise erstmals in der Funktion an, Werke der Avantgardekunst zu untersuchen und zu kritisieren. „(...) I have tried to create a conception, which might be an instrument of analysis and criticism of art, which is currently being done" (Kulchitsky 1998). Das Konzept relationaler Kunst ist somit eine der Netzstruktur formal entsprechende und inhaltlich adäquate Methodologie. Es erscheint daher legitim, dieses Vorgehen auch konsequent auf exemplarische Kunstwerke anzuwenden, die als indirekte oder direkte Beiträge, Kommentare oder Reflexionen zur Netzkunst verstanden werden können.

Provokation

Eines der pointiertesten Aperçus zum Thema „Vernetzung" stammt von zwei prominenten Vertretern der YBA (Young British Art), den Brüdern Jake und Dinos Chapman: Sie zeigten in der Düsseldorfer Ausstellung „Enjoy More" einen Schaukasten, der ein akribisch modelliertes Landschaftssegment mit einem detail- und maßstabsgetreu verkleinerten Schnellrestaurant der Firma McDonald's (Abb. 1) enthält. Inmitten der übrigen schockierenden oder figurenreichen Exponate wirkte diese Arbeit mit dem Titel „Rhizome" zunächst unscheinbar; fast hätte man sie übersehen können. Im harmlosen Gewand eines Spielzeugmodells stellte es jedoch beziehungsreiche Analogien her, die dem Anspruch relationaler Kunst gerecht werden und somit die Schockelemente anderer Ausstellungsstücke an inhaltlicher Tiefe übertreffen.

Oberflächlich betrachtet zitierten die Brüder natürlich das „Corporate design" der betreffenden amerikanischen Firma, was sowohl das Logo als auch die Architektur verraten. Daran knüpft sich das – auch beim Betrachter – vorausgesetzte Wissen, dass diese Fast-Food-Kette im Vollzug einer expansiven und z. T. ökologisch schädlichen Unternehmenspolitik eine globale Verbreitung gefunden hat. Damit erfüllte das Vorzeigen der miniaturisierten Unternehmensästhetik zugleich die rhetorische Figur der Synekdoche, da diese einzelne Firma gleichsam stellvertretend typische US-amerikanische „Unternehmertugenden" repräsentiert. Offensichtlich war ferner auch die Entsprechung zwischen den sterilen, künstlichen und – im Interesse eines garantierten Wiedererkennungseffekts – isoformen Zeichen des Unternehmensdesigns sowie der gärtnerisch kultivierten, also in doppeltem Sinn künstlich geformten Landschaftskulisse. Im Unterschied zu den übrigen von

Abb. 1: Jake und Dinos Chapman: Rhizome (2000), mixed Media [Quelle: Archiv des Verf.].

den Briten für die Ausstellung gestalteten Schauvitrinen sah man hier jedoch keine menschlichen Figuren. Ein Umstand, welcher der Situation in den realen Schnellrestaurants, die sich besonders der Aufmerksamkeit zahlreicher jugendlicher Kunden erfreuen, krass widerspricht.

Könnte man bis hierhin noch der Auffassung sein, die Brüder Chapman hätten – ihrem exzentrischen Image entsprechend – ganz einfach einen Tempel globalisierter „Fast-Food-Kultur" geschaffen, so zeigen sich auf den zweiten Blick, der den Titel des Werks einbezieht, weitere aufschlussreiche Verbindungen. Indem sie nämlich die Arbeit als „Rhizome" bezeichneten, stellten die Künstler-Brüder zweifellos eine Beziehung zum Werk des französischen Philosophen Gilles Deleuze her. Im Kontext des modernen Mediendiskurses gebrauchte er erstmals den aus der Biologie entlehnten Begriff *Rhizom* (= Wurzelstock, Erdspross mit Speicherfunktion), um nicht-lineare Phänomene, die beispielsweise als Hypertextstrukturen für das Internet charakteristisch sind, mit ihren Spannungspolen Konzept (Begrifflichkeit), Perzept (neue Wahrnehmungs-, Sichtweisen) und Affekt (vermittelter Anstoß) näher zu kennzeichnen (vgl. Stingelin 2001). „Rhizome.org" ist zugleich aber auch die Internetadresse einer Gruppe amerikanischer Hacker (Radical Software Group = RSG), die ihre Re-engineering-Projekte als fortschrittliche künstlerische Interventionen verstehen (vgl. Beitrag Jürgen Stiller: Aspekte transvirtueller Interventionen, in diesem Buch).

Die Chapmans verwenden das Corporate Design des amerikanischen Unternehmens nicht nur in anderen miniaturisierten Panoramen, sondern auch als Ornament im Kontext einer weiteren Werkgruppe, die den Eindruck einer ethnologischen Sammlung suggeriert: Formal und materiell sind diese Arbeiten afrikanischen Plastiken nachempfunden (Abb. 2). Bei eingehender Betrachtung erweisen sich diese aufgrund verräterischer Details jedoch zunehmend als „Fakes".

Den Chapmans gelingt es somit, durch die logische Verknüpfung von Titel und Inhalt der Schauvitrine gleichzeitig mehrere Relationen, nicht zuletzt innerhalb eigener Werkkomplexe, zu erzeugen: In ihrer Summe können diese durchaus eine subversive Form reflexiver Rückkopplung – und folglich der Provokation – bewirken. Zwar ist vordergründig eine Analogie zwischen Deleuzes wurzelartig verzweigtem, digitalem Netzwerk und dem aus der amerikanischen Zentrale weltweit gesteuerten Fast-Food-Konzern nicht ganz abwegig. Andererseits begegnen sich die angestoßenen Reflexionsebenen auf höchst unterschiedlichem Niveau, da die Benennung der Arbeit zunächst der Sache nicht zu entsprechen scheint. Überdies trifft der einschlägigen Theorien zuzuordnende Begriff *Rhizom* auf alltägliche Essens-Bedürfnisse, amerikanische Massen-Ess-Kultur stößt virtuell – vermittelt durch die Person des Theoretikers – auf französische Haute Cuisine, afrikanische Plastik steht amerikanischer Plastik-Kultur gegenüber.

Abb. 2: Jake und Dinos Chapman: Works from the Chapman Family Collection [Quelle: Archiv des Verf.].

Dass das Miniaturmodell menschenleer gezeigt wird, ist nur schwer – vielleicht als Desiderat der Gebrüder oder als autopoietisches System – zu deuten, da die Urheber keine zeitlichen Variablen zur Verfügung stellten.

Immersion

Der Faktor Zeit stellt indessen eines der wesentlichen konstituierenden Elemente des „Wave-Ufo" (Abb. 3) dar, einer begehbaren Skulptur der japanischen Künstlerin Mariko Mori. Die handwerklich perfekt ausgeführte Arbeit, wurde in Verbindung mit Modellen und malerischen Entwürfen bis zum 23. März 2003 u. a. in Bregenz (A) ausgestellt. Im Gegensatz zu früheren Arbeiten, stand diesmal nicht die Person der Künstlerin im Mittelpunkt des

Abb. 3: Mariko Mori: „Wave Ufo", Kunsthaus Bregenz [Quelle: Archiv d. Verf.].

Werks. Vielmehr eröffnete sich den Ausstellungsbesuchern ein mehrdimensionaler Erfahrungsraum, in dem sie für kurze Zeit als anthropomorphes Interface unmittelbar mit dem „Ufo" und untereinander in ungewöhnliche Kommunikation treten konnten. Ehe man Interessenten jedoch Zutritt in das Innere der etwa 5 × 11 m großen Arbeit gewährte, mussten weiße japanische Haussocken übergestreift und drei Elektro-Sensoren auf Stirn bzw. Halsschlagader geklebt werden. Jeweils für etwa sieben Minuten konnten dann drei Personen gleichzeitig das stromlinienförmige Objekt aufsuchen, wo die verkabelten Besucher über einen Stecker sofort die Verbindung zum Steuerrechner im Zentrum der Kanzel herstellten. Während man es sich noch auf den komfortablen Silikon gefüllten Liegen bequem machte, hatte der Computer bereits die schwachen elektrischen Ströme der rechten und linken Hirnhälfte erfasst und in eine Visualisierung umgerechnet. In Form einer mehrteiligen Darstellung wurden die für drei Personen errechneten Bilder von einem Beamer so in die Kuppel des Innenraums projiziert, dass sie jeweils das Sichtfeld des betreffenden Insassen dominierten. Am unteren Rand des Sichtbereichs verlief eine horizontale, kontinuierlich oszillierende Sinuskurve, die sich auch in die benachbarten Projektionsflächen hinein fortsetzte, sie also miteinander verband. Oberhalb dieser bewegten Kurve pulsierten ovale Farbfelder und – wiederum darüber angeordnet – sah man zwei farbig changierende Kugeln vor dunklem Hintergrund. Während der nächsten drei Minuten bestand die Möglichkeit, Position und Farben der Kugeln durch die Aktivität der eigenen Hirnbereiche, also motorische, rezitatorische oder tagträumerische Handlungen zu beeinflussen. Daraus resultierend näherten sich die Farbkugeln einander an, verschmolzen zuweilen oder änderten ihre Einfärbungen. Anschließend setzte eine vorprogrammierte abstrakte Animationssequenz ein. Mori hatte sie nach eigenen Entwürfe fertigen lassen, die in einer anderen Abteilung der Ausstellung gezeigt wurden. Der Aufenthalt im Inneren der Skulptur wurde von leisen Sphärenklängen begleitet, die eine meditative Atmosphäre erzeugten und diese immersive Erfahrung vervollständigten. Dieses Gesamtkunstwerk entstand also einerseits im vernetzten, transdisziplinären Zusammenwirken von Neurologie, Malerei, künstlerischem Plastizieren, Informatik, Architektur, Musik und Philosophie. Zudem erfolgte die industrielle Fertigung als Einzelobjekt in einer Turiner Automobilfabrik. Schon aufgrund dieser transversalen Struktur markiert es eine prononcierte Position im aktuellen Mediendiskurs.

Andererseits manifestieren sich darin diverse relationale Substrukturen, von denen einige hier in

Abb. 4: „Wave-UFO" – Spielzeug der Fa. BANDAI [Quelle: http://tinkerville.com/tamagotchi/more/ufo.html] (Datum des Zugriffs: 28. 5. 2003).

aller gebotenen Kürze betrachtet und beschrieben werden sollen. Denn die inhaltliche Konzeption verbindet gleichermaßen Aspekte trivialer Alltagskultur mit religiös-philosophisch geprägten Anschauungen und entwickelt somit konsequent das Zentralmotiv der Integration scheinbarer Paradoxien weiter, das aus früheren Arbeiten Moris bekannt ist.

Eine erste polare Relation erschließt sich dem Ausstellungsbesucher durch die subjektive Wahrnehmung unterschiedlicher Zeitdimensionen. Der auf etwa sieben Minuten begrenzten und stets gleichem Muster folgenden immersiven Erfahrung im Inneren der Skulptur geht in der Regel – aufgrund des Besucherandrangs – eine längere Wartezeit voraus, die durchaus sechzig Minuten betragen kann. Diese unmittelbare Differenzerfahrung erscheint als kalkuliertes Strukturelement der Gesamtkonzeption. Allerdings tritt dabei die Nebenwirkung auf, dass sich infolge der langen Zeit des Ausharrens, während der ausgiebig das periodische von freundlichen Museumshelferinnen vollzogene Vorbereitungsritual beobachtet werden kann, nicht immer die eigentlich notwendige meditative Grundstimmung einstellen will.

Andere Relationen werden durch den Titel des Werks hergestellt. Zweifellos kennt die Japanerin Mariko Mori das handschmeichlerisch geformte „Wave-UFO"-Spielzeug (Abb. 4), welches als Weiterentwicklung der so genannten Tamagotchis von der japanischen Firma Bandai produziert und weltweit vertrieben wird. Auf dessen LCD-Display erscheinen unterschiedlich gestaltete Darstellungen außerirdischer Wesen, mit denen der Spieler über 4 Bedientasten interagieren kann. Außerdem könne es Radio- bzw. Mikrowellen empfangen (vgl. http://www.geocities.com/TimesSquare/Realm/4403/wave.html) und dadurch Gestaltveränderungen der angezeigten Figuren vornehmen. Man greift jedoch zu kurz, wollte man die in Bregenz ausgestellte Arbeit der japanischen Künstlerin lediglich als ins Gigantische vergrößertes Spielobjekt sehen. Nach Auffassung Moris verkörpert ihre multimediale Skulptur nämlich den Fokus eines miteinander „verbundenen Weltganzen". Diese Idee eines universellen Kontinuums gründet auf buddhistisch fundierten Vorstellungen, denen zufolge alles Seiende aus unendlich vielen „Dharmas" – so genannten letzten unbelebten Bestandteilen – zusammengesetzt sei. Der beständige Wandel dieser leblosen Elementarteilchen bedinge überdies das Wesen des Universums als unablässiger Strom einzelner Seinsmomente (Störig 1988, 55 f.). Der Einzelne vermag im Gesamten aufzugehen und den ewigen Kreislauf von Leben,

Abb. 5: Alien-Figurengruppe, Kunsthaus Bregenz [Quelle: Archiv d. Verf.].

Tod und Wiedergeburt zu durchbrechen, sofern er das Ziel buddhistischer Selbstvervollkommnung – das Nirwana, den Zustand vollständiger Leidensabwesenheit – erreichen kann. Mori verlagert also das Erfahrungsmoment menschlicher Befindlichkeit in einer fließenden Welt (der Bilder) symbolisch auf eine energetische Ebene, indem Hirnströme der Ausstellungsbesucher direkt mit der Zeige-Apparatur und zugleich untereinander verschaltet werden, ohne auf das mediale Netz des World Wide Web zugreifen zu müssen.

Die Idee der Verbundenheit veranschaulichte gleichfalls eine aus blauem, semitransparentem Kunststoffmaterial geformte Figurengruppe von sechs Aliens in Kindergröße, die zwar auf einer anderen Ausstellungsebene gezeigt wurde, jedoch in enger Beziehung zum Wave-UFO stand. Ihre stilisierte Formensprache verbindet Elemente humanoider Anatomie mit Schemata der Mangas und denen typischer Spielzeugfiguren. Alle Einzelwesen sind identisch gestaltet. In kreisförmiger Anordnung blicken die Wesen exzentrisch in den Raum und scheinen sich an den Händen zu halten. Der so zur Schau gestellte Ausdruck kindlicher Naivität korrespondiert mit der hier inkorporierten Spieloption, da ein herzförmiger dunkler Fleck in Brusthöhe zur – durchaus erlaubten – Berührung aufforderte (Abb. 5). Daraufhin ertönten niederfrequente Geräusche, der Oberkörper der Figur vibrierte und ihre schlitzförmigen Augen leuchteten hell auf. Dieses durch taktile Zuwendungen etablierte Reiz-Reaktionsschema entspricht in verändertem Maßstab den Interaktionen und symbolischen Gratifikationen des zuvor beschriebenen Tamagotchi-Spielzeugs und etabliert somit infolge der geforderten infantilen Tätigkeiten in einem Handlungsfeld von Erwachsenen, nämlich einem musealen Raum, eine weitere paradoxe Relation.

Ergänzende elementare Beziehungen sind ferner auf der formalen Ebene zu benennen. So korrespondierten die eleganten Rundungen der Großskulptur einerseits mit dem o. g. Spielzeugvorbild, andererseits mit einem kleineren Acrylmodell, das im Erdgeschoss des Hauses ausgestellt wurde und bereits die essentielle Relation zwischen Innenraum und Außenhülle akzentuierte. Zu erwähnen sind ferner Unterschiede der Materialbeschaffenheit, die zwischen der mit changierendem Perlmutteffekt gespritzten Kunststoffhülle der begehbaren Skulptur und dem aus einem Guss geformten Modellvorlage bestehen. Überdies schafft die Bezugnahme auf populäre Alien-Mythen einen deutlichen Gegensatz zur schnöden Alltagsrealität. Und die durch den experimentellen Vorgang der Hirnstrommessung produzierten Visualisierungen korrespondieren mit den von uns unterbewusst erlebten Traumvisionen, die sich infolge mikroelektrischer, synaptischer Aktivitäten einstellen.

Fazit

Man kann in Bezug auf die Arbeit Moris kritisieren, dass sie lediglich den Fun-Faktor für die Besucher gewährleiste und als elegantere Variante der bekannten digitalen „Caves" die menschliche Sensationslust bediene. Gleichwohl dürfte vor dem Hintergrund der geschilderten multivariaten Relationen deutlich geworden sein, dass Moris „Wave-UFO" weitaus mehr Erkenntnismomente eröffnen kann als vergleichbare 3-D-Vergnügungskokons der Unterhaltungsindustrie. Und die künstlerische Strategie der Chapmans, unter der schockierenden Oberfläche ihrer Ensembles subtile Kommentare zur Hybris der globalen Kultur zu lancieren, kann nachhaltige Einsichten hervorlocken, die indirekt auch vorherrschende Medienparadigmen hinterfragen.

Insofern bleibt abschließend zweierlei festzuhalten: Es gibt derzeit sicherlich Formen künstlerischer Interventionen, die angemessene unmittelbare Umgangsweisen mit digitalen Medien praktizieren (vgl. Beitrag Jürgen Stiller: Aspekte transvirtueller Interventionen, in diesem Buch). Parallel dazu haben sich jedoch ebenfalls mittelbare Formen relationaler Kunstpraxis herausgebildet, die sich zwar an Strukturprinzipien digital codierter Bild-Texte ausrichten und durchaus digitale Geräte einschließen, sich jedoch im eigentlichen Sinne als materielle Reflexionsebenen im Hinblick auf digitale Medienphänomene erweisen und in dieser Komplementarität unverzichtbar sind.

Literatur

Janke, Karl: Wundäugig-sehlüsterne Oxymorons. In: Kunst + Unterricht, Heft 270/2003, S. 35–37

Kulchitzky, Miroslaw: Interview of Miroslaw Kulchitsky with Nicolas Bourriaud, 1998. In: http://www.boiler.odessa.net/english/razl/nlrls02.htm (Datum des Zugriffs: 22. 4. 2003)

Stingelin, Martin: Das Netzwerk von Gilles Deleuze oder Der nichtlineare Begriff des Begriffs. In: Kunstforum International, Bd. 155, 2001, S. 164 ff.

Störig, Hans Joachim: Kleine Weltgeschichte der Philosophie. Frankfurt/Main 1988, S. 52 ff.

Streckfus, P.: Touch: Relational Art from the 1990's to now. Guest Curated by Nicolas Bourriaud. The San Francisco Art Institute, 2002. In: http://www.sfai-art.com/database/whats_hot_details.asp?id_event=715 (Datum des Zugriffs: 22. 4. 2003)

Wave-UFO. In: http://www.geocities.com/TimesSquare/Realm/4403/wave.html (Datum des Zugriffs: 27. 5. 2003)

Teilen und Tauschen. Kollektive Kreativität in jugendkulturellen Szenen und im System Kunst

Birgit Richard

In verschiedenen gesellschaftlichen Teilsystemen wird eine gemeinsame ästhetische Praxis in der Gruppe ausgeübt. Hierzu zählen die im Folgenden betrachteten jugendkulturellen Szenen und die Kunst. Grundsätzlich basiert die westliche Gesellschaftsordnung darauf, dass Kreativität und Wissen immer klar auf ein Individuum, einen Autor oder Urheber rückführbar sein müssen und in einem Werk ihren Abschluss finden (vgl. Foucault 1988). Kollektive ästhetische Praxen werden im Allgemeinen wenig diskutiert. Nach der Skizzierung verschiedener kollektiver Phänomene der Offline-Welt werden jugendliche Vergemeinschaftungsformen künstlerischen und ausgewählten medialen Formen der Netzkultur gegenübergestellt.

Bei den zeitgenössischen Jugendkulturen lässt sich seit einer Dekade die Transformation von Peergroups zu größten kollektiven Einheiten wie Tribes, Familien oder Nationen (Rave und Rap Nation) ablesen. Die Peergroup-Formation des Nahbereichs wird erweitert und umbenannt zu Posse (SWAT 1991 Berlin), Crew, Clan oder Neighbourhood (mit Einbeziehung des Raumes) wie im Hip-Hop oder wie bei der 2-Step-Bewegung zum Kollektiv (Gush Collective aus dem Ruhrgebiet). Viele Beispiele lassen sich im Hip-Hop nachweisen, die „Mongo Klique" aus Hamburg oder das „Stuttgarter Kolchose Label"; hier werden gerne Anleihen bei Begriffen für die kollektiven Organisationsformen des Sozialismus zur Abgrenzung gemacht. Aber auch über das Netz zusammengeschlossene DJ-Kollektive (z. B. weibliche Netzwerke http://www.sistersf.com) gilt es zu erwähnen (Abb. 1).

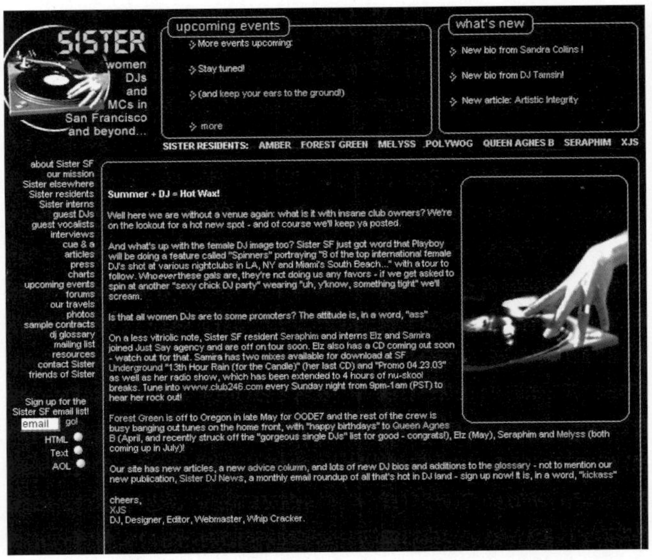

Abb. 1: Screenshot der Website http://www.sistersf.com (Zugriff am 19. 5. 2003).

Die kollektive Produktion soll ökonomische und lokale Beschränkungen aufbrechen. Es gibt auch virtuelle Studios, in denen in gemeinsamen Online-Sessions gejammt oder Musik produziert werden kann (z. B. von der Musiksoftware Firma Steinberg angeboten).

Charakterisiert sind diese neuen kollektiven Formen in den Jugendkulturen durch einen losen momenthaften Zusammenschluss, der sich hauptsächlich über das gemeinsame Tun und Projekte definiert und sich immer neu formieren kann. Die Kombination von kollektiver Rezeption und Produktion findet in der gegenwärtigen Dancefloorkultur (Techno, House, 2-Step) statt. Das hier zugrunde liegende Prinzip des Clubs wandelt die ursprüngliche Exklusivität von Golf- oder Tennisclub, schafft sie jedoch nicht völlig ab. Die so genannte Türpolitik – ein Türsteher entscheidet, wer reinkommt – nimmt das Prinzip der Auswahl, wenn es auch erweitert ist, wieder auf. Hier zeigt sich eine gesteuerte Kollektivität, die sich auch über Ausschlusskriterien etabliert. Der Club ist erst in seinem Inneren ein Verein von Gleichgesinnten, der eine die Gegensätze versöhnende Vielfalt zulässt, hier gibt es Parallelen zu Internet-Communities. Der konstruierte kollektive Kontext ist zunächst frei von künstlerischer Urheberschaft und individueller Genialität, die als normative Kategorien des Kunstbetriebs abgelehnt werden. Dies schlägt sich in Projektnamen und Pseudonymen nieder (z. B. Cybotron). Die Clubkultur durchläuft auf der Produzentenseite verschiedene Stadien: vom Ideal des anonymen Projektnamens, über den Star-DJ des Massentechno, bis zu den Produzentenkollektiven wie Crew und Collective in der Gegenwart.

Die hier kurz gestreiften gegenwärtigen kollektiven Produktionsansätze in den Jugendkulturen werden vom *Prinzip der Appropriation* eingeleitet. Enteignung, Transformation und Modulation von historischen Elementen aus der Musikgeschichte sind Leitmotive für Bearbeitungsschritte wie Remix und Sampling im Hip-Hop und Techno.

Der individuelle Werkcharakter wird aber vor allem in der Techno- und House-Szene durch den Wechsel vom Song zum Track bewusst gebrochen. Die Tracks sind Bausteine und Rohmaterial für einen im Prozess entstehendes, auf Interaktion, also Tanz, ausgerichtetes musikalisches Endlosband. Sie leben erst als Teil dieses Prozesses, sind nicht in sich abgeschlossen. Die Tracks sind eine Art von kollektivem Eigentum, weil erst die DJs sie zum Leben erwecken, wenn sie damit im Club oder Studio arbeiten (Richard 1998).

Das Teilen des musikalischen Rohmaterials zur Stilbildung ist schon seit jeher konstituierendes und gruppenerhaltendes Mittel jugendkultureller Szenen gewesen. Auch die neuere Praxis des Bootlegging im Bastard-Pop zeigt Aneignung ökonomisch fixierten Materials und seine Verwandlung in kollektive Ressourcen für eine Community, mit der Möglichkeit der individuellen Arbeit mit dem Rohmaterial. Bei diesen Prozessen stehen die Einmaligkeit des Produzierenden und sein „Werk" nicht im Vordergrund, vielmehr die Kommunikation in der Gruppe bzw. Community.

Kunst in Gruppen

In der bildenden Kunst ist das Kollektiv keine vorherrschende Produktionsform. Es taucht als punktuelle Abgrenzungsmöglichkeit auf und kennzeichnet vor allem die Situation von jungen Künstlern, die noch nicht am Markt etabliert sind und sich in Ateliergemeinschaften als Zweckkollektiv zusammenschließen. Das Kollektive ist hier temporär angelegt, eine Phase, nach der die Wiederauferstehung der Figur des Künstlerindividuums erfolgt. Foucaults Definition des Autors ist lückenlos auf die Figur des Künstlers übertragbar: Er stiftet den begrifflichen Rahmen, in dem das Werk als Einheit erscheint (Foucault 1988).

Rötzer (1991) geht davon aus, dass gemeinschaftliches kreatives Tun eine uneinlösbare Utopie darstellt. An dieser wird aber permanent gearbeitet, es gibt in der Geschichte der Kunst vor allem im 20. Jahrhundert viele Versuche (Vettese 1999, S. 36) den individuellen Autor auszuschalten, so im Bauhaus oder in den mehrhändigen Zeichnungen bei den Surrealisten, den „Cadavres Exquis". Viele der Gruppenarbeiten sind an den systemischen Vorgaben gescheitert, z. B. die Gruppe „Zero" in Deutschland (zur Geschichte der Künstlergruppen vgl. Vettese 1999). Auch Künstlerpaare und -duos (Abramovic und Ulay, Eva und Adele) sind integrierte Erscheinungen. Sie durchbrechen das für das System Kunst absolut notwendige Prinzip der Benennung von Einzelkünstlern nicht, weil hier weitgehend zwei Personen zu einem Künstlerindividuum verschmelzen. Aufgrund der Warenförmigkeit künstlerischer Werke müssen aus dem Kollektiv nach dem Paradigma der genialischen Künstlerpersönlichkeit wieder Einzelne hervorgehoben werden.

Das Phänomen der Künstlergruppe lässt sich nur dann integrieren, wenn die Zuordnung von Einzelteilen möglich ist. Das Kollektiv „Neue Slowenische Kunst", das auch das Internet als Plattform für ihre Arbeit nutzt (Abb. 2; http://www.kud-fp.si/nsk und dazu: http://www.v2.nl/nams/Texts/NSK) und sich an der Form des sozialistischen Kollektivs orientiert, wird vom System Kunst wieder in einzelne Elemente aufgelöst. Z. B. steht für die Kunst Irwin, für die Musik Laibach.

Der Katalog „Kunst als Teamwork" geht sehr optimistisch von einer Bewegung vom Werk zum System aus, das durch Vernetzung Strukturen wie den Autor aushebelt. Mediale Technologien ermutigen neue kollektive Formen in der Kunst: Studio Acconci oder Atelier van Lieshout erproben jeweils als Kooperationen Arbeitsformen aus Industrie und Wissenschaft, wie das Labor (Matt 1999, S. 6).

Künstlerische Netzkollektive

Kollektive Produktion und Autorenschaft werden mit dem Erscheinen der digitalen medialen Struk-

Abb. 2: Screenshot der Website http://www.kud-fp.si/nsk (Zugriff am 19. 5. 2003).

tur des Hypertexts im Internet als neue Bedingungen für kreatives Arbeiten diskutiert (Landow 1992). Sie zeichnen sich durch das Zusammenwirken mehrerer Künstler aus und können sich auch in der Heterogenität des Produktes niederschlagen. Gleichzeitig beziehen sie auch explizit die Rezipienten als Produzenten mit ein, wie das nicht nur in der Netzkunst, sondern z. B. auch bei der Performance geschieht. Netzkunst lässt sich aus mehreren Gründen schlecht in den Kunstbetrieb integrieren: Sie ist immateriell und prozessual, selten ein starres Produkt. Wenn dann noch die anonyme oder kollektive Produktion in den Vordergrund gestellt wird, dann läuft dies der kunsttheoretischen Erfassung und Kategorisierung und damit der Vermarktbarkeit zuwider.

Die Netzkunst, die das Internet als Plattforum für künstlerische Arbeiten nutzt, zeigt leider jetzt schon, dass sie auch nur einen punktuellen Bruch mit dem herkömmlichen Kunst und Künstlerverständnis vollziehen kann. Im Moment werden Protagonisten der Netzkunst wie „Vuk Cosic" (http://www.ljudmila.org/~vuk) trotz ihrer Versuche, die Paradigmen der individuellen Produktion zu durchbrechen, wieder Teil des Systems.

Das Prinzip des geistigen bzw. kreativen Eigentums und auch die ökonomisch bedingten Einschränkungen wie das Copyright werden im Netz durch Ansätze wie Copyleft und Plagiarism in Frage gestellt. Es kann aber auch in der Berufung auf den Kunstcharakter wiederhergestellt werden: Der Name im Web, also die URL, die Adresse der Website, die Bezeichnung für einen Ort, ist mehr als nur der Name: Er hat performative Eigenschaften. Für die Netzkunst ist die URL der Kern der Produktion und des Konzepts. „One simple way to prove that an artwork is an original is the URL in the location bar", sagt Olia Lialina im Interview mit „Telepolis" zur Bedeutung der URL als Signatur, als Siegel für das Original (Baumgärtel 1998).

Die Netzkunst aktualisiert gerade die peripheren Praxen des Kunstbetriebs und stellt sie in den Mittelpunkt: Neben dem kollektiven Arbeiten (z. B. rtmark), sind es Appropriation und Kopie (Plagiarism), Anonymität und die Entwertung des Eigennamens, der als Plattforum für viele Künstler und Nicht-Künstler fungiert (Luther Blissett: http://www.lutherblissett.net). Damit führt sie Strategien des Surrealismus und des Situationismus weiter (http://www.complit.fu-berlin.de/institut/lehrpersonal/cramer.html). Ein im Internet arbeitendes artistisches Kollektiv verbindet die individuellen Talente für ein gemeinsames Projekt. Das System Kunst kann mit den kollektiven Werken nicht umgehen, weil sie sich dem ordnenden Zugriff des Blickes und damit vor allem der kategorisierenden, kunstgeschichtlichen Sicherheit des Einordnens von Einzelkünstlern entziehen. Die Bestimmung, wer, was, wie gemacht hat, entfällt, da das Werk ständig im Fluss sein kann. Formen wie Plagiat, Kopie und ein Agieren unter einem Pseudonym als Verfahren der Netzkunst gelten als Störung, nicht nur der internen künstlerischen Ordnung.

Die kulturelle Grammatik der westlichen Gesellschaften (Blissett/ Brünzels 1998, S. 25 f.) bleibt in den virtuellen Welten wie in der Realität unsichtbar und implementiert Ordnungen, die zur Selbstverständlichkeit werden. Die hier zum Tragen kommende abstrakte immaterielle Form der Machtausübung zielt in anderer Form auf Diskursverknappung (Foucault 1974). Sie trifft insbesondere die textbasierten Strukturen des Internets, in denen ein wesentliches Prinzip der Machtausübung die Kontrolle des Namens in der Beherrschung der Adresse, der URL und ihrer Nachbarschaft ist.

Deshalb sprechen im Netz, insbesondere in der Netzkunst einzelne Personen mit vielen Namen, z. B. über unzählige E-Mail-Accounts „Nechtova Nezanova", „Frederic Madre", „antiorp", „integer" und „mindfukc". Sie erproben Formen einer textuellen Mailinglisten-Hydra (Frederic Madre: www.pleine-peau.com, E-Mail: fmadre@wanadoo.fr, Nechtova Nezvanova: http://eusocial.com/nebula.m81 und http://www.studioxx.org/maid2001/e/even/artists/netoch/netoch.html und antiorp:http://www.m9ndfukc.org), die sich nicht beherrschen lässt. Ob es ein Konzept der multiplen Namen für eine Person oder eine Gruppe ist, bleibt unklar und verunsichert Mailinglisten-Abonnenten und -Moderatoren massiv. Diese künstlerischen Störungsstrategien dringen in Infokollektive wie Mailinglisten ein, die wichtige Garanten für die Teilnahme an bestimmten Online-Welten sind. Die Spammer (ihre Mails erscheinen als bedeutungslose Nachrichten) attackieren vor allem Infoposter, die diese Mailinglisten verstopfen, indem sie deren Postings durch eine Art von Maschinensprache verändern, kritisieren oder die Verursacher beschimpfen.

Die Netzkunst, die sich als eine „Open Source Kunst" versteht, löst sich vom traditionellen Konstrukt des „genialisch schöpfenden Individuums", dem Künstler. Sie ermutigt zur gemeinsamen Arbeit (Olia Lialina: http://www.teleportacia.org/olia.html und http://student.merz-akademie.de/alink), stellt Material, Ergebnisse, Tools und generelle Strategien zur weiteren Bearbeitung zur Verfügung. Im Internet manifestiert sich die medienspezifische künstlerische Subversion in der direkten Veränderung oder Verdopplung von Codes, in transformierten Skripts und Interfaces, wie z. B. bei den Netzkünstlern jodi org. Die beliebten Verdopplungsstrategien der Fake-Websites (http://rtmark.com/bush.html und http://GW Bush.com) basieren auf der optischen Verdopplung einer Website, z. B. des politischen Gegners (Abb. 3).

Die verdoppelte Seite scheint auf den ersten Blick identisch, es soll zu einer Verwechslung kommen. Dies ergibt sich durch die minimale Veränderung des so genannten „source codes", des Quellcodes, der jeder Internetseite zugrunde liegt. Der optische Gesamteindruck bleibt gleich, nur der Inhalt wird durch geringfügige Eingriffe, wie das Austauschen von einzelnen Wörtern, in sein Gegenteil verkehrt.

Die geschilderten Strategien bedeuten auf der Ebene der Kunst Sabotage von systemeigenen Elementen, die die Netzkunst zunächst zu einer nicht zu integrierenden, ästhetischen Erscheinung macht. Auch außerhalb des Netzes haben sich künstlerische Verfahren wie Plagiarism – als Strategie schon früh empfohlen von Lautreamont, Oskar Wilde, T. S. Eliot – Ende der Achtzigerjahre von den New Plagiarists (z. B. Graham Harwood), nicht durchgesetzt.

Daneben beschert die Netzkunst dem Kunstsystem weitere kollektive Elemente: Künstlerische Corporations, die weltweit vernetzt nach dem Vorbild der

Abb. 3: *Screenshot der Website http://GWBush.com (Zugriff am 19. 5. 2003).*

Abb. 4: Screenshot der Website http://www.etoy.com (Zugriff am 19. 5. 2003).

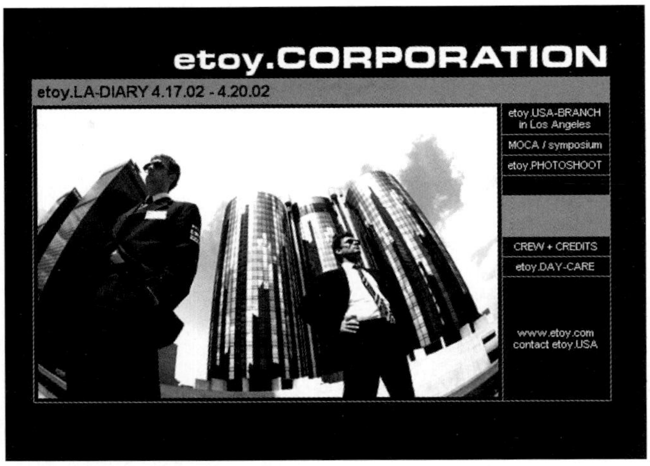

Abb. 5: Screenshot der Website http://www.etoy.com/diary (Zugriff am 19. 5. 2003).

globalen Konzerne arbeiten. Sie nutzen einen Vorteil der kollektiven Identität, die Anonymität der Einzelcharaktere; wie z. B. bei der Etoy- (http://www.etoy.com) (Abb. 4 und Abb. 5) und Rtmark-Corporation (http://www.rtmark.com).

Charakteristika kollektiver Produktion in Gruppen Szenen und Communities

Konstituierendes Merkmal für ein positiv definiertes Kollektiv ist das Moment der gleichberechtigten Partizipation, das zunächst niemanden ausschließt. Individualität und Egalität spielen zusammen. Das permanente Wechselspiel zwischen persönlichen Skills und schützender, Sinn stiftender Gemeinschaft ist entscheidend für einen kollektiven Ansatz in den verschiedenen Bereichen. Der Access, der Zugang, zu bestimmten Communities ist oft geregelt durch Minimalanforderungen wie Anmeldung. Dies ist notwendig, um die Unverbindlichkeit zu nehmen und enthält nur einen Hauch von sozialer Verpflichtung, damit ist zugleich der Unterschied zu elitären Kollektiven formuliert. Auch die Temporalität des Zusammenschlusses und das Prozessuale, die eine feste einengende Struktur verhindern, sind wichtige Elemente.

Merkmale für die kollektive Arbeit an einem Projekt sind das parallele simultane Agieren an einer offenen Werkstruktur und die Beibehaltung von Multiperspektivität, die bedingt, dass die Unterschiede nicht wieder unter ein Konzept gezwungen werden. Wichtig ist, dass eigene individuelle Einträge in das System möglich sind, die auch berücksichtigt werden und im Prozess sichtbar bzw. nachvollziehbar etwas bewirken. Die Kollektive im Netz bevorzugen Projekte statt Produkte, die reale und virtuelle Erfahrungsräume öffnen oder die die eigenen Produktionsbedingungen und ihre Kontexte befragen. Sie sind produzierende und bewegliche Einheiten, keine passiven Entitäten. Die Größe einer solchen Gemeinschaft ist ein entscheidender Faktor: je unüberschaubarer und anonymer, desto geringer die Möglichkeit, gemeinsam an einem Projekt zu arbeiten.

Partizipation statt Konsumption, das unterscheidet die artistischen und aktivistischen, kollektiven Ansätze von ihren kommerziellen Pendants. Die so genannten Shopping-Gemeinschaften, wie z. B. Letsbuyitcom, sind eher Zweckgemeinschaften als eine neue soziale Form des Miteinanders, da die Kommunikationsstrukturen funktionsgebunden sind. Das heißt, die soziale Effektivität der kollektiven Formen ist kontextabhängig. Dennoch kann man aber auch kommerziellen Angeboten nicht grundsätzlich eine gemeinschaftsbildende Funktion absprechen. Entscheidend ist die Offenlegung des Kontextes: Eine kommerzielle Spielumgebung lässt keinen Zweifel über die Art des Angebots, verhindert aber nicht, dass die Nutzer sich z. B. in Clans für das Multiplayer Deathmatch Quake treffen und eigene Strukturen ausbilden (siehe auch die Weiterentwicklung des Spiels „Creatures", Richard 1998).

Wichtig für das kollektive Arbeiten ist das Prinzip des Tauschs, dass das Freeriding – also das Mitnehmen von allem was zur Verfügung steht „Saugen, bis die Festplatte platzt" – ausschaltet (Rötzer 2000). Die Reziprozität des Austausches muss gewährleistet sein, ansonsten kommt es nicht zu einer solidarischen Kollektivbildung (Mauss 1925/1990). Wenn die Strukturen zu groß und zu anonym werden, findet kein Austausch, sondern nur noch der Konsum von Daten statt.

Das zu Beginn angesprochene Offline-Konzept des Clubs kann durchaus als eines der Modelle für die Herausbildung von individueller Identität im Kollektiv und für das Arbeiten an kollektiven (musikalischen) Speichern verstanden werden. Das Clubkonzept bietet einen Prototyp von minimal gesteuerter Kollektivität an, der auch in den Netzgemeinschaften wieder zu finden ist. Die Zugänglichkeit ist hier durch visuelle Kriterien des Style geregelt. Kollektive können auch subtil „verordnete" Formen sein, die bestehende Hierarchien durch einen Anschein von Beteiligung verdecken. So kann beispielsweise die künstlerische Vorformatierung einer Community die Interaktion regeln und bestimmen, wie sich die Nutzerinnen einbringen dürfen, also den Rahmen vorgeben. Diese Lenkung verhält sich, sofern sie bewusst gemacht wird, nicht grundsätzlich konträr zu dem Public-Domain- und Open-Source-Gedanken.

Durch die Eigenschaften der digitalen Reproduktions-, Speicher- und Transfermedien sind Copyright-Probleme schon vorgezeichnet. Diese verschärfen sich durch Verfahren, die beim Kopieren keinen Qualitätsverlust verursachen und so die Unterscheidung Original und Kopie obsolet machen. Ein kollektives Open-Source-Modell wird sich allerdings nicht durchsetzen, solange Monopolisten Autor, Werk und Copyright in Kunst, Jugendkulturen, Software und Netz zementieren.

Besonders offene Software-Modelle, die Hierarchien in der Architektur von Netzwerken wie das Client-Server-System umgehen, sind so genannte P2P-(peer-to-peer)Anwendungen: „Imesh" oder „Gnutella", die über eigene Ports verfügen und damit nicht zentral abschaltbar sind, befinden sich permanent im Visier der globalen Corporations. Die so genannten Filesharing-Systeme (wie z. B. auch „Kazaa") erlauben es den Nutzern ohne zwischengeschaltete Elemente wie Server, Daten zwischen Computern auf gleicher Ebene auszutauschen. Jeder Rechner wird zum Server. Der Begriff P2P zeigt mit „Peer" (d. h. gleichrangig aber auch gleichaltrig), dass es sich im Ursprung um eine jugendspezifische Nische der Mediennutzung handelt, die keiner wirtschaftlichen Zweckrationalität folgt. Die kollektiven Tauschpraxen von Jugendlichen geraten in Konflikt mit der ökonomischen Struktur (Hometaping is killing Music). Die kollektive Vervielfältigung von symbolischem Kapital in Form des Austausches von Musik ist in Jugendkulturen eine gängige Praxis, die nicht nur aus finanziellen Gründen Setzungen wie das Copyright unterläuft. Schon immer ist der Austausch von musikalischen Daten über verschiedene Reproduktions- und Speichermedien vom Tonband über Audiokassetten bis hin zu Napster, das nun fest in den ökonomischen Kreislauf integriert ist, praktiziert worden.

Kopieren, Teilen, Verleihen und Tauschen ist ein gemeinsames Charakteristikum von Offline-Peer-Groups und Online-Communities auf Software-Basis. In der künstlerischen Praxis ist dieses Prinzip nur in der Netzkunst zu finden.

Die beschriebenen kollektiven Austauschprozesse sind lediglich dann brauchbare Ansätze oder gar ein neues Modell für eine gemeinsame kreative Praxis, wenn für die Mitglieder einer Community oder eine Posse/Crew eines DJ-Collectives der gleichberechtigte Zugriff auf das Rohmaterial gegeben ist, wenn die Tools zur Weiterverarbeitung gut erreichbar und bedienbar sind. Die Strukturen und Materialien müssen in der Verarbeitung individualisierbar sein, aber gleichzeitig auch einen kollektiven Arbeitsprozess erlauben.

Die Sprengung eines ökonomisch fundierten Werkbegriffes, der nur das Produkt im Auge hat, sollte auch ein Ziel zukünftiger ästhetischer Erziehung sein. Vor allem das Arbeiten in Gruppen, wie es jugendkulturelle Musik-Stile und die Netzkunst vorführen, sollte für den Kunstunterricht ein mediengestütztes Modell sein, um weg von dem Leitbild kreativer Einmaligkeit auch kollektive und damit soziale und partizipative Formen von Kreativität zu fördern.

Literatur

Baumgärtel, Tilman: Netzkunst Haute Couture, Eine Frage des Preises. In: Telepolis, 18. 8. 1998, http://www.heise.de/tp/deutsch/inhalt/sa/3269/1.html (Datum des Zugriffs: 20. 5. 2003)

Blissett, Luther/Brünzels, Sonja: Handbuch der Kommunikationsguerilla. Berlin 1998

Foucault, Michel: Die Ordnung des Diskurses. Inauguralvorlesung am Collège de France, 2. Dez. 1970. Frankfurt/Main 1974

Foucault, Michel: „Was ist ein Autor?". In: Schriften zur Literatur, Frankfurt/Main 1988, Erstausgabe 1969, S. 7–31

Kunsthalle Wien (Hrsg.): Get together. Kunst als Teamwork. Wien 1999

Landow, George P.: Hypertext. The Convergence of Contemporary Critical Theory and Technology. Baltimore/London 1992, S. 71–100

Levy, Pierre: Die kollektive Intelligenz. Mannheim 1997

Matt, Gerald: Vorwort. In: Kunsthalle Wien (Hrsg.): Get together. Kunst als Teamwork. Wien 1999, S. 6f.

Mauss, Marcel: Die Gabe. Form und Funktion des Austausches in archaischen Gesellschaften, Frankfurt/Main 1990 (franz. Original: Essais sur ledon, 1925)

Richard, Birgit/Klanten, Robert (Hrsg.): Icons. Localizer 1.3. Berlin 1998

Richard, Birgit: Von der Gefährlichkeit des künstlichen Lebens. Norn Attacks und Marine Doom. In: Gerfried Stocker/Christine Schöpf: InfoWar. Ars Electronica. Wien/New York 1998 (engl./deutsch; 1999 auch in japanischer Sprache erschienen)

Richard, Birgit: Am Anfang war das Wort: Domain wars! Zur Gewalt des Eigennamens in virtuellen Welten. In: Richard, Birgit/Drühl, Sven: Choreographie der Gewalt. Kunstforum International, Band 153, Januar–März 2001, S. 202–229

Rötzer, Florian (Hrsg.): Von der Utopie einer kollektiven Kunst. Kunstforum International, Band 116, November/Dezember 1991

Rötzer, Florian (Hrsg.): Betriebssystem Kunst. Kunstforum International, Band 125 Januar/Februar 1994

Rötzer, Florian: eToys.com zieht die Klage gegen Etoy.com zurück. Ein totaler Sieg für die Internetgemeinschaft. In: Telepolis, 26. Januar 2000, http://www.heise.de/tp/deutsch/html/result.xhtml?url=/tp/deutsch/inhalt/te/5719/1.html&words=eToys%2026%2001%202000 (Datum des Zugriffs: 20. 5. 2003)

Shafer, Dan: Task Forces: A New Kind of Community? http://www.onlinecommunityreport.com/features/taskforce/ (Datum des Zugriffs: 20. 5. 2003)

Vettese, Angela: Wider den Mythos des Autors. In: Kunsthalle Wien (Hrsg.): Get together. Kunst als Teamwork. Wien 1999, S. 32–37

Formen transvirtueller Interventionen

Jürgen Stiller

„Fortschritt besteht nicht unbedingt darin, dass man um jeden Preis vorwärts geht."

(Umberto Eco 2002, S. 139)

In den vergangenen vierzehn Jahren hat das Internet nicht nur den menschlichen Alltag, sondern auch die künstlerische Arbeit und kunstpädagogische Vermittlung vielfältig verändert. Parallel dazu vollzog sich eine zunehmende Aufladung des Mediums mit mythischen Qualitäten und Potenzialen, die häufig nicht nur eine sachlich angemessene Bewertung künstlerischer medialer Erzeugnisse vereitelten, sondern – schlimmer noch – adäquate ästhetische Handlungsweisen verhinderten. Grund genug, diesen Beitrag auf neuere Entwicklungen in der Netz-Kunst-Welt zu beziehen, um dazu beizutragen, das Medium auf seine eigentlichen Möglichkeiten zurückführen und der Mythenbildung entgegenzuwirken.

Fakten und Mythen

Der Beginn des Phänomens Internet datiert im Jahr 1990, weil erst damals Tim Berners-Lee und Robert Cailliau am CERN in Genf eine massentaugliche grafische Benutzeroberfläche für das bis dahin im Entstehen begriffene Datenleitungsnetzwerk entwickelt hatten (Maresch/Rötzer[1] 2001, S. 9). Auch heute noch ist das Netz im Prinzip nichts anderes als ein globales Infrastruktursystem auf binärer Codierungsbasis (Sandbothe 1997, S. 59; Stiller 2003 a). Doch unterscheidet man darin drei Kategorien, die sich hierarchisch zueinander verhalten: Als „Matrix" wird die „umfassende, weltweite Netzstruktur" bezeichnet. Das „Consumer Internet", in dem eine bestimmte Anzahl von Computern und Computernutzern verbunden sind, bildet dagegen nur eine Untergruppe der „Matrix". Das „Core Internet" wiederum stellt nur eine ausgezeichnete Teilmenge des „Consumer Internet" dar (Sandbothe ebd.). Hier kommunizieren und interagieren die Nutzer auf der Grundlage heterogener Zeichenmanifestationen (schriftlich, akustisch, [bewegt-] bildlich, grafisch ...). Was aber dem Anwender – von außen betrachtet – als multimedialer Informationsaustausch erscheint, vollzieht sich im Inneren der Maschinen als ungeheuer schnelles Abarbeiten bestimmter Rechenvorgänge, der Protokolle (z. B. TCP/IP = Transmission Control Protocol/Internet Protocol). Diese regeln den Austausch von Datenpaketen zwischen den Hosts. Protokolle bestehen funktionell aus mehreren Untereinheiten.

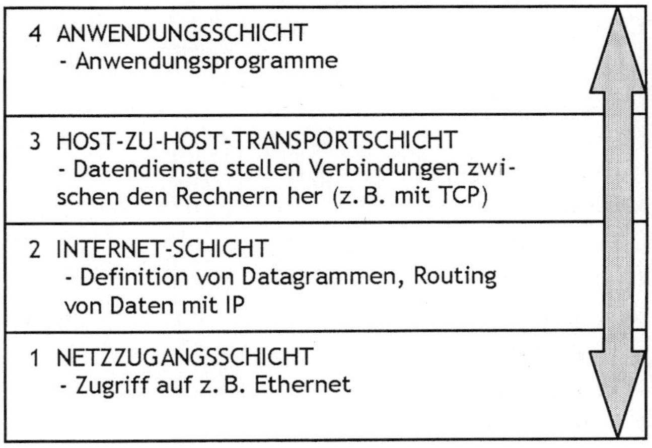

Abb. 1: Grafik: Netzwerkgrundlagen (Quelle: http://www.tecchannel.de/internet/209/0.html, Datum des Zugriffs: 17. 3. 2003).

Das Modell einer „Protokollarchitektur" in Gestalt eines vierschichtigen Stapels (Abb. 1) hilft, die Arbeitsweise der beim Empfang und Versand interagierenden Datenmodule besser zu begreifen: Beim Versand durchlaufen die digitalen Informationen den Stapel von Schicht 4 nach Schicht 1, beim Empfang umgekehrt. Zur einwandfreien Übermittlung der Daten, werden dem Datenpaket in jeder Schicht Kontrollinformationen (Header) vorangestellt.

Abb. 2: Screenshot aus der AOL-Werbung mit Boris Becker (Quelle: http://www.fun4ever.de/video/werbung/aol.jpg, Datum des Zugriffs: 17. 3. 2003).

„Ich bin drin!" – Dieser fast schon sprichwörtliche Begeisterungsruf eines ehemaligen Tennis-Cracks im Werbespot für den Internet-Anbieter AOL (Abb. 2) enthielt dagegen nicht nur Anspielungen auf dessen turbulentes Privatleben, sondern bediente zugleich zwei mythische Kategorien. Der Clip erweckte den Eindruck, als komme die Herstellung des Internetzugangs dem Durchschreiten der heiligen Pforte zur Gralsburg gleich, die sich aufgrund geheimnisvoller Beschwörung wie von Geisterhand geöffnet hatte. Und besagter Ex-Champion, dem nicht nur aufgrund sprachlicher Umständlichkeit in der Öffentlichkeit gern ein schlichtes Gemüt attestiert wird, schlüpfte als moderner unbedarfter Parzival ins Allerheiligste! Hier sollten also „spielerisch leichte Bedienbarkeit" und „Zugang in den Kreis der Auserwählten" als mythische Semanteme den potenziellen Kunden ködern. Die Fragwürdigkeit solcher Mythen hat bereits Karl Kerényi in analogem Kontext festgestellt: „Von ‚Mythen' spricht man hier doch bewusst nur in einem übertragenen Sinn, und man darf da auch das Wort ‚unecht' aussprechen. Es sind ‚unechte Mythen', die ‚Fabeln, Wahnbilder und Hirngespinste', die sich für Wahrheit ausgeben, obwohl sie nur zweckdienlich, also aus einem technischen Grunde richtig sind. Unecht sind sie nicht deswegen, weil sie so sind! Sie sind echte politische Instrumente" (Kerényi 1964, S. 238 f.). Schon sehr früh hat Roland Barthes die prinzipiellen Wirkungsweisen solcher Alltagsmythen beschrieben und analysiert (Barthes [1]1964/[22]2002). Abgesehen davon sind inzwischen auch andere Elemente des mythischen Clusters „Internet" (u. a. Künstliche Intelligenz, digitale Demokratie, Telekommunikation ...) in ihren unterschiedlichen, miteinander verbundenen Ausprägungen hinlänglich untersucht und zuweilen eindrucksvoll demontiert worden (Instituto del Tercer Mundo, Uruguay 1995; Münker/Roesler [3]1999; Maresch/Rötzer 2001).

Die aktuellen Ereignisse zum Zeitpunkt der Niederschrift dieses Beitrags (Frühjahr 2003 – zweiter Irakkrieg) geben Anlass, noch weitere Aspekte in diese relativierende Betrachtung einzubeziehen. Damit sind hier weniger die allgegenwärtige Desinformation noch angedrohte Viren-Angriffe gemeint, sondern die besondere Wertschätzung fossiler Brennstoffe: Dies lenkt die Aufmerksamkeit darauf, dass das Internet eine höchst sensible Struktur ist, die nur aufgrund elektrischer Energiezufuhr existiert. Bei Stromausfall oder einem starken elektromagnetischen Impuls bricht dieses System ganz trivial zusammen! Sollten zukünftig jedoch Rechner einmal auf der Grundlage biotechnologischer DNA-Prozesse funktionieren (vgl. Benenson u. a. 2003), wird man diese Systemanfälligkeit vielleicht beheben können.

Das *Internet* scheint auf der ökonomischen Ebene seine mythische Anziehungskraft gleichfalls verloren zu haben. Denn die Börsenkurse von Firmen im so genannten Neuen Markt sind in den vergangenen Jahren drastisch gesunken, sofern es die betreffenden Unternehmen aus den Boomzeiten der digitalen Gründungswelle überhaupt noch gibt.

Interventionen als internetbasierte Handlungsformen

Wie beurteilen bildende Künstler das Problem der mythischen Aufladung des Internet? Die Medien-Künstlerin Cornelia Sollfrank argumentiert gegen jede Form von Mythenbildung und schreibt über ihre Kolleginnen und Kollegen: „Die Haltung der Künstler zu ihrer Tätigkeit im Netz reicht von totaler Ablehnung der Kunst oder einer Diskussion über Netzkunst bis zur pragmatischen Verleugnung jeder Problematik. (...) Das Hauptargument dafür ist der Wunsch, sich vom traditionellen Kunstkontext zu distanzieren. Damit einher geht die Illusion, sich von allen Erwartungen, die die Kunst befrachten, befreien zu können" (Sollfrank 1997 – Die Frage nach der Haltung). Sie möchte die „(...)Netzkunst von einem Sockel (...) holen, der ihr nicht gerecht wird (...)" (ebd. – Die Frage nach einer Strategie). Als Insiderin trägt sie nicht nur zum theoretischen Diskurs bei, sondern begleitet ihre Statements auch konsequent durch eigene künstlerische Handlungen. An der Medien-Ausstellung „Extension" der Kunsthalle Hamburg im Jahr 1997 beteiligte sie sich beispielsweise, indem sie die Identität von 127 Frauen frei erfand. Von diesen fiktiven „Künstlerinnen" ließ sie unter jeweils anderer E-Mail-Adresse weitere Beiträge zur „Extension" einreichen, die genau genommen aus Datenmüll bestanden. Die Organisatoren der Veranstaltung durchschauten dieses Konzept zunächst nicht, sondern freuten sich über die signifikant hohe weibliche Teilnahmequote. Erst auf der Pressekonferenz enthüllte Sollfrank die Natur ihres Beitrags (Baumgärtel [2]2001, S. 158), der nicht nur die Stereotype „Technikfeindlichkeit von Frauen", „Kunstbetrieb = Männerbetrieb" unterlief, sondern die Rahmenbedingungen solcher Ausstellungsprojekte direkt angriff und manipulierte.

Neben Formen relationaler Kunstproduktion (vgl. Jürgen Stiller: Relationale Kunst und neue Medien;

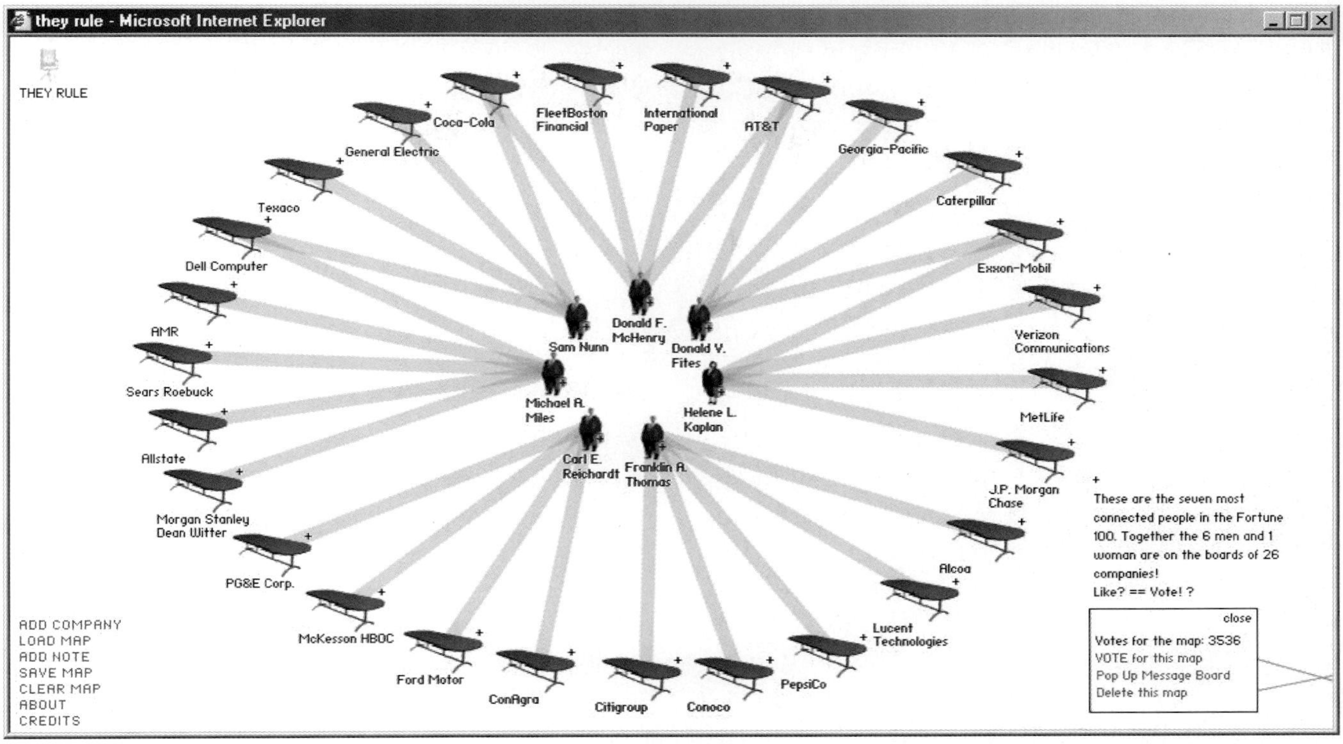

Abb. 3: Screenshot – Josh On, Futurefarmers „They Rule" 2002 (Quelle: http://www.theyrule.net, Datum des Zugriffs: 18. 9. 2002).

Beitrag in diesem Buch) steigt die Zahl solcher und ähnlicher Projekte, die im weitesten Sinn als internetbasierte künstlerische Interventionen zu verstehen sind. Für Sollfrank verbinden sich in solch einer „(...) Kunstaktion, die auf dem Träger elektronisches Netzwerk stattfindet und nur dort stattfinden kann (...)" (Sollfrank 1997 – Die Frage der Form) nicht nur Netz und Kunst, sondern auch – in Weiterführung des Beuys'schen Kunstbegriffs – alle Handlungen mit dem Ziel, vorgegebene Vorstellungen zu überwinden." (Sollfrank ebd.)

Auch das amerikanische Projekt „They Rule" (http://www.theyrule.net) von Josh On/futurefarmers (Abb. 3) weist Aspekte künstlerischen Intervenierens auf, wenngleich von subtilerer und investigativerer Qualität. Im Rahmen des Prix Ars Electronica in Linz (A) wurde es 2002 in der Kategorie „Net Excellence" mit der Goldenen Nica prämiert. Es handelt sich prinzipiell um eine Datenbankvisualisierung, die nach dem 11. September 2001 und vor dem zweiten Irakkrieg programmiert wurde, jedoch noch immer weiter entwickelt wird. Das Programm zeigt aufgrund sorgfältig recherchierter Daten (Hyperlinks werden auf der Credit-Seite angegeben) die einflussreichsten Wirtschaftsführer der USA und deren Verflechtungen mit den 100 wichtigsten US-Firmen in übersichtlichen grafischen Darstellungen. Firmen werden durch Schreibtische, Personen durch standardisierte männliche bzw. weibliche Gestalten symbolisiert; deren Korpulenz und Kleidung korrespondieren mit den stereotypen Darstellungsformen des Typus „Kapitalist", die im 19. Jahrhundert und zu Beginn des 20. Jahrhunderts in den politischen Karikaturen, etwa des Simplizissimus, geprägt wurden. Die Beziehungen zu den Unternehmen werden über dicke, grau gefüllte Verbindungslinien hergestellt. Beispielsweise zeigt Abb. 3, dass sieben bestimmte Personen in Aufsichtsräten/Vorständen von 26 der 100 Top-Firmen vertreten sind und daher über großen Einfluss verfügen. Von besonderem Interesse ist dabei, dass partiell auch die Verbindung zwischen Wirtschaft und Politik transparent wird: Der ehemalige demokratische US-Senator Sam Nunn – im Amt von 1972 bis 1996 – bekleidet demnach wichtige Ämter bei Coca Cola, General Electric, Dell Computer und dem Ölkonzern Texaco. Dadurch wird deutlich, dass der gegenwärtige politische Kurs der USA eben nicht nur von republikanischen Kriegsbefürwortern wie Rumsfeld, Wolfowitz oder Cheney – derzeit Mehrheitsaktionär bei Halliburton, dem weltgrößten Ölservicekonzern – bestimmt, sondern ebenso von einflussreichen Demokraten aufgrund ihrer wirtschaftlichen Verflechtungen toleriert wird.

Das Projekt „They Rule" ist insofern interaktiv konzipiert, als Besuchern der Website verschiedene Einwirkungsmöglichkeiten offen stehen. Sie können einer vorhandenen Grafik weitere der alphabetisch erfassten Firmen hinzufügen, worauf de-

ren Verbindungsmodus von der Software aktuell visualisiert wird, oder eine Grafik komplett löschen bzw. neu aufbauen. Man kann bestehende Darstellungen auch kommentieren oder die eigene Beurteilung per Stimmabgabe zum Ausdruck bringen; für die Grafik in Abb. 3 stimmten beispielsweise 3536 Besucher.
In der Kategorie „Net Visison" des Prix Ars Electronica-Wettbewerbs 2002 errang das Projekt „Carnivore PE" der RSG (**R**adical **S**oftware **G**roup), einer künstlerisch arbeitenden Hacker-Gruppe (u. a. Alex Galloway, Mark Napier, Mark Daggett, Joshua Davies) eine Goldene Nica. Die Gruppe versteht sich als „Tiger Team" und gebraucht dabei einen Begriff, der spontan und unkonventionell zusammenarbeitende DV-Sicherheitsexperten in großen Unternehmen bezeichnet: „Tiger teams, in essence, simulate potential hacker attacks, hoping to find and repair security holes. RSG is a type of tiger team" (RSG 2002 – Collaboration). Das bereits April/Mai 2002 im Rahmen der Ausstellung „Kontrollfelder – Programmieren als künstlerische Praxis" des Dortmunder „h**art**ware-medien-kunst-vereins" vorgestellte und im Linzer Wettbewerb ausgezeichnete Projekt zählt zum Bereich des „Re-engineering", dem informatischen Modifizieren des Quellcodes einer Software. In diesem Fall programmierte RSG die als ‚DCS 1000' bekannte und bis vor kurzem populär als „Carnivore" (engl. Fleischfresser/Raubtier) bezeichnete Software um, die vom FBI verwendet wird, um jeglichen Netzverkehr (E-Mails, Websurfen etc.) zu überwachen. Carnivore PE wurde am 1. Oktober. 2001 der Öffentlichkeit durch RSG angekündigt, also drei Wochen nach dem ominösen 11. September 2001. Zu diesem Zeitpunkt hatte – Gerüchten zufolge – das FBI bereits damit begonnen, DCS 1000 auch bei zivilen Providern wie Hotmail und AOL (s. o.!) zu installieren, wie es hieß, um die elektronische Kommunikation zwischen Terroristen aufzuspüren.
Der Zusatz „PE" (**p**ersonal **e**dition) zeigt an, dass RSG durch ihre Intervention das Funktionsprinzip dieser Überwachungssoftware einer staatlichen Behörde einfach umkehrten: Als Public-domain-Werkzeug kontrolliert die Software mit Einwilligung der Servereigner zwar noch immer den Datenverkehr auf lokalen Netzwerken. Die erfassten Datenbewegungen sendet es danach jedoch via Internet an eine unbegrenzt große Anzahl „kreativer Schnittstellen", die „Clients" bzw. potenziellen Projektteilnehmer, die ihrerseits mittels Webdesign-Software, z. B. Flash, die Datenströme zur Grundlage visueller Gestaltungen machen sollen. „The clients are each designated to animate, diagnose, or interpret the network traffic in various ways" (RSG 2002 – Summary). Dabei ist für RSG allerdings nicht das Reverse-engineering an sich von vorrangigem Interesse, sondern die damit erreichbare Re-Politisierung: „RSG longs to inject progressive politics back into a fundamentally destabilizing and transformative technology, (...)" (RSG 2002 – Carnivore Personal Edition).

Realität – Virtualität – Transvirtualität

Trotz höchst unterschiedlicher Interventionsverfahren der drei zuvor knapp beschriebenen Projekte sind mehrere Gemeinsamkeiten festzuhalten. Alle finden ihren Ausgangspunkt in der unmittelbaren Lebenswirklichkeit, der Realität. In einem weiteren Schritt operationalisieren sie spezielle problematische Realitätsaspekte im (virtuellen) Struktursystem des Internet mittels kommunikativer oder informationstechnischer Prozeduren. Dabei manifestieren sich ästhetische Qualitäten bei Sollfrank im Prozess der Dekonstruktion habitualisierter Stereotype und Regelwerke, bei On/futurefarmers in der Konstruktion und Visualisierung latenter Machtkonstellationen und bei RSG in der Re-Konstruktion und Funktionsveränderung überwachungsstaatlicher Programm-Codes. In diesem Zusammenhang ist aufschlussreich, dass die RSG-Gruppe sich auf Sol LeWitts Definition konzeptueller Kunst von 1967 bezieht und dessen Kunst als algorithmische Prozesse interpretiert, die durch Sprache / Codes gesteuert werde. Im Unterschied dazu besitze informatischer Maschinen-Code jedoch noch eine weitere, höherwertige Eigenschaft, die Sprache unmittelbar in Handlung überführe: „Code has a semantic meaning, but it also has an enactment of meaning. Thus, (...), code has both a legible state and an executable state" (RSG 2002 – Coding).
Alle drei Projekte sind schließlich so konzipiert, dass sie das Internet nicht als mythenbesetzten eskapistischen Freiraum nutzen. Vielmehr senden sie aus dem globalen binären Infrastruktursystem heraus Impulse, die den virtuellen Raum transzendieren. Dadurch können sie Erkenntnisse, Verhaltens- oder Einstellungsänderungen von Rezipienten bewirken, die zwar körperlich im Realraum situiert, gleichwohl in der Lage sind, sich der technologischen Möglichkeiten digitaler Medien zu bedienen. Insofern erscheint es angebracht, die von den Beispielprojekten ausgelösten Impulse als „transvirtuell" zu bezeichnen, denn sie verbinden bis dahin diametral antagonistische Handlungs-

räume und lassen einen neuartigen kontingenten Wirkungsbereich entstehen.
Solche transvirtuellen Interventionen scheinen nicht nur geeignet, die Entmythologisierung des Internet fortzusetzen, sondern darüber hinaus auch neue Wege zur adäquaten künstlerischen Nutzung des Webs zu eröffnen.

Literatur

Barthes, Roland: Mythen des Alltags. Frankfurt/Main [1]1964/[22]2002

Baumgärtel, Tilmann: [net.art]. In: Institut für moderne Kunst (Hrsg.): Materialien zur Netzkunst. Nürnberg [2]2001

Benenson, Yaakov/Adar, Rivka/Paz-Elizur, Tamar/Livneh, Zvi/Shapiro, Ehud: DNA molecule provides a computing machine with both data and fuel. In: Proceedings of the National Academy of Sciences. USA, Vol. 100, Issue 5, 2191–2196, 4. März 2003; ebenso: http://www.pnas.org/cgi/content/full/100/5/2191 (Datum des Zugriffs: 12. 3. 2003)

Eco, Umberto: Derrick oder die Leidenschaft für das Mittelmaß. München 2002

Futurefarmers/Josh On: They Rule 2002 (Quelle: http://www.theyrule.net, Datum des Zugriffs: 18. 9. 2002)

Gasser, Fredy/Hartmann, Katrin: Mit dem Mythos Internet aufräumen. In: Berner Zeitung, 25. 9. 2002. Quelle: http://www.kinder schutz.ch/artikel_bz.html (Datum des Zugriffs: 13. 3. 2001)

Instituto del Tercer Mundo, Uruguay (Hrsg.): Mythos „Internet". Deutsch: Miró/RZ Osnabrück (Übersetzung: Uwe Afemann). Ebenso: Universität Dortmund, Hochschulrechenzentrum, computerPostille November 1995 und http://www.zdv.uni-mainz.de/ JoguBits/internet.html (Datum des Zugriffs: 13. 3. 2003)

Kerényi, Karl: Wesen und Gegenwärtigkeit des Mythos, 1964. In: Kerényi, Karl (Hrsg.): Die Eröffnung des Zugangs zum Mythos. Darmstadt 1976, S. 234 ff.

Manovich, Lev: Die Ästhetik des navigierbaren Raumes. In: Museen der Stadt Dortmund/Westfälisches Industriemuseum Zeche Zollern II/IV (Hrsg.): Vision Ruhr. Dortmund 2000

Maresch, Rudolf/Rötzer, Florian (Hrsg.): Cyberhypes. Möglichkeiten und Grenzen des Internet. Frankfurt/Main 2001

Münker, Stefan/Roesler, Alexander (Hrsg.): Mythos Internet. Frankfurt/ Main [3]1999

Netzwerk/Grundlagen / So funktionieren TCP/IP und IPv6 (Vom 26. 10. 2000, Update am 18.10.2002) Quelle: http://www. tecchannel.de/internet/209/0.html (Datum des Zugriffs: 17. 3. 2003)

RSG: How We Made Our Own „Carnivore". Quelle: http://rhi zome.org/carnivore/How_We_Made_Our_Own_Carnivore.txt (Datum des Zugriffs: 18. 9. 2002)

Sandbothe, Mike: Interaktivität – Hypertextualität – Transversalität, 1997. In: Münker/Roesler (Hrsg.) ([3]1999); gleichfalls http:// www2.uni-jena.de/ms/iht.html (Datum des Zugriffs: 5. 3. 2003)

Sollfrank, Cornelia: Mythenbildung und Gegengift. Aspekte der Netzkunst, 1997. In: http://www.heise.de/tp/deutsch/special/ku/ 6159/l.html (Datum des Zugriffs: 5. 3. 2003)

Stiller, Jürgen, a): Das binäre Universum und das autonome Subjekt. In: Busse, Klaus-Peter (Hrsg.): Kunstdidaktisches Handeln. Dortmund 2003, S. 222–235

Stiller, Jürgen, b): Verknüpfungsmodi in den Künsten. In: Abschlussdokumentation zum Projekt: „Künste – Medien – Bildung" des Instituts für Bildung und Kultur/Akademie Remscheid. Buch und DVD. Remscheid 2003

IV. Support

kunstlinks.de – Eine breit gefächerte Sammlung zu Kunst und Kunstunterricht im Internet

Hermann Ludwig

Abb. 1

Neues Pilotprojekt: Kunst und Computer

Ottobrunn – „Kunst und Computer" heißt ein neues Pilotprojekt des Gymnasiums Ottobrunn, das vom Kultusministerium und vom Zweckverband Staatliche weiterführende Schulen im Südosten des Landkreises München mit zusammen knapp 10 000 Mark gefördert wird. Getragen wird das Projekt vom Förderverein des Gymnasiums, der die Mittel für die erforderlichen vier Arbeitsplätze, die Aus- und Weiterbildung der Lehrkräfte und die Wartung der Geräte zur Verfügung stellt. Sinn des Projektes ist die Hinführung der Schüler zu einer Entwicklung, in der die Technik beherrscht und zur schöpferisch gestaltenden Tätigkeit wird. K. R.

Abb. 2: [„Süddeutsche Zeitung, 7./8. Juli 1990"].

Schon Mitte der 1980er-Jahre stehen in einigen Schulen Computer, in einigen Kunsträumen meist preiswerte und durchweg lobenswerte Amigas. Kunsterzieher, die mit diesen Geräten und den darauf folgenden Macs und PCs experimentieren, die sich Stück für Stück ihre Medienecken und Kellerlabors zusammenbetteln und erarbeiten, sind 1997 gefragte Leute. Da ist für Computer im Unterricht noch Boomzeit, brummt der Neue Markt. Innovationsfreudige Kunsterzieher wissen, was man mit diesen Geräten produktiv anfangen kann. Sie suchen die Erweiterung des traditionellen Unterrichts durch die Möglichkeiten der Informationsbeschaffung und der Umsetzung in eigene Arbeiten. Die Generierung und Bearbeitung von Bildern und Filmen und die Gestaltung komplexer Präsentationen und Webseiten sind bei ihnen schon Standard, während in den Computerräumen der Schulen Informatiker sich um die Vermittlung von „Pascal" bemühen, während die Lehrerfortbildung Einführungen in die Textbearbeitung anbietet und dabei das Abspeichern lehren muss.

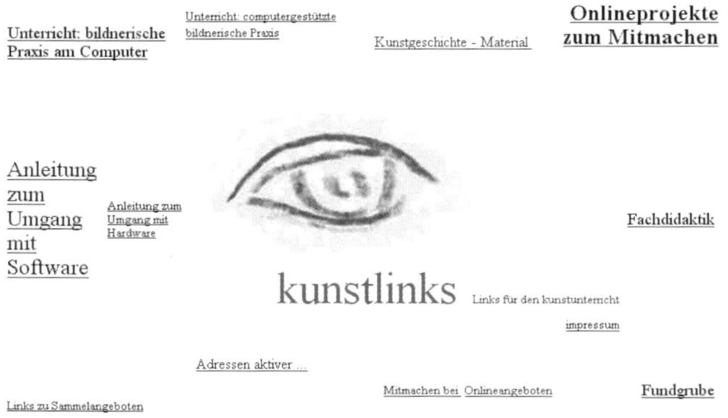

Abb. 3

Elf Themenbereiche für die Kunsterziehung mit digitalen Medien stehen Ende 1997 locker verteilt auf der Eingangsseite des ersten Entwurfs zu den Kunstlinks. Jedes Stichwort ist mit einer Seite verknüpft, der Totalumfang dieser Startausgabe, Impressum und Titelblatt eingeschlossen, beträgt also ganze dreizehn schwach gefüllte Seiten. Zur Gründung treffen sich im Herbst 1997 Hermann Ludwig (in einem Arbeitskreis für Handreichungen für die Mittelstufe mit der Formulierung von Hilfen für den Einsatz des Computers im Kunstunterricht beschäftigt) und Ernst Wagner (damals Beauftragter für den Einsatz des Computers im Kunstunterricht in Bayern). Der eine will unbedingt online gehen, der andere hat dafür schon die Titelseite fertig auf seinem Rechner liegen, Kontakte, aber keine Zeit.

Die weiteren Initiatoren der Kunstlinks stammen aus einer losen Gruppe von Kunsterziehern, die von den Erweiterungen ihres Unterrichts durch die digitalen Medien begeistert sind. Neben dem Spiel mit neuen Techniken überzeugt sie auch bald das im Internet angebotene Bild- und Recherchematerial. Ihre eigenen Konzepte für neue Unterrichtsmethoden erleben sie als auf- und anregend. Die spielerische Selbstständigkeit ihrer Schüler und ihrer Selbst ist das fruchtbare Erleben, und sie wollen ihre Kollegen von dieser Bereicherung überzeugen. Dazu dienen ihnen Fortbildungsveranstaltungen, Vorträge und Artikel, dazu fehlt ihnen jedoch der zentrale Markt im Internet.

Im Februar 1998 können die Kunstlinks mit einer profunden Sammlung an Material an den Start gehen, weil auch Autoren bestehender Listen ihre Sammlungen für die neue Seite freigeben. Das sind abgeschlossene Arbeiten und die einstmaligen Zusammensteller begrüßen den entstehenden Synergieeffekt, weil sie damit auch die weitere Pflege des Materials gesichert sehen.

Endlich kommt es auch zu einer Kooperation mit der ZUM (Zentrale für Unterrichtsmedien im Internet e. V., www.zum.de), wo die Kunstlinks das Angebot im Fach Kunst übernehmen. Damit gehen die Kunstlinks einen weiteren Schritt hin zur kritischen Masse, der dieses Fachportal im Internet weiter stabilisiert und der die Breitenwirkung der angebotenen Inhalte steigert.

Die erste Gliederung der Kunstlinks ist eine Gemeinschaftsleistung. Sie schält sich auf der Plattform der Mailingliste für Kunsterziehung (www.tubs.de/schulen/thg_wf/germart.html) in einer längeren Diskussion heraus (s. Georg Peez: Professionsbezogene Kommunikation mittels Mailingliste. Eine qualitativ-empirische Analyse von Mailinglisten-Beiträgen zur Entstehung eines kunstpädagogischen Servers unter: www.qualitative-research.net/fqs-texte/2-01/2-01peez-d.htm). Vor allem Karl-Heinz Eden von der HBK Braunschweig, ACE führte mit seinen Beiträgen zu einem sinnvollen Aufbau der jungen Seite.

Die erste Verbreitung der Kunstlinks erfolgt durch Mundpropaganda und Stück für Stück durch Bitten um Verlinkung bei anderen relevanten Webseiten. Auf den Kunstlinks selbst wird eine Seite „für Freunde“ eingerichtet, wo Banner und Buttons angeboten werden, wo auch gezeigt wird, wie man auf eigenen Seiten eine effektive Suchzeile mit direktem Zugang zum Kunstlinksmaterial einbauen kann. Genau so lassen sich Begriffe verlinken, sodass ein Klick auf das Wort „Impressionismus“ im eigenen Dokument eine Kunstlinks-Ausgabe dazu auslösen kann.

Von Anfang an unterscheiden sich die Kunstlinks von einfachen Linklisten durch die Ergänzung der Einträge mit kompetenten Kommentaren und Beschreibungen. Die Aufnahme eines Links in die Sammlung ist nur die erste Anerkennung, ihr folgt eine Würdigung in der Beschreibung. Die zusätzlichen Noten für den Inhalt erweisen sich als ein effektiver Gewichtungsmechanismus, weil die Einzelbeiträge nach ihnen sortiert werden und nur selten bis zum letzten Eintrag einer langen Seite heruntergescrollt wird (manche Surfer scheinen sogar scroll-unfähig).

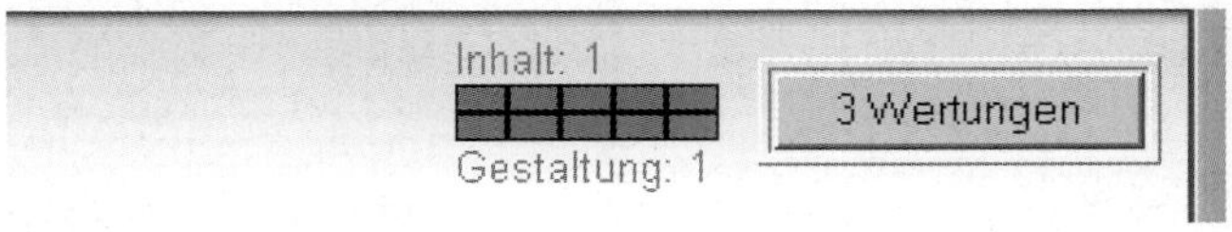

Abb. 4

Wertungen werden auch von den Besuchern abgegebenen. Diese Stimmen werden in der Redaktion auf ihre Plausibilität geprüft, Spaß- und Unsinnswertungen aussortiert. Manche Beiträge provozieren die Lust am Benoten besonders stark. Für sie werden immer wieder Stimmen abgegeben, auch wenn schon viele Voten vorliegen. Dieses Verhalten zeigt, dass die Möglichkeit zur Artikulation in einer ansonsten sprachlosen Umgebung gerne genutzt wird.

Eine reine Kunsterziehungsseite erweist sich selbst für die Kunsterzieher bald als ein zu eng begrenztes Instrumentarium. Eine Analyse des Besucherverhaltens und die Reaktionen auf das anfängliche Angebot fordern eine Erweiterung auf allgemeine kunstrelevante Seiten, zwar immer noch aus dem Blick des Lehrers und des Schülers, aber geweitet auf die Kunstgeschichte und aktuelle Produktionen zu Künstlern und dem Zeitgeschehen. Dadurch wachsen die Kunstlinks zu dem heute einzigartigen deutschsprachigen Kunstserver.

Im Angebot finden sich viele Beiträge, die von den beteiligten Kunsterziehern und Didaktikern selbst erstellt worden sind. Bedauerlicherweise treten diese Schätze optisch kaum in Erscheinung, sodass diese Eigenleistungen in der Menge der Fremdangebote selbst wie fremd erscheinen. Es gibt zwar ein Kriterium und Signet „Eigener Bei-

Abb. 5

trag", trotzdem gelten die Kunstlinks vielerorts als reine Linkliste und fordern ständig den Hinweis auf die beteiligten schöpferischen Kräfte. Auf der eigentlichen Suchseite gibt es einen speziellen Auswahlknopf für „Eigene Beiträge", der aber selten gedrückt wird.

Für mehrere Hundert Links zu einzelnen Künstlern der Kunstgeschichte (Seite 3.2) wird die Darstellung auf einer einzigen Ausgabeseite bald völlig unhandlich. Langsamere Verbindungen zum Internet bremsen die Darstellung zu stark, alphabetisch benachteiligte Künstler wie Vermeer und van Gogh sind nur noch für Geduldige erreichbar. Hier hilft eine erweiterte Zugangsmöglichkeit über das Alphabet, wo zu jedem Buchstaben die entsprechenden Namen ausgegeben werden. Damit ist gleichzeitig der erste Schritt in tiefere Gliederungsebenen getan, dem auch andere Seiten mit überbordendem Inhalt folgen und folgen werden. Die Kunstlinks bieten rund 3000 Verweise an, mit stetig steigender Tendenz. Die eingesetzte Technik muss also große Quantitäten verwalten können. Die grundlegende Änderung erfolgt schon Mitte 1999 mit der Auflösung der statischen Webseiten und der Umstellung auf ein System aus Datenbank und einer Programmierung, die auf jedes eingegebene Kriterium, jeden Klick und jede Anfrage aus dem Datenbestand eine neue Antwortseite erstellt kann. Als Nebenprodukt entsteht dabei auch die umfangreiche, steuerbare Suchmöglichkeit. Für die Betreiber wäre die Verwaltung und Pflege tausender Einträge auf vielen Einzelseiten nicht mehr zu bewältigen, eine Änderung der Gliederung mit den dabei notwenigen Anpassungen unmöglich. Dagegen lässt sich eine einzige zentrale Datei mit den entsprechenden Nebenprogrammen ausreichend pflegen und entwickeln.

Die Struktur der Datenbank spiegelt die Aspekte der Recherchemöglichkeiten in der Differenzierung der Vorgabefelder. Die Kategorien im einzelnen:

- eine manuelle Sortierung (um in Ausnahmefällen in die Anzeigereihenfolge eingreifen zu können)
- Inhaltsnoten
- Gestaltungsnoten (womit neben dem Design vor allem die Navigation und das Handling bewertet werden soll)
- ein Spezialfeld für Sonderkriterien
- Angabe der Seiten, auf denen der Eintrag erscheinen soll, auch die Zuordnung zu Unterkategorien (etwa „Wohnen" unter „Design" unter „Gattungen")


```
00 § 1 § 2 § © § 1.1,5.4,5.5,5.13,12.1 § 730473 §
ff | Pythagoras, Aristoteles, Platon, Robert Grosseteste, Leon Batti
ff | § Farbsysteme in Kunst und Wissenschaft § http://www.colorsyste
ZZ § 0 § 0 § © § 1.1,5.3,5.4,5.13 § 730426 §  § K&uuml;ppers' Farben
ZZ § 0 § 0 § © § 1.1,5.6 § 730418 § malerei § World Literature in Pa
00 § 2 § 3 § © § 1.1,2.6,5.4 § 730377 § malerei § Goethes Farbenlehr
ZZ § 0 § 0 § © § 1.1,2.6,5.4 § 730377 § malerei § Philipp Otto Runge
ZZ § 0 § 0 § ©ei § 1.1,2.4,5.6 § 730370 § malerei § Die Werkstatt de
ZZ § 0 § 0 § ©ei § 1.1,2.4,2.5,5.4 § 730370 § malerei § Die Akademie
ZZ § 0 § 0 § © § 1.1,2.7,3.2 § 730343 § malerei § Ausstellungsprojek
ZZ § 0 § 0 § © § 1.1,2.6,5.6,12.1 § 730343 § malerei § Restaurierung
00 § 2 § 3 § © § 1.1,2.9 § 730343 § malerei § Amerikanische Kunst 18
ZZ § 0 § 0 § © § 1.1,2.7 § 730343 § malerei § Farbe. Form. Geometrie
00 § 1,1 § 2,1 § © § 1.1,1.2,3.1,4.6 § 730311 § grafik zeichnung
ff | Arcimboldo Archimboldo Jean-Pierre Alaux Ivan Albright Hawk Dus
ff | Judith Jaidinger  Karl Kaefer Nichola  Kalmakoff Fernand Khnopf
ff | Otto Tschumi Werner T&uuml;bke Jean-Pierre Ugarte Bernth Uhno A
ff | § FANTASTIC ART - The most comprehensive resource for fantastic
ZZ § 0 § 0 § © § 1.1 § 730276 § malerei § Bruges and the 'Flemish Pr
00 § 2 § 2 § © § 1.1,2.3,2.4 § 730276 § malerei Aelbert van Ouwater,
00 § 1 § 2 § © § 1.1,2.5,3.1 § 730276 §  malerei
ff | Jan Asselijn Hendrick Avercamp Jacob Adriansz. Backer Ludolf Ba
ff | Paulus Moreelse Pieter Mulier, named Tempesta Jan Muller Emanue
ff | Jan van der Heyden Dirk van der Lisse Aert van der Neer Adriaen
ff | § Holl&auml;ndische Malerei des 17. Jahrhunderts (&uuml;ber 260
ZZ § 0 § 0 § © § 1.1,3.1 § 730275 § malerei
ff | Alexeev, Nikolai / Altman, Natan Isaevich / Annenkov, Yuri / Ar
ff | § Russische Malerei (&uuml;ber 100 Namen) § http://www.auburn.e
00 § 4 § 4 § © § 1.1 § 730275 § Fauvismus malerei § Fauve Page § htt
00 § 1,1 § 2,1 § © § 1.1,2.7 § 730237 § malerei § Expressionismus §
00 § 1 § 3 § © § 1.1,5.4,5.13 § 730257 § malerei § Das Lexikon der F
00 § 1 § 2 § © § 1.1,2.3,4.6 § 730242 § malerei § REAL: Eine Bilddat
ZZ § 0 § 0 § © § 1.1,2.3 § 730226 § malerei § Mittelalterliche Fresk
00 § 1 § 1 § © § 1.1,1.2,2.4 § 730224 § malerei grafik zeichnung § Z
ZZ § 0 § 0 § © § 1.1,1.2,2.3 § 730214 § grafik zeichnung malerei buc
ZZ § 0 § 0 § © § 1.1 § 730214 § malerei § The Ukrainian Icon in the
ZZ § 0 § 0 § © § 1.1,2.3,1.4 § 730214 § Giotto Cimabue Simone Martin
ZZ § 0 § 0 § © § 1.1,2.3,1.4 § 730214 § malerei § Assisi (2) § http:
ZZ § 0 § 0 § © § 1.1 § 730157 §  § Art Studio Chalkboard - Painting
00 § 3 § 2 § ©ei § 1.1,2.5,5.6 § 730116 § malerei § Stillleben § htt
00 § 1,2 § 2,2 § ©ei § 1.1.g,2.6,5.6 § 730116 § malerei § Manet: Zwe
00 § 1,1 § 1,1 § ©ei § 1.1,2.6,5.6 § 730116 § malerei § Impressionis
```


Abb. 6

- das Datum der Eingabe in die Datenbank
- beliebig viele Schlagwörter
- der Titel des Eintrags, wie er angezeigt wird und die dazugehörige Internetadresse
- die E-Mail-Adresse des Einsenders und der dazu zu erscheinende Einsendername
- das Kommentarfeld, das die eigentliche Beschreibung (und die integrierten Abbildungen) aufnimmt

Abb. 7

Die Noten der Beiträge sortieren die Ausgabe. Die besten Noten für den Inhalt führen die Liste an, als zweites Kriterium dienen die Gestaltungsnoten. Diese beschreiben die ästhetische Qualität der Seiten ebenso wie auch die sinnvolle Navigation und letztlich auch die Lesbarkeit.

Abb. 8

Als Portalseite müssen die Kunstlinks für unterschiedliche Zugangsmustern offen sein. Weiß der Besucher nicht genau, wonach er eigentlich sucht, dann eignet sich die Gliederung zum Stöbern und Entdecken, dann wird wohl eine interessierte Wanderung durch die einschlägigen Seiten zum Ziel führen. Als klassisches Beispiel dafür steht die Frage eines Lehrers nach einem interessanten Thema für seinen Unterricht in einer bestimmten Jahrgangsstufe, das er naturgemäß nicht kennt, wenn er auf die Seite kommt.

Abb. 9

Andererseits begrüßen die Kunstlinks auf der Startseite mit einer Eingabezeile, die zur Eingabe eines oder mehrerer Suchbegriffe auffordert. Sind Suchbegriffe formulierbar, ist dieser Zugang der effektivste und kann sogar durch eine Verfeinerung der Suchbedingungen auf der speziellen „Suche"-Seite noch gesteigert werden. Die in der Datenbank ausgelöste Suche durchkämmt sämtliche Bestandteile der einzelnen Beiträge nach einer Korrelation. Dabei zeigt sich als besonderer Vorteil der eigenen Programmierung, dass sich die Suche darin steuern lässt, welche Kategorien der Datenbank mit welcher Gewichtung berücksichtigt werden.

Die wesentlichsten Schätze einer Datenbank sind üblicherweise nicht auf den Ausgabeseiten zu erkennen. In vielen Fällen wird die Länge der sichtbaren Bestandteile wie Titel, Adressen und Kommentierung durch die zugeordneten Schlagwörter weit übertroffen. Ohne diese Zusätze bliebe eine Suche relativ blind und würde selten zu den eigentlich relevanten Stellen im Angebot führen.

Von Zeit zu Zeit wird bei den Kunstlinks das Suchverhalten der Besucher analysiert. Dazu werden die Suchbegriffe in einer Protokolldatei gespeichert. So lassen sich Vorlieben der Besucher messen, außerdem gibt diese Sammlung auch Aufschluss über Probleme bei der Suchworteingabe. Ein solches Protokoll aus dem Januar 2003 (Ausschnitt, die komplette Datei steht unter http://www.kunstunterricht.de/material/intern/kunstlinkssucher_01.htm):

unterricht
disko
quader
perspektive
auf dem markt: cd-rom's
geometrische formen
fluchtpunktperspektive
perspektive
perspektive
Anale Phase
Geldzähler
europäische handzeichnung
handzeichnung

Abb. 10

Mit etwas Handarbeit lassen sich auch aus den Zugangsprotokollen einer Webseite die Suchbegriffe extrahieren, die von Suchmaschinen aus zur Seite geführt haben. Aus ihnen kann man die Bedürfnisse und Ansprüche ablesen, die Internetbenutzer allgemein zur Suche bewegt haben und die mit den Kunstlinks eingelöst werden sollen. Eine solche bereinigte Datei nur für die Zugänge von Google.de im Januar 2003 (kleiner Ausschnitt, die komplette Datei steht unter http://www.kunstunterricht.de/material/intern/googlesucher_01.htm, Umlaute sind gedanklich zu ergänzen):

berblick rembrandt selbstbild[.]
Tiepolo Fresken
kunstunterricht
Kunstunterricht
kunstpdagogik
kunstunterricht+malerei+gypte[.]
www.kunstunterricht.de
facharbeit kunst
kunstunterricht
weiterbildung medienpdagogik
kunstlinks
Mosaiken im Kunstunterricht
dali bildbeschreibung

Abb. 11

Seit 2002 zeigen die Kunstlinks vermehrt Thumbnails zu Bildern im Internet. So werden die sonst nüchtern auftretenden Seiten illustriert und bunter. Der Mehrwert der auf sehr geringe Datenmenge zusammengedampften Abbildungen lässt die längere Ladezeit vertreten. Diese Bildchen führen mit einem Klick direkt zum großen Vorbild. Zudem wird über die internen Dateinamen der Abbildungen zu dem jeweiligen Eintrag verwiesen, was die Suchfunktionen beträchtlich steigert. Ein Dateititel bei Boucher wie „dianaimbad.jpg" führt über „diana", „bad" oder „diana im bad" jeweils zu dem Eintrag „François Boucher im Web-Museum", wo auch das betreffende Bild anzuklicken ist.

So werden die Kunstlinks zu einer eigenen Bilderquelle etwa für die Verwendung direkt im Unterricht mit einem Beamer. Die erreichbaren Abbildungen sind oft groß und bildschirmfüllend, lassen sich also direkt im Unterricht zur Projektion oder zur Bearbeitung verwenden. Für die Präsentation ist dabei der Internet-Explorer ab der Version 6.0 zu empfehlen, der große Abbildungen auf den verfügbaren Raum herabskalieren kann (wahlweise lässt sich dann auch auf die Originalgröße umschalten). Vor diesem Browser waren große Bilder wegen der Qualität willkommen, man musste sie aber erst mit einem Bildbearbeitungsprogramm bearbeiten, um sie am Bildschirm vorführen zu können.

In den Kunstlinks wird eine Marktübersicht über möglichst alle verfügbaren CD-ROMs und DVDs für die Kunsterziehung versucht, darin eingegliedert finden sich auch Rezensionen und Besprechungen. Dieses Angebot ist direkt über einen Verweis auf der Startseite zu erreichen. Mit dem Niedergang der Dias und der besseren Ausstattung vieler Räume mit Computern und Beamern wird diese einzigartige Seite immer wichtiger.

Gute Nachbarseiten werden in den Kunstlinks nicht noch einmal verdoppelt, das Ziel ist, dort alle relevanten Quellen als Link anbieten zu können:

> Gute zusammenfassende Schulseiten für den Unterricht, Stundenkonzepte:
>
> Kusem unter http://www.kusem.de
>
> Die Seiten des Seminars für Kunsterziehung am Luitpold-Gymnasium in München sind durch die kompetente und kontinuierliche Arbeit vom dortigen Seminarleiter Ulrich Schuster mittlerweile zu einem Veröffentlichungsstandard für Unterricht in der Kunsterziehung geworden, an dem sich andere, neu hinzukommende Seiten wie etwa keksem, das Fachseminar Kunst von Gerhard Menger am Allgäu-Gymnasium in Kempten unter „www.keksem.de/" und „www.seminarkunst.de/", das Fachseminar Kunsterziehung am Erasmus-Grasser-Gymnasium in München von Martin Gensbaur messen.
>
> www.kunstwissen.de, Kunstportal des Immanuel-Kant-Gymnasiums
>
> Ebenso produktiv und stetig hat Klaus Tesching vom Immanuel-Kant-Gymnasium in Münster die Seiten „kunstwissen.de" zu einer erstaunlich weitreichenden Sammlung mit praktischem Unterrichtsbezug entwickelt. Hier gibt es, übersichtlich gegliedert, auf über tausend Seiten zu nahezu jedem unterrichtsrelevanten Stichpunkt einen kleinen, selbst verfassten lexikalischen Eintrag, der einen guten Überblick über das jeweilige Stoffgebiet ermöglicht. Dass dabei etwas trocken und stichpunktartig formuliert wird, entspricht diesem Ansatz, dass dabei jedoch kaum ausführlichere Artikel erscheinen und das leider nahezu gänzlich auf illustrierende Abbildungen verzichtet wird, schmälert das Vergnügen jedoch stark. Zu Einzelthemen dürfte man daher in den Kunstlinks wiederum die interessanteren externen Seiten finden.

Mailingliste GAT unter http://www.tu-bs.de/schulen/thg_wf/germart.html

Schon vor den Kunstlinks, nämlich seit 1997, gibt es die einzige funktionierende, Bundesländer übergreifende Mailingliste für Kunsterzieher, initiiert und betreut von Renate Woehlbier. Es ist nur vernünftig, kein zweites Forum zu eröffnen und damit die kleine Szene zu spalten. Die Kunstlinks verweisen daher deutlich auf dieses Forum und wünschen allen dort Beteiligten ein langes Leben.

Bilderbanken

Mark Harden's Artchive unter http://www.artchive.com

Mark Harden bietet ausgezeichnete Abbildungen einer großen Anzahl an Bildern verschiedenster bekannter Künstler/innen der Kunstgeschichte, geordnet nach Künstlernamen und Kategorien. Hervorragend geeignet zur Zusammenstellung von Anschauungsmaterialien für den Kunstunterricht. Darüber hinaus gibt es eine Galerie, in der Werke zu Gruppen zusammengefasst und teilweise recht gut beschrieben sind – allerdings in englischer Sprache (z. B. Beckmann: Die Abfahrt, Goyas Schwarze Bilder, ...). Bemerkenswert ist auch der gute „Image Viewer", mit dem man die Abbildungen skalieren kann.

Olga's Gallery – Artist Index unter http://www.abcgallery.com/alfaind.html

Olga's Gallery ist eine Schatztruhe für Bildersucher. Zu jedem Künstler gibt es eine Biografie, zu den Biografien zusätzliche Erläuterungen in englischer Sprache. Keine Moderne, stellenweise finden sich jetzt auch Abbildungen von

1935 und später ein. Eine ganz besondere Qualität dieser Seite offenbart sich, wenn man auf das unscheinbare „more" neben der Bildankündigung klickt: Dann öffnet sich an passender Stelle eine Seite mit einer Auflistung von Bildern zum Thema, etwa eine Reihe von „Kreuztragungen" verschiedener Künstlern. Außerdem gibt es: Ancient Greek and Roman Myths Index, Christian Saints Index, New Testament Notes, Religion Notes Index, World Literature in Painting Notes Index

Peter Hollensteiners Bilddatenbank unter http://195.37.51.164/Cumulus5/

Diese Bilddatenbank im Aufbau verspricht über eine üppig mit Schlagwörtern ausgestattete Kategoriensuche einen besonderen Zugang zum gesammelten Bildmaterial, das auch durch eine konventionelle Suche erschlossen wird.

Portal Kunstgeschichte unter http://www.portalkunstgeschichte.de

Dieses rührige Portal ist etwas unübersichtlich in der Navigation, beherbergt aber zahlreiche Artikel zu weit gestreuten Themen zur Kunstgeschichte und -szene.

Google und dessen allgemeine Bildersuche

Effektivität ließ www.google.de innerhalb weniger Jahre evolutionär zur meistgenutzten Suchmaschine international gedeihen. Noch gibt es Suchgewohnheiten, die auch andere Sucher beauftragen, doch werden sie zunehmend schwinden. Google bewährt sich außerdem als Datenspeicher, sammelt längst verlorene Seiten in einem riesigen Archiv, das über die Suchfunktion erreichbar ist. Mit dieser Suchmaschine zeigt sich eine Tendenz zur Monopolisierung des erreichbaren Internetwissens, das trotz und wegen der erstaunlichen Qualität der angebotenen Maschinerie bedenkliche Ausmaße erreicht. Möglicherweise heißt es demnächst, wer nicht in Google erscheint, den gibt es nicht.
Für den Kunstunterricht ist mit der Google-Bildersuche im Sommer 2001 endlich der lang ersehnte Apparat erschienen, der das verfügbare Bildmaterial im Netz verwendbar macht. Altavista hatte zwar schon einmal eine Multimedia-Suche angeboten, allerdings mit dem entscheidenden Unterschied, dass dort der Suchbegriff an die Bezeichnung der Bilddatei gekoppelt war. Google indiziert über den Zusammenhang mit dem Inhalt der umgebenden Seite und emanzipiert sich damit von den manchmal kryptischen Taufgewohnheiten bei den Bildernamen. Weiter ist es bei Google ein schöner Zug, dass in den erweiterten Kriterien auch die Vorlieben für bestimmte Bildgrößen angegeben werden können. Das eliminiert die vielen kleinen und unterrichtlich wenig ergiebigen Minibilder.

Im Zusammenhang mit dieser Suche sollte auch die Empfehlung für das Wörterbuch der Kunstbegriffe erfolgen, von Philipp Heintz im Jahr 1999 unter http://www.tu-bs.de/schulen/thg_wf/fachterm.html veröffentlicht. Dort stehen in einer übersichtlich dreispaltigen Tabelle nebeneinander die Fachtermini in Deutsch, Englisch und Französisch, eine wertvolle Hilfe bei der Suche. Es wäre wünschenswert, wenn diese Sammlung weiterentwickelt werden würde, da es kaum zum Allgemeinwissen zählt, wie die „Kreuzabnahme" auf Holländisch heißt, dieses Wissen jedoch die Suche nach einem bestimmten Bild erleichtern könnte.

Erlanger Liste unter http://www.erlangerliste.uni-erlangen.de

Diese feine, gepflegte Auswahl aus Literatur, Malerei, Grafik und Fotografie von Gunther Witting musste lange Zeit unter einer unmerkbaren Internetadresse leiden, hat nun auch eine effektive interne Suchmöglichkeit und sogar ein kleines Schlagwortregister, das die Suche wesentlich erleichtert.

Architekturdatenbanken

Architecture on the Web unter http://vitruvio.ch

Die englischsprachige Seite der Architekten Antonio Bassi und Dario Galimberti, aus dem schweizerischen Lugano erfüllt nahezu alle Nachschlagebedürfnisse im Bereich Architektur, die eigenen Beiträge sind jeweils mit einer profunden Linkauswahl versehen.

Architecture Links on the World Wide Web unter http://www.bc.edu/bc_org/avp/cas/fnart/archweb.html

Die „Architecture Links" von Jeffery Howe am Boston College, ebenfalls in englischer Sprache, bieten einen guten Ausgangspunkt zu nahezu jeder architektonischen Thematik.

Archäologie unter http://www.archaeologie-online.de

Das Aktuellste vom Ältesten: eine lebendige Seite mit riesiger Linksammlung (fast 3000 wohl geordnet) mit Brancheninfos, Buchmarkt, Forum, Newsletter. Ursprünglich entwickelt in Kooperation mit dem Institut für Ur- und Frühgeschichte der Universität Freiburg ist hier eine gesunde Mischung aus populärem und gehaltvollem Inhalt entstanden. Motto: „Entdecken Sie Archäologie neu!" Man kann dort Stunden verbringen.

Terminkalender

art-magazin unter http://www.art-magazin.de/cgi-bin/expos/Expo.cgi

Das Kunstmagazin „art" bietet auf dieser Seite eine eigene Datenbank mit Suchmaschine als „Expo-Finder" oder „Location-Finder" für aktuelle Ausstellungen.

art-in.de unter http://art-in.de

Diese Internet-Plattform bietet ebenfalls eine gute Sammlung kunstrelevanter Termine, für größere Städte sogar spezialisiert.

www.kunsttermine.de dagegen enttäuscht bisher.

Für andere Schulfächer gibt es ebenfalls ganz ausgezeichnete Portale mit vielfältigem angebotenem Material. Besonders auffallende Seiten sollen einen Hinweis in den Kunstlinks unter dem Gliederungspunkt „12.2 Andere Fächer" erhalten. Einen interessanten Sonderfall stellt die Sammlung www.schulmusiker.info von Bert Gebhard dar. Diese Seiten sind eine direkte Adaption der Kunstlinks-Maschinerie für das Fach Musik. Dafür wurde lediglich die Gliederung angepasst und die Farbgebung variiert, ansonsten zeigt sich dort, dass die Grundlagen der Kunstlinks für jedes Schulfach funktionieren könnten.

Mit dem Vergleich von Preisen für den Einkauf von Hard- und Software beschäftigen sich genügend Spezialseiten wie etwa www.preistrend.de oder www.geizhals.at. Die Kunstlinks beschränken sich daher auf besondere Empfehlungen für den Unterricht und auf Spezialangebote, von denen das eigene Klientel zumindest gehört habe sollte.

Hin und wieder werden von den Kunstlinks aus klassische Newsletter verschickt, regelmäßiger jedoch Fernsehtipps zu Sendungen aus dem Kunstbereich. Die Zahl der Abonnenten für diese Postings liegt im vierstelligen Bereich, Abmeldungen, obwohl äußerst einfach durchzuführen, sind sehr selten. Diese Adressenliste wird durch die

Pageviews / Seitenzugriffe pro Monat

	1999	2000	2001	2002	2003
Jan		6.382	66.330	124.823	178.522
Feb		10.650	57.302	123.199	163.045
Mär		11.684	71.754	120.589	183.929
Apr		11.665	58.804	131.850	
Mai		18.900	66.970	114.683	
Juni		15.311	52.779	102.637	
Juli	1.485	19.714	38.971	68.693	
Aug	3.679	28.056	59.245	84.977	
Sep	4.761	37.503	81.587	132.667	
Okt	4.162	42.031	89.836	134.018	
Nov	7.421	41.360	111.802	153.844	
Dez	5.667	82.367	76.208	114.883	

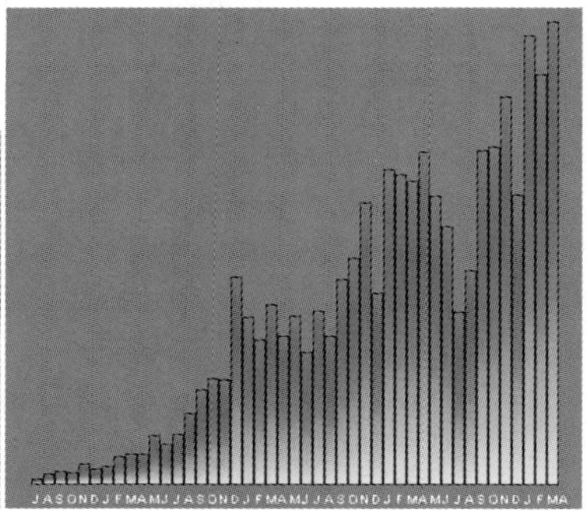

Abb. 12

Fernsehtipps lebendig gehalten, um in Sonderfällen ein Publikum erreichen zu können, das sich den Kunstlinks zugehörig fühlt.

Dabei steigen die Besucherzahlen auf den Seiten der Kunstlinks, durch Ferientermine wellenförmig auf- und abgeworfen, insgesamt stetig an. Als Messung dient dabei wie üblich die Zahl der Seitenaufrufe, die sich relativ zueinander gut vergleichen lassen, ohne dass sie allerdings ein absolutes Wissen über die Zahl der Besucher abwerfen würden. Die Zahlen sind für diesen Spezialbereich durchaus sehenswert und befriedigend.

Die verfügbaren Ressourcen verlangen auch nach Augenmaß bei dem Abstecken der Grenzen, in denen sich die Kunstlinks behaupten können. Angestrebt ist eine Überregionalität bei kunstrelevanten Themen im deutschsprachigen Raum, wobei verschiedentlich auch besondere englisch- oder französischsprachige Adressen aufgenommen werden.

Immer häufiger müssen die Kunstlinks vorher hoch geschätztes Material vor dem Untergang bewahren. Ein defekter Link bei der eigenen Linkprüfung zeigt das Dilemma an. Dann muss das Quellenmaterial über Kontakt mit dem Autor gesichert werden, indem es auf die Kunstlinks-Server übertragen und dort angeboten wird. Oft ist dann auch Restaurierung angesagt, die eine recht zeitaufwendige Einzelfallbehandlung verlangen kann. Gerade Seiten aus der Zeit der Gründerväter leiden manchmal arg unter der mangelnden Handwerkskunst der eifrigen Autoren. Ihnen standen damals keine ausgefeilten Programme zur Verfügung, die heute mit einem Klick erreichen, wozu die Kollegen früher mühsam und inkompetent im Quellcode herumschrieben. Zeitweise melden sich auch einfach Kunsterzieherkollegen ohne eigenen Speicherplatz, um ihr Material unterzustellen oder in Webform bringen zu lassen. Es wird zukünftig sicher einfacher sein, eine Seite wie die Kunstlinks am Netz zu halten als viele zersplitterte

Einzelseiten. Von daher ist die Konzentration recht nützlich für das Überleben solcher Partikel.
Die Kunstlinks sind eine engagierte Nebentätigkeit. Ihre technischen Voraussetzungen sind flexibel und geeignet, das Angebot um ein Vielfaches auszudehnen. Die Organisation der notwendigen Manpower wird für den Fortbestand und den weiteren Erfolg entscheidend sein, der Eifer der Beteiligten bleibt ungebrochen.
Die Kunstlinks stehen unter:
www.kunstlinks.de
www.kunstlinks.at
www.kunstlinks.ch
www.kunstunterricht.de
www.kunsterziehung.de
www.infoschulkunst.de
www.kunstlinks.info
www.kunstlinks.org
www.kunstlinks.net
Die Kunstlinks bedienen die Seiten www.kunstpaedagogik.de und www.zum.de in der Sparte Kunst.

Software. Kommentierte Sammlung von Share- und Freeware

Michael Schacht

Neben den hinreichend bekannten und im Kunstunterricht verwendeten professionellen Programmen wie „Adobe Photoshop" zur Bildbearbeitung, „Microsoft PowerPoint" für einfache Slideshows und Präsentationen oder „Macromedia Dreamweaver" und „Flash" zur Webseitengestaltung gibt es eine Fülle weiterer Programme und Tools, die im Unterricht eingesetzt werden können oder ein Ausprobieren lohnen. Nicht selten sind diese Produkte wesentlich günstiger und bieten vom Funktionsumfang her vergleichbare Leistungen. Die im Folgenden beschriebene und vorgestellte Software stellt exemplarisch einen Ausschnitt der Free-, Shareware- und Open-Source-Szene dar. Diese Liste ist keinesfalls erschöpfend, sondern sie soll dazu anregen, selbst auf die Suche nach Programmen zu gehen, die sich für die Beschäftigung mit digitalen Medien im Kunstunterricht eignen (Stand: März 2004).

„WebTracer"

http://www.nullpointer.co.uk/-/webtracer.htm

Windows, Freeware

„WebTracer" ist eine Software, die darauf zielt, die Struktur des World Wide Web zu visualisieren. Viele Applikationen analysieren Web Sites, aber nur wenige kümmern sich um die visuelle Struktur, die durch Hypertext und Verlinkungen entsteht. WebTracer stellt diese individuelle Struktur in einem dreidimensionalen Diagramm in Form von Punkten – die Webseiten – dar, und Linien, die die Links repräsentieren. Das so entstandene Gebilde lässt sich drehen und kann von verschiedenen Seiten und unterschiedlichen Entfernungen aus betrachtet werden. Gleichfalls können einzelne Punkte bzw. Seiten angesteuert werden, um weitere Informationen zu erhalten.

„SequoiaView"

http://www.win.tue.nl/sequoiaview/

Windows, Freeware

In der Regel wird die Verzeichnisstruktur von Datenträgern explorer-like in Baumform dargestellt. Die Technische Universität Eindhoven hat über so genannte „treemaps" die Möglichkeit entwickelt, Datenträgerinhalte grafisch aufzubereiten. Die gesamte Belegung kann somit auf dem Bildschirm visualisiert werden, wobei die Verzeichnistiefe durch unterschiedliche Farben gekennzeichnet wird.
Es entstehen so konstruktivistisch anmutende und an die Malerei von Piet Mondrian erinnernde Gebilde, die ausgedruckt und als Bitmap gespeichert und weiterverarbeitet werden können. Das nur 500 Kb große Tool kann kostenlos heruntergeladen werden.

Scanner

http://www.steffengerlach.de/freeware/

Windows, Freeware

Ein weiteres Tool zur Datenvisualisierung. In Kreisform angeordnet werden Ordner und Dateien verschiedener Speichermedien angezeigt, wie

z. B. Festplatte, CD-ROM, Diskette oder auch im Netzwerk. Klickt man auf einen Ordner, so zoomt man in diesen hinein.

„20/20"

http://www.hotfreeware.com/

Windows, Freeware

„20/20" ist ein Grafikbetrachter, hat seine größten Vorzüge jedoch im Bereich des Anfertigens von Screenshots. So lassen sich neben herkömmlichen Schnappschüssen von Bildschirmen z. B. komplette Webseiten als Grafik speichern, indem automatisch weiter gescrollt wird. Auf diese Weise lässt sich nicht nur der aktuell auf dem Monitor sichtbare Teil der Seite festhalten.

„IrfanView"

http://www.irfanview.com

Freeware

Der kostenlose Grafikbetrachter beherrscht zahlreiche Bild- und Videoformate und ist auch nachträglich erweiterbar, so dass neue Formate per Plug-In „nachgerüstet" werden können. Die Grafiken können als Thumbnails betrachtet werden und es lassen sich Diashows erstellen, die als exe-Datei abgespeichert werden können.

„GIFMovie Gear"

http://www.moviegear.com

Windows, Shareware

Das Programm erstellt GIF-Animationen aus Einzelbildern (GIF, JPG, BMP) sowie aus importierten AVI-Filmen. Die Animationen können in ihrer Dateigröße anschließend noch reduziert werden.

„Z Paint"

http://www.steffengerlach.de/freeware/

Windows, Freeware

Ähnlich der Shareware Microangelo lassen sich mit „Z Paint" dreidimensional erscheinende Elemente erstellen, die als Buttons für Internetseiten oder Softwareinterfaces genutzt werden können. Das Tool bietet umfangreiche Funktionen.

„Reptile"

http://www.sausage.com/reptile-free.html

Windows, Freeware

Nahtlos aneinanderpassende Hintergrundkacheln erstellt diese Software anhand unzähliger Muster, deren Parameter sich frei verändern lassen. So entstehen optisch reizvolle Zufallsformen, die sich gleichfalls als Snapshot speichern lassen.

„PovRay" – „Raytracer"

http://www.povray.org/

Windows, MacOS, Linux, Freeware

Der „Persistence of Vision" Raytracer ist ein qualitativ hochwertiges Werkzeug zur Erzeugung dreidimensionaler fotorealistischer Grafiken. Mit POVRay gerenderte Arbeiten sind z. B. unter http://www.irtc.org zu sehen.

„TerraGen"

http://www.planetside.co.uk/

Deutsche TerraGen-Seite
http://www.terradreams.de
Windows, für den privaten Gebrauch kostenlos

„TerraGen" ist ein mächtiger 3D-Landschaftsgenerator, mit dem man bereits mit geringem Aufwand nahezu fotorealistische Bilder erstellen kann. Es lassen sich eine Vielzahl von Parametern verändern, sodass zum einen gezielt Landschaften gestaltet werden können, zum anderen aber auch zufällige Strukturen einfließen können.

„Cycas"

http://www.cycas.de

Windows, Linux, kostenlos (leicht eingeschränkte Version für den privaten Bereich)

„Cycas" ist ein Zeichenprogramm zur zwei- und dreidimensionalen Architektur-Darstellung. Die Eingabe von Elementen wie z. B. Wänden und Öffnungen erleichtert die Konzeption eines Entwurfes. Darauf aufbauend können 3D-Elemente und 3D-Bauteile zur Darstellung eingearbeitet werden. Perspektiven eines Gebäudes können als Liniengrafik berechnet und nachbearbeitet werden.

„Fractint"

http://spanky.triumf.ca/www/fractint/fractint.html

DOS, Freeware

Fractint ist ein mächtiges Tool zur Erstellung von Fraktalen. Da es keine grafische Benutzeroberfläche besitzt, ist die Einarbeitung in das Programm etwas mühsam. Es bietet jedoch eine große Funktionsvielfalt und interessante Features, wie z. B. Deep Zooming.

„Ultra Fractal"

http://www.ultrafractal.com/

Windows, Shareware

Wem Fractint nicht komfortabel genug ist, erhält mit „Ultra Fractal" ein umfangreiches Programm zur Erstellung von Fraktalen, das unter Windows läuft und ein benutzerfreundliches Interface bietet.

„Bildschutz"

http://www.bildschutz.de/

Windows, Freeware

Wer eigene Fotos oder Grafiken im Internet veröffentlicht, muss immer damit rechnen, dass sie kopiert und anderweitig verwendet werden. „Bildschutz" bietet hierfür einen Kopierschutz für Foto, Grafik und Bild mit einem Copyright als Wasserzeichen, sichtbar und unsichtbar. Mit dem Programm lassen sich Grafiken und Fotos in allen gängigen Formaten mit einem digitalen Stempel/Copyright (Kopierschutz) oder z. B. einer Web-Adresse versehen. Ein digitales Wasserzeichen kann ein beliebiger mehrzeiliger Text sein oder eine Grafik z. B. ein Logo. Dieses wird in das zu schützende Bild transparent eingeblendet.

„Opera"

http://www.opera.com

Windows, MacOS, Linux, kostenlos (mit Werbeeinblendung)

Wem der Microsoft-Browser Internet Explorer suspekt oder zu überladen ist, der sollte „Opera" ausprobieren. Der schlanke Browser bietet zahlreiche durchdachte Funktionen, wie z. B. die Möglichkeit, Pop-up-Fenster zu unterdrücken und das Anzeigen aller in einer Webseite befindlichen Links per Knopfdruck. Der Browser zeichnet sich durch einen schnellen Programmstart wie den flotten Aufbau von Webseiten aus.

„Linkman"

http://www.outertech.com

Windows, Shareware

Wer mit mehreren Browsern arbeitet, wird das Problem der Speicherung seiner Bookmarks kennen. „Linkman" ist ein hervorragendes Programm, das zur Verwaltung und Organisation von Bookmarks dient. Bestehende Listen lassen sich aus dem Internet Explorer, Netscape Communicator oder auch „Opera" problemlos importieren. Ebenso können die Bookmarks wieder exportiert werden, auch als HTML-Datei. Das Programm besitzt komfortable Kommentierungsmöglichkeiten und Suchfunktionen. Auf Wunsch überprüft Linkman die Verfügbarkeit der eingetragenen Bookmarks.

„WinHTTrack"

http://httrack.free.fr/

Windows, Open Source

„HTTrack" ist ein Programm, das Offline-Browsen ermöglicht, d. h., man kann damit komplette Sites aus dem World Wide Web auf den heimischen PC spiegeln. Die relative Linkstruktur bleibt dabei erhalten. „HTTrack" ist einfach zu bedienen und bietet umfangreiche Einstellungsmöglichkeiten, wie z. B. die Angabe der Linktiefe des Downloads.

„Pegasus"

http://www.pmail.com

Windows, Freeware

„Pegasus" ist ein umfangreiches und professionelles E-Mail-Programm, das bereits seit den Anfangszeiten des Internets auf dem Markt ist und seither weiterentwickelt wird. Es bietet die Verwaltung mehrerer Konten und Benutzer sowie viele weitere Funktionen.

„PostGuard"

http://www.postguard.de

Windows, Shareware (mit Werbeeinblendung kostenlos)

Wer seine E-Mails nicht online bearbeitet, sondern mit einem E-Mail-Programm wie „Microsoft Outlook", „Pegasus" oder „Eudora" per POP3 vom Server abholt, hat immer öfter mit Spam und Viren zu kämpfen. „Postguard" überwacht beliebig viele POP3 E-Mail-Konten. Nachrichten werden jedoch nur angezeigt und nicht heruntergeladen. So können Anwender vor dem Herunterladen entscheiden, ob die Nachricht wichtig ist oder direkt vom Server gelöscht werden soll. Spam-Filter, Adressbuch und weitere Funktionen runden das Programm ab und ermöglichen dem Anwender, die tägliche Flut von E-Mails strukturiert zu bewältigen.

„OpenOffice"

Internationale Website:
http://www.openoffice.org
Deutsche Hauptseite: http://de.openoffice.org

Windows, Linux, kostenlos (Open Source)

„OpenOffice" ist ein Open-Source-Projekt mit der Zielsetzung, die international führende Office-Suite zu entwickeln, die auf allen wichtigen Plattformen läuft und Zugang zu Funktionen und Daten durch transparente Schnittstellen und ein XML-basiertes Dateiformat gewährt. Das kostenlose Office-Paket basiert auf dem von Sun veröffentlichten StarOffice-Quellcode und beinhaltet Schreibprogramm, Tabellenkalkulation, Präsentationsprogramm, Zeichenprogramm und einen HTML-Editor. Microsoft-Office-Dateien können verlustfrei in „OpenOffice" geöffnet und bearbeitet werden.

„RagTime"

http://www.ragtime.de

Windows, MacOS, für den privaten Gebrauch kostenlos

„RagTime" ist eine Mischung zwischen Office- und DTP-Programm. Es bietet Textverarbeitung, Tabellenkalkulation, Bilddarstellung und Diagramme, beherrscht aber zusätzlich Vierfarbseparation und Tabellensatz, besitzt eine Farbverwaltung und gestaltet Inhalte in Rahmen. Die genannten Komponenten lassen sich alle in die Oberfläche von „RagTime" einbinden und bearbeiten, das Hin- und Herschalten zwischen Programmen entfällt. Wer sich im Bereich DTP einarbeiten möchte und nicht gleich in „Adobe PageMaker" investieren will, sollte sich dieses hervorragende Programm anschauen.

„CorelDRAW Graphics Suite"

http://www.corel.de

Windows

Für Lehrende, die aufgrund des hohen Preises nicht den kompletten Klassenraum mit Adobe-Produkten ausstatten können, ist die „CorelDRAW Graphics Suite" eventuell eine preisgünstige Alternative. Das Programmpaket, mittlerweile in Version 12 auf dem Markt, ist eine leistungsstarke Software und beinhaltet CorelDRAW für grafische Gestaltung und Seiten-Layout, „Corel PHOTO-PAINT" für Fotobearbeitung und „Corel R.A.V.E." für Vektoranimation à la Flash. Mehr als 10 000 professionelle Clipart-Bilder, Schriftarten und Fotos vervollständigen den Funktionsumfang.
Schulversion Einzelplatzlizenz 48,– Euro
(Bezug z. B. über Basis1 http://www.basis1.de)

„Photo Line"

http://www.pl32.de/

Windows, Mac OS

Ein Bildbearbeitungsprogramm, das sich nicht vor professionellen Produkten wie „Photoshop" verstecken muss, ist „Photo Line". Die Software (Shareware, ca. 59,– Euro) besitzt leistungsfähige Layout-, Vektorbearbeitungs-, Batchkonvertier- und Webfunktionen sowie zahlreiche Import- und Exporttreiber und CMYK-Unterstützung.
„Photo Line" unterstützt unzählige Dateiformate und verfügt neben den Grundfunktionen über Ebenenfunktionen sowie eine große Anzahl von Filtern wie Schärfen, Unschärfemaskierung, Weichzeichner, Outlinefilter, Glühen oder Schatten. Texte sind vielseitig einsetzbar und bleiben z. B. auch nach Verzerrungen editierbar.

„JPEG-Crops"

http://ekot.dk/programmer/JPEGCrops/index.en.html

Windows

In der Regel werden JPEG-Bilder in Bildbearbeitungsprogrammen beim Abspeichern komprimiert, sobald sie gedreht oder in der Größe geändert werden, was einen unnötigen Qualitätsverlust bedeutet. Die Freeware „JPEG-Crops" bietet die Möglichkeit, die Veränderungen ohne Kompression durchzuführen.

„Matchware Mediator"

http://www.matchware.de

Windows

Das Autorenprogramm „Mediator" ermöglicht die Erstellung multimedialer interaktiver Präsentationen im Unterricht und ist auch für Anfänger leicht erlernbar. Mediator ist ein Multimedia Autorensystem und gleichzeitig ein Programm zum Erzeugen von Webseiten (Flash, DHTML), wobei „Mediator" beim Export Standard HTML-Code erzeugt. Per Drag & Drop können Maus- oder Tastaturereignisse mit Effekten, Videos, Sound, Seitenwechsel oder Datenbankrecherche verbunden werden. Mit einer „Klassenraum-Lizenz" (15 Einzelplätze, ca. 400,– Euro) dürfen Lehrende „Mediator" auch zu Hause nutzen.

„Linux Knoppix"

http://www.knoppix.net

kostenlos, für PC

„Knoppix" ist eine komplett von CD-ROM lauffähige Zusammenstellung von GNU/Linux-Software mit automatischer Hardwareerkennung und Unterstützung für viele Grafikkarten, Soundkarten, SCSI- und USB-Geräte und sonstige Peripherie. Da keinerlei Installation auf der Festplatte notwendig ist und auch keine Daten auf der Festplatte verändert werden, eignet sich Knoppix sehr gut, um Linux einmal auszuprobieren. Auf der CD können durch transparente Dekompression bis zu 2 Gigabyte an lauffähiger Software installiert sein.

„Virtual Dub"

http://www.virtualdub.org

Windows, kostenlos

Wer Videos am Computer skalieren, beschneiden oder qualitativ verbessern möchte, sollte sich „Virtual Dub" anschauen. Zur Bearbeitung von MPEG-1 und avi-Videos ist die Freeware sehr gut geeignet und bietet einen professionellen Funktionsumfang sowie zahlreiche Filter. Die Bedienung ist einfach und schnell erlernbar.

„FlaskMPEG"

http://www.flaskmpeg.net/

Windows, kostenlos

Das Tool konvertiert DVD-Videos und digitale TV-Aufnahmen im MPEG-Format in andere, Platz sparendere Formate, wie z. B. DivX. „FlaskMPEG" ist einfach zu bedienen und erzielt sehr gute Ergebnisse.

„Filecutter"

http://www.t-online.de/home/ruhseeiche/download/filecut.exe

Windows, Freeware

Oftmals lohnt es sich nicht, kleinere Dateien auf CD-ROM zu brennen, häufig sind sie aber größer als 1,44 MB (z. B. Bilddateien) und passen deshalb nicht auf eine Diskette. Das Programm „Filecutter" bietet die Möglichkeit, eine Datei auf mehrere Disketten zu verteilen. Auf der ersten Diskette wird ein Programm gespeichert, das die Datei wieder zusammensetzt. Die Disketten werden vollständig gefüllt und somit der Speicherplatz ganz ausgenutzt. Im Zeitalter der USB-Datensticks verliert die Diskette als Speichermedium jedoch stark an Bedeutung.

Angaben zu den Autorinnen und Autoren

Bolz, Norbert (Jg. 1953): Dr. phil., Prof. für Medienwissenschaft an der Technischen Universität Berlin

Boysen-Stern, Hans-Jürgen (Jg. 1955): Lehrer für Kunst, Politik und Wirtschaft am Alten Kurfürstlichen Gymnasium, Bensheim

Dobmeier, Christian (Jg. 1969): Kunsterzieher am Gymnasium Ottobrunn und künstlerischer Assistent von Prof. Albert Hien an der Akademie der Bildenden Künste München

Dürk, Martin (Jg. 1947): Kunstlehrer an der Luise-Büchner-Schule, Mittelstufengymnasium, Groß-Gerau

Guminski, Karin (Jg. 1959): Dr. phil., Dozentin für Mediengestaltung, Institut für Kunstpädagogik der Ludwig-Maximilian-Universität, München

Habermann, Susanne (Jg. 1968): Kunstpädagogin an der Ernst-Reuter-Schule II – Integrierte Gesamtschule, Frankfurt am Main

Hoormann, Anne (Jg. 1956): PD Dr. phil., zuletzt tätig als Privatdozentin für Kunstgeschichte an der Bauhaus-Universität Weimar. Anne Hoormann verstarb im Frühjahr 2003 kurz nach Fertigstellung des hier veröffentlichten Textes.

Janaszek, Ralf (Jg. 1957): Kunstlehrer am Herbartgymnasium, Oldenburg

Jaursch, Markus (Jg. 1965): StR und Seminarlehrer für das Fach Kunst am Adalbert-Stifter-Gymnasium Passau, Lehrbeauftragter an der Universität Passau und der Hochschule für Film und Fernsehen, München

Kerler, Frieder (Jg. 1951): OStR, Kunsterzieher am Mörike-Gymnasium, Göppingen; fkerler@t-online.de

Kirschenmann, Johannes (Jg. 1954): Dr. phil., Prof. für Kunstpädagogik an der Akademie der Bildenden Künste München

Ludwig, Hermann (Jg. 1952): Kunsterzieher am Viscardi-Gymnasium, Fürstenfeldbruck, Mit-Initiator und Webmaster der „kunstlinks"

Meinel, Roland (Jg. 1951): Dr. phil., Kunstpädagoge u. Künstler, Lehrer am Institut für Kunstpädagogik der Universität Leipzig (Design und Multimedia)

Michl, Thomas (Jg. 1972): Kunstpädagoge am Johann-Sebastian-Bach-Gymnasium, Windsbach

Mohr, Anja (Jg. 1967): Kunstpädagogin und Künstlerin M. A., Wissenschaftliche Mitarbeiterin am Institut für Kunstpädagogik der Justus-Liebig-Universität Gießen

Müller, Sebastian (Jg. 1975): Kunstpädagoge, Referendar an der 65. Mittelschule Leipzig, Mitarbeiter am Kunstpädagogischen Institut der Universität Leipzig

Peez, Georg (Jg. 1960): Dr. phil., Prof. für Kunstpädagogik/ Didaktik der Kunst am Fachbereich Gestaltung und Kunsterziehung der Universität Duisburg-Essen

Richard, Birgit (Jg. 1962): Dr. phil., Prof. für Kunstpädagogik mit Schwerpunkt Neue Medien am Institut für Kunstpädagogik der Johann Wolfgang Goethe-Universität, Frankfurt am Main

Schacht, Michael (Jg. 1966): M. A., Wissenschaftlicher Mitarbeiter am Institut für Kunstpädagogik der Johann Wolfgang Goethe-Universität, Frankfurt am Main

Scheibel, Michael (Jg. 1970): M. A., Journalist, Publizist, Fotograf und Wissenschaftlicher Mitarbeiter an der Staatlichen Akademie der Bildenden Künste Stuttgart

Schmid, Petra (Jg. 1974): Kunstpädagogin/StRin z. A. am Valentin-Heider-Gymnasium, Lindau

Schuster, Ulrich (Jg. 1946): StD, Kunsterzieher, Seminarleiter für das Gymnasialfach Kunst am Luitpold-Gymnasium, München

Stiller, Jürgen (Jg. 1954): PD Dr. phil., Wissenschaftlicher Mitarbeiter am Institut für Kunst und ihre Didaktik der Universität Dortmund

Stutz, Ulrike (Jg. 1967): Künstlerin und Kunstvermittlerin M. A., z. Zt. Promotion an der Hochschule für Bildende Künste Braunschweig, Fachbereich Kunstpädagogik; Stipendiatin der Heinrich-Böll-Stiftung

Wagner, Ernst (Jg. 1952): Dr. phil., StD, Kunstpädagoge, München

Werner, Judith (Jg. 1967): Lehrerin für Kunst und Französisch an der Ernst-Reuter-Schule II – Integrierte Gesamtschule, Frankfurt am Main

Wetzel, Tanja (Jg. 1966): Dr. phil., Kunstpädagogin in Bad Homburg, Lehrbeauftragte am Institut für Kunstpädagogik der Universität, Frankfurt am Main